東北
悪口辞典

小田正博 《編著》
Oda Masahiro

風詠社

はじめに

　本書は平成 24 年度刊行の拙書『北東北の悪口辞典』の後続版になります。今回は北東北の三県（青森県・秋田県・岩手県）に南東北の三県（宮城県・山形県・福島県）の「悪口言葉」を加えて「東北悪口辞典」として制作したものです。北東北も南東北も「づうづう弁」の地帯で、かつては「白河以北一山百文」と中央から軽視された地域でもあります（東北地方は面積が 66,889 ㎢で全国の約 17.7％、人口は平成 26 年（推計）9,050,786 人で全国の約 7.1％、人口密度は 135.3 人／㎢であります）。この東北地方は長年首都圏の人口供給の源となってきましたが、最近の少子高齢化によってその供給の水源が枯渇してきました。そして、住民の高齢化の進展とその後の急激な過疎化が懸念されております。

　東北地方はその昔は「蝦夷（エミシ）」の居住地帯（「陸奥（みちのく）」・「日高見国」とも）でありました（自らを「エミシ」と言った訳でもありませんでしたが）。斉明天皇四年（658 年）阿倍臣比羅夫は軍船 180 艘を引き連れて「越」（今の新潟県）」から「蝦夷（エミシ）」征伐に出かけます。この時は「齶田（あきた）・渟代（ぬしろ）」（今の秋田県）のエミシを討っております。この時から弘仁二年（811 年）の文室朝臣綿麻呂征夷将軍の時、終戦の宣命が出るまでの 153 年間東北地方は血腥い戦乱の渦に巻き込まれております。この終戦時には大和政府の支配は秋田県の全域と青森県の東南の領域まで拡がっており、これによってほぼ東北全体（津軽を除いて）が占領されたことになります。

　その後 11 世紀半ばに所謂「前九年後三年の役」が起こりますが、これを経て嘉保年間（1094 年）藤原清衡が奥州平泉に藤原政権を樹立します。文治五年（1189 年）奥州平泉が源頼朝の鎌倉政権に滅ぼされるまでの約 100 年間、中尊寺金色堂に代表されるように平泉は東北地方の政治・経済・文化の中心でした。平泉が鎌倉政権に滅ぼされた後は東北（奥州）全体が鎌倉の支配下に入ります。

　正慶二年（1333 年）鎌倉幕府が滅亡しますが、その後は南北朝の時代・室町時代を経て戦国時代に突入します。

　天正十八年（1590 年）豊臣秀吉による「奥州仕置」で東北地方の各大名

は大幅に改編されますが、慶長五年（1600年）徳川家康は「関ヶ原の戦い」で勝利し、その戦後処理の過程で東北地方の各大名は再改編されます。津軽藩の青森県西部と、南部藩の青森県東部・岩手県中北部及び秋田県鹿角地区と、伊達藩の岩手県南部・宮城県全域は戦後も変わりませんでした。佐竹氏は茨城県から秋田県へと移封されます。上杉氏は120万石が米沢藩30万石に減封されます。最上氏は山形県（置賜郡を除く）と秋田県由利郡を領します（最上氏改易の後に鳥居氏が山形に、酒井氏が鶴岡に入部）。安東氏の流れを汲む秋田氏は茨城県宍戸（後に福島県三春に）移封されます。蒲生氏は宇都宮から福島県会津に復帰しております（後に加藤氏その後には保科氏が入部）。詳細は成書を参考にして戴きたいのですが、東北地方は津軽・南部・伊達・久保田（佐竹）などの外様大名を主に北方に配し（上杉氏は米沢に）、江戸に近い南方に譜代大名などを配する形となっておりました。南方の福島県・山形県では頻繁に領主の交代がありましたが、北方の津軽・南部・伊達・久保田などの大名は明治維新まで殆どその領地が変わることはありませんでした。江戸時代はこの様な幕藩体制に順応しておりましたが、それぞれの藩の中では領主様は一国の支配者として君臨しておりました。そして、その中では他藩と異なる産業・文化・習慣が発達してきました。言語もこの中に含まれ、他藩と異なる言葉・方言（所謂"お国言葉"）が定着するようになっております。

　以前は東北地方は「多彩な方言」に満ちていた地帯でもありました。そして、その「多彩な方言」の中には多くの「悪口言葉」も含まれておりました。この「多彩な方言」は明治時代になってからの標準語化教育、昭和になってのラヂオの普及、昭和30年ころのテレビの放映開始、そしてその他情報網の普及・交通機関の発達・人的交流の活発化などによって「方言」そのものの使用が控えられるようになってきました。この「方言」のなかの「悪口言葉」はそうでなくても日陰の存在であったのがますます嫌忌されるようになってきました。

　「悪口言葉」は「貶し語、侮蔑語、蔑視語、軽蔑語、悪態語、誹謗語、謗り語、陰口語、罵詈雑言、差別語」などとも言いますが、相手を貶したり、侮辱したり、差別したり、陰口をきいたり、相手の人格を陥れたりするような言葉で満ちております。また、「悪口言葉」の中には当人が褒め言葉だと思って話していても相手にとっては「貶し言葉」と見なされる場合もありま

す。「悪口言葉」は自分と他者・自分の所属する集団と他の集団を区別・差別することより生ずるとされます。これには年齢・性別・身体・病気・民族・社会的地位・身分・親族・性質・能力・風俗習慣・言語・地域など様々な要素が加味されます。「悪口言葉」は自分あるいは自分の所属する集団と異なったもの・異質なもの或いは劣ったりするものを殊更論って、相手または他の集団を揶揄したり、誹謗したり、軽蔑したり、陰口をきいたりするものでもあります。抑も標準語であろうと方言であろうと「悪口言葉」を使用することは好ましいとは言えず、普段の会話には出てこない代物でありますが、そこは人間の世界、何かの拍子につい出てしまうものでもあります。

　昨今、全国的に標準語教育が行き渡っており、東北地方に限らず各地の方言が普段に話されることが少なくなってきました。その「方言」の中でも「悪口言葉」を使用することは更に更に少なくなっております。中には消滅の危機に瀕していると思われる「悪口言葉」、実際には「死語」と化している「悪口言葉」も多くあります。本書は東北方言の中からこれ等「悪口」と思われる言葉を拾い集めたものであります。

　「東北悪口言葉」を大別すると次の項目に分けられます。（一部のみ）

1．身体の外観・容貌に関するもの：だでし（見栄っ張り）、のへ（背の高い人）、はったぎ（痩せた人）、はなびっちょ（鼻の低い人）、びっちく（背の低い人）、ぶっぷぐれ（肥満者）
2．身体の動作・機能に関するもの：おっつ（唖者）、かつぼ（難聴）、てぼけ（不器用者）、ひだりこぎ（左ぎっちょ）、ひっかり（斜視）、ままつぎ（吃音）、めっこ（盲）
3．身体の病気に関するもの：ちゅぶたがれ（中風患者）、どす（癩）、へぼかぎ（梅毒）
4．身体の精神・知能に関するもの：きづねつぎ（錯乱）、くるり（狂人）、たましぬげ（ぼんやり者）、のっつお（無能者）、ひられ（痴者）
5．年齢層・性別に関するもの
　　イ．子供：こびす（小児）、だだ（駄々っ子）、ばっち（末っ子）、ほまちこ（私生児）
　　ロ．若者・未熟者：ひょーなっこ（未熟者）、やっぺ（若造）

ハ．老年：ばこ（老婆）、ほっけ（老い耄れ）、よたぽれ（耄碌している人）
　　ニ．男性：おどごきれ（男）、やろこ（男）
　　ホ．女性：おなばす（女）、びだい（女）、びっき（女の子）、へな（女）、めろ（女）
6．身分・出自に関するもの：えぞっこ（蝦夷）、げす（下司）、けらけら（軽輩）、ぢぅ（穢多）、てぎ（狄）
7．地域に関するもの：あがぢょ（田舎者）たんころりん（田舎者）、ぢえごたろ（田舎者）
8．家族・親族に関するもの：おぢゃし（叔父）、おんつあ（次三男）
9．貧富に関するもの：ひんだり（極貧者）、びんぽたがり（貧乏人）、ほいど（乞食）
10．性・娼婦に関するもの：おたり（淫売婦）、くさもち（娼婦）、どんたく（娼婦）、めんたん（娼婦）
11．一般的な悪口に関するもの
　　馬鹿の類いのもの：たぐらんけ、どんべ
　　間抜けの類いのもの：こったれなし、たがらもの、だんこぬげ、
　　　　　　　　　　　ぢゃまぬげ、ふんぬけ
　　嘘吐きの類いのもの：たいほう、だっき、づほかだり、ぽが
　　乱暴者の類いのもの：だぢゃぐ、だんぽ
　　無分別者の類いのもの：さがらなし、ほうだいなし
　　鉄面皮の類いのもの：つらつけなし
　　役立たずの類いのもの：でごすけ、やぐでなし
　　忘れん坊の類いのもの：たうえなす
　　怠け者の類いのもの：かばねやみ、からなき、たれかもの、なまぐら、
　　　　　　　　　　　ひやみこぎ、へっこぎ
　　意気地なしの類いのもの：づぐなし、みのごなし
　　意地っ張りの類いのもの：ぢょっぱり
　　旋毛曲りの類いのもの：いんびん、きたむき、むつけもん
　　けち（吝嗇）の類いのもの：ちび、ねづ、まですけ
　　慌て者の類いのもの：とんてき、ひょっこ
　　お転婆の類いのもの：おとこあっぱ、ぢゃっぱ

お喋りの類いのもの：ちゃっぺ、へちゃ
酒飲み・酔っ払いの類いのもの：さげよと、のんべい、よっきり
甘えん坊の類いのもの：そべぇこ、びれこ
泣き虫の類いのもの：ごんぼ、なぎ
恥ずかしがりの類いのもの：かめこ

　上記「悪口言葉」の中で例えば「怠け者」の東北方言の地域名を地図上に印を付けると下図の様になります。この方言の採集時期とその方法がそれぞれ異なりますが、大凡の方言の傾向が読み取れると思います。

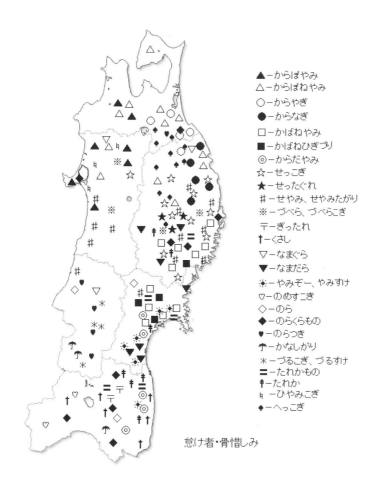

怠け者・骨惜しみ

「怠け者」には「身体を動かすのが億劫な者」を意味する「身体病み（からだやみ）」という言葉があります。これがこの図によると青森県から秋田県北部の「からぽやみ、からぽねやみ」から始まって、八戸周辺や岩手県北部の「からやぎ、からなぎ」となり、岩手県の中南部から宮城県中北部の「かばねやみ、かばねひきづり」に変化して、宮城県南部と福島県の「からだやみ」となっていく様がよくわかると思います。

　「悪口言葉」の本を出版したからといって、これ等の「悪口言葉」の使用を薦めている訳ではありません。他人を誹謗中傷するような言葉は使ってはならないし、況して差別語と見なされる言葉は使用を極力避けるべきであります。
　本書の制作過程に於いて多くの方々のお世話になりました。厚く御礼申し上げます。

目　次

はじめに ……………………………………………………………………………… 1

凡例 …………………………………………………………………………………… 8

あ ……………………………………………………………………………………… 9
か ……………………………………………………………………………………… 56
さ ……………………………………………………………………………………… 118
た ……………………………………………………………………………………… 152
な ……………………………………………………………………………………… 200
は ……………………………………………………………………………………… 217
ま ……………………………………………………………………………………… 252
や ……………………………………………………………………………………… 269
ら ……………………………………………………………………………………… 282
わ ……………………………………………………………………………………… 285
ん ……………………………………………………………………………………… 286

索引（標準語引き）―主なもの― ……………………………………………… 288
参考資料 ……………………………………………………………………………… 311

凡例

1. 本書は東北地方（青森・岩手・秋田・宮城・山形・福島）に於ける悪口語彙を収載したものです。

2. 悪口語彙には相手の人格を貶める様な言葉（相手を罵ったり・嘲ったり・卑しめたり・軽蔑したり・揶揄したり・誹ったり・辱めたり）が多く含まれます。

3. 見出し語は殆どは名詞ですが、なかには形容詞・副詞・成句・感嘆詞で表現したものもあります。
   例えば「ねっちょふけぇ（執念深い）」の様に形容詞に見えるものでも「‥‥‥人」が略されて話されることがよくあります。

4. 見出し語は平仮名で記載し、五十音順に配列しました。同義語は「同義語：」に列記し、類義語の一部には「●」を付しております。

5. 見出し語・同義語・類義語では所々に旧仮名遣いを使用しております。現代仮名遣いでは「じゃっぱ」・「ずぐなし」ですが、本書では旧仮名遣いの「ぢゃっぱ」・「づぐなし」に統一しております。

6. 見出し語・類義語には標準語訳を記しております。「＊」には若干の語句の内容を記入しております。使用文例は省略しました。語源は参考程度に記しております。
   また、標準語訳に付記している「(卑)」は「卑称語」を意味します。

7. 見出し語・同義語・類義語は北東北の各地の郷土誌（史）、方言集、民俗誌などより収録したものです。著者の採取した言葉も少々ですが含めております。

8. 見出し語・同義語・類義語には巻末の引用資料の略語を記入しております。この略語はできるだけその言葉の話される地域名にしております。これによってその言葉の大凡の使用区域がわかると思います。

9. 索引には「東北悪口言葉」（主な言葉のみ）の標準語引きを掲載しております。

10. 巻末には「参考資料」を掲載しました。

11. 本書の「悪口言葉」の語彙は現代の基準からは「差別語」と判断されるものが多く含まれます。
    その時代的背景と本書の性格から判断して御容赦願いたいと思います。

あ

あいの……この野郎（森田）
　●あいぬのこ……自分の子供に対しての罵言（八戸23・湊－南部）
　＊「あいの、あいぬ」は「①蝦夷人（あいぬ）の古い呼び名、②相手を誹謗した言葉」。

あえらすくねえ（子供）……愛らしくない（子供）（仙臺5）

あおげすやろー……未熟で物わかりの悪い人（只見）
　＊「あおげす」は「蒙古斑」のこと。

あおすすのかんだづやろ……田舎者（卑）（白石2）
　＊「あおすすのかんだづやろ」は「羚羊の寒立野郎」のこと、「大都会に行って行き先も分からず立ち往生している田舎者」を揶揄した言葉。

あおだ……☆顔が青く元気のない人（男鹿・弘前）
　　　　同義語：あおそんぢょ（南部）、あおだっぺ（南部）、あおだふくぇ（平賀）、
　　　　　　　　あおたふくべ（五戸）、あおだふくべ（南部・七戸・楢葉）、あおだふくり
　　　　　　　　（津軽4）、あおだへふり（津軽2）、あおたれ（鳴子・亘理・仙台3・秋保）、
　　　　　　　　あおどーろく（只見）、あおふくべ（江刺・高平）、あおふくぺん（中郷）、
　　　　　　　　あおんぞ（いわき）、あおんだ（津軽11）、あをた（鹿角）

　　　　　☆虚弱な人（大館2）
　＊「あおだ」は「青太」又は「あおだふくべ（青瓢箪）」の略。「①顔色の悪い者、②腫れぼったい顔、③血色の悪い人」の意。「ふくべ（瓢）」は「瓢箪（ひょうたん）」のこと。「ふくり」は「陰嚢」。「へふり」は「屁振り」。「あおふくべ」は「青瓢」。

あおたんつぼけ……役たたず（大浦・宮古・宮古山田）
　＊「あおたんつぼけ」の「あおたん」は「青瓢箪」の略。「つぼけ」は筒状の空の容器。転じて「①中身のない人、②役立たず、③顔色の優れない人、④覇気のない人」の意。

あおのろす……執念深く薄気味悪い人（宮古山田）
　＊「あおのろす」は「青大将（蛇）」のこと。転じて「執念深く薄気味悪い人」の意。

あがおだふく……女（卑）（石巻）
　＊「あがおだふぐ」は「赤お多福」。「頬が赤くて健康そうな女性」を罵って言う言葉。

あがけちゃんぐるま……赤毛女（卑）（岩沼）

あがすけ……☆生意気・煽てに乗る人（樽石・蔵増・南山形）、☆高慢（村山2）
　＊「あがすけ」は「①生意気、②自惚れ、③傲慢、④煽てに乗る者」の意。

あがたがり……不潔な人・垢をつけている人（軽米・黒岩・花巻採・有住）
　　　　同義語：あかたかり（仙台1・栗原）、あがたがれ（岩泉）
　＊「あがたがり」は「垢集り」。「①風呂に入らない垢だらけの人、②不潔な人」の意。

あがぢょー……野卑な人間（津軽3）
　＊「あがぢょ」は「あがぢゃえご」とも。「あが」は強調の接頭語。「ぢゃえご」は「田舎（者）」で「田舎者を貶した言葉」のこと。「①極めて辺鄙な田舎、②そこに住む人、③野卑な人」の意。

あ

あがつき……甘えん坊（種市2・大館2）、同義語：あかつき（南部）、あがつぎ（比内）
　＊「あがつき」は「あかつく」の名詞形。「あかつく」は「①甘える、②自分の思い通りに振る舞う」の意。

あがばが……馬鹿者・間抜け（釜石4）
　＊「あがばが」は「赤馬鹿」。「あが」は強調の接頭語で「全くの、本当の」の意。

あがはち……生意気（村山‐山形）
　＊「あがはち」は「赤恥」。「傲慢、空元気」の意。

あがはづ……他の人が怖がることでも先に立ってやる人（山寺）、同義語：あがすけ（山寺）

あがはっぴ……囚人（秋田市・南外村）
　同義語：あおかんばん（庄内）、あかかんばん（宮内・山形）、あがかんばん（福島5）、あぎぇきもの（西和賀2）
　＊「あがはっぴ」は「赤法被」。囚人の着衣が朱色を呈していたため。

あがびっき……☆子供を罵って言う言葉（秋田2）
　　　　　　　☆赤ん坊（軽米3・七戸）、同義語：あがびこ（大貫）
　　　　　　　☆女の赤ん坊（七ヶ浜）
　＊「あがびっき」の「あが」は強調の接頭語。「びっき」は「幼児・子供」の意。

あがふらんけ……田舎者（津軽1・平賀）
　＊「あがふらんけ」は「赤毛布」。「ふらんけ」は毛布状の角巻のことで、寒いときに外出着としたもの。「①赤い毛布を角巻の様にして着る者（外出用）、②田舎者」の意。

あがぺだ……下手な人（西和賀2・石巻2）、同義語：あがへた（多賀城）、あかべた（石巻）
　＊「あがぺだ」の「あが」は強調の接頭語。「①大変下手なこと、②下手な人」の意。

あかめ……あかんべ（鹿角・稗貫・仙台1・蔵王）
　同義語：あぇろ（五戸）、あがべ（盛岡俚）、あがべご（西和賀2）、あがめ（南部町・扇田・川内方言・釜石・置賜）、あかーめ（仙臺5）、あがーめ（仙台3）、あがめーけー（宮古方言）、あがめぇてぇ（滝沢2）、あがめぇってぇ（滝沢2）、あかめしょっぱえ（鮎貝）、あがめたえ（松尾）、あがめたぐれ（七戸）、あかめったい（米田）、あがめったい（階上・軽米3）、あがめったぇ（西和賀2）、あがめってぁ（軽米・野田）、あかめってえ（中野）、あがめってぇ（十和田・大野2・二戸7・新田・胆澤3）、あがめってぃ（沼宮内・沢内・大郷）、あがめて（野辺地・大蔵・岩沼）、あがめてぁ（宮古方言・黒岩・石巻）、あがめてぁぇ（玉山）、あかめてぇ（遠野郷・古川）、あがめてぇ（西根・石巻2・桑折）、あがめてぃ（石鳥谷4・角館）、あがめてゃ（西明寺）、あかめひったくり（八戸2）、あがんべ（平賀）、あがんめ（南鹿角）、あかんめ（赤石）、あっぱえ（長岡）
　＊「あかめ」は「赤目」で「①赤い目、②疲れ目、③あかんべ、④血走った目」。ここでは「あかんべぇ」のこと。「あかめする」は「あかんべぇをする」。「あかめはる」は「物事に熱中する」の意。

あがめけー……馬鹿者・あかんべ（八戸在）、同義語：あがめって（八戸在）

あかめっこ……爛れ眼（仙台1）
　＊「あかめっこ」は「爛れ眼で赤くなった目」のこと。

あぎすけ……仕事に飽きやすい人（鹿島台・真室川・石巻2）

同義語：あきすけ（花山）、あぎっぽ（胆澤3・福島市・松川）
　　＊「あぎすけ」は「飽き助」。「飽き易い人」の意。

あきぢめぐら……☆文盲（気仙1）、同義語：あきぢ（仙臺6）、あけづめぐら（仙台3）
　　　　　　　　☆清盲（仙台3）、同義語：あきぢ（青森南部‐東北2）
　　＊「あきぢめぐら」は「明じ盲」。「①目は開いているが、視力のない人、②文盲」の意。

あぎまはり……助平（藤沢）

あきやすぶね……飽きやすい人（宮古俚）
　　＊「あきやすぶね」は「①塩鮭を積んだ船、②飽きやすい人」の意。

あぐだい……悪口（置賜2・玉造・岩手中通‐東北2）
　　　同義語：あぐだえもぐだぇ（平賀）、あくであ（室根）、あくてぃ（岡小名）、あぐでぇ（置賜2）

あぐだいつき……猥談者（鹿角）
　　＊「あぐだいつき」は「悪態つき」。「悪態を吐（つ）く」の名詞化。「①猥褻な話をする者、③乱
　　　暴者、④小憎らしい態度、④悪戯」の意。

あくたらもん……役に立たない人（男鹿2）
　　＊「あくたらもん」は「あくたらもの、あんだらもの」とも。「悪たれ者」の転訛。「①乱暴者、②
　　　悪口を言う人、③あんな者、④悪い人、⑤役立たず」の意。

あくたれ……☆意地悪者（日形）、同義語：あくだれ（真瀧）、あぐたれ（油島）
　　　　　　☆悪口を言う者（仙台3）

あぐだれ……☆悪戯者（横川目・八戸23）、同義語：あくたれ（楢葉）
　　　　　　☆悪たれ者・ろくでなし（二戸郡・有畑・八戸在・南部町・宮古方言・十和田採・一
　　　　　　　戸・糠塚・松尾・田代・七戸）
　　　　　　　　同義語：あくされ（西和賀2）、あくたれ（西和賀2・藤沢）、あくたれもの（気
　　　　　　　　　　　　仙1・胆澤3）、あぐだれもん（宮古方言・九戸村）、あぐばり（宮古方
　　　　　　　　　　　　言・野田）
　　　　　　☆乱暴（者）・向こう見ず（浄法寺・荒沢2・秋田市）
　　　　　　　　同義語：あぐだあれ（大野2）、あくたれ（只見・石巻2）、あくたれもの（棚倉）、
　　　　　　　　　　　　あぐだれもの（錦木・象潟）
　　　　　　☆悪い奴・悪者（岩手署・八幡・山目・岩沼・七ヶ宿・會津）
　　　　　　　　同義語：あくたれ（折爪・白鷹）、あぐだーれ（種市2）、あくたれもの（気仙3）
　　　　　　☆腕白者（秋田1）
　　　　　　☆悪餓鬼（山寺）
　　　　　　☆腕白坊主・乱暴人（秋田鹿角・錦木）
　　　　　　　　同義語：あくたれわらし（秋田2）、あぐだれーわしゃど（八幡平）
　　　　　　☆ろくでなし（石鳥谷4）
　　　　　　☆馬鹿者（象潟）
　　　　　　☆悪口（花山）
　　＊「あぐだれ」は「悪たれ」。「①悪口、②悪人、③意地悪者、④乱暴者、⑤悪戯者、⑥腕白者、⑦
　　　ろくでなし、⑧馬鹿者、⑨我儘者、⑩捻くれ者」の意。

あくたれもの……意地悪者、臍曲り（多賀城）

あぐだれもん……我儘者（田老）

あぐだれわらす‥‥‥捻くれっこ（宮古方言・宮古）
　＊「あぐだれわらす」は「悪戯童子」。「大人の言うことをきかない反抗的な子供」の意。

あぐだれこぞー‥‥‥悪戯子（會津）

あぐでぇかみ‥‥‥常に憎まれ口を言う人（仁賀保）、同義語：あぐでー（角田）

あぐでぁほえ‥‥‥悪口を言う人（気仙1）
　同義語：あぐでぇあこぎ（大野2）、あぐでこぎ（庄内・庄内3）

あぐでぇもくでぇ‥‥‥悪口雑言（黄海）

あくでぇもの‥‥‥捻くれ者・旋毛曲り（甲子）
　＊「あくでぇもの」は「悪態者（あくたいもの）」。「悪態」は「憎まれ口をきくこと。悪口」の意。

あぐど‥‥‥☆悪口を言って歩く人（玉山）
　　　　　　☆悪たれ者・ろくでなし（盛岡・西根）、同義語：あぐどたがり（盛岡）
　　　　　　☆悪い奴・悪者（滝沢2）、同義語：あぐどう（稗貫）、あぐどたがり（滝沢2）
　＊「あぐど」は「悪徒、悪奴、踵」。「①悪い奴、②悪党、③無頼の徒、④悪口を言って歩く者、⑤踵」の意。

あくどかき‥‥‥役たたず（和賀－全方）

あくとにみゃく‥‥‥変な人・おかしな人（盛岡弁）
　＊「あくとにみゃく」は「踵に脈のある変わり者」の意。

あくどもの‥‥‥悪者・与太者（気仙1）
　＊「あぐどもの」は「悪童者」。「①悪者、②乱暴者、③悪口を言う者、④役立たず」の意。

あぐばりわらす‥‥‥文句を言う子供（安家）
　＊「あぐばりわらす」の「あくばる」は「仕事が多くて嫌になる、飽き飽きする」の意。ここでは文句を言う」の意。「わらす」は「童」。

あくぼーもの‥‥‥悪漢（気仙1・気仙3）、同義語：あくぼうもの（気仙5）
　＊「あくぼーもの」は「悪坊者」。「悪漢」の意。

あぐめろり‥‥‥愚か者（大鳥）

あけ‥‥‥馬鹿、愚者（津輕11）
　＊「あけ」は「あっけ」の略。「あっけ」参照。

あげづっぽ‥‥‥鉄砲玉（高平）

あこもこほり‥‥‥悪口ばかり言う人（津軽2）
　＊「あこもこほり」は「悪口雑言掘」。「①悪口雑言を言う人、②悪口ばかり言う人」の意。

あざっこなす‥‥‥無分別（者）（岩沼）、同義語：あざっこね（岩沼）

あざなし‥‥‥浪費家（由利）

あさべなし……浅薄・思慮が足りない者（稗貫・南都田・古城・田原・黒石・稲瀬・千厩署・室根）
　　同義語：あざっぺぁなす（多賀城）、あさあべぁねぁ（大正寺）、あざっぺぁねぁ（平泉2）、あさっぺねえ（盛岡）、あさっぺなぁ（長坂）、あさっぺなえ（水沢署）、あさっぺなし（附馬牛・梁川・有住）、あさっぺぇなし（岩崎）、あざっぺなし（大原2）、あざっぺなす（胆澤3）、あさっぺなす（岩手南）、あさべない（男鹿3）、あさっぺね（南部町）、あざべなし（一関・江刺2）
　　＊「あさぺなし」は「①思慮の足りない者、②我慢が足りない者、③浅薄な人」の意。

あさっぺなし……遠慮のない人（遠野郷）

あざぱなす……浅薄（者）（気仙5）
　　＊「あざぱなす」は［①「徒放なす（あだばなす）」の転、②「あさぺない（浅薄）」→「あざばなす」となったもの］。

あさてっかり……気分者（黒岩）
　　＊「あさてっかり」は「朝焼け」のこと。「①朝焼け、②気分屋」。「朝天気が良くても崩れやすい」ことから「気分が変わりやすい者」のこと。

あさねこぎ……朝寝坊する人（鹿角・比内・仙南・男鹿3）
　　＊「あさねこぎ」は「朝寝こぎ」。「朝寝坊者」の意。「あさねこく」は「朝寝坊する」。

あざみもの……☆悪漢（気仙1）、☆手余し者（気仙3・気仙5）
　　＊「あざみもの」は「欺者」。「①手余し者、②悪漢」の意。

あざら……乱暴（者）（盛）
　　＊「あざら」は「戯（あじゃら）」。動詞「あざらける」は「①荒々しい振舞をする、②巫山戯る、③生半可な気持で事を行う」の意。

あざらこげ……☆無鉄砲な人（気仙1）、☆粗暴（な人）（気仙5）

あしがらみ……足手纏いの人・邪魔者（沢内）
　　同義語：あしからご（室根）、あしからまき（仁賀保）、あしからまり（気仙4・藤沢）、あしからみ（津軽1・津軽6）、あすがらみ（石巻2・岩沼・白石2・泉）、あすがらまり（鹿島台・南三陸・気仙沼・大貫・仙台4）
　　＊「あしがらみ」は「足絡または足搦」。「①足にまとわりついて邪魔になること、②足手纏い」の意。

あしふぱり……☆揚げ足をとる人（大川平）、☆人の成功を妬んで陰で邪魔をする人（津軽9）
　　＊「あしふぱり」は「足引張」の訛。「①他人の邪魔をする人、②揚げ足をとる人」のこと。

あすてぇなもの……あんな恥知らずな者（新田）

あすぴと……遊んでいる人（種市2・七戸）
　　同義語：あしぴと（大川平）、あすびおど（九戸村）、あすびよーと（宮古）、あすびやぐ（岩手）、あそびと（気仙1）
　　＊「あすびと」は「遊人」。「①人が働いているのをよそに遊び歩いている人、②道楽者」の意。

あすんぼ……足の悪い不具者（角田）
　　＊「あすんぼ」は「足ん坊」？

あすんぴと……用もないのにふらりと来た来客（平内）

あ

　　＊「あすんぴと」は「遊び人」のこと。

あだけ‥‥‥☆悪戯（者）（北會津）、☆冗談（会津4）

あだこ‥‥‥☆子守女（大館2）、☆下女（大館3）

あだぶ‥‥‥乱暴（者）・向こう見ず（岩崎）

あたまばっけ‥‥‥頭でっかち（卑）（桧枝岐）

あだまやみ‥‥‥精神病者（原町）
　　＊「あだまやみ」は「①頭病み、②頭の病気」の意。

あたらもの‥‥‥あんな者（卑）（浄法寺）
　　同義語：あたやぢ（秋田2）、あっただやつ（南部町）、あったなやつ（玉山）、あったらもの（八戸在・十和田）、あったらもん（大間・白石2）、あったらやつ（南部町）、あんすてぇなもの（新田）、あんたなやつ（玉山2）、あんたらもの（八幡平）、あんねまろ（大貫）

あぢげだもの‥‥‥詰まらない人（山形漁村）
　　＊「あぢげだもの」は「あんな詰まらない人」の意。

あぢな‥‥‥妙なことを言う人（大沼）

あぢゃ‥‥‥下婢（秋田北－東北2）

あちゃげ‥‥‥馬鹿者（温海）、同義語：あっちゃけ（庄内）、あっちゃげ（温海・山形漁村）
　　＊「あちゃくせ」で「馬鹿臭い」の意。「あちゃげだ」は「馬鹿者達」のこと。

あちゃぺないひと‥‥‥浅薄な人（鹿角）
　　＊「あちゃぺない」は「あさぺなし」と同じ。「①思慮のない、②浅薄な」の意。「あさべなし」参照。

あちゃぺねぁふと‥‥‥しっかりしていない人（赤川）

あぢゃぺねやつ‥‥‥いい加減な奴（山本）

あぢゃら‥‥‥☆乱暴（者）（岩崎・江刺2・下有住2・蛸浦・南都田・衣里・古城・矢越・摺澤・平泉・田原・嚴美・涌津・稲瀬・梁川・玉里・岩谷堂署・鳴子・桃生雄勝・玉造・室根）、同義語：あしゃから（岩手縣－全方）、あぢあら（千厩署）
　　☆無鉄砲（者）（多賀城2）
　　＊「あぢゃら」は「戯」。「①荒々しく振る舞うこと、②乱暴、③無鉄砲に振る舞う人」の意。

あちょぺなし‥‥‥心に締まりなき者（綾里）
　　同義語：あちょぺなす（岩手）、あっちょぺなし（気仙1・気仙3・三陸・岩手）、あっちょぺなし（気仙5）
　　＊「あっちょぺなし」は「①心に締まりのない者、②浅薄者、③威容のない人」の意。

あづきから‥‥‥☆赤面のむずけ者（南部町）、☆捻くれ者・旋毛曲り（八戸在）
　　＊「あづきから」は「小豆殻」。「①小豆殻、②捻くれ者、③性格のいじけている者、④気の難しい者」の意。

14

あづきだぇろ……怒りやすい人（五戸）、同義語：あずきでぇろ（西根）
　＊「あづきだぇろ」は「①芋虫、②怒りんぼ」の意。ここでは②。

あづくれ……いつも口を動かしている人（川内3）

あづくれぇ……好き嫌いの激しい人（南部）
　＊「あづくれぇ」は「①好き嫌いの激しい人、②美味な物ばかり好む人」の意。

あっけ……☆呆れ者（荒沢2）、同義語：あっけもっけ（八戸23）、あっけもの（八戸23）
　　　　　☆悪人（一戸）
　　　　　☆馬鹿（森田・津軽5・津軽12）
　　　　　☆阿呆（三沢）、同義語：あっけつ（仙臺）、あんけらぽん（仙臺）
　　　　　☆悪い奴・悪者（花巻署）、同義語：あつけもの（下閉伊3）
　　　　　☆厄介者（階上・平良崎・斗川・大不動・早坂・沼宮内・荒澤）、同義語：あっけもん（野田）
　　　　　☆余され者・厄介者（普代2・荒澤・南部）
　　　　　　　同義語：あっけもん（普代2）、あっけもの（九戸村・大野2）
　　　　　☆虚（うつ）け・余され者・阿呆（有畑・八戸在・岩泉・五戸・津軽1・津軽2）
　　　　　　　同義語：あっけもん（岩泉）、あっけもっけ
　＊「あっけ」は「呆気」。「①馬鹿者、阿呆、間抜け者、②悪たれ、悪人、③呆れ者、④厄介者、⑤余され者、⑥虚けもの、⑦貧弱で物足りない様」の意。

あっけぇーどーな……役たたず（野田）、同義語：あっけもの（二戸郡）

あっけもの……☆余され者（軽米・種市2・安家・田老）
　　　　　　　　同義語：あっけ（浄法寺）、あっけもん（種市2）
　　　　　☆手に余るもの、手に負えぬ奴（田代）、☆悪い者（軽米3）

あっけわらし……☆悪い子供（秋田鹿角・錦木）、同義語：あっけ（嘉瀬）
　　　　　☆腕白者（秋田7）

あっけらぽん……ぽんやり（者）（蛸浦・若柳・藤沢・千厩署・鳴子・原町・石巻・白石・仙台3・柴田・花山・仙臺6）
　同義語：あけらぽんと（玉造）、あんけつぽん（福島2）
　＊「あっけらぽん」は「あっけらかん」のこと。「①気抜けした様、②ぽんやり、③無頓着」の意。

あっこどなす……無頓着（者）（亘理）

あったげぇ……薄馬鹿者（新田）、同義語：あったけーもん（白石2）
　＊「あったげぇ」は「暖げぇ」。「①薄馬鹿者、②間抜け者」の意。山梨では「あったかさ」という。

あったらもの……惜しいもの（河北）

あっちゃげ……馬鹿者（庄内3）、同義語：あちやけ（庄内－山形）、あっちゃけ（三川・田川）

あっちょくせぁー……戯れ言を言う人（大鳥）

あっつぁもの……軽薄者（角田）

あっつになし……無思慮の人（楢葉）、同義語：あっつえなし（福島県岩城郡・小野）
　＊「あっつになし」は「①無思慮の人、②そそっかしい人、③がさつな人」の意。

あ

あっぱ……唖者（長部・相馬・鏡石・米沢・南山形・石巻2・角田・七ヶ浜・岩沼・栗原・七ヶ宿・白河・多賀城・仙台3・山寺・相馬2・石城・泉・多賀城2・氣仙沼3・仙臺5・福島6）
　　同義語：あっぱい（福島5）、あっぱこ（長部）、あっぺ（仙台1）、あっぽ（福島5）、あま（福島5）

あっぺ……☆嘘吐き・虚言者（下岩泉）、☆未熟者（庄内3）
　＊庄内方言辞典では「あっぺ」は「①未熟者、②取るに足らない者、③男の子、④子供の性器」の意。

あっぺあ……間抜け者（盛岡）
　＊「あっぺぁ」は「①間抜け者、阿呆、②愚か者、③虚け者、④汚いこと」の意。

あっぺあづら……間抜け面（盛岡）
　　同義語：あっぺぇづら（天栄・小野）、あっぺづら（相馬）、あんけづら（鹿角）
　＊「づら」は「①面、②顔」のこと。

あっぺかだり……下らないことを言う人（南三陸・石巻2）

あっぺとっぺかたり……辻褄の合わないことを言う人（新田）、同義語：あっぺとっぺ（花山・岩沼2）

あっぺなし……☆浅薄者（一関）、☆ぼんやり者（石巻2）

あっぺんとろすけ……☆間抜け者（気仙1）、同義語：あっぺとろすけ（気仙6）
　　　　　　　　　　☆お人好しで毒にも薬にもならぬ男（気仙7）
　＊「あっぺんとろすけ」は「①間抜け者、②お人好し、③頓間、④意気地なし、⑤役立たず」の意。

あっぽこなす……☆物を粗末にする人（白石2）、同義語：あっぽなす（白石2）
　　　　　　　　☆怠け者（白石2）、同義語：あっぽなす（白石2）

あっぽたれ……くそったれ（原町）

あっぽなし……☆だらしないこと（人）（大正寺）
　　　　　　　☆馬鹿（秋田7）、同義語：あっぽいなし（仙臺7）
　　　　　　　☆締まりのない者（原町）
　＊「あっぽなし」は「①阿呆、②馬鹿、③だらしないこと」の意。

あづみさん……色狂い（遠野2）
　＊「あづみさん」は「味見さん」。「①次々に女色を漁り味わう男、②色狂い」の意。

あてっぽなし……☆嘘吐き・虚言者（飯豊）
　　　　　　　　☆目的がない（人）（一関署・花山）、同義語：あでっぽなし（仙台3）
　＊「あでっぽなし」の「あでっぽ」は「当て推量」。「なし」は接尾語。「①当てずっぽう、②いい加減なこと、③目的無しに行うこと、④嘘吐き」の意。

あでっぽなす……いい加減な（人）（吉里吉里）

あでつら……皮肉、当てこすり（岩沼2）

あてほいなし……何ともない人（仙臺10）

あづぐづ……悪口（多賀城）

＊「あづくづ」は「わるくぢ（悪口）」の訛ったもの。

あどしゃべり‥‥‥無駄言（男鹿3）
　＊「あどしゃべり」は「あどかたり」のこと。「相手に調子を合わせて語ること」。

あとはだり‥‥‥後ねだり（平賀）

あとふき‥‥‥☆宴会の時、最後まで飲み食いする人・後引（南部方言）
　　　　　　　☆宴会後手伝い人の慰労のために催す宴（鹿角）
　＊「あとふき」は「後引」。「①宴会の時最後まで残って酒を呑む人、②宴会後の慰労会」。

あなばち‥‥‥処女（原町）、同義語：あらばち（川西）

あにちくたもん‥‥‥あんな駄目な者（山本）
　＊「あにちくたもん」の「あに」は「あんな」。「ちくたもん」は「①意気地なし、②臆病者」。

あねこいぬ‥‥‥素直だがきかぬ気の人（岩木）
　＊「あねこいぬ」は「娘こ犬」。「あねこ」は娘や年若い女のこと。

あねこかぶり‥‥‥猫かぶり（大館2）

あねこぢゃめぇ‥‥‥女狂い、女遊び（岩木）
　＊「あねこぢゃめぇ」は「娘こ三昧」。

あねこづかけ‥‥‥女々しい人（八戸23）
　＊「あねこづかけ」は「娘こ仕掛」。「①女々しい人、②女々しい振る舞い、③女装」の意。

あねーつこー‥‥‥あの野郎（山田4）、同義語：あねぇろ（鳴子・會津）

あねっこつかう‥‥‥おべっか使い（西根）
　＊「あねっこつかう」は「①心にもないお世辞、②人に諂うこと」の意。「あねこつかる」は「①上辺を装う、②猫をかぶる」の意。

あねこつかり‥‥‥お世辞を使う人（秋田2）

あねま‥‥‥☆娼婦・娼妓（松ヶ崎・仁賀保・由利・酒田・山形漁村）
　　　　　　　同義語：あちま（荘内2）、あねこ（雄勝－娼婦・大館2）、あひる（仙台－娼婦）、
　　　　　　　　　　あまね（子吉川・温海）
　　　　　　☆下女（庄内－東北2）
　＊「あねま」は「①姉、②兄嫁、③嫁、④娘、⑤下女、⑥女郎、⑦鼠」の意。

あねまやろ‥‥‥八方美人の男（庄内3）

あねや‥‥‥☆下女（泉・多賀城2・仙台4）、同義語：あねこ（氣仙沼3・室根・黄海）
　　　　　　☆女中（仙臺5）

あのもの‥‥‥あいつめ（気仙7）
　＊「あのもの」は「①あの者、②あの男、③あの女」の意。

あのりぐづこのりぐづ‥‥‥屁理屈屋（白石2）

＊「あのりぐづこのりぐづ」は「彼理屈此理屈」のこと。「屁理屈屋」の意。

あば‥‥‥浜の女（庄内－東北2）

あばくぢ‥‥‥☆憎まれ口（飯豊・平賀）
　　　　　　☆口が大きい人（南山形・石巻2・岩沼・白石2）
　　　　　　　　同義語：あっぱぐち（田川）、あば（仙臺7）、あばくち（仙臺5）、あばぐづ（山寺）
　＊「あばくぢ」は「あば口」。「①大きな口、②大言壮語する者、③悪口雑言を吐く者、④冗談」の意。

あばくちほえ‥‥‥大口を叩く人（気仙1）

あばぐづ‥‥‥☆悪口（南三陸）、☆醜い大きい口（秋保）

あばづきあねこ‥‥‥悪ふざけする女（平鹿）
　＊「あばづきあねこ」は「阿婆擦れ女」？「①人擦れして身持ちの悪い女、②厚かましい女」の意。

あばれ‥‥‥乱暴（者）（秋田市・南都田・真瀧・梁川）
　＊「あばれ」は「暴れ」。「①乱暴者、②悪戯っ子、③お転婆」の意。

あぶつなし‥‥‥物を粗末にする人（庄内3）、同義語：あぶでなし（庄内3）
　＊「あぶつない」で「物を粗末にする」こと。

あぶづ‥‥‥食物を粗末にする人（山寺）

あぶらうり‥‥‥☆道草を食うもの（八重畑・八幡）
　　　　　　☆怠け者（六戸3・気仙1・胆澤岩手・古城・若柳・姉体・金ヶ崎・小山・平泉2・
　　　　　　胆沢町・庄内3・多賀城）
　＊「あぶらうり」は「油売」。「①怠け者、②閑人、③お喋り、④道草を食う者、⑤種油を売る行商人、⑥テキ屋」の意。ここでは①④。

あぶらこ‥‥‥一人前でない者（鮎貝・七ヶ宿・尾花沢）
　＊「あぶらこ」は「焙られっ子」のこと。「あぶらしこ」とも。「一人前に扱われない者」の意。

あふらとふら‥‥‥☆ぶらぶらしている人（岩沼）、☆疲れ切ってふらふらな様（人）（河北）
　＊「あふらとふら」は「ふらふらしている様」。

あぶらむし‥‥‥☆仲間外れ（五戸・野辺地）
　　　　　　同義語：あぶらこ（白鷹・大蔵・及位・村山）、あぶらぼっち（温海・庄内3）
　　　　　　☆一人前でない者（胆澤3）
　＊「あぶらむし」は「①怠け者、②一人前にならない子、③外れっこ、④集（たか）り、⑤油虫科の昆虫、⑥蜚蠊」の意。

あぶらむす‥‥‥木戸銭を払わないで興行を見る者（岩手）

あぺあ‥‥‥うすのろ・白痴（盛岡）、同義語：あんた（米澤）
　＊「あっぺぁ」と同じ。

あへぇなす‥‥‥ぼやっとしている人（石巻2）、同義語：あへらんこ（石巻2）、あへん（七ヶ浜）
　＊「あへらん」は「気の抜けた様」。

あべけぁなし‥‥‥不粋な人（森田）
　＊「あべけぁなし」は「①不粋な人、②単純な人、③味わいのない人、④人との付き合いの良くない人」の意。

あぺとぺ‥‥‥いい加減な人（涌谷）

あべらかたり‥‥‥☆多弁者（胆澤・姉体）、☆下らない話をする人（岩手）
　　　　　　　　☆信用できない話をする人（平泉2）
　＊「あべらかだり」は「①長い雑談、②下らない話をする人、③信用できない話をする人、④多弁者、⑤無用のことをよく喋る人」の意。

あへろん‥‥‥ぼんやり（者）（多賀城2）

あま‥‥‥☆女子（卑）（鏡石・中村・いわき・庄内3・岡小名・野木沢）、☆生意気な女（庄内3）
　＊「あま」は「尼」。「①女、②少女を罵ったり卑しめたりする言葉、③生意気な女」。

あまがぎ‥‥‥甘い人、足りない人、愚かな人（津軽11）

あまくさい‥‥‥馬鹿者、阿呆（津軽－東北2）、同義語：あまくせぇ（平内）

あまくさえ‥‥‥助平（平賀）

あまされがぎ‥‥‥除け者（子供）（長岡・盛岡・宮古方言・南部・江刺）
　　　同義語：あまされもっけ（七戸）、あまされもっこ（五戸）
　＊「あまされがぎ」は「余され餓鬼」。「①手に負えない子供、②手余しにされている子供、③悪さばかりしている子供」の意。

あまされぐづ‥‥‥人の気に障ることを言うこと（人）（白石2）

あまされもっけ‥‥‥手余し者・手に負えない（人）（宮古方言・軽米・川内方言・南部）
　　　同義語：あまされもの（南鹿角・大野2）、あましもっけ（浄法寺・野田・岩手・田代）

あまされもの‥‥‥☆仲間はずれ（南部町）
　　　　　　　　☆除け者（黒岩・気仙7）、同義語：あまされ（藤沢）、あまされもん（宮古方言）
　　　　　　　　☆持て余し者・余され者（二戸郡・稗貫・一戸・飯豊・甲子・糠塚・八幡・江刺）
　　　　　　　　　　同義語：あまされこ（仙台3）、あまされっこ（仙臺7）、あまされもん（岩泉）、あますもの（安代）
　　　　　　　　☆憎まれ者（岩手・多賀城）、同義語：あまされ（南郷）
　　　　　　　　☆邪魔扱いにされる者（胆沢町・大原2）、同義語：あまされこ（白石2）
　＊「あまされもの」は「余され者」。「①仲間外れ、②除け者、③持て余し者、④憎まれ者、⑤邪魔者、⑥甘えっ子、⑦悪戯者、⑧厄介者、⑨嫌われ者、⑩与太者、⑪腕白者」の意。

あまされもん‥‥‥邪魔者（宮古）、同義語：あます、もっけぇ（石巻2）

あましゅ‥‥‥☆薄馬鹿（津軽2・弘前）、同義語：あまぐち（津軽2）、あまけ（平賀）
　　　　　　☆甘い人間（津軽4・津軽11）、同義語：あましぇ（津軽3）
　＊「あましゅ」は「①甘い人間、②低脳、③薄馬鹿」の意。

あまだんご‥‥‥父なし子（平賀）

あまちゃら‥‥‥軽はずみ（軽米3）
　＊「あまちゃら」は「考えの浅いこと、馬鹿」の意。

あまったれ‥‥‥甘えん坊（宮古方言）、同義語：あまちゃこ（七戸）
　＊「あまったれ」は「①甘えん坊、②世間知らず、③駄々っ子」の意。

あまのしゃく‥‥‥☆片意地を張る者（江刺）、☆怖ろしい者（鹿角）

あまねぢゃぐ‥‥‥根性曲がり（飯豊・仙台3）、同義語：あまのさぐ（七戸）
　＊「あまねぢゃぐ」は「天邪鬼」。「①架空のお化け・鬼、②炉の灰の中（ホド）にいる妖怪、③人の真似をする人、④意地っ張り、⑤何にでも反対する人、⑥根性曲り、⑦旋毛曲り、⑧ひねくれ者」の意。

あまりほどげ‥‥‥☆余され者・厄介者（盛岡・甲子・滝沢2）、☆どうでも良い人（遠野2）
　＊「あまりほどげ」は「①どうでもいい人、②重要視されない人、③余され者、④厄介者」の意。

あみはづれ‥‥‥仲間入りできない者（大鳥）
　＊「あみはづれ」は「あみはぢじ（網弾）」と同義。

あめぁーこそべぁこ‥‥‥甘えっ子（宮古）
　＊「あめぁーこそべぁこ」の「あめぁーこ」は「甘えん坊」。「そべぁこ」も「甘えること」の意。

あめだもの‥‥‥腐った様な奴（遠野1）
　＊「あめる」は「①饐える、②腐る」こと。

あめてんこ‥‥‥禿げ頭（小国）
　＊「あめてんこ」は「飴頭」のこと。「禿げ頭」の意。

あめはち‥‥‥役立たず（白銀－南部）
　＊「あめはち」は「何の役にも立たない人」のこと。

あめる‥‥‥泣き虫（五戸）、同義語：あめ（平賀）
　＊「あめる」は「饐える」こと。「①饐える、②物が腐れる、③だらける、④子供がむずかる、泣き虫、⑤果実が落ちる」の意。ここでは「泣き虫」。

あもくそ‥‥‥☆愚劣な人物（最も）（上北郡）、☆間抜け者（野辺地）
　＊「あもくそ」は「あもの滓」。「あも」は「蕨の根から澱粉を取った残り滓」のこと。転じて「①無能な物、②間抜け者、③愚劣な者」の意。

あもこ‥‥‥お化け（平内・六戸）
　同義語：あもっこ（八戸2）、あんもうこ（軽米3）、あんもうぢ（軽米3）
　＊「あもこ」は「お化け・怪物」のこと。「もーこ（花巻）、もこ（庄内）、もー（仙台）」とも。「蒙古」の意？

あもも‥‥‥怠け癖（仁賀保）

あらぐまし‥‥‥男性的な女性の顔立ち（北浦）
　＊「あらぐまし」は「あらくましい」の転。「あらくましい」は「荒々しい」の意。

あらごます‥‥‥固い表情、厳つい表情（胆沢町）、同義語：あらごますい（胆澤3）

＊「あらごます」は「あらこましい」の転。「あらこましい」は「あらくましい」の変化したもの。

あらげなし‥‥‥乱暴（一戸）
　＊「あらげなし」の「あらげ」は「荒く」の名詞形、「なし」は「甚し」の接尾語。「①手荒なこと、②乱暴なこと、③粗暴なこと、④大変な」の意。

あらづげぇ‥‥‥浪費家（平内）
　＊「あらづげぇ」は「荒使い」。「浪費家」のこと。

あらっぽ‥‥‥荒々しい人（白鷹）、同義語：あらっぱ（真室川・置賜）

あらば‥‥‥行動の荒っぽい人（山寺）

あらびる‥‥‥腕白坊主・乱暴人（本宮）
　＊「あらびる」は「荒ぶる人」の略。「あらびる」は「①乱暴する、②暴れる、③腕白する」の意。

ありがたしらずのほっぱらかぁれ‥‥‥恩知らず者（大野2）
　＊「ありがたしらずのほっぱらかぁれ」は「有り難知らずの腹壊」のこと。「感謝の気持ちを知らない分からず屋」の意。「ほっぱら」は「腹」で、「かあれ」は「壊れる」。

ありげぇなし‥‥‥親や目上の人を無視する態度（人）（古川）

あれすぐねやつ‥‥‥憎たらしい奴（山本）
　＊「あれすぐねやつ」の「あれ」は接頭語。「すぐねやつ」は「好きでない奴」のこと。

あんけ‥‥‥愚人・馬鹿者（秋田1・野木沢）
　＊「あんけ」は「あっけ」と同義。「馬鹿、愚人」のこと。

あんけつら‥‥‥阿呆面（大館2）

あんけらぼ‥‥‥浮かれている人（秋田1）

あんけらぼう‥‥‥役立たず、泥酔者（宮古山田）

あんけらんぽ‥‥‥馬鹿（秋田7）

あんこ‥‥‥☆下男（氣仙沼3・室根・黄海）、☆若い男（黄海）
　＊一般に「あんこ」は「①長男、兄、②男の子、③若い男、④若い父」の意。

あんこたんね‥‥‥鈍間、馬鹿（蔵王）
　＊「あんこたんね」は「脳味噌が足りない」こと。「あんこ」は「餡こ」で、「脳味噌」の意。「たんね」は「足りない」。「あんたらづ」参照。

あんこつら‥‥‥きざな風をした人（身に付かぬ）（五戸）
　＊「あんこつら」は「①田舎の青年、②身に付かないきざな風体をしている人」の意。

あんたらづ‥‥‥☆知能の低い者（岩手・涌谷・角田・多賀城）
　　　　　　　☆愚鈍（鳴子・矢本・石巻2・仙台3・花山・桃生雄勝・河北・宮城北－東北2）
　　　　　　　☆馬鹿者、思慮の足りない者（平泉2）、同義語：あんた（米沢）
　＊「あんたらづ」は「餡足らず」。「餡」は「脳味噌」の意。「①脳味噌の足りない人、②知能の低

い人、③馬鹿者、④思慮の足りない人」の意。

あんづきかまし……笑い上戸（平内）
 ＊「あんづきかまし」は「小豆をかき混ぜる様な笑い声をたてる人」のこと。「笑い上戸」の意。

あんつくたらもの……あんな奴（森田）
 同義語：あんたなもの（仙台3）、あんちくたもの（大館2）、あんつきたもの（子吉川）
 ＊「あんつくたらもの」の「あんつく」は「①馬鹿、②阿保、③間抜け」の意。

あんてなもの……他を蔑視して言う言葉（仙臺6）

あんばかがり……虚勢を張って目上の人を攻撃する人（平内）

あんぱく……お転婆、腕白（角田）
 ＊「あんぱく」は「わんぱく（腕白）」と同義。

あんぱぐなし……☆腕白者（新田）、同義語：あんぱく（福島5・大沼）
　　　　　　　☆無法者・向こう見ず（泉）、同義語：あんぱぐなす（七ヶ浜）、あんぱくなす（大和）
　　　　　　　☆前後を弁えない人（岩沼）

あんばづれもの……莫連者（すれっからし）（秋田1）
 ＊「あんばづれもの」は「あばずれもの（阿婆擦者）」。「①厚かましく人擦れしている者、②摺れっからし」の意。

あんぷ……薄馬鹿、頓馬（塩釜）
 ＊「あんぷ」は「あんぺ」と同義。「あんぺ」参照。

あんぷらちんけ……子供っぽい（罵倒語）（置賜）
 ＊「あんぷらちんけ」の「あんぷら」は「あっぷらいも（ジャガイモ）、あんぷらびっき（殿様蛙）、あんぷ（馬鹿）」由来？「ちんけ」は「小さいこと」。

あんぺ……☆用事が一人前にできないお人好しの跡継ぎ息子（津軽2・津軽8）
　　　　　☆間抜け（米沢）、同義語：あんぺやろう（川西）

あんべ……泣きやすい人（比内・秋田北・田代）、同義語：あべ（秋田北）
 ＊「あんべ」は「①泣き虫、②馬鹿者、③のろま」の意。

あんぺなし……浅薄（な人）（鹿島台）
 ＊「あんぺ」は「①長男、②馬鹿、③跡継ぎ息子」の意。

あんぽんたん……☆ぼんやり者（伏黒・岩沼）、同義語：あんぽた（庄内）
　　　　　　　☆間抜け者、阿呆（遠野・棚倉・鏡石・原町・宮内・山形・仙台3・會津）
　　　　　　　　同義語：あんぽ（米沢）、あんぽたなし（田川）
　　　　　　　☆馬鹿者（楢葉・いわき・米沢・南郷・添川・角田・大貫・仙台1・多賀城・河北・岩沼2・大和・花巻採）
　　　　　　　　同義語：あんぽた（温海・山形漁村・福島5）
　　　　　　　☆気抜けしている人（鹿島台）
　　　　　　　☆小馬鹿者（白石2）
　　　　　　　☆痴者（気仙5）
 ＊「あんぽんたん」は「安本丹」。「①馬鹿者、阿呆、②愚か者、③間抜け、④お人好し、⑤薄の

ろ」の意。江戸中期に一般に使用。

あんめぇぁ……馬鹿・阿呆（森田）
　＊「あんめぇぁ」は「暗迷」？「①馬鹿者、②阿呆、③頓間」の意。

あんもん……他所の人（幼児語）（桧枝岐）

い

いいぢゃま……意気地なし・臆病者（下田町）、同義語：いえぢゃま（百石・横浜）
　＊「いいぢゃま」は「好態」。「①悪い様子、②人を罵る時に使われる言葉、③意気地なし」の意。

いいねぇぁのもの……取るに足らない（者）（大野2）
　＊「いいねぇぁのもの」は「言値の者」？転じて「取るに足らない者」の意。

いいばりかす……お人好し、小馬鹿くさい人（村山3）

いいふりこぎ……いい格好する者（大野2・有住・庄内3）
　＊「いいふりこぎ」は「良い振りこぎ」。「①生意気にも自分だけ格好よくする奴、②見栄っ張り、③好い人振る人、④傲る人」の意。

いいふりす……生意気（な人）（大不動）
　＊「いいふりこぎ」に同じ。

いえづら……家では無愛想なこと（人）（花山）、同義語：いへづらのわるい人（仙臺6）
　＊「いえづら」は「家面」のこと。「外では機嫌が良くても家族には無愛想な人」の意。

いぇのめぇのづうごんぼう……内弁慶（下岩泉）
　同義語：いえのめのぢしばり（八戸12）、いのなかべんけい（男鹿2）
　＊「いぇのめぇのづうごんぼう」は「家の前のづごぼ」のこと。「づごぼ」は「①弱虫、②意気地なし」の意。「家の前のづごぼ」は「内弁慶」の意。「いえのめのぢしばり」は「家の前の地縛り」。「地縛り」は「蔓苦菜」ともいい、黄色の花が咲く菊科の植物で、茎が地面に縛り付けられているように見えることからその名がついたと言われる。

いぎがらげぇ……出不精（田野畑3）
　＊「いぎがらげぇ」は「行きからがい」。「からがい」は接尾語で「渋ること」。「行きからがい」で「①出不精、②行き渋り」の意。

いぎごーざらし……恥さらし（野田）
　＊「いぎごーざらし」の「いぎ」は強調の接頭語。「ごーざらし」は「業晒らし、業曝し」で「恥さらし」の意。

いきざかす……狡い人（沼宮内2・沼宮内4）
　＊「いきざかす」の「いき」は強調の接頭語。「ざかす」は「賢し」、「賢し」は「賢い、利口だ」、転じて「小賢しい、狡い」の意。

いぎたなし……容易に目覚めず睡眠を貪る様子（人）（仙臺6）
　＊「いぎたなし」は「寝（い）ぎたなし」のこと。

い

いぎーぢーこ‥‥‥行儀の悪い人（岩泉）

いきながり‥‥‥いい気になっている人（大川平）
　＊「いきながり」は「いい気になりたがり」の略？

いきぽいど‥‥‥吝嗇家・けち（大野2）、同義語：いげほいど（野辺地）
　＊「いきぽいど」の「いき」は強調の接頭語。「ほいど」は「陪堂」。「陪堂」は「①けち、②吝嗇家、③乞食」の意。

いきもき‥‥‥せっかち（森田）
　＊「いきもきに」は「一気に、せっかちに」の意。「いきもき」はこれの名詞化。

いぐでねぇ‥‥‥悪い奴・悪者（有畑）、同義語：いぐなし（沼宮内）
　＊「いぐでねぇ」は「良くない（人）」のこと、則ち「悪い奴」の意。「いぐなしもの」は「ろくでなし」のこと。

いげあらしないひと‥‥‥悪人（下有住2・大船渡署・玉造・宮城仙南－東北2）
　同義語：いげぁらすぐねぁ（一関）、いげえらしないひと（長岡2）

いげあらしねぁひと‥‥‥良ろしくない人（摺澤）
　＊「いげあらしねぁひと」の「いげ」は強調の接頭語。「あらしねぁ」は「愛らしくない」。「いげあらしぐねぁ」で、「①嫌だ、②嫌いだ、③宜しくない」の意。

いけいやし‥‥‥食物にがつがつする（人）（野木沢）

いげぇなまっこ‥‥‥ど助平（一戸3）
　＊「いげぇなまっこ」の「いげぇ」は強調の接頭語。「なまっこ」は「①巫山戯者、②戯け者」。一戸では「ど助平」の意。

いげおそーこぐ‥‥‥大嘘吐き（大鳥）
　＊「いげ」は強調の接頭語。「おそーこぐ」は「うそこぎ」と同じ、「嘘吐き」のこと。

いげがだ‥‥‥片輪者（県南－福島5）
　＊「いげがだ」の「いげ」は強調の接頭語。「がだ」は「片（かた）」で、「片足の不自由な人」の意。

いけぐち‥‥‥余計な口出し（大館2）

いげぐづ‥‥‥口達者（山田4）
　＊「いげぐづ」は「いけ口」の訛。「①憎い口、②余計な口、③無駄口」など。ここでは「口達者」の意。「いけ口叩く」は「無駄口叩く」こと。

いげこんじょうきたなす‥‥‥性根の悪い奴（下岩泉）、同義語：いげこんじょうわり（庄内3）
　＊「いげこんじょうきたなす」の「いげ」は強調の接頭語。「こんじょうきたなす」は「根性の汚い奴」の意。

いげしちからなぎ‥‥‥怠け者・不精者（下岩泉）
　＊「いげしちからなぎ」の「いげしち」は接頭語。「からなぎ」は「からやき（怠け者）」と同義。

いげしちほいどうたがれ‥‥‥乞食野郎（下岩泉）

＊「いげしちほいどうたがれ」の「いげしち」は接頭語。「ほいどうたがれ」は「陪堂集（たが）れ」で、「①乞食の奴、②けち」の意。

いげざろし……狭い人（有畑）、同義語：いけさかし（大館2）
　＊「いげざろし」の「いげ」は強調の接頭語。「ざろし」は「狡し」で、「①狡猾、②怠惰、③だらしない」等の意。

いげすかないひと……嫌いな人（藤沢）、同義語：いげすがね（人）（庄内3）、いげすかねぁ（室根）
　＊「いげすかないひと」の「いげ」は強調の接頭語。「すかないひと」は「好きでない人」則ち「嫌いな人」の意。

いげせっこぎ……怠け者・不精者（安家）
　同義語：えげぢぇこぎ（西和賀2）、えげぢぇたがれ（西和賀2）
　＊「いげせっこぎ」の「いげ」は強調の接頭語。「せっこぎ」は「背病みこき（せやみこき）」の略。「怠け者、不精者」の意。

いげづーこ……恍惚の人（宮古山田）、同義語：いげぁとそり（宮古）
　＊「いげづーこ」の「いげ」は強調の接頭語。「づーこ」は「爺」で、「よぼよぼになった年寄」の意。

いげづぶどい……強情（者）（鳴子）
　＊「いげづぶどい」の「いげ」は強調の接頭語。「づぶどい」は「図太い」のこと。

いげどしょう……☆大きな図体（藤沢）
　　　　　　　　☆大人げない（人）（東山・仙臺5）
　　　　　　　　同義語：いげどしょうねぁ（東山2）、いけどせう（仙臺10）
　　　　　　　　☆（いけどしょう）年に似合わぬ振る舞い（をする人）（田原・梁川・一関署・胆沢町・花山・玉造）
　　　　　　　　☆生意気（古川）
　●いけどそ……意地悪な年寄り（一戸）
　＊「いげどしょう」の「いげ」は強調の接頭語。「どしょう」は「年」のこと。「いい年をして」で、「年齢に相応しくない言動をする者」の意。

いけどしして……老人の無思慮無分別を嘲る言葉（仙臺6）
　＊「いけどしして」は「いい年して」と同義。

いけどんみゃぐ……横着者（温海・庄内3）
　＊「いけどんみゃく」の「いけ」は強調の接頭語。「どんみゃく」は「①ろくでなし、②横着者、③悪人」などの意。

いけなり……だらしない姿（舘岩）

いげびで……憎らしい女（泉）

いげべぇ……知ったかぶり（遠野3）
　＊「いげべぇ男」は「知ったかぶりをする男」のこと（「遠野3 P398」）。

いげぼいど……☆食べ物に卑しい人（庄内3）、☆けち（七戸）、同義語：いげたがり（七戸）
　＊「いげ」は強調の接頭語。「ほいど」は「陪堂」、「①食い意地の汚い人、②乞食」のこと。

い

いげほうでぇなす……分からず屋（下岩泉）
　＊「いげほうでぇなす」の「いげ」は強調の接頭語。「ほうでぇなす」は「放題なし」、「放題」は「行いが常軌を逸していること、育ち・品位が嫌らしいこと」の意で、「①無分別な人、②馬鹿者」。また、「ほうだい」には「本態・封内・傍題」の説も。

いけほだれ……人並み以下の恰好をしている人（安家）
　＊「いげほだれ」の「いげ」は強調の接頭語。「ほだれ」は「褸裂（ほだれ）」。「①ぼろぼろの着物、②貧しい格好をしている人」の意。

いげやし……食べ物に卑しい人（県南－福島5）

いげやすねぁひと……卑しい人（藤沢）、同義語：いけやしねぁ（室根）
　＊「いげやすねぁひと」の「いげ」は強調の接頭語。「やすねぁ」は「いやし」と同義。「いやし」は「①食い意地の張っていること（人）、②貪欲な人、③卑しい人」の意。

いげらすぐね……可愛げがない（人）（岩沼2）

いここ……粗野な者（庄内3）
　＊「いここ」は「子犬、犬」のこと。転じて「粗野な者」の意。

いざめぇわり……行儀が悪い（人）（原町）
　＊「いざめぇわり」は「居住まい悪い」の訛。「①姿勢が悪い、②行儀が悪い」の意。

いしぇこぎ……強がり屋、威勢を張る人（庄内3）
　＊「いしぇこぎ」は「威勢こぎ」のこと。「いしぇ」は「威勢」の訛。

いしぇわらす……泣いて我が儘を通す子供（胆澤3）

いしこぴん……けち（田子）、同義語：いしこびんのかしこまり（田子採）

いしびり……吝嗇家（和賀郡・気仙1・東山・宮城三本木・濱萩・栗原・柴田・花山・玉造・岩沼2）
　同義語：いしびり（多賀城・仙臺4）、いしべり（栗原）、いすっぴり（新田）、いすびり（岩手）
　＊「いしびり」の「い」は接頭語。「しびり」は「渋り」。「①けち、②吝嗇家」の意。

いしびたがり……吝嗇家・けち（野田）
　＊「いしびたがり」の「い」は接頭語。「しびたがり」は「渋集り」。「①けち、②吝嗇家」の意。

いすぴり……欲張り（蔵王）

いせぇわらし……我が儘を通すために泣く子供（胆沢町）

いせっぱり……意地張り（楢葉・小野）

いせはり……駄々を捏ねる人（気仙1）
　＊「いせはり」は「えせる、えせはる」の名詞形。「えせる」は「①意地を張る、②拗ねる、③駄々を捏ねる、④怒る」の意。

いぞやろ……粗野な者（庄内3）
　＊「いぞやろ」は「蝦夷野郎」のこと。

いだましがりや‥‥‥物惜しみする人（気仙1）
　　同義語：いたましがり（福島5・仙臺5）、いだましがり（会津2・仙台3・仙臺5）、いたますがり（会津）、いだますがり（気仙沼・亘理・白石）、いだますがりや（石巻2）
　　＊「いだましがりや」の「いだまし」は「労わし」のこと。「①勿体ながること、②物惜しみすること」の意。転じて「①物惜しみする人、②けちん坊」の意。

いためっこ‥‥‥憤慨して膨れる人（会津－福島5）

いたれないひと‥‥‥無情人（津軽－東北2）

いちからなき‥‥‥☆不精者（濱萩）、同義語：いぢかりなき（仙臺9）、いぢからなぎ（仙台3）
　　＊「いちからなき」の「いち」は強調の接頭語。「からなき」は「怠け者、骨惜しみする者、不精者」の意。
　　　　　　　　☆下の子が生まれそうな時、上の子が愚図ついて泣き出すこと（気仙）

いぢくされ‥‥‥☆意地悪（南部方言・鹿角・有畑・八戸在・青森南部・階上・百石・種市2・下田町・扇田・大不動・米田・横浜・沼宮内・遠野署・中野・宿野部・佐比内・長岡2・本宮・安家・岩泉・宮古方言・十和田・飯豊・大野2・岩手・江刺2・矢作・蛸浦・松川・田原・黒石・稲瀬・梁川・玉里・岩谷堂署・千厩署・有住・胆沢町・大原2・会津・貝見・酒田・庄内3・花山・氣仙沼3・室根・黄海）
　　　　　　同義語：いぢくらーれ（岩泉）、いづくされ（稗貫・松崎・赤石・新田）、いぢこされ（門馬2）、いんぢくされ（種市2）
　　　　　☆勝ち気の強気もの（三沢・津軽12）
　　　　　☆強情者（八戸7・胆沢町・津軽4・仙台3・玉造）、同義語：いづくされ（河北）、
　　　　　☆怒りん坊（男鹿3）、
　　　　　☆根性曲がり（鳴子）、☆意地っ張り（山形漁村・多賀城）
　＊「いぢくされ」は「意地腐れ」。「①意地っ張り、②片意地、③意地悪、④欲張り、⑤ふがいのない人」の意。「くされ」は悪く言う接尾語。

いぢくらぇ‥‥‥意地っ張り（宮古方言）
　　同義語：いぢこやい（種市2・南部）、いちたがり（及位）、いぢたがり（宮古方言・七戸）

いぢたげ‥‥‥意地悪（真室川）

いぢばり‥‥‥☆邪魔すること（柴田）、☆片意地者（仙臺5）

いぢぱりこ‥‥‥子がないので貰い子すると、その後に生まれてくる子（仙臺5・仙台3）
　　＊「いぢばりこ」は「意地張り子」。

いぢゃれけし‥‥‥臆病者（能代2）

いづくされ‥‥‥意地の汚い人（胆澤3）

いづくだぁりもの‥‥‥卑屈者（気仙1・気仙3）、同義語：いづくだまり（気仙5）
　　＊「いづくだぁり」は「居竦（いすく）まる」のこと。「居竦まる」は「恐ろしさや寒さのため、坐ったまま動けなくなる」の意。「居竦まる者」はここでは「卑屈者」の意。

いつこりゅー‥‥‥片意地張り（大鳥）
　　＊「いつこりゅー」は「意地こ流」。「意地っ張り」のこと。

27

い

いつくつねぇ……偏屈じみた遠慮深い人（天栄）

いづすりもっけ……じっとしていない人（宮古山田）
  ＊「いづすり」の「いづ」は「えづい（痒い）」の意。「すり」は「擦り」。「もっけ」は「物怪」。

いっちくだーす……みっともない子、低脳児（是川－南部）

いっちーなし……不甲斐ない奴（岩泉）

いっちゃいなし……駄目な者（普代2）
  ＊「いっちゃいなし」の「いっちゃい」は「さっぱり駄目な」の意。「なし」は接尾語。

いっちょたらわぢ……一人前でない者（庄内3）、同義語：いっちょなし（庄内3）
  ＊「いっちょたらわぢ」は「一升足りない者」。または「一丁前に足りない者」とも。

いつぱり……意地っ張り（大野2・白石）
  同義語：いづたがり（庄内）、いっぱだとおし（大野2）、いづぱり（滝沢2）、いっぷりぇ（涌谷）、いっぷぅりい（亘理）
  ＊「いつぱり」は「いじっぱり（意地っ張り）」と同義。

いっぷうりゅうなひと……気短で強情な人（栗原）
  ＊「いっぷうりゅうなひと」は「一風流な人」。「一風流」は「①変わり者、②偏屈者、③強情者」の意。

いっぷり……☆臍曲り、頑固者（古川・岩手南）
         ☆変わり者（仙台3）、同義語：いっぷうりゅう（河北）

いでかりしらね……無鉄砲（な人）（川内3）
  ＊「いでかりしらね」は「痛い痒（かゆ）い知らない」のこと。「①痛痒を感じないこと、②平気なこと、③鈍感な人」、転じて「無鉄砲（な人）」に。

いなべつけぁ……台所などを乱雑で不潔にしている女（気仙7）、「いなべっかい」とも。
  ＊「いなべつけぁ」は「稲部屋使い」？「稲の収納小屋の様に台所を乱雑にしている女」のこと。

いぬのくそ……☆つまらない人（南部、津軽1）、☆人を軽蔑する言葉（亘理・蔵王）
  ＊「いぬのくそ」は「犬の糞」。「①つまらない人、②諄い理屈を言う人」の意。

いぬのへ……役たたず（南部・西根）
  ＊「いぬのへ」は「犬の屁」。「犬の屁」は「①ドクダミ、②役立たず」の意。ここでは②。

いぬもどり……☆他家を訪ねて直ぐに戻る人（宮古）、
         ☆用事を足すと直ぐに戻ってくること（人）（角館）
  ＊「いぬもどり」は「犬戻り」。「行って直ぐに戻る人」の意。

いばりか……威張り癖のある人（一関）
  ＊「いばりか」は「威張か」。「威張り返る」は「①如何にも威張った態度をとる、②偉そうに振舞う」の意。

いびだれ……寝たきり（垂れ流し）（藤沢・気仙7・矢本・古川・石巻2・蔵王・玉造・多賀城2）
  同義語：いびだ（置賜・川西）、いびたれ（宮城三本木・原町・南郷・伏黒・仙台1・仙台3）、

　　　　　えびたれ（長井）
　　＊「いびだれ」は「居浸、居垂」。「①大小便を垂れ流すこと、②寝小便、③横着な様、④怠け者」のこと。「いびったれ」とも。

いびづ‥‥‥☆臍曲り（真室川・蔵増）
　　　　　　☆強情（宮内・山形）、同義語：いびつがんこ（米沢）
　　　　　　☆捻くれ者（川西）
　　　　　　☆歪んだ考えの人（尾花沢）
　　＊「いびづ」は「歪」のこと。「①偏屈者、②捻くれ者、③横着者、④強情者」の意。

いびつかたり‥‥‥☆苦情を言う（人）（一関署・米沢）、☆無茶を言う人（置賜）
　　　　　　　　☆理屈ばかり捏ねている人（新田）
　　＊「いびつかたり」は「歪語り」。「①苦情を言うこと、②文句をつけること（人）」の意。

いぶきつ‥‥‥屁理屈・文句（を言う人）（古川）
　　同義語：いびきづ（石巻2・新田）、いんびかんび（古川）

いふりこぎ‥‥‥見栄っ張り（十和田採・大間・平内）
　　＊「いふりこき」は「いい振りこき」のこと。「①見栄っ張り、②見栄坊、④気取り屋」の意。「えふりこぎ」参照。

いも‥‥‥☆駄目な者（八戸在）、☆下品な男（田根森）
　　＊「いも」は「里芋、薩摩芋、駄目な人、芋助」、のこと。ここでは「①不器用な人、②駄目な者、③下品な男、④無知な人」の意。

いもぐり‥‥‥指趾欠損者（多賀城）

いやしこ‥‥‥☆食い意地の汚い人（胆沢町・濱萩・小野）
　　　　　　同義語：いやし（気仙5・気仙7）、いやしけ（気仙1・三陸・岩手・綾里）、いやすこ（亘理・仙台2・蔵王・河北）
　　　　　　☆食いしん坊（楢葉・霊山・大越・鹿島台・田村・福島市松川・小牛田・仙台1・保原・高平・桑折）
　　　　　　同義語：いやし（会津・山形漁村・真室川・庄内3）、いやじ（会津2）、いやしっこ（須賀川）、いやすこ（富谷・涌谷・石巻2・大貫・栗原・泉）、いやすっこ（新田）
　　　　　　☆食物に意地汚い子供（仙台3）
　　　　　　☆貪食者（気仙1・気仙3・玉造・仙臺5）
　　＊「いやしこ」は「卑子」。「①食べ物に意地汚い子供、②貪食家、③物を欲しがる人」の意。

いやしっぽ‥‥‥☆卑しい奴（米沢）、同義語：いやしぽ（置賜2）
　　　　　　　☆食いしん坊（県南－福島5）

いらけなし‥‥‥せっかちな人（庄内3）
　　＊「いらけなし」の動詞形「苛（いら）ける」は「①いらいらする、②むさぼり食う、③無闇に手を拡げる」の意。

いらつかまわず‥‥‥服装などに無関心な人、ある物で間に合わせて平気な人（気仙7）
　　＊「いらつかまわず」は「不要不構」のこと。「余計な物は必要なく適当に間に合わせるような人」。

いりいりぢい‥‥‥自分の利益については一歩も譲らない人（気仙7）

い

 ＊「いりいりぢい」は「入割爺」？

いりこじょめ……がむしゃらなこと（人）（北浦）

いりわりかだり……損得に関して文句の多い人（気仙2）
 ＊「いりわりかだり」は「入割語り」。「入割（いりわり）」は「①込み入った事情、②物事の道理、③損得に関する不平不満、④経緯」。

いれさぐ……情夫の子（多賀城）
 ＊「いれさぐ」は「密夫の子」のこと。「いりさく」とも。

いろおどご……☆好色な男（宮古・森田）、☆情夫（盛・南外村）
 ＊「いろおどご」は「色男」。「①好色な男、②情夫、③放蕩者、④美男子」の意。

いろおなご……☆情婦（宮古・盛・南外村）、同義語：いろおんな（白河）
     ☆好色な女（多賀城）
 ＊「いろおなご」は「色女」。「①情婦、②愛人、③恋人、④色気のある女、⑤遊女」の意。

いろくらしいやつ……人の隠す物を見たがる人（仙臺6）

いろすんけ……色気違い（角田）

いろばか……好色漢（南部・宮古方言・南外村・多賀城）
 ＊「いろばか」は「色馬鹿」。「①色気違い、②好色家」の意。

いんがたがり……☆運の悪い人・不仕合せになった人（二戸郡・久慈・一戸・九戸村・普代2・滝沢2・大野2・南部・軽米3・庄内3）
    同義語：いがたがり（階上・十和田）、いんがたがれ（岩泉）
    ☆因果の悪い人（七戸・大鳥）
    ☆因果者（置賜・添川・庄内3）
 ＊「いんがたがり」の「いんが」は「因果」で、「前世の行いの結果、現在の不運なことが生じている」の意。「たがり」は「集り」。「①悪因縁を持った者、②不幸者、③業突張り、④捻くれ者、⑤こん畜生」の意。

いんがとしたひと……四角張った人（摺澤・仙臺5・宮城仙南‐東北2）
  同義語：いがっとしたひと（気仙1）、いんがとしている人（玉造）
 ＊「いんがとしたひと」は「厳とした人」。「①四角張って威厳のある人、②他人を威圧するような人」の意。

いんかまがらでできたおどご……奥地から出てきた男（平内）
 ＊「いんかま」は「①岩の間、②岬の奥、③奥地」のこと。「いんかまがらでできたおどご」は「田舎者」の意。

いんけ……馬鹿者、気狂（庄内3）
 ＊「いんけ」は「しんけ」の訛。「しんけ」参照。

いんぬのこ……自分の子供を卑しめて言う言葉（八戸23）
 ＊「いんぬのこ」は「犬の子」のこと。

いんのくそ……人を卑しめて言う言葉（仙台3）

＊「いんのくそ」は「犬の糞」のこと。

いんのげす‥‥‥馬鹿（者）（県南－福島3、福島5）

いんぴん‥‥‥☆旋毛曲り（鹿島台）、同義語：いんぴんたかり（泉）、いんぴんもの（岩沼2）
　　　　　　　☆小言（多賀城）、☆気むずかしい人（石巻2・仙台3・大島）
　＊「いんぴん」は「気難しいこと」。

いんぴんかたり‥‥‥☆無理難題を言う人（涌谷・氣仙沼3）、同義語：いんぴんかだり（石巻2）
　　　　　　　　　☆気難しい人（気仙沼・栗原・宮城仙南－東北2）
　　　　　　　　　同義語：いんぴんかだり（亘理）、いんびんたかり（蔵王）、いんぴんもの
　　　　　　　　　　　　（仙臺）
　　　　　　　　　☆気難しいことを言う人（仙臺5）

いんぴんづら‥‥‥膨れっ面（石巻2）

いんぶんかだり‥‥‥始終小言を言い、不平不満を言う人（気仙1・南三陸）
　＊「いんぶんかだり」は「言分語り」。「いんぶん」は「小言」の意。

う

うーかばね‥‥‥大きな身体（北會津）

うきすか‥‥‥軽率（会津－福島5）
　＊「うきすか」は「浮きすか」。「軽はずみ」の意。

うけくらい‥‥‥人の鼻息を窺うこと（人）（花山・仙臺6）

うーげす‥‥‥尻の大きな人（卑）（桧枝岐）
　＊「うーげす」は「大尻」のこと。「尻（げす）」は「げすっぺた」とも言う。

うさ‥‥‥お前（卑）（尾花沢）

うさなへな‥‥‥女（卑）（樽石）

うさなやろ‥‥‥男（卑）（蔵増）

うしけね‥‥‥☆一人前でない（者）（田川）
　　　　　　　☆頭が少々弱い（人）（津軽2）、同義語：うすけね（津軽14）
　＊「うしけね」の「うし」は接頭語。「けね」は「①弱々しいこと、②少々低脳」の意。「うしけない」で「①か弱い、②未熟だ」の意。

うしこげ‥‥‥馬鹿者（秋田7）、同義語：うすこげ（南郷）
　＊「うしこげ」は「うすこげ」とも。「うし」は接頭語。「こげ」は「①馬鹿者、②愚か者」の意。「こげ」参照。

うしてきぎ‥‥‥人の煽てに乗りやすい人、軽薄者、のろま（岩木）
　＊「うしてきぎ」の「うし」は接頭語。「てきぎ」は「①愚か者、②戯け者」。「てきぎ」参照。

う

うしばんくらへ……気の利かない者、うすのろ（岩木）
　＊「うしばんくらへ」の「うし」は接頭語。「ばんくらへ」は「①ちぐはぐな奴、②おっちょこちょい、③薄鈍」の意。

うしばかけぇ……☆うすのろ（岩木）
　　　　　　　　　☆馬鹿者（一町田）、同義語：うすばかもん（南部）、うすはか（薄馬鹿）（仙臺）。
　＊「うしばかけぇ」の「うし」は接頭語。「ばかけぇ」は「馬鹿気」。「①馬鹿野郎、②薄鈍」の意。

うしょたがれ……潔癖すぎる人（秋田1）

うす……☆愚鈍者（田河津・藤沢）、同義語：うすけね（庄内2・平内）、うすたらづ（村山－山形）
　　　　☆人を卑下して呼ぶ言葉（大沼）、☆目下の者（秋保）

うすこたれねぇ……少し知識の足りない者（角館）
　＊「うすこたれねぇ」は「薄小足りない」

うすちゃかし……本当の慌て者（津軽9）
　＊「うすちゃかし」は「薄ちゃかし」。「ちゃかし」は「慌て者、口が軽い人、思慮の浅い人」の意。

うすったらづもの……馬鹿者（高瀬）、同義語：うすら（会津2・南郷）
　＊「うすったらづもの」は「薄足りない者」のこと。

うすぺね……浅薄（者）（種市－南部）、同義語：うすへら（角田）
　＊「うすぺね」は「薄ぺね」。「①浅薄、②軽はずみ」の意。

うすなまこ……☆飄軽者（横浜）
　　　　　　　☆鈍重（南部方言・百石・扇田・米田・下田町）、同義語：うしなまこ（六戸）
　＊「うすなまこ」は「①戯けること、②滑稽なこと、③鈍重」の意。

うすばか……低脳児（置賜2）
　●うすばかたれ……ばかばかとしたこと（仙臺8）

うすへら……八方美人（松ヶ崎）
　＊「うすへら」は「薄箆」。「①人の機嫌を取る人、②八方美人」の意。

うすぺら……軽薄者（仙台3）、同義語：うすべらもの（仙臺4）
　＊「うすぺら」は「薄くぺらぺらしていること」。

うすめけぇねぇ……視力が弱い（人）（平内）

うぞくなし……意気地無し（石巻2）

うそこぎ……嘘吐き（有畑・西和賀・宮古方言・九戸村・二戸署・浄法寺2・七戸・沢内7・大川平・津軽11・気仙1・江刺・岩手・平泉2・比内・松峰・仙南・秋田5・大館・象潟・雄勝・霊山・会津2・三川・鳴子・鹿台台・涌谷・米沢・梁川・伏黒・酒田・山形・南山形・蔵増・置賜・庄内・石巻・南三陸・矢本・仙台原町・亘理・白石・七ヶ浜・大貫・仙台1・蔵王・多賀城・保原・耶麻・野木沢・河北・玉造・泉・秋保・黄海・大館3・能代2）
　同義語：うすこぎ（仁賀保）、うそかたり（新沼・生母・秋田北・鮎貝・栗原）、うそかだり（宮古・気仙1・一関・岩手・藤沢・胆沢町・胆澤3・大原2・田代・置賜・川西・新田・

多賀城・仙台3・置賜2)、うそこき（津軽4・日頃市・平泉・中村・中郷・原町・伊達・栗原・仙臺5・福島6)、うそこぎめ（山本）、うそこぐ（相馬）、うそこぢ（岩沼）、うそし（九戸郡・九戸中野・種市・小軽米2・南部・津軽・嘉瀬・平賀)、うそたがり（胆澤3)、うそたれ（宮古・久慈・一戸・軽米・九戸村・飯豊・岩手署・新堀・紫波署・八幡・石鳥谷4・気仙1)、うそぢまげ（津軽11)、うそっこき（只見・桧枝岐)、うそっこぎ（須賀川・會津）、うそつぎ（二戸郡)、うそとき（福島5)、うそはったぎ（南山形)、うそひり（日頃市)、うそぶぢまげ（津軽2)、うそづまげ（森田）、うそまけ（七瀧)、うそまげ（盛岡・宮古方言・岩崎・西山・岩手太田・新堀・錦木・宮古山田・岩手)、うそまげぇ（中野)、うそまり（岩泉署)、うそまんぱち（田島）

うそつぎ……噂をまく人（階上）

うそぶぢまげ……札付きの嘘吐き（津軽8）

うそまなぐ……藪睨み（嘉瀬・大川平・平賀）
　＊「うそまなぐ」は「嘘目」。

うだておどご……嫌な男（山本）
　＊「うだておどご」は「うたて（し）男」。「うたて（し）」は「①怖ろしい、②煩い、③物憂い、④嫌な、⑤汚い、⑥気味が悪い、⑦意気地がない、⑧酷い」の意。ここでは④。

うだでやづ……甚だしい奴（津軽9）

うだりおぢ……次三男（卑）（庄内3）
　＊「うだりおぢ」は「うだり叔父」。「うだり」の動詞形「うだる」は「捨てる」の意。

うだりおば……次三女（卑）（庄内3）

うぢげ……☆浮気者（秋田1）、☆馬鹿者（秋田7）
　＊「うぢげ」は「うつけ（空、虚）」のこと。「うつけ」は「①痴漢、②馬鹿、間抜け、③中身のない者、④ほんやり者、⑤空騒ぎ、⑥浮気者」の意。

うちは……遠慮深い（人）（河邊郡）
　＊「うちは」は「内端」。「①遠慮がち、②内気、」の意。

うちべんけいそとみそ……家では強がりでも外では内気な人（大和）

うちまたこうやく……阿諛者（気仙1）
　＊「うちまたこうやく」は「内股膏薬」。「①あっちへ付いたりこっちへ付いたりふらふらと定まらないこと、②日和見」の意。

うぢゃらぐ……役たたず（一方井）

うつぐ……浮薄な人（津軽2）
　＊「うつぐ」は「うつけ（空、虚）」。「うつけ」は「①空騒ぎ、②間抜け、③軽薄」の意。

うづけあがり……調子者（鹿角）、同義語：うぢけたかれ（大館2）、うんぢげあがり（南鹿角）

うづけたがれ……☆間抜け（秋田2・男鹿3）、☆流行に流される軽薄な人（由利−秋田6）
　　　　　　　☆物好き（能代2）

う

うづけたげれ……中身以上に粋がっている奴（秋田4）

うづげわらし……甘えん坊（津軽2）

うづけぐり……内股で歩く人（庄内）、同義語：うぢけぐり（鶴岡－庄内3）

うっすらかん……ぼんやり者（県南－福島3）、同義語：うっつらかーし（原町）
　＊「うっすらかん」の「うっすら」は「うすら」と同じ。「うすら」は「薄ら」、「①馬鹿者、②少し足りない人」の意。

うっつぁしやろう……煩い野郎（会津3）
　＊「うっつぁし」は「①鬱陶しい、②煩い」の意。

うってげーし……口答え（桧枝岐）
　＊「うってげーし」は「打って返し」のこと。「口答え」の意。

うどい……薄馬鹿（眞瀧）
　＊「うどい」は「疎い」。「①物分かりの悪い、②頭が鈍い、③愚かだ、④ぼんやり者」の意。
　●うで……すぐピンと来ない人（峰浜）
　●うでーひと……勘の鈍い人（宮古）
　●うでと……疎い人（能代）
　●うどえ……頭の回転が鈍い（人）（遠野2）、同義語：うでぇー（遠野2）

うなだら……ぐうたら者（普代2）
　＊「うなだら」の「うな」は「力なくふらふらしている様」、「だら」は「だらだらしている様」。

うならうなら……無為徒食（藤沢）
　＊「うならうなら」は「力なくなよなよしている様」から「何もしないで無駄に毎日を過ごすこと」、則ち「無為徒食」の意。

うぬきたがれ……何でも出来ると手を出す人（能代）
　＊「うぬきたがれ」の「うぬき」は「自惚れ」、「たがれ」は「集れ」。「①自惚屋、②独善的で独りよがりの人」の意。

うば……下婢（大沼）

うばかっか……下賤婦女（仙臺6）
　＊「うばかっか」は「姥かか」のこと。

うまぐなす……旋毛曲り・頑固者・偏屈者（盛岡）
　＊「うまぐなす」は「旨くない者」。「うまぐない」は「①不愉快な、②面白くない、③不味い、④融通の効かない」の意。ここでは④。

うまのしらみ……甘えん坊（五戸）
　＊「うまのしらみ」は「馬の虱」。「①のさばりっ子、②甘えっ子」の意。

うまれそぐねぁ……☆不具者（卑称）（宮古・気仙1・一関・大原2・胆澤3）
　　　　　　　同義語：うまれぢょごなー（種市2）、うまれぢょごねぇ（七戸）、うまれそぐなれ（江刺・藤沢）、うまれそこね（気仙3）
　　　　☆能なし（盛岡）

うやらめぐ‥‥‥病弱な様（人）（平賀）

うらはづ‥‥‥間抜け者（庄内3）

うらへら‥‥‥☆口先ばかりの人（大鳥）、☆表裏のある人、二重人格（秋田7・仁賀保）
　＊「うらへら」は「裏箆」。「箆」は「しゃもじ」のこと。又は「裏表」のこと。「①表裏ある人、②人の機嫌を取る人、③あべこべ、④口先だけの人」の意。「うすへら」参照。

うるしぼんつけ‥‥‥貧相、見窄らしい（人）（置賜）

うろり‥‥‥ぼんやり（者）（仙臺7）

うんぞくなし‥‥‥☆意気地なし（会津・只見・舘岩）、☆馬鹿（会津2・会津−福島3）

うんぞーほおろぎ‥‥‥落ち着きのない人（吉里吉里）
　＊「うんぞーほおろぎ」は「①落ち着き無く頻りに身体を揺する人、②落ち着きのない人」の意。

うんつく‥‥‥馬鹿者（石巻2）、同義語：うんづくね（愚鈍）
　＊「うんつく」は「馬鹿、愚かな人、鈍間」のこと。「知恵の足りない者を卑しめて言う言葉」。

え

えぁなすだれ‥‥‥役たたず（松崎）

えぁらしぐね‥‥‥良くない人・どうしようもない人・悪人（乙部採）
　＊「えぁらしぐね」は「愛らしくない」こと。「①憎らしい、②可愛げの無い、③良くない人」の意。
　●えぇらすくねぇわらし‥‥‥可愛げのない子供（仙台1）、同義語：えぁらすぐねぁ（岩手南）

えいさま‥‥‥力の弱い（人）、不格好（気仙5）
　＊「えいさま」は「好様」。「①意気地なし、②甲斐性なし、③力の弱い者、④貧弱、⑤不格好、⑥醜女」の意。「えーさまなす」参照。

えがたがり‥‥‥捻くれ者（樽石）

えがみのごんた‥‥‥いつも小言を言う人（大蔵）
　＊「えがみのごんた」は「啀（いがみ）の権太」。

えがむおぼこ‥‥‥執拗な子供（置賜2）

えき‥‥‥生意気（山形）
　＊「えき」は「いき（意気）」のこと。

えきあがり‥‥‥思い上がり者（松峰）
　＊「えきあがり」は「いきあがり（意気上）」のこと。「①思い上がった者、②生意気」の意。

えきかきぢ‥‥‥言語動作に圭角ある様（釜石）、同義語：えかほじき（釜石）

えきがり‥‥‥威張っている人（津軽2）

え

　　＊「いきがり（意気がり）」と同じ。

えぎしびと……意気地なし（由利）、同義語：えぐすなす（大蔵）

えぎたなす……容易に目覚めない（人）（仙臺7）
　　＊「えぎたなす」は「寝ぎたなす」のこと。

えきとか……落ち着きのない人（庄内）

えぎなりなやづ……軽率な人（盛岡）
　　＊「えぎなりなやづ」は「行成な奴」。「いきなり」は「①だらしない様、②乱雑、③出鱈目、④ふしだらな様、⑤見っともない様」の意。

えぐぢ……口蓋裂（平賀）、同義語：えぐち（大館2）

えぐでなし……☆悪者（津軽3）、同義語：えぐなし（浄法寺）、えぐなしもの（津軽1）
　　　　　　　☆不良者（日形）、同義語：えぐでなす（多賀城）、えぐでねぇ（山目）
　　　　　　　☆陸（ろく）でなし（八戸在・岩手）、同義語：えぐなす（大蔵）
　　＊「えぐでなし」は「ろくでなし」と同じ。「ろくでなし」参照。

えぐなしよめこ……器量の悪い嫁（岩木）

えぐりわるい……底意地悪い態度をとり相手を不快にさせること（人）（仙臺6）
　　同義語：えぐりのわりー（仙臺7）

えげぁだひと……酷い人（秋田6）
　　＊「えげぁだひと」は「酷い人」のこと。「えげぁ」は「①酷い、②大変」の意。

えげくち……生意気な言い方（泉）

えげこんぢょわり……意地が悪い人（霊山・伏黒・山形）、同義語：えげこんぢょう（川西）
　　＊「えげ」は強調の接頭語。「こんじょわり」は「根性悪」のこと。

えげしなこぐ……ハイカラ（上有住）
　　＊「えげしなこぐ」の「えげしな」は「おめかし」のこと、「えげすな」と同じ。「えげすなする」は「①おめかしをする、②品を作る」の意。

えげすかなぇやろ……気にくわない野郎（真室川）
　　同義語：えげすかないひと（仙台2）、えげすかねぇ（仙臺7）、えげすかねやつ（嫌いな奴）（石巻2・庄内3）
　　＊「えげ」は強調の接頭語。「すかなぇ」は「好きでない」、「やろ」は「野郎」のこと。

えげすな……身なりばかり飾りたがる人（遠野郷）

えげせわのがわ……世話のやける厄介者（山田4）
　　＊「えげせわのがわ」の「えげ」は強調の接頭語。「せわのがわ」は「世話の皮」で「①世話の焼ける様、②煩わしい様」。

えげぞはり……我を押し通す人（盛・大船渡署）、同義語：えげぞっぱり（藤沢）
　　＊「えげぞはり」の「えげ」は強調の接頭語。「ぞはり」は「ぢょっぱり」と同じ。

えげたうぇなす‥‥‥忘れん坊（遠野2）
　＊「えげたうぇなす」の「えげ」は強調の接頭語。「たうぇなす」は「たわいなし」のこと。「たわいなし」は「①愚か者、②不甲斐ない者、③忘れん坊、④風采の上がらない者」の意。

えげたふり‥‥‥知ったかぶり（五戸）、同義語：えげだふり（甲子）
　＊「えげたふり」は「①利口ぶること、②知ったかぶり」の意。

えげぢゃがし‥‥‥悪賢い人（平賀）

えげっさぁ‥‥‥気にくわない顔（卑）（置賜）

えげつねぇ‥‥‥強情張り（泉）

えげどうらげ‥‥‥道楽者（岩手）
　＊「えげ」は強調の接頭語。「どうらげ」は「道楽」。

えげとしょり‥‥‥老人（全くの）（五戸・南部）
　＊「えげとしょり」の「えげ」は強調の接頭語。「としょり」は「年寄」。

えげぬすと‥‥‥盗人（遠野1）
　＊「えげ」は強調の接頭語。「ぬすと」は「盗人、泥棒」。

えげのーなし‥‥‥猥談のみ言う人（気仙1）
　　同義語：えげのなし（釜石）、えげのなす（岩手）、えげむだつぎ（遠野2）

えげはんなた‥‥‥嘘・出鱈目（白石2）
　＊「えげ」は強調の接頭語。「はんなた」は「半鉈」。

えげふたざけ‥‥‥恥晒し・業晒し（岩手）
　＊「えげふたざけ」の「えげ」は強調の接頭語。「ふたざけ」は「①恥さらし、②恥ずかしい思いをすること」の意。「ひたざけ」とも。

えげべたがり‥‥‥物知り顔の人（遠野2）

えげほえど‥‥‥☆吝嗇者（錦木・秋田1）
　　　　　　同義語：えげほいと（鹿角）、えげほいど（五戸・田代）、えげほいどたがり（南部）
　　　　　☆欲張り（者）・貪欲（南鹿角）
　　　　　　同義語：えげぇほえど（八幡平）、えげほいと（鹿角）
　＊「えげほえど」の「えげ」は強調の接頭語。「ほえど」は「陪堂」。「①吝嗇、②欲張り、③貪食、④意気地なし、⑤しみったれ、⑥賤しい人」の意。

えげやす‥‥‥☆食べ物に卑しい人（盛・大船渡署）
　　　　　　同義語：えげやすぇ（岩沼）、えげやすこ（岩手南）
　　　　　☆欲張り（有住）
　＊「えげやす」は「いけ卑しい」こと。「①食物に意地汚い人、②食い意地の張っている人、③欲張り」の意。

えごすてな‥‥‥粗雑な人（涌谷）

え

えごわる……意地悪（秋田2）、「えごわる」は「えごらわるい」の略。「えごらわるい」は「①気分が悪い、②意地が悪い、③人付き合いが悪い」の意。

えさばが……乞食（岩手）
　＊「えさばが」は「躄（いざり）」のこと。

えーさまなす……意気地なし（伊達－東北）
　　同義語：えさまなし（上有住）、えーさまなし（盛）、えーざまなし（大船渡署）
　＊「えーさまなす」の「えーさま」は「好様」。「えーさま」は「①意気地なし、②甲斐性なし、③力の弱い者、④貧弱」の意。

えざまわり……行儀の悪い人（仁賀保）
　＊「えざまわり」は「居様悪」。「行儀が悪いこと（人）」の意。

えさみぁなぇ……元気がない（人）（平賀）

えざり……躄（會津）、同義語：えぢゃり（室根）

えざれけし……当たり前の仕事や用事を足せない人（峰浜）

えしぇぐい……やけ食い（大貫）
　＊「えしぇぐい」は「えせ食い」のこと。「えせ」の動詞形の「えせる」は「①競り合う、②意地を張る、③ふて腐れる」の意。

えしぇくされ……捻くれ者・旋毛曲り（一関）
　　同義語：えしぇくされもの（一関）、えせくせもの（附馬牛）
　＊「えしぇくされ」は「旋毛曲り」のこと。「えしぇくれる」は「捻（ひね）くれる」の意。

えしとし……強情者・強情張り（浅沢）

えすぴり……けちんぼ（一関・岩手・白石2）
　＊「えすぴり」は「いしぴり」と同義。「いしぴり」は「①けちんぼ、②吝嗇」の意。

えせこぎ……生意気者（庄内3）
　＊「えせこぎ」の動詞形「えせこぐ」は「威勢を張る」の意。

えせちばて……意地っ張り（飯豊）、同義語：えせっぱり（玉里・楢葉・鳴子）

えせぱり……☆痩せ我慢する者（岩手・古城）、同義語：えぜばり（多賀城）
　　　　　　☆片意地（石巻）、同義語：えせっぱり（南三陸・仙台3・仙臺5）
　　　　　　☆意地張り（宮城仙南－東北2）
　　　　　　☆意地悪く妨げする人（玉造）
　＊「えせぱり」は「えせ（威勢）張り」。「①意地悪く妨害する者、②意地っ張り、③悪巫山戯、④痩我慢する人」の意。

えせぱりこ……子がなくて養子を貰ったりすると子供が生まれることがある、それを言う（仙臺7）

えぞ……粗暴な者（山形漁村）
　＊「えぞ」は「①汚いことを平気でやる人、②礼儀知らず、③粗暴な者」の意。

えぞっこ‥‥‥☆蝦夷（卑）（栗原）、☆悪たれ者（蔵王）

えぞまなぐ‥‥‥窪んで丸い目（白石2）、同義語：えどまなぐ（平賀）

えぞやろ‥‥‥☆体の不潔な男（北荘内）、☆礼儀知らず（庄内）

えーたなもの‥‥‥頼り甲斐のない人（吉里吉里）
　＊「えーたなもの」は「えったな者」のこと。「えったな」は「①あのような、②詰まらない、③頼りがいのない」の意。

えたましがり‥‥‥物惜しみする人（相馬）、同義語：えだますがり（石巻・白石2・仙臺7）
　＊「えだますがり」は「いたましがりや」と同じ。「いたましがりや」は「①物惜しみする人、②けちん坊」の意。

えぢくされ‥‥‥☆意地悪・ひねくれ者（弘前・盛・平賀）、同義語：えづくされ（岩沼）
　　　　　　　☆意地っ張り（釜石・南部町・玉山・新郷・久慈・九戸中野・横川目・岩手太田・盛岡俚・八戸23・飯豊・八幡平・西和賀2・岩手・津軽2・大川平・田代・七日市・象潟・南外村・仁賀保・大館2）
　　　　　　　　同義語：えぢくさり（男鹿）、えぢたがり（温海・田川）、えぢたがれ（西和賀2）、えっくされ（九戸村）、えづくされ（三本木・附馬牛・軽米3・湯口・黒岩・江釣子・甲子・御明神・遠野郷・水堀2・気仙1・千厩・一関・江刺・長坂・日形・若柳・山目・水沢署・衣川2・平泉2・南三陸・気仙沼）、えづたがり（及位）、えんぢくされ（南鹿角・錦木）、えんちくされ（川内方言・津輕11）、えんつくされ（盛岡11）
　　　　　　　☆執念深い（人）（大正寺）
　　　　　　　☆怒りんぼ（峰浜）

えぢばり‥‥‥強情者・強情張り（中村・横川目・相馬）
　同義語：えせっぱり（宮城三本木・新田）、えぢっぱり（岩沼2）

えーぢゃまけ‥‥‥不甲斐ない奴（八戸在）、同義語：えづくされ（石巻）
　＊「えーぢゃまけ」は「好様け」？「①不甲斐ない奴、②ざまあみろ、③いい気味だ」の意。

えぢゃりのちんたま‥‥‥世擦れした人（卑）（白石2）
　＊「甓の睾丸」のこと。

えぢゃれけし‥‥‥臆病者（秋田7）

えちわんぱぐ‥‥‥腕白大将（米沢）
　＊「えちわんぱぐ」は「一腕白」。「①独り天下、②傍若無人に振る舞うこと」の意。

えっからやき‥‥‥怠け者・不精者（種市2）、同義語：えっかんなぢ（岩沼）
　＊「えっからやき」の「えっ」は接頭語。「からやき」は「①怠け者、②不精者」の意。

えづくりがぎ‥‥‥気難しい子供（五戸）、同義語：えっけがき（五戸）、えっけづき（南部）
　＊「えづくりがぎ」は「①気難しい子供、②拗ねやすい子供」の意。「えづけわらし」とも。

えづぐれ‥‥‥出来損ない（岩沼）

えづぐれこんぢょ‥‥‥素性の良くない人（岩沼）

え

え

えっこぐ……頑固（者）（真室川）

えっしょうげぃ……その日暮らしの人（一関）
 * 「えっしょうげぃ」は「一升買い」。「①その日暮らしの貧民、②その日の米をその日に買うこと」の意。

えった……屠殺者（秋田市）
 * 「えった」は「①穢多、②屠殺者」の意。

えづたげ……強情張り（高瀬）、同義語：えつたがり（及位）

えっちゃまぐり……乱暴（者）（岩手）

えづっぱり……意地っ張り（南部・山寺）、同義語：えづたがり（庄内）
 * 「えづっぱり」は「いぢっぱり」と同じ。「①意地っ張り、②強情者」の意。

えっぱだ……我儘・無愛想（玉山・矢巾・新堀・石鳥谷4）
 * 「えっぱだ」は「いっぱた」と同じ。「いっぱた」は「①一人前、②壮年、③意地、④変な様、⑤我儘」の意。ここでは③⑤。

えっぱだとーす……我を張り通す人（軽米）、同義語：えっぱだとうし（軽米3）

えっぱだすけ……とんでもない奴、ろくでなし（津軽9）

えっぱつ……道化者（矢巾）、同義語：いっぱち（紫波郡）
 * 「えっぱつ」は「①道化者、②ひょっとこ」の意。

えっぱり……☆意地悪い人（岩沼）、☆意地っ張り（尾花沢）

えづぱりこ……意地張り子（気仙1・白石2）

えっぺふくべ……煽てに乗って立ち回る人（弘前2）
 * 「えっぺふくべ」は「えっぺ瓢箪」。

えっぷうりゅう……☆変わり者（岩沼）、同義語：えっぷーりー（仙臺7）、☆偏屈な人（白石2）
 * 「えっぷうりゅう」は「一風流」。「一風変わっている人」のこと。

えっぷしん……意地っ張り（いわき・岡小名）

えっぷり……☆意固地（な人）（盛岡・南外村）、☆頑固者（新田）、☆見栄っ張り（七ヶ浜）
 * 「えっぷり」は「いい振り」。「えっぷりこぎ」とも。「意固地な人」のこと。

えづら……無愛想（な人）（鹿島台）
 * 「えづら」は「いづら（家面）」。「いづら」は「①家人の前で渋面すること（人）、②内づら」の意。

えでぁけぁなす……☆冷酷な人（岩手）、☆無情な人、人でなし（平泉2）
 * 「えでぁけぁなす」は「痛い痒い無し」。「①他人に対して冷酷な人、②我を通す人、③苦労知らず、④無情な人、⑤人でなし」の意。

えでぁごどかだり……気儘者（気仙沼）

えーでぱづれ……仲間外れ（山田4）、同義語：えぁでっこなす（宮古）
　＊「えーでぱづれ」の「えーで」は「①仲間、②相手」の意。

えでや……遠慮（西明寺）

えとひゃく……気のたらぬ人（仙臺）、同義語：えどひゃく（仙臺6）、えどへぐ（仙臺7）
　＊「えとひゃく」は「江戸百」、「江戸百」は「江戸の百文」のこと。「江戸の百文」は九十六文で流通しており、四文足りないことより、「えとひゃく」は「①抜けた人、②知能の足りない人」の意。

えどどのもん……大変な者（飲兵衛・泣き虫・欲張りなど）（種市2）
　＊「えどどのもん」は「いどどの者」のこと。「いどど」は「①益々、②一段と、③一入、④特別に」の意。

えなつさ……無愛想な顔つき（置賜）

えぬのこ……馬鹿者・間抜け（南部北・青森5）
　＊「えぬのこ」は「犬の子」。

えぬのへ……しつっこい人（南部北）
　＊「えぬのへ」は「犬の屁」。「いぬのへ」参照。

えのながべんけい……内弁慶、陰弁慶（八幡平・秋田4・北浦）
　同義語：えのそばごんげ（岩手南）、ええのめぇのしりえんこ（大野2）、えのがんばり（三本木採）、えのながのづごほ（沼宮内）、えのながのぢごんほ（南鹿角）、えのながべんけ（南鹿角・秋田民俗・大仙）、えんなかべんけい（有住・大原2）、えのまえのおにこ（津軽1）、えのまえのげしぱり（八戸23）、えのまぇのづごほ（盛岡2）、えのまぇのづごほ（盛岡狸・岩手太田）、えのめあのづごほ（盛岡）、えのめぁのまのく（多賀城）、えのめぇあげんき（釜石）、えのめぇのしんぷたれ（八戸2）、えのめぇのづぐほ（滝沢2）、えのめぇのづごほ（一戸3）、えのめのがすぱり（十和田）、えのめのがんばりこ（十和田採）、えのめのぢごほ（南部町・六戸採）、えんなかべんけい（中郷）、えんながべんけえ（釜石・衣川2・気仙4・気仙沼）

えのめぁげんぎ……家の近くでだけ元気な人（岩手）

えのめのめくされ……臆病な子供（南部北）

えぱだしけだやつ……一度決めたことを翻して別のことをする人（津軽14）

えび……佝僂（大館2）

えびきつ……素直に受け入れない者（秋保）
　●えびきづもの……文句言う人（南三陸）

えびた……☆尻持の悪い人（米沢）
　　　　　　☆寝ながら両便を漏らす（人）（置賜）
　　　　　　同義語：えびだり（米澤）、えびたれ（多賀城）、えびだれ（南三陸・七ヶ浜・岩沼・白石2・仙臺7・尾花沢）、えびったれ（田島）

え

　　　　　　☆夜尿症の子（山寺）
　　＊「えびた」は「居浸り」で、「①寝便、②垂れ流し」の意。

えびたれ……☆横着者（庄内3）

えびつ……☆人の中で臆する人（平泉）、同義語：えびつかだり（気仙7）
　　　　　　☆捻くれ（者）・旋毛曲り（長井）
　　　　　　　　同義語：えびだれ（庄内）、えびちづ（岩沼）、えびづ（中郷・五百川・白鷹2・山寺）、
　　　　　　　　えんびかたり（富谷）
　　　　　　☆強情張り（置賜2）
　　＊「えびつ」は「歪（いびつ）」。「①物事に文句を付ける人、②愚図愚図すること、③理不尽なことを言う人」の意。

えびつかだり……☆頑固者（米沢・置賜）、☆理屈っぽい語り（南三陸）

えふり……☆生意気振る人、身分不相応に身を飾ること、身分不相応に暮らす人（津軽11）
　　　　　☆生意気（鹿島台）、同義語：ええぶり（石巻）

えぷり……意地っ張り（浄法寺）

えふりこぎ……☆ええかこし（松峰・大館2）、☆出しゃばり（山本）、☆外見を飾る人（比内）
　　　　　　　☆見栄っ張り（赤川・津軽9・津軽14・真室川・能代2）
　　　　　　　☆良い振りをする人（南部北・野辺地8・六戸採）、同義語：ええふりこぎ（能代2）
　　　　　　　☆お洒落（平賀）
　　＊「えふりこぎ」は「①良い振りする人、②派手な人、③お洒落をする人、④気取り屋、⑤衒う者」の意。

えぺぁ……ちび、小さい人（秋田7）
　　＊「えぺぁ」は「①極端に背の低い人、②矮者」。「えっぺい、えっぺーこ」とも言う。

えへぁづら……老人（卑）（石巻）

えべし……助平な人（津軽7）
　　＊「えべし」は「へぺし」と同じ。「①色狂い、②助平な人」の意。

えへっぽ……怒りやすい人（五戸・新郷・軽米・浄法寺）、同義語：えせっぽ（八戸在）
　　＊「えへっぽ」は「①怒りん坊、②拗ね者」の意。動詞は「えへる」。

えへづら……顔色が悪く死にそうな顔（人）（石巻2）

えへべご……☆何時までも拗ねている女の子（津軽8）
　　　　　　☆拗ねた子供（平賀）、同義語：えへだわらし（平賀）

えへぽふぐれっこ……膨れっこ（子供）（南部町）

えぼちんけ……一人前でないこと（人）（置賜）

えぼびっき……旋毛曲り（置賜）
　　＊「えぼびっき」は「疣蛙」。「蟇蛙」のこと。

えやし……食いしん坊（角館・由利・庄内3）
　　同義語：えやしっこ（菊多）、えやしぼ（米沢・置賜・置賜2）、えやす（南山形）、えやすい（中郷）、えやすこ（矢本・岩沼）

えやしたがれ……食物に賤しい人（西和賀2）、同義語：えやす（山寺・尾花沢）、えやすこ（相馬2）
　＊「えやしたがれ」は「賤し集れ」。「①食物に賤しい人、②がつがつしている人」の意。

えやしっぽぉ……卑しい奴（田島）

えやすこ……☆がつがつする子供（塩釜・白石2）、☆食べ物に賤しい子供（秋保）
　＊「えやすこ」は「いやしこ」に同じ。意地が汚い子を「えやすぃこ」（仙臺7）と言う。

えやらしぐねぇわらし……可愛いげのない子供（雄勝）

えらかれぇんど……偉い人（役人のこと）（卑）（平内）

えらす……食い意地の穢い者（尾花沢）
　＊「えらす」は「いやし（卑し）」のこと。

えらすめぎ……早合点しそうな人（石巻2）
　＊「えらすめぎ」は「苛ちめぎ」のこと。「苛つ」は「①性急で落ち着きのないこと、②慌てること」の意。

えりぇぎれぇ……好き嫌いの強い人（西根）

えれさま……威張り屋（十和田）、同義語：えれぇさま（南部）
　＊「えれさま」は「偉い様」。「①威張りたがる人、②偉い人」の意。

えーろ……あかんべぇ（仙臺5）

えろきづげぁ……好色狂（岩手・多賀城）、同義語：えろちづげ（岩沼）、えろばが（多賀城）
　＊「えろきづげぁ」は「①色気違い、②色狂い」のこと。

えろくらすいえやつ……人の隠す物を見たがる賤しい根性の者（仙臺7）
　＊「いろくらしい」に同じ。

えをすげたやろう……強いて作為して難題などを云う野郎（仙臺6）
　＊「えをすげる」は「柄をすげる」。

えんがたがり……☆因果者（八戸23・会津・豊里・温海・白鷹・宮内・山形・南山形・鮎貝・山寺）
　　　　　　　　＊「いんがたがり」参照。
　　　　　　☆運の悪い人（八戸在・新郷・九戸郡・軽米・舊南部・滝沢2・青森5・会津・米沢・置賜・秋保）
　　　　　　　　同義語：えがたがり（八戸在・中郷）、えんがーたがり（野田）
　　　　　　☆欲張り（山形漁村）
　　　　　　☆罰当たり（真室川）
　　　　　　☆縁起を担ぐ人（庄内）
　　　　　　☆悪病を一身に負っている者（尾花沢）

えんかのげ……☆生気がなくなった者（秋田7）、☆役立たず（山本）

43

＊「えんかのげ」は「茶の香り除け」？「①生気の無くなった者、②活気の無くなった者」の意。「えんか抜ける」で「①効き目がなくなる、②生気がなくなる、③活気がなくなる」の意。

えんからまし‥‥‥よろよろしている様（人）（山形漁村）
　＊「えんがらまんがら」で「よたよたと危なっかしく歩く様」を表現。

えんきょ‥‥‥老人（會津）
　＊「えんきょ」は「隠居」。ここでは「老人」の意。

えんくつなし‥‥‥捌けない人（いわき）
　＊「えんくつなし」は「陰屈な人」？のこと。

えんたいうそだんべい‥‥‥総て嘘を言う人（仙臺7）

えんぢくされ‥‥‥強情張り（山本）
　＊「えんぢくされ」は「意地腐れ」のこと。

えんぢばり‥‥‥我慢強い人（秋田7）、同義語：えんづばり（秋田1）
　＊「えんぢばり」は「①我慢強い人、②意地っ張り」の意。

えんぢゃらもん‥‥‥体の不自由な様（人）（平賀）

えんのくそ‥‥‥人を罵倒して言う言葉（鹿島台・角田・仙臺7）
　＊「えんのくそ」は「犬の糞」。

えんばえこき‥‥‥☆お世辞を言う人（置賜）、同義語：えんべぇこき（七ヶ宿）
　　　　　　　　☆機嫌取り（置賜2）
　＊「えんばえ」は「お世辞」。「えんべぇ」は「諂うこと」。

えんびづやろ‥‥‥人に反対のことばかり言う人（高瀬）、同義語：えんびづ（村山3）

えんぴん‥‥‥☆意地っ張り（涌谷・七ヶ浜・秋保）、同義語：えんぴんたがり（白石2）
　　　　　　☆気難しい人（石巻）、同義語：えんぴんたがり（白石2）
　　　　　　☆旋毛曲り（仙臺7）

えんぴんかだり‥‥‥☆旋毛曲り（涌谷・仙台1・仙臺7）、同義語：えんぴんたがり（仙台4）
　　　　　　　　　☆気難しいことを言う人（石巻・岩沼）。

えんぷんかんぷん（かだり）‥‥‥屁理屈（を言う人）（多賀城）

お

おいなしぼ‥‥‥臆病者（会津－福島3）

おうしら‥‥‥短気（者）・せっかち（五戸）、同義語：おうしらからきぢ（西和賀2）
　＊「おうしら」は「おしら様」の略。「おしら様」は直ぐに怒りやすい神様であることから、「おうしら」は「①短気者、②せっかち」の意。

おうふう‥‥‥☆金品を節約せざる者（気仙5）、☆傍若無人（花山）、☆倨傲（玉造）

＊「おうふう」は「大風」。「①気が大きいこと、②コセコセしないこと、③金品を妄りに費やすこと、④尊大、⑤横柄」の意。ここでは①③。

おえなしぼう……意気地無し（田島）

おおかめもの……恐ろしい奴（仙臺7）
＊「おおかめもの」は「狼者」のこと。

おおぎら……金の使い方に慎重な人（気仙2）
＊「おおぎら」は「①鷹揚な人、②派手な人、③太っ腹の人、④金使いの荒い人、⑤お金の使い方にこせこせしない人」の意。
参考：おうぶくなひと……心大きく物惜しみしない人（仙臺6）

おおさかのちゃっこ……見苦しい格好の人（六戸採）
＊「おおさかのちゃっこ」の「おおさか」は「十和田市相坂」のこと。六日町方言。

おおねぎ……号泣（胆澤3）

おおべしかたり……豪語者（気仙3）
同義語：おうべし（気仙5）、おーべしかだり（岩手）、おーべんしかだり（気仙1）
＊「おおべしかたり」は「おおべし語り」。「①人を見下して横柄な言葉を用いる人、②大袈裟な誇張したことを言うこと、③豪語者」の意。

おおほねやみ……怠け者（会津）
＊「おおほねやみ」は「大骨病」。「ほねやみ」は「①怠けること、②怠け者」の意。

おぉまぐらぇ……大食漢（津軽1・平賀・南部北・雄勝・五百川）
同義語：うーぐい（桧枝岐）、おうまくらい（気仙5）、おおまくらい（鳴子・置賜2）、おおまくらえ（置賜）、おおまぐりー（岩泉）、おおまぐりや（北浦）、おおまぐれぇ（一戸・気仙4）、おおまくらひ（鹿角・仙臺）、おおめしまぐらる（五戸）、おおまぐれ（男鹿・北荘内・庄内・矢本・角田・岩沼）、おおまぐれあ（盛岡・稗貫・石巻）、おほまぐれや（西明寺）、おーまぐらい（津軽4・子吉川・真室川）、おまぐらい（中郷・栗原）、おまぐらえ（高瀬・蔵増）、おーまぐれぁ（岩手・大原2）、おーまぐれぇ（江刺・鹿島台・山形漁村）、おーまくれぁ（七ヶ宿）、おんぐれぇ（七戸）、おんまぐらぇ（長井・鮎貝・置賜・白鷹2・川西）
＊「おぉまぐらぇ」は「大食らい」のこと。「①大食、②大食漢」の意。

おおむぐなひと……体の大きな人（新田）
＊「おおむぐなひと」は「①年の割に老けて見える人、②むっつりとした人、③体の大きな人」の意。

おがさんべり……余計なお喋り（津軽11）

おがし……道化者（津軽4）
＊「おがし」は「①道化者、②鹿舞いの道化師」のこと。形容詞の「おがし」は「①面白い、②怪しい、③疑わしい、④変な」の意。

おがしこ……滑稽で面白い人（津軽2）

おがしふと……変な人（津軽2）、同義語：おがすげなひと（山形）

お

おがしゃべり……多弁家・お喋り（津軽1・一町田・秋田4）
　　同義語：おがさべり（秋田北・秋田4・六郷）、おがさびり（田代）、おがさびり（田代）、おがしゃべっちょ（大館2）
　＊「おがしゃべり」の「おが」は「たくさん」の意。「おがしゃべり」は「①おしゃべり、②多弁家、③他言」の意。

おがたろ……だらしのない人（男鹿・男鹿4）
　＊「おがたろ」は「恩荷太郎（大変だらしない酋長）」のこと。「たろう」は「①惣領、②長男、③馬鹿者、④だらしのない者、⑤我儘狼藉者」の意。

おかながり……臆病者（野辺地）
　　同義語：おかなぁぇがりや（真室川）、おかねがり（庄内3）、おっかながり（相馬）
　＊「おかながり」は「おっかながり」の略。「おっかない」は「①怖い、②怖ろしい」こと。「おかながり」は「①臆病者、②怖がり屋」のこと。

おかべ……☆生意気（庄内－山形）、☆知ったかぶりをする人（庄内3）
　＊「おかべ」は「①生意気、②伊達者、③知ったかぶりをすること（人）」のこと。「おかべ」の動詞形「おかべる」は「知ったかぶりをする」の意。

おがへっつい……役立たず、ぬけ作、（宮古）
　＊「おがへっつい」は「陸竈」のこと。「①役立たず、②抜け作、③脳足りん」の意。

おがへわす……お節介（平内）
　＊「おがへわす」は「余計な世話をする（人）」のこと。

おがへんきやみ……☆疳気病み（津軽2）、☆お節介（平賀）
　＊「おがへんきやみ」は「岡疳気病又は傍疳気病」、「おがへんき」は「無用の世話をする人、不要な苦労をすること」のこと。「おがへんき」の動詞形「おがへんきやむ」は「①お節介をする、②他人のことで苦労する」の意。

おかめ……☆女（卑）、☆醜女（大沼）

おがめ……☆お多福（稗貫・宮古方言）、同義語：おかめっこ（宮古方言）、おがめんこ（西根）
　　　　☆醜女（しこめ）（一戸）、同義語：おかめへな（南山形）
　＊「おがめ」は「①お多福、②容貌の優れない者、③醜女、④女を誹謗する言葉」の意。

おがりこっけ……大きくなりかねた人（白石2）
　＊「おがりこっけ」は「成長し損なうこと又はその人」の意。「おがりこっけた人」とも言う。

おがれこ……道化者（津軽11）
　＊「おがれこ」の「おがる」は「①大きくなる、②生える、③巫山戯る、④増長する」の意。「おがれこ」はここでは「道化者」の意。

おきがらげぁ……起きるときぐずぐずする人（盛）
　＊「おきがらげぁ」は「起床を渋る人」。「おきがらげぇする」は「朝の起床を渋る」こと。

おぎまわり……拗ね者（宮古俚）
　＊「おぎまわり」は「拗ね者」。「おぎまーる」は「ふて腐れる」こと。

おくせっこ……尻込みする子、内気な子（宮古方言）、同義語：おくせざる（宮古方言）

＊「おくせっこ」は「臆する子」。「①尻込みする子、②内気な子、③物怖じする子」の意。

おぐび‥‥‥人見知り（庄内3）
＊「おぐび」は「臆病、気後れ、怯え」の意。「おくびれる」は動詞として「①臆病になる、②気後れする」の意、転じて「引っ込み思案」。

おぐびょうたがり‥‥‥☆小心者（会津2・南郷）
☆臆病者（盛岡・藤根2・岩手・摺澤・胆沢町・胆澤3・大原2・霊山・伏黒・気仙沼・角田・多賀城・仙台3）
同義語：おぐびょうくされ（河北・玉造）、おくびょうたがれ（弘前）、おぐびょうたがれ（津軽2）、おくびょたかり（中村・胆澤3・大島）、おぐめたがり（十和田）
＊「おぐびょうたがり」は「臆病集り」。「①臆病者、②小心者」の意。

おぐれぇ‥‥‥気性が高い（人）（岩沼2）

おげぇやろ‥‥‥弱い男（南三陸・石巻2）

おげはぐ‥‥‥☆機嫌取り（原町）、同義語：おけはく（岡小名）
☆お世辞（仙台3・柴田・白石3・会津4）
同義語：おけいはく（黄海）、おげぇはぐ（花山）
＊「おげはぐ」は「お敬白」のこと。「①心にもないお世辞、②おべっか」の意。

おげはぐかたり‥‥‥追従者（藤沢）、同義語：おげはぐ（角田）
＊「おげはぐかたり」は「御軽薄語り」または「お敬白語り」。「①お追従者、②お世辞、③おべんちゃら」の意。

おごぢだ‥‥‥意地の悪い頑固な人（一町田）

おこねふと‥‥‥怖い人（津軽2）
＊「おこねふと」の「おこね」は「おっかない」と同じ。「おこねふと」は「おっかない人」で、「怖い人」の意。

おごりっこ‥‥‥些細なことにすぐ怒る人（宮古）
＊「おごりっこ」は「怒る人」。「おごる」は「①叱る、②怒（おこ）る、③怒（いか）る」の意。

おさんぽ‥‥‥幼稚な人（石巻2）

おしえっこう‥‥‥秘密を教えること（米沢2）
＊「おしえっこう」は「教口、教事」。「①告げ口、②耳打ち」の意。

おしがんぼ‥‥‥物惜しみする人（いわき）

おしつえ‥‥‥強情張り（胆沢町）
＊「おしつえ」は「押が強い」？転じて「強情張り」の意。

おしゃらく‥‥‥☆見栄を張る（女）（宮城三本木・花山・玉造）
☆娼妓・女郎（江刺・大船渡署・気仙5・軽米3）
同義語：おさらぐ（気仙7・釜石－娼婦・七戸）、おしゃめ（長井・米沢・鮎貝・置賜・置賜2・添川・米澤）、おしゃらぐ（岩手・立根・盛・遠野と

　　　　　　　野辺地－娼婦・多賀城）
　　　　☆遊女（氣仙沼3・黄海）、☆お洒落（仙臺5）
　　　　同義語：おしゃらぐ（会津・鳴子・田島・石巻2・多賀城・仙台3）、おしゃれ
　　　　　　　　こ（北會津）
　＊「おしゃらく」は「①娼婦、女郎、②芸者、③お洒落な女」の意。

おしゃらぐ……お節介（河北・仙台4）

おしゃらぐおなご……ハイカラな女（藤沢）

おしゃれっこ……生意気（福島5）

おしゃんべ……干渉（仙台4）

おしょすがり……恥ずかしがり屋（石巻・南三陸・仙台原町・角田・大貫・岩沼・白石2）
　　同義語：おしょしがり（鹿島台・仙台3）
　＊「おしょし」は「恥ずかしい」の意。

おせこと……みみこすり、教言（濱萩）
　＊「人の悪口を囁く人」のこと。

おせっくち……告げ口（浜通－福島5）、同義語：おせくち（仙臺5・宮城仙南－東北2）

おそし……嘘吐き・虚言者（九戸中野・種市2・南部）
　　同義語：おそ（西白河）、おそかだり（一関・江刺・平泉2）、おそこき（福島5）、おそたれ（種
　　　　　　市2・大野）、おそつき（岩手）
　＊「おそし」は「うそし」と同じ。「嘘吐き」のこと。

おそっぺねー……素っ気ない（人）（白石2）
　＊「おそっぺねー」は「そっぱいがない」と同じ。「そっぱいがない」は「①愛嬌がない、②素っ
　　気ない、③親しみにくい」の意。

おそづらこぎ……厚かましい人（野田）
　＊「おそづらこぎ」は「嘘面こぎ」？「①平気で嘘を言う人、②厚かましい人」の意。

おそびょおし……遅鈍（米沢）、同義語：おおびょうし（米沢）
　＊「おそびょおし」は「遅拍子」。「遅くて動作の鈍いさま」。「おそびょうしな奴」とも。

おそぼろけ……良くは知らぬ風をする（人）（胆澤3）
　＊「おそぼろけ」は「素知らぬ振りをすること又はその人」の意。

おそめ……視力が弱い人（岩沼）

おそろ……仕事の遅い人、仕事の粗末な人（八戸在）、同義語：おそぎち（七戸）
　＊「おそろ」は「遅ろ」。「①仕事の遅い人、②仕事の粗末な人、③鈍間」の意。

おだがら……馬鹿者（仙臺7）、同義語：おだがらもの（仙臺7）

おだぐきり……締まりもなく戯けを言うこと（人）（米澤）

おだちもの‥‥‥戯け者（仙臺5）

おだづ‥‥‥悪巫山戯（者）（七ヶ浜）、同義語：おだづもの（秋保）

おだっけ‥‥‥☆巫山戯野郎（新田）、☆手に負えない者（おだづけもの）（秋保）

おだづばが‥‥‥☆巫山戯過ぎる人（有住・岩手南）、☆戯け者（仙台1・多賀城）
　＊「おだづばが」は「煽て馬鹿」。「人の煽てに乗って軽々しく振る舞う者」の意。

おだづもっこ‥‥‥☆軽躁者（矢本・河北）、同義語：おだつもっこ（石巻2・七ヶ宿）
　　　　　　　　☆戯れはしゃぎ者（南三陸・矢本・仙台原町・角田・白石2）
　　　　　　　　　同義語：おだぢもの（岩手・仙台3）、おだづもっこ（亘理）、おだづやろ
　　　　　　　　　　　　　（岩手・多賀城）
　　　　　　　　☆悪巫山戯をする男の子（七ヶ浜）
　＊「おだづもっこ」は「①軽薄な者、②逆上せ者、③戯れ者、④おっちょこちょい」の意。

おたば‥‥‥生意気（娘）（津軽－東北2）

おだふぐ‥‥‥おかめ（矢巾）、同義語：おだんべ（いわき）、おふくのめん（濱萩）
　＊「おだふぐ」は「阿多福」。「おかめ」の意。

おだま‥‥‥物乞い（庄内3）

おたり‥‥‥☆淫売婦（長岡・浜通－福島5）、同義語：おだり（原町）
　　　　　☆馬鹿（いわき）

おだれやろ‥‥‥良くない人（岩沼）、同義語：おだれ（岩沼）

おたんこなす‥‥‥☆知恵の回らない奴（宮古）、☆馬鹿・間抜け（衣川2・楢葉）
　＊「おたんこなす」は「おたんちん」に同じ。「①のろま、②間抜け、③馬鹿」の意。

おたんちん‥‥‥☆馬鹿・間抜け（相馬・原町・村山－山形・置賜・亘理）
　　　　　　　　同義語：おだんちん（いわき）
　　　　　　　☆人を嘲る言葉（会津3）
　＊「おたんちん」は「たんちん」と同義。「①馬鹿、②間抜け」の意。

おぢぇさいねがぎ‥‥‥手に負えない子供（山本）
　＊「おぢぇさいねがぎ」は「如才がない子供」。「如才がない」は「①狡い、②悪賢い、③手に負えない」の意。

おぢかぶ‥‥‥次三男（卑）（尾花沢）、同義語：おちこ（尾花沢）、おづかぶ（尾花沢）

おちけ‥‥‥生意気（秋田1）
　＊「おちけ」は「生意気（者）」のこと。

おぢこぎ‥‥‥見栄を張る人（仙南）

おぢふはちさま‥‥‥厄介者（仙臺6）、同義語：おぢふはっちゃ（仙臺6）
　＊「おぢふはちさま」は「御十八夜様」のこと。転じて「①厄介者、②何事にも差し出口を出し用もないのに世話を焼く者」の意。

お

おぢゃうり‥‥‥同じことをあちこちに触れ回る人（山寺）
　＊「おぢゃうり」は「お茶売り」のこと。

おぢゃがやら‥‥‥横着者（村山－山形）
　＊「おぢゃが」は「横着」のこと。「やら」は「奴」。

おぢゃぐもの‥‥‥法螺吹き（大正寺）

おぢゃし‥‥‥叔父（卑）（平賀）

おぢょ‥‥‥空威張り（秋田3）、同義語：おんぢょ（秋田3）
　＊「おぢょ、おんぢょ」は「①空元気、②虚勢を張って脅すこと」の意。

おづいしょ‥‥‥おべっか（仙台4）

おっかながり‥‥‥臆病（者）（中村・米沢・鮎貝・仙台1）
　　　同義語：おっかながりや（宮古・角田）、おっかねぁがり（長部）、おっかねがり（南郷・置賜・石巻2・会津3）、おっかねーがり（会津2）
　＊「おっかながり」の「おっかな（い）」は「怖い」こと。「①怖がり、②臆病者」の意。

おっき‥‥‥大きい人（賤称）（津軽4・平賀）
　＊「おっき」は「大きい（人）」のこと。「①大きい人、②背の高い人」の意。

おっけあんこ‥‥‥慢心している男（七ヶ浜）

おーたがん‥‥‥あんな奴（桧枝岐）

おっちどい‥‥‥☆理解力が乏しい人（気仙2）、同義語：おっつどい（千厩）
　　　　　　　☆遅鈍（者）（東磐井・岩手・曾慶・矢越・折壁・澁民・日形・千厩署・東山・黄海）
　　　　　　　☆愚鈍（室根）
　＊「おっちどい」は「①遅（おっち）鈍（どい）者、②理解力の乏しい者」の意。

おっちのへ‥‥‥他人のせいにする屁放り者（置賜）
　＊「おっちのへ」は「音のしない屁」のこと。

おっつ‥‥‥☆唖者（角田・仙台1・塩釜・山寺・河北・秋保・氣仙沼3・室根・東山2・黄海）
　　　　　　同義語：おーち（石城）、おっち（三春－福島・多賀城・田川・會津・大沼・北會津・花山・玉造・桑折・金沢・大館2・仙臺5）、おっつぃ（仙臺7）
　　　　　☆物が言えない人（白石2）
　＊「おっつ」は「①唖者、②口のきけない人」。

おっつぐらい‥‥‥出鱈目、虚言（玉造）、同義語：おっつぐらえ（多賀城2）

おっつらかだり‥‥‥内緒話を言いふらす人（岩手）
　＊「おっつらかだり」は「おっつら語り」。「内緒話を言いふらす人」の意。

おーづら‥‥‥傲慢な顔（久慈）
　＊「おーづら」は「大顔」。「①大きな顔、②傲慢な顔（人）」の意。

おっぱきりめめづ‥‥‥跳ね回って落ち着きのない人（一戸3）

＊「おっぱきりめめづ」は「尾端切り蚯蚓」。蚯蚓を切ると跳ね回ることによる。

おづはっちゃ‥‥‥☆お節介な人（岩沼）
　　　　　　　　☆いつも口出しする人（蔵王）、同義語：おづいはっちゃ（仙臺7）

おっほけっと‥‥‥稀にしか外出しない人（六戸採）
　＊「おっほけっと」の「おっほ」は「梟」のこと。「けっと」は「①毛布、②角巻」で外出着の一つ。

おでっぺぇ‥‥‥お諂い（大郷）、同義語：おてっぺぇぁ（花山）、おてっぱい（花山）
　＊「おでっぺぇ」は「①追従、②お諂い、③機嫌取り」のこと。

おでっぺーとり‥‥‥お世辞を言う人（白石2）

おーてんぶり‥‥‥大威張り、遠慮なし（白石2）
　＊「おーてんぶり」は「大手振」のこと。「①大威張りの様、②恥ずかしげのない様、又はその人」の意。

おーでんぼ‥‥‥大柄（な人）、太く大きい（卑）（平賀）

おどぎぢ‥‥‥この馬鹿気（男鹿2）

おどけ‥‥‥☆道化（おどげ）（白鷹・室根）、☆戯言（添川）
　　　　　☆冗談（角田・花山・泉・室根・東山2・黄海）
　　　　　☆剽軽者（石鳥谷4）
　　　　　同義語：おどげっこ（盛岡）、おどげもの（仙台2・秋保）、おどげやろ（岩手）

おどげかだり‥‥‥☆冗談（猥談）を言う人（藤沢・新田・仙台3）、☆戯れ言を言う人（仙臺7）

おどげーこなせねー‥‥‥了見の狭い人（岩泉）

おどげしらづ‥‥‥こわい物知らず（角館）

おどげぜんこ‥‥‥滑稽な人（気仙1・釜石）、同義語：おどげづんこ（宮古）、おどげやろ（一関）

おどげばか‥‥‥巫山戯過ぎる人（衣川2）

おどげやろ‥‥‥巫山戯野郎（多賀城）
　＊「おどげ」は「①冗談、②洒落、③戯れ」の意。

おとこあっぱ‥‥‥お転婆娘・男勝りの女（南部方言・遠野・五戸・百石・下田町）
　　同義語：おどごあっぱ（六戸・二戸郡・南部町・八戸在・一戸・湯口・浄法寺2・盛岡俚・剣吉）、
　　　　　　おどこあっぱ（福岡）
　＊「おとこあっぱ」は「①男の様な女、②女の子がみっともないことをすること、③お転婆娘、④少女、⑤きかん気の女」の意。

おどごあねこ‥‥‥☆女々しい男（津軽1・津軽2・平内）、☆女の真似をする男（平賀）
　　　　　　　　☆お転婆（平内）

おどごがぎ‥‥‥男の子（卑）（多賀城・七戸）

おどごきれ……☆つまらぬ男（津軽1・弘前2・江刺）、☆男（卑）（平賀）
　＊「おどごきれ」は「①男の端くれ、②詰まらない男、③男気、④男手」の意。

おどごごげ……男やもめ（七戸）

おどござっぺー……男の真似をする女（山田4）

おどごぢゃっぱ……お転婆娘・男勝りの女（川内方言・赤川・南部・平内・津輕11）
　　同義語：おどごぢゃっぺ（川内方言）、おどごばっちゃ（南鹿角・平賀）、おどごびー（八戸在）

おどごばづ……男の端くれ（藤沢）

おどごばっちゃ……☆お転婆（秋田1）、同義語：おどごまちこ（秋田1）、おどごまんつこ（松ヶ崎）
　　　　　　　　☆男のような女・男勝りの女（鹿角・津軽1）
　　　　　　　　　同義語：おどごおなご（気仙沼）、おどごおんな（原町）、おどごけぇり（角田）

おとこびった……男のような娘（南部・七戸）
　＊新潟では「男のような女」は「おとこやす」。

おどごわっぱ……お転婆娘・男勝りの女（岩泉・宮古方言・宮古山田・安家・南部・庄内）
　　同義語：おとこわっぱ（大浦）

おどなわらし……ませた子供（気仙2）

おどなわらす……進歩のない人（盛岡）

おどなばしっつめ……大人ぶった子供（白石2）

おなごえらげ……女たらし（野田）

おなごがき……女の子（卑）（七戸・盛岡・一関・多賀城）

おなごきれ……女（卑）（七戸・南部）
　＊「おなごきれ」は「女の端くれ」のこと。

おなごくされ……女の奴め・女の分際で（八戸在・宮古方言・津軽1・山本）
　　同義語：おなくされ（男鹿・松ヶ崎・大正寺・南外村）、おなんくされ（河邊郡）

おなごけぇり……女みたいな男性（角田）

おなござっぺぇー……女（卑）（江刺・鳴子・鹿島台・石巻2・白石2・仙臺7）
　　同義語：おなござっぱい（岩手・仙台3）、おなござっぺ（岩手・蔵王・泉）、おなござっぺぁ（岩手・石巻）、おなごぢゃっぺ（八戸在）、おなごばっさい（御国）
　＊「おなござっぺぇ」は「女雑輩」。女子に対する卑称。

おなごびっき……女（卑）（西和賀2）

おなごびった……女児（卑）（七戸）

おなごまぇこ……女性的な子供（宮古方言）

おなごめーこ……なよなよした少年（女の子と遊ぶ）（宮古山田）

おなごめっけ……女（卑）（岩木）

おなばす……☆女（卑）（気仙4・摺澤・南三陸・矢本・大郷・石巻2・新田・大貫・岩沼・塩釜・仙臺4・花山・河北・氣仙沼3・黄海）
　　　　　同義語：おなごかすぺ（砂子瀬）、おなごばし（気仙1）、おなごぶす（胆澤3）、おなごばづ（田代）、おなっぱし（鹿島台・新田）、おなばし（三陸・新田・多賀城）、おなべぁし（気仙6）、をなばすめ（濱萩）
　　　　☆阿婆擦れ女（福島4）
　＊「おなばす」は「おなごばし（女子端）」のこと。「おなごばし」は「頼りない女の分際で」の意で、女に対して卑しめて言う言葉。または「阿婆擦れ女」のことも。

おなめ……妾（軽米3・七戸）
　＊「おなめ」は「妾」（旧南部藩の領域）。『古言梯』では「をむなめ（妾）」とも。

おなりさま……癩病患者（會津）

おにこ……税務署員（平鹿）
　＊「おにこ」は「鬼子」。転じて「税務署員」のこと。

おにこせんびき……小姑（鹿島台・仙臺6）
　＊「おきこせんびき」は「鬼千匹」。「小姑の意地悪」の意。

おにぢょぱり……空元気（山本）
　＊「おにぢょぱり」の「おに」は強調の接頭語。「ぢょぱり」は「①意地っ張り、②空元気」の意。

おにばば……邪険な主婦（平賀）

おにへい……偉い振り、虚勢（置賜－山形）
　　　同義語：おにふぇ（小国）、おにへ（鮎貝・置賜・川西）
　＊「おにへい」は「虚勢を張って強がること」で、「おにへぇな奴」とも言う。

おにみそ……顔に似合わず情に脆い人（秋田7）
　＊「おにみそ」は「鬼味噌」。「①威勢の良いことを言って、いざとなると臆病な者、②内弁慶、③顔に似合わず情に脆い人」の意。

おによめ……我が儘な嫁（平賀）

おねぎ……執念、恨み（平賀）

おねるこぎ……眠りこける人（南外村）
　＊「おねるこぎ」は「お寝るこぎ」。「ひたすら寝る人」の意。

おば……☆馬鹿な女（会津2・福島5・會津）同義語：おばさま（田島・大沼）
　　　　☆娼婦・遊女（山形漁村・庄内－山形・田川）
　＊「おば」は「小母、叔母、伯母」で、「①叔母（伯母）、②次女以下の娘、③娘（処女）、④未婚の女、⑤嫁、⑥離婚した女、⑦出戻りの女、⑧姑、⑨遊女、⑩情婦、⑪下女」などの意。一般には「叔母（伯母）」。

お

おばくい‥‥‥嘖運の悪い人（男）（十和田4）

おばけ‥‥‥女郎買い（庄内）
　＊「おばけ」の「け」は「買うこと」。

おばぴでー‥‥‥馬鹿女郎（会津−福島3）

おばぐ‥‥‥☆生意気（な人）（秋田十和田・大館2）、☆お洒落（山本）
　＊「おばぐ」は「①悪態、②憎まれ口、③尊大、④横着、⑤生意気」の意。

おばごもの‥‥‥お洒落者（男鹿3）、同義語：おばごこ（男鹿4）

おはぢり‥‥‥やや足りない女（釜石）、同義語：おはぞり（岩手）

おはらぎもの‥‥‥軽躁者（気仙1）、同義語：おはらぎ（岩手・気仙5）
　＊「おはらぎもの」は「①がさつ者、②軽躁者」の意。

おはんき‥‥‥お転婆女（中村）

おびひろはだか‥‥‥だらしない格好（仙台3・仙臺6）
　　　同義語：おびすろはだか（山寺）、おびとく（平賀）
　＊「おびひろはだか」は「衣服を着して帯を結ばないこと」。「おびとく」には「浮気」の意も。

おひめや‥‥‥私娼（仙臺7）

おぶづ‥‥‥浪費癖の人（女）（村山）

おへぁほろぐ‥‥‥方々で人の悪口を言う（人）（秋田6）

おべだふり‥‥‥知ったかぶり（野辺地・宮古方言・黒岩・江釣子・六戸採・七戸・西和賀2・南部・大仙・真室川・大館2）
　　　同義語：おべえだふり（大間・胆澤3）、おべさま（津軽16）、おべだっぷり（庄内3）、おべーだふり（軽米）、おべたふり（盛岡）、おべだぶり（盛岡・沢内・岩手太田・山本）、おべたふり（鹿角）、おべったぶり（能代2）、おんべだふり（南鹿角・平内）

おべさま‥‥‥物知りを揶揄して言う言葉（津軽14）

おへづれぁかだり‥‥‥お世辞者（岩手・多賀城・仙台3）
　　　同義語：おへぇづれぇかだり（胆沢町・胆澤3）、おへづれぁ（有住）、おへづれぇ（宮古山田）
　＊「おへづれぁかだり」は「お諂い語り」。「①おべっかを言う者、②諂い者」の意。

おへふり‥‥‥余計なことをぺらぺら喋る人（能代）

おべへわ‥‥‥お節介（平賀）

おへら‥‥‥☆お喋り者（長部・矢本・石巻2・玉造）、同義語：おへらり（白石）
　　　　　☆お喋りの子供（仙台3）
　＊「おへら」は「①お喋り、②お喋りな子供」の意。

おべんちゃら‥‥‥☆お諂い（鳴子・岩沼・小野）、☆お世辞者（田村・角田・仙台3・岩沼2）

☆お喋り（平泉2・宮城三本木・原町・多賀城）
同義語：おべんちゃらかたり（中村）、☆お追従（泉）
* 「おべんちゃら」は「べんちゃら」と同じ。「べんちゃら」は「①弁舌、②お喋り、③饒舌、④お世辞を言う人、⑤話し上手」の意。

おぼえなす……劣等生（角田・亘理）
* 「おぼえなす」は「覚えなし」。「覚えなし」は「①物覚えの悪い人、②無意識な様、③一心不乱な様」の意。ここでは①。

おほかめもの……恐ろしい奴（仙臺）
* 「おほかめもの」の「おほかめ」は「狼、山犬」のこと。

おぼこ……☆世間知らず（真室川）、☆気の小さい人、赤子（泉）

おぼこくさぇ……子供っぽい人（平賀）

おぼさ……世慣れない人（米沢）
* 「おぼさ、おぼこ」は「おぼこさま」の略。「おぼこ」は「①赤ん坊、②子供、③坊や、④娘、⑤世間知らず、⑥人形」の意。ここでは「①世間知らず、②世慣れない人」の意。

おほてんぶり……恥じることなく怯むことなく得々とした様（人）（仙臺6）

おまつりやろう……頭の悪い奴（原町）

おめでて……☆少々馬鹿臭い人（庄内）、☆人が良すぎる人（庄内3）
* 「おめでて」は「おめでたい奴」のこと。「①脳天気な人、②楽天的な人」の意。

おもくらしひと……動作の大きい人（秋田5）
* 「おもくらしひと」は「重苦しい人」？「おもくらし」は「①重々しい、②形式張っている、③動作の大きい」の意。

おもだせ……私生児（角田）

おもやみ……☆億劫がり（五戸）、同義語：おもやぢ（角館）、☆怠け者・不精者（九戸郡2）
☆思い煩うこと（花山）
* 「おもやみ」は「思病」。「①心配、②気懸かり、③億劫、④気後れ、⑤怠け者、⑥思い切れない、⑦見るに耐えない、⑧取り越し苦労」の意。

おもれんしゅう……悪たれ者・悪戯者（津軽2・弘前）
* 「おもれんしゅう」は「①男衆、②若衆、③悪たれ者、④悪戯者」の意。ここでは③④。

おーやげ……資産家（平内）

おやげなし……思いやりのない人（庄内2）
* 「おやげなし」は「親気なし」。「親気なし」は「①情けない、②労しい、③弱々しい、④思いやりがない、⑤情けない、またはその人」の意。

おやし……惚け（女の）（六戸採）

おやす……間抜け者（六戸採）

か

おろびょぉし······遅鈍（者）（米澤）
　☆「おろびょうし」は「鈍拍子、鈍調子」？「遅鈍」のこと。

おんきゃもの······おごり高ぶった馬鹿者（秋田7）

おんけ······虚栄（河邊郡）
　＊「おんけ」は「①見栄をはること、②大言、③虚栄」の意。

おんけらまし······無愛想で頭の高い人（砂子瀬）

おんぢょ······虚喝（者）（河邊郡）
　＊「おんぢょ」は「①空元気、②虚勢を張って脅すこと」の意。

おんつぁ······☆馬鹿野郎（福島5・會津）
　　　　　　同義語：おんつぁげす（会津3）、おんつぁやろー（浜通‐福島3・会津4）
　　　　　　☆次三男を蔑すんで言う言葉（会津3）、同義語：おんちゃほき（鹿角）
　＊「おんつぁ、おんちゃほき」の「おんつぁ、おんちゃ」は「おんちゃま」の略、「次三男」のこと。また、会津では「おんつぁれる」で「叱られる」の意。

おんつぁま······☆愚なる男（大沼）、☆伯叔父（大沼）

おんつぁんこ······厄介者（七ヶ浜）

おんづくなし······☆意気地無し（会津・会津4）、同義語：おんづぐなぢ（会津2）
　　　　　　　☆馬鹿（大沼・北會津）
　＊「おんづくなし」は「おん尽無し」のこと。「①意気地無し、②臆病者」の意。

おんづぐり······吃り者（會津）

おんとだひと······温和しい人（庄内）
　＊「おんとだひと」は「穏当な人」のこと。「①温和しい人、②素直な人」の意。

おんどりくゎし······物事に邪魔する人（津輕11）

おんばぐ······口の悪い人（津輕11）

おんばぐもの······☆虚栄者、見栄っ張り（秋田1）、☆口の悪い人（津輕11）
　＊「おんばくもの」の「おんばく」は「①贅沢、②横着、③誇大、④法螺」の意。津軽では「①口の利き方が横柄な様、②乱暴な口をきく人、③悪口」の意。

おんへろ······馬鹿（濱萩‐庄内3）
　＊「おんへろ」は「①馬鹿、②腑抜け」の意。

か

がぁど······欲張り（者）・貪欲（八幡平）

かいしょなし······☆だらしのない者（久慈）、☆不甲斐ない者（会津2）
　＊「かいしょなし」は「甲斐性無」。「①意気地のない人、②働きが無く頼りない人」の意。

かいどうゆづけ‥‥‥通りすがりの薄い馴染み（米沢 2）
　＊「かいどうゆづけ」は「街道湯漬」。急ぎの用事で草鞋を脱がないで湯漬けを掻き込むことから、「①通りすがりの薄い馴染み、②ちょっと見ただけの皮相の観察」の意。

かいない‥‥‥病身（米沢 2）
　＊「かいない」は「甲斐ない」。「①病弱、②貧弱、③虚弱」の意。

かいぽ‥‥‥陰嚢の大なる人（宮城仙南 – 東北 2）

がぇのねぇひと‥‥‥踏ん張りの効かない人（宮古山田）
　＊「がぇのねぇひと」は「がぇの無い人」。「がぇ」は「がせ、がへ」に同じ。

がえふぎ‥‥‥嘘吐き（大貫）

がえん‥‥‥無知蒙昧（北荘内）

がえんわらし‥‥‥腕白者（秋田 7）
　＊「がえんわらし」は「臥煙童子」。「臥煙」は「①江戸時代の火消し役の旗本の抱え中間、②乱暴者、③博打打ち、④破落戸」の意。ここでは②。

かかえおなご‥‥‥妾（黄海・仙臺 7）、同義語：かかへをなご（仙臺 5）

かがつぱり‥‥‥頑固者（比内）
　＊「かがつぱり」は「片張り（かたっぱり）」のこと。「①頑な者、②頑固者」の意。

ががまぶり‥‥‥浮気しない亭主（白石 2）
　＊「ががまぶり」は「妻守り」のこと。

かがやぎ‥‥‥臆病者（十和田）、同義語：かがなぎ（北荘内・庄内 – 山形）
　＊「かがやぎ」は「屈（かが）やぎ」？「屈む」は「①凍える、②悴む」の意。「かがやぎ」は「①気が小さくて神経質な人、②臆病者、③堪え性のない人」の意。

かがやきっこ‥‥‥臆病な子供（八戸 7）、☆堪え性のない人（種市 2）

かがりこ‥‥‥親が老後に世話になる子、跡取り（小国 2）

かがりと‥‥‥厄介人、食客（米沢・米澤）
　＊「かがりと」は「寄食人」のこと。「①居候、②食客、③朧齧り、④厄介人」の意。

がき‥‥‥☆子供（卑）（南部方言・相馬・大原 2・鹿島台・南山形・南郷・石巻・塩釜・多賀城・野木沢）
　　　　　同義語：がぎ（花山）、がぎこ（及位）、がぎべら（男鹿）、がぎゅ（石巻）、がぎわらす（大貫）、がげど（能代）、がちこ（仙台 2）、がぎめ（仙台 3）
　　　　☆女の子（卑）（福島 2・野木沢）、同義語：がぎ（田川）
　＊「がき」は「餓鬼」。一般に「子供を卑しめて言う言葉」、また「①食い意地の張った子供、②女の子、③女を罵って言う言葉、④悪戯っ子、⑤一人前でない者」の意も。

がぎ‥‥‥五月蠅い子供（新田）

がぎこ‥‥‥女の子（卑）（中村・矢本・石巻 2・角田・小国 2・仙台 4）
　同義語：がぎっこ（七ヶ浜・塩釜）

か

がぎざっはい‥‥‥子供の大人ふりをすること。
　＊「がぎざっはい」は「餓鬼雑輩」のこと。

がきぢうと‥‥‥小舅（夫の兄弟姉妹）を罵って言う言葉（鹿角）

がぎつぶれ‥‥‥用をなさない者（平鹿）
　＊「がぎつぶれ」は「餓鬼潰れ」？

がぎめら‥‥‥☆子供達（卑）（七ヶ浜）、同義語：がぎべら（南山形）
　　　　　　☆女の子達（卑）（福島6）

かぎょうもち‥‥‥倹約家（有住）
　＊「かぎょうもち」は「家業持」。「家業」は「一家の財産」のこと。転じて「倹約家」の意。

かくけぇやろ‥‥‥馬鹿者（置賜2）

がくたれ‥‥‥馬鹿者・間抜け（六戸採）

がぐど‥‥‥悪戯する子（中郷）
　＊「がぐど」は「餓鬼達」。

かぐはえ‥‥‥人を卑しめて罵る言葉（白鷹2）

かげーおなご‥‥‥妾（白石2）、同義語：かぐすおなご（多賀城）、かげおなご（胆澤3）
　＊「かげーおなご」は「①抱え女、②陰女、③隠し女」？のこと。

がげなし‥‥‥手加減しない人（六日町採）

かげべんけい‥‥‥内弁慶（平泉2）、同義語：かげねご（大貫）、かげべんけ（津軽11・多賀城）
　＊「かげべんけい」は「陰弁慶」のこと。「①人の居ない所で強がりを言う人、②内弁慶」の意。

かげむし‥‥‥子供のヒステリー（原町）

かげむしろそだち‥‥‥☆貧農の家で育った人（弘前）、同義語：かげむすろそだづ（津軽3）
　　　　　　　　　　☆便所の戸を閉めない人（八幡平4・津軽15）
　＊「かげむしろそだち」は「掛莚育ち」。「①戸や障子を閉め忘れる人、②躾の悪い人、③貧困に育った人」。「たてむしろそだち」と同義。

かげむしろそんだぢ‥‥‥戸締まりをよく忘れる人（津軽11）

かげんさなふと‥‥‥控えめな人（消極的で）（南部町）
　＊「かげんさなふと」は「加減しない人」？

かさかき‥‥‥梅毒に罹った人（白鷹・真室川・山寺）
　　　同義語：かさ（多賀城）、かさかぎ（角田・仙台1・多賀城）、かさかげ（岩沼）
　＊「かさかき」は「瘡掻」。「①皮膚病に罹っている人、②梅毒患者」のこと。

がさぎ‥‥‥☆お転婆（秋田1）
　　　　　　☆締まりがなく軽率な言動をする（人）（秋田6）
　＊「秋田のことば」によると「お転婆」を意味する「がさぎ」類似の言葉には「がさ、がしゃ、が

しゃぎ、がさちぎ、がさぎぢ（いずれも秋田方言）」があります。

がさだもん‥‥‥粗雑な者（砂子瀬）

がさづき‥‥‥☆お転婆（南部）、同義語：がさ（村山－山形）
　　　　　　　☆落ち着きのない人（女）（西和賀2）
　　　　　　　同義語：がさ（庄内3・山寺）、がさつぎ（南部北）、がさづき（娘）（青森5）、がさづぎもの（岩手・多賀城）
　＊「がさづき」の「がさつ」は「①巫山戯る様、②落ち着きがない様、③言葉や動作の荒っぽい様、④がさがさ音を立てる様、⑤お転婆、⑥そそっかしい様」の意。

がさつきもの‥‥‥軽躁者（気仙1・気仙3・江刺）

かさっぺなゃ‥‥‥軽薄な（人）（中仙）

かさでんけ‥‥‥瘡（大館2）

かさぺねぁ‥‥‥☆どっしりした実直さがない（人）（秋田6）
　　　　　　　☆貧弱（な人）（西明寺）、同義語：かさぺぇねぇ（北浦）
　＊「かさぺねぁ」の「かさ」は「嵩」？「かさぺねぁ」は「①重みがない、②貧弱、③品格がない、④落ち着きがない（人）」の意。また、「かさぺ」は「恰幅」の説も。

がしぇこなし‥‥‥力が弱い人（藤沢）
　＊「がしぇ」は「がせ、がへ」と同義。

がしぇこねー‥‥‥☆虚弱な子供（白石2）、☆頑張りが効かないこと（人）（河北）

がしぇね‥‥‥弱い、精力がない（人）（岩沼）、同義語：がせね（岩沼2）

がしくた‥‥‥役に立たない者（庄内3）、同義語：がすくた（庄内3）
　＊「がしくた」は「塵芥」のこと。転じて「役立たず」の意。

かしけやろう‥‥‥ひ弱な奴（栗原）
　＊「かしけやろう」は「悴（かじ）け野郎」のこと。

かしこいことや‥‥‥狡いこと（人）（花山）

がしと‥‥‥食べ物に賤しい人（山形漁村）

がしのこ‥‥‥小児の食欲強いのを罵る言葉（仙臺6）

がしぴと‥‥‥食べ物をうるさくねだる人（釜石11・岩手）
　＊「がしぴと、がすびと」は「餓死人」。「①食い意地の張った人、②飢えている人、③がつがつしている人、④飢えて彷徨う人、⑤餓死人、⑥空腹の人」の意。

かしぺ‥‥‥詰まらない人（日頃市）
　＊「かすぺ」参照。

かしゃがが‥‥‥きかぬ気の女房（卑）（石巻）
　＊「かしゃがが」は「火車嬶」。「きかん気の女房」のこと。

かしゃばば‥‥‥口やかましい老婆（石巻2）
　＊「かしゃばば」は「火車婆」。

かす‥‥‥☆馬鹿者（会津2）、☆生意気（南郷）、☆下手（會津）、同義語：へだっかす（會津）

がす‥‥‥何でも食う人、賤しい人（米沢・真室川）、同義語：がし（置賜2）、がしこ（置賜2）

かすおかめ‥‥‥醜女（長井・置賜）
　＊「かすおかめ」は「糟おかめ」。「ぶおんな（醜女）」の意。

かすかたり‥‥‥生意気な人（福島6）

かすかだり‥‥‥知った振りをする人（桑折）

かすくされ‥‥‥☆出来もしないことを真似る者（岩手・胆沢町）
　　　　　　　☆お洒落（者）（江刺2・田原・黒石・稲瀬・玉里・岩谷堂署・衣川2・胆沢町）
　　　　　　　　同義語：かすくされぇ（胆澤3）、かすくしゃれ（岩谷堂）
　　　　　　　☆小児の出過者（古城）、同義語：かしくされ（新田）
　＊「かすくされ」は「糟腐れ」。「かす」は「①不用物、②悪い物、③つまらぬ物」の意。

かすくれぁめん‥‥‥不格好な顔形の人（岩手）、同義語：かすくらひぃめん（気仙5）
　＊「かすけれぁめん」は「糟食面」で、「①不潔な顔、②顔貌の不格好なこと」の意。

かすけ‥‥‥☆寒がりの子供（涌谷・角田）、同義語：かすけこ（矢本）
　　　　　☆寒がり屋（仙台1・白石2・仙臺5）、☆お節介（七ヶ宿）
　＊「かすけ、かしけ」は「悴（かじ）け」。「①寒がり屋、②弱虫、③成長不良、④痩せた子」の意。

かすけっこ‥‥‥発育不良の子（大貫）。

かすすたっぷり‥‥‥お洒落（胆沢町・胆澤3）

がすのこ‥‥‥貧しくて食い意地の張った子（栗原）

がすのとしうまれ‥‥‥食いしん坊（鳴子・石巻2）
　　同義語：がすどすうまれ（気仙沼）、がすのとすんまれ（仙台4）
　＊「がすのとしうまれ」は「飢饉の年生まれ」で、「食いしん坊」の意。

かすぱげ‥‥‥おできの治りかけ（大館2）

がすぱり‥‥‥突っぱている奴（十和田）
　＊「がすぱり」は「がすぱる」の名詞形。「がすぱる」は「①頑張る、②強情はる」の意。

がすぴど‥‥‥飢えて彷徨う人、餓死人（宮古）
　＊「がしぴと」参照。

かすぺ‥‥‥小癪（福島2）
　＊「かすぺ」は「かしぺ」と同義。「かすぺ」は「滓ぺ」で、「①女に対する侮蔑語、②詰まらない奴」の意。

かすぺやろ‥‥‥屑野郎（由利）

がすぼいど‥‥‥大食者（山形）
　＊「がすぼいど」は「餓死乞食」のこと。「大食い」の意。

がすまげ‥‥‥☆飢渇っ子（藤沢）
　　　　　　　☆飢えた人（亘理・角田・白石）、同義語：かづいと（大鳥）

かすめたやろ‥‥‥苛め者（会津4）
　＊「かすめる」は「①苛める、②虐待する」の意。

がせぇねぇ‥‥‥体が小さい（人）（卑）（南三陸）
　　同義語：がせがない（黄海）、がせっこねぇ（大貫）
　＊「がせぇねぇ」は「がせがない」こと。「がせ」は「①体力、②元気、③精力、④体格、⑤身長、⑥根気」の意。

がせこねぁ‥‥‥☆幼くて力も知恵も足りないこと（人）（気仙沼）、☆小柄な体（東山2）
　●がせこねぇ‥‥‥身体が小さく弱々しい人（秋保）
　●がせっこねぁ‥‥‥体力がない（人）（有住）

がせしょう‥‥‥病衰したこと（人）（花山）

かたい‥‥‥けちんぼ（原町）
　＊「かたい」は「堅い」。「①けち、②節操、③実直、④正直」の意。

かだいっかづ‥‥‥強情者・強情張り（野田）
　＊「かだいっかづ」は「固一概（かたいちがい）」の転。「①強情者、②頑固者、③分からず屋」の意。

がたえっぷり‥‥‥怒りやすい人（庄内）

かだえぷり‥‥‥片意地張り（北浦・中仙）

かだがぁやぶり‥‥‥無法者（甲子）
　＊「かだがぁやぶり」は「型紙破り」？「①規則にとらわれない人、②破天荒な人、③無法者」の意。

かだぎつきわり‥‥‥身なりの悪い（人）（飯豊）
　＊「かだぎつきわり」は「気質付き悪」。「かだぎ（気質）」は「①姿、②身なり、③風体」のこと。「気質悪い」で「見窄らしい」の意。

かたきっくつ‥‥‥頑固な者（岩手）
　＊「かたきっくつ」は「片詰屈」または「片窮屈」。「①片意地を張ること（人）、②頑固者」の意。

かだきん‥‥‥どっちにもつかない人（男鹿）
　＊「かだきん」は「片金」。「金」は「睾丸」のこと。「片金」は「左右の睾丸の位置が不均衡な人、片方の陰嚢が大きい人、脱腸（ヘルニア）」の意。

かだく‥‥‥☆乱暴（者）（米澤）、☆行動が荒っぽい子、同義語：がだぐ（山寺）
　＊「かだく、がだぐ」は「がんたく」と同義。「がんたく」は「①乱暴者、②悪戯っ子、③意地っ張り、④お転婆」の意。

か

がたぐ……屁理屈（會津）

かたくそ……吝嗇者（江刺・伏黒・桑折）、同義語：かだくそ（角田・白石2・保原）
　＊「かたくそ」は「堅糞」。「①けちな人、②物惜しみする人」の意。

かだくら……☆頑固者（津軽2・津軽3・嘉瀬・平賀）、☆強情（津軽4・津軽6）
　　　　　　☆偏屈（津輕11）
　＊「かだくら」は「かたくな（頑）」の転訛。「①頑固、②偏屈、③片意地」の意。

かだけっぱり……何処までも強情を張ること（岩木）
　＊「かだけっぱり」は「片意地張り」。「けっぱり」は「①頑張ること、②強情を張ること」の意。

かたこと……☆律儀者（古城）、☆生真面目な（人）（稗貫）、同義語：かだぐど（玉山）

かだごど……☆義理堅い人・遠慮者（甲子・盛・南都田・松川）
　　　　　　☆頑固（者）（盛岡・五戸・野辺地・南部町・西根・松尾・姉体・小山・藤沢・気仙沼）
　　　　　　　同義語：かたくち（宿野部）、かたこと（青森南部・百石・下田町）、かたごど
　　　　　　　（摺澤）、かたごと（八幡平・鹿角・胆澤・室根・東山2）
　　　　　　☆馬鹿正直（倉沢・小山）、同義語：かだごどはぐらぐ（盛岡）
　　　　　　☆解らなすぎる人、律儀すぎる人（気仙7）
　＊「かだごど」は「固（堅）事」。「①実直に過ぎて融通の利かない者、②律儀者」の意。

かたごとなひと……☆頑（かた）い人（紫波署・二子2）、同義語：かでぇふと（滝沢2）
　　　　　　　　　☆融通のきかない人（飯豊）、同義語：かだごどばが（矢巾）
　　　　　　　　　☆義理堅い人（江刺）

かたごとはくらく……極端に遠慮深い人（江刺）

かだごどはくらく……頑固者（藤沢）
　＊「かだごどはくらく」は「固（堅）事伯楽」。「伯楽」は「獣医」のこと。「融通の利かない人のことを揶揄して言う言葉」。

かだすけ……吝嗇家・けち（五戸・十和田・一戸・九戸村・滝沢2・荒沢2・二戸7）
　　　　　同義語：かたくそ（中村・福島5）、かだくそ（梁川）、かたすけ（宮古方言・浄法寺・花巻署・楢葉）
　＊「かだすけ」は「固（堅）助」。「①義理堅い人、②けちんぼ」のこと。

かだつり……片意地（秋田1）
　　　　　同義語：かだっぱり（秋田1・能代）、かたつり（秋田10）、かだばりこぎ（松峰・秋田4）
　＊「かだつり」は「片釣」。「①頑固、②片意地」の意。

かたてんぼ……片手だけの人（仙臺7）

かだぱり……☆頑固者（大仙・大館2）
　　　　　　　同義語：かだちばり（男鹿2）、かたっぱり（大正寺・中村・河北）
　　　　　　☆片意地張り（一関・松ヶ崎・秋田5・鹿渡・六郷）
　　　　　　　同義語：かたつぱり（象潟・栗原）、かだっぱりこぎ（秋田4・雄勝）、かだっぱり（南外村・山本・仁賀保・鹿島台・石巻2・亘理・新田・七ヶ浜・大貫・能代2）、かだはり（仙臺7）
　＊「かだぱり、かたっぱり」は「偏張」。「①片意地を通すこと（人）、②頑固者、③意地っ張り」

の意。

かだぶっきょー‥‥‥片意地（をはる人）（九戸郡）、同義語：かだむんちんもの（新田）

かだむぎっちょ‥‥‥☆頑固者（藤沢）、同義語：かだむんつん（亘理）、☆融通のきかない人（岩泉）
　　　　　　　　　☆偏屈者（気仙1・気仙3・三陸）
　　　　　　　　　　同義語：かだむぎちょう（大野2）、かたむきっちょ（気仙5）、かたむぎっちょ（綾里）
　　＊「かだむぎっちょ」は「片不器用」或いは「偏向気情」？「頑情の者」の意。

かだむっちょ‥‥‥☆意地張り（田代）、同義語：かたむっちょ（大鳥）
　　　　　　　　　☆気むずかしいこと（人）（庄内3）

かだめっこ‥‥‥片方の眼だけの人（仙臺7）

がだやつ‥‥‥変な奴、妙な奴（津軽14）

かだりこぎ‥‥‥☆詐欺師、嘘吐き（庄内）、☆嘘を言う人（田川）
　　＊「かだりこぎ」は「かたり（騙り）を言う人」のこと。「騙り」は「①嘘、②虚言」の意。

かだわきゃし‥‥‥相手を罵る時に出る言葉（大仙）

かぢ‥‥‥跛者（青森と秋田北－東北2）

がぢぁねぁ‥‥‥幼くて聞き分けのないこと（人）（秋田2）
　　＊「がぢぁねぁ」は「頑是無い」の訛。「頑是無い」は「まだ幼くて物の道理がよくわからないさま」の意。

かちかかせぎ‥‥‥せっかちに働いて長続きしない人（宮古方言）

かぢかぷり‥‥‥パーキンソン病類似（大館2）

かちきはり‥‥‥我を張ること（人）（仙臺3）
　　＊「かちきはり」は「勝気張り」のこと。「①我を張ること、②強情な人」の意。

かちきぱり‥‥‥勝気な人（仙臺5）

がぢぐれがぎ‥‥‥手に余る子供（釜石）、同義語：がづくれがぎ（滝沢2）
　　＊「がぢぐれがぎ」は「こぢくれがぎ」と同義。「こぢける」は「拗ける」で、「①旋毛を曲げる、②駄々を捏ねる」の意。

かちと‥‥‥食べ物に卑しい人（庄内3）、同義語：かづい（庄内3）

かぢど‥‥‥飢えた人（大仙）、同義語：かぢほえど（大仙）
　　＊「かぢど」は「餓死人または飢渇人」。「かぢ」は「けがづ（飢渇）」の略。

かちゃぺ‥‥‥何でもかき集める人（松ヶ崎）

かちゃぺなえ‥‥‥貧弱な体（の人）（平賀）

かちゃぺなし……慌て者（十和田）
　＊「かちゃぺなし」は「かさぺない」と同義。「①落ち着きがない、②品がない、③軽率な、④軽薄だ、またはその人」の意。

かちゃぺね……軽薄者・品位がないこと（人）（野辺地・南部町）
　同義語：かちゃぺなし（十和田・南部）、かっちゃぺこ（遠野 3）

かちゃぺねぁ……落ち着きのない者（比内）

かちゃぺねおどご……品のない男（山本）

かちゃむぐれ……☆何でも反対する者（錦木・秋田 7）
　　　　　　　　☆一旦賛成しておきながら後に転向して反対側に付く人（津軽 11）
　＊「かちゃむぐれ」は「反様剥れ（かえさまむくれ）」の転訛？「反様」は「物の反対」の意。

がぢょ……見窄らしい格好の人（大川平）、同義語：がぢょま（大川平）
　＊「がぢょ」は「がんぢょう（頑丈）」に同じ。「老馬、瘦せ馬」のこと。転じて「①瘦せた人、②見窄らしい人」の意。

かちょべない（姿）……みにく（見悪）い姿（津軽－東北 2）

かちょべなし……☆意気地なし・臆病者（盛岡俚）、☆甲斐性のない（人）（盛岡 11）
　＊「かちょべなし、かちゃぺなし」は「かさぺねぁひと」と同義？「かさ」は「嵩」で、「①重み、②威厳、③貫禄」の意。「①重みがない、②軽薄な、③弱々しい、④見窄らしい（人）」などの意。

かぢわらす……子供（卑）（白石 2）
　＊「かぢわらす」は「餓死童」。

かつか……小賢しいことをする人（弘前 2）
　＊「かつか」は「鰍」のこと。「①抜け目なく立ち回ること、②狡いこと、③小賢しいことをする人」の意。

がっか……粗末なことをする人（大鳥）

かっきたがり……負けず嫌いな人（盛岡）

かっきゃねやつ……当てにならない奴（南部町）
　＊「かっきゃねやつ」の「かっきゃ」は「かっき」と同じ。「劃然、限り、限度」のこと、「かっきゃね」は「①きりがない、②けじめがない、③きまりがない、④当てにならない」の意。「かっきゃねやつ」は「当てにならない奴」のこと。

かつけもの……寒がりや（大和）

かっこべ……不格好なこと（人）（北荘内・庄内）
　＊「かっこべ」は「①山や川に入る時に腰につける籠、②背負い籠、③縊死者、④ごつごつして不格好な様（人）、⑤南蛮ぎせる、⑥酢漿草（かたばみ）」のこと。

かっさらい……かっぱらい（仙臺 6）

かっせぇら……細身の人（鮎貝）

64

*「かっせぇら」の動詞形「かっせらする」は「太った人が痩せてするっとなる」の意。転じて「細身の人」のこと。

がったあんにゃ……知ったふりする人（高瀬）、同義語：がったあんつぁ（蔵増）

かったいぼう……☆汚い足をしている人（仙台1）
　　　　　　　☆癩（棚倉・石城）
　　　　　　　　同義語：かっていぽ（福島5・野木沢）、かってぇぼう（いわき）
 *「かったいぼう」は「かったりぼう」の訛ったもの。「かったりぼう」は「癩病患者」に対する蔑称。

かったえ……☆人を罵る時に使う言葉（卑称）（津軽1）
　　　　　　　同義語：かっていぼう（楢葉）、かってぇぼ（中村）
　　　　　　☆片輪（平賀）
 *「かったぇ」は「かったい」のこと。「かったい」は「乞丐」、「傍居」。「①相手を罵る時に使う言葉、②乞食、③片意地な者、④癩」のこと。

がっちゃぎ……☆肛門病（平賀）、☆痔疾（大館2）

がっちゃでえぐ……手工巧みならさる大工（気仙5）、同義語：がっきでぐ（仁賀保）
 *「がっちゃでぐ」の「がっちゃ」は「がっき」のこと。「がっき」は「①凹凸のついたもの、②階段」の意。「下手な大工」の意。

かっちゃぎまし……直ぐ人の顔を引っ掻きたがる者（遠野1）
 *「かっちゃぎます」と同義。

かっちゃぎます……卑怯者（喧嘩などで引っ掻く）（盛岡11）
 *「かっちゃぎます」は「引掻猿」。「かっちぎ」は「掻千切ること」。「ます」は「猿」のこと。

かっつぁれぁ……万引・盗人（宮古9）
　　同義語：かっつぁらい（鳴子・鹿島台・玉造）、かっつぁれ（新田）
 *「かっつぁれぁ」は「掻っ攫い」のこと。「掻っ攫い」は「①すきに乗じてすばやく持ち去る人、②万引をする人、③小盗人」の意。

かっつおそう……粗忽な人（村山−山形）
 *「かっつおそう」は「①粗忽な様、②そそっかしい様」の意。

がってすね……容易に妥協しない（人）（村山）
 *「がってすね」は「合点しない」のこと。「合点」は「挫けること、挫折」。「合点しない」は「①強情張り、②容易にへこたれない、③意思が強い」の意。

がってもない……つまらない（人）（小国）

がってんしない……強情張り（米沢2）、同義語：がってんしね（小国2）

かつと……☆無暗に食を漁る人（松ヶ崎）
　　　　　☆飢えている人（秋田7）、同義語：かづれっと（新田）
 *「かつと」は「渇人」？「渇」は「飢渇」の略。「飢渇」は「飲食物の欠乏で、飢えと渇きに襲われること」の意。

かっぱのかわながれ‥‥‥親に似ない子供（原町）
　＊「かっぱのかわながれ」は「河童の川流れ」。

かっぱほいど‥‥‥河童乞食（川井4）

がっぱりや‥‥‥我慢強い人（仙台原町）
　＊「がっぱりや」は「我張屋」？「がっぱり」は「①我を張ること、②頑固なこと、③我慢強いこと」の意。

かっぺ‥‥‥☆吝嗇家・けち（下北16）、☆狭い人（庄内3）

がっぺ‥‥‥女子（卑）（七ヶ浜）、同義語：がっぺっこ（七ヶ浜）

かつぽ‥‥‥耳の遠い人（松ヶ崎・由利）、同義語：かっぱ（子吉川）

かづわらかだり‥‥‥無根の話をして歩く人（岩手）
　＊「かづわらかだり」は「滓笑語り」。「滓笑（かすわらい）」は「面白くもないのに笑う笑い、作り笑い」のこと。

かであ‥‥‥吝嗇家・けち（二戸郡）、同義語：かでー（高平）、かであひと（盛岡）
　＊「かであ」は「堅い（人）」のこと。「①けち、②吝嗇家」の意。

かでぇすと‥‥‥律儀な人（衣川2）
　＊「かでぇすと」は「堅い人」。「律儀な人」の意。

かでっぱ‥‥‥仲間外し（北荘内）
　＊「かでっぱ」の動詞形「かでばづす」は「仲間から除ける」こと。「かでる」は「仲間に入れる、加える」の意。

がど‥‥‥☆不体裁（山形）、☆強盗（平賀）

かながらぼとけ‥‥‥見栄えが良くて、内容の伴わない人（五戸）
　＊「かながらぼとけ」は「鉋殻仏（かんながらほとけ）」のこと。「鉋殻仏」は「見栄ばかり良くて内容の伴わない人」の意。

かなしがり‥‥‥☆寒がりや（置賜）
　　　　　　　☆怠け者（置賜・添川）
　　　　　　　　同義語：かなすがり（白石）、かなせがり（置賜2）、かなせぇがり（置賜－山形）
　＊「かなしがり」の「かなし」は「①可愛い、②愛おしい、③苦しい、④寒い、⑤億劫だ、⑥恥ずかしい」の意。ここでは④⑤。

かなすがり‥‥‥☆億劫がる人（白石2）、骨惜しみする人（蔵王）

かねあげさむらい‥‥‥金を献上して人の上に立つ人（卑）（仙臺7）

がのぢ‥‥‥娼婦（松ヶ崎）、同義語：がそんぢ（津軽3）、がなんべ（津軽－娼婦）、がのづ（津軽3）、がんくび（津軽10）、かんぴょう（酒田－娼婦）
　＊「がのぢ」は「かの字」で、「遊女」の通称「雁の字」又は「蛾の眉」？「娼婦」の意。

がは‥‥‥粗野な人（女性）（盛岡）、同義語：がはづ（米沢・置賜）

＊「がは」は紫波郡では「お転婆」のこと。「がはつ」は「①粗暴、②手荒」の意。

がはだ……お転婆娘・男勝りの女（岩手）

がはづなやつ……粗暴者（米澤）

かばすぐなえやづ……嫌な奴・良くない奴（宮古俚）
　＊「かばすぐなえやづ」は「芳しくない奴」のこと。「かばし」の意は「①香ばしい、②善良だ、③面白い、④可愛い、⑤賢い」。ここでは②。

かはち……恥ずかしがりや（鹿角）
　＊「かはち」は「かはい」の名詞形？「かはい」は「①恥ずかしい、②きまりが悪い、③可愛い」の意。ここでは①。

かばねひぎづり……怠け者（気仙1・涌谷・矢本・古川・鳴子・鹿島台・新田・河北）
　同義語：かばねしぎづり（七ヶ浜）、かばねひぎぢり（気仙4）
　＊「かばねひぎづり」は「屍引摺」？「ひきずり（引摺）」は「①鈍間、②だらしない人、③情婦、④不作法」のこと。ここでは「怠け者」の意。

かばねだおす……見かけ倒し（石巻2）
　＊「かばねだおす」の「かばね」は「屍」、「①身体、②体格、③姿、④家柄、⑤土台」のこと。ここでは「姿、見かけ」の意。

かばねやみ……☆骨惜しみする人（気仙1・南都田・大原2・富谷・涌谷・石巻・南三陸・矢本・胆澤3・濱萩・角田・岩沼・仙台1・仙台3・柴田・花山・秋保）
　　　　　　　☆怠け者（盛岡・川井・宮古方言・甲子・紫波署・滝沢2・佐比内・長岡2・河北・下有住・東磐井・千廐・三陸・一関・江刺・胆澤・気仙3・気仙4・岩手・綾里・唐丹・廣田・日頃市・末崎・長部・盛・古城・曾慶・新沼・矢越・胆澤3・松川・折壁・磐清水・田河津・長坂・摺澤・澁民・若柳・姉体・大原・平泉・室根・小山・涌津・藤沢・大船渡署・東山・平泉2・胆沢町・大原2・鳴子・鹿島台・小牛田・矢本・気仙沼・石巻2・亘理・新田・白石・七ヶ浜・大貫・岩沼・塩釜・仙台2・多賀城・玉造・岩沼2・会津4・大島・東山2・黄海・大和）
　　　　　　　　　同義語：かばねぇやみ（永岡・泉）、かばねたおし（西根）、かばねひきぢり（玉造）、かばねひきづり（石巻2・大貫）、からだやみ（伏黒）
　　　　　　　☆仕事をしたがらない人（気仙7・宮城三本木・白石2）
　＊①「かばねやみ」は「骸病」。「健康なのに仕事をやりたがらない人」の意。「骸骨病（からぼねやみ）」と同義。②「かばねやみ」は「身体罷」。「罷」は「やめる、まかる」の意。「かばねやみ」は「若くて健康なのに仕事を嫌がる人」の意。

がひこねゃやづ……精彩のない奴（田代）
　＊「がひこねゃやづ」の「がひこ」は「がせ、がへ」と同義。

かぶけ……役たたず（舊南部・荒澤・南部・鹿波）
　＊「かぶけ」は「黴気（かびけ）」の訛、または「蕪粥（かぶけ）」。「のろのろした怠け者」の意。人を罵倒する言葉。

かぶけたがり……☆悪い奴・悪者（荒沢2）、☆酷くかぶれている人（卑）（七戸）
　　　　　　　　☆どうしようもない人（鹿角・浄法寺）、同義語：かぶけたがり（盛岡）

かぶけへな……女（悪態語）（及位）、同義語：かぶけぽづ（及位）

かぶけわらし……小汚い子供（西根）
　＊「かぶけわらし」は「黴け童」。

かぶけやろ……☆人を罵倒する言葉（真室川）、☆陰気でジメジメした人（白石2）

がぶす……頭が大きく中身のない人（津軽2）、同義語：がぶ（津軽2）
　＊「かぶす」は「かぶり」と同義。「頭」のこと。「頭が大きく中身のない人」の意。

がへぁない……根気の無い（人）（舊南部）
　＊「がへぁない」の「がへ」は「がせ」に同じ。「がせ」は「我勢・我精（がせい）」で、「①体力、②精力、③気力、④根気、⑤精を出して働くこと」の意。

かぼ……穢多（仙台4・宮城仙南－東北2）

かほくせ……不快不満そうな表情（仙臺6）

がほづ……能なし（下北16）

かぼちゃ……醜女（南郷）
　＊「かぼちゃ」は「南瓜」。醜女を南瓜に譬えたもの。

かぼちゃあだま……低脳（者）（川井）、同義語：かぼちゃ（久慈）
　＊「かぼちゃあだま」は「南瓜頭」。「かぼちゃ」は「南瓜、醜女、大頭、低脳、女郎、酌婦」の意。

がほんぢ……本当の間抜け（津軽9）

かまけぇすもん……道楽者（宮古方言）、同義語：かまけぁし（気仙4・岩手・上有住）
　＊「かまけぇすもん」は「竃覆者」の略。「破産者、遊び歩いて財産を食いつぶす者」の意。

かまこんぢょ……根性曲がり（盛岡）
　●かまこんぢょう……盗み心ある人（九戸一全方）
　＊「かまこんぢょ」は「鎌根性」。「鎌」は「①鎌、②牙、③盗み、④曲がっていること」の意。

かましでぐ……下手な大工（秋田4・山本）、同義語：かますでぁぐ（大館2）、かますだぁぐ（大正寺）、かますでぇぐ（六郷）、かますでぐ（男鹿2・子吉川）、かますでぁご（田代）
　＊「かましでぐ」は「吠大工（かますだいく）」。「①下手な大工、②半人前の大工」の意。

がませもの……不正直者（気仙3・岩手・気仙5）、同義語：かませ（佐倉河）、がましぇ（姉体）
　●かませもの……偽物（者）（古城）
　＊「がませもの」は「嚙ませ者」。「嚙（か）ませ者」は「①偽り、②偽物、③くわせもの」。「かませる」は「騙す」こと。

かまづかやろう……大飯食いの人（新田）、同義語：かまっかやろ（県北－福島3）
　＊「かまづかやろう」は「かまづか野郎」。「大食家、大食いの若者」の意。

かまどかえし……☆破産者（舊南部・淺澤・荒澤・甲子・久慈5・岩手・梁川・石巻2）
　　　　　　　同義語：かまきゃし（大仙・平鹿）、かまけぁし（有住）、かまけぁし（雄勝・子吉川）、かまけぇす（宮古方言・松尾）、かまげぇすもの（南三陸）、かまけしやろ（山形漁村）、かまけし（山形漁村・庄内・能代2）、かまけやす（附馬牛）、かまどきゃし（秋田2・大仙・北浦・大館2）、

　　　　　　かまどけぁし（西和賀・小軽米・沢内7・盛）、かまどけあす（盛岡・
　　　　　　野辺地・一関）、かまどけぇあし（大野2）、かまどけぇす（滝沢2）、
　　　　　　かまんどけし（川内方言・津輕11）、かまどけえし（八戸在・七戸・
　　　　　　九戸郡・黒岩・八幡平・軽米2・松尾・大川平）、かまどけし（南部町・
　　　　　　新郷・岩泉・浄法寺・秋田5・山本・六郷）、☆放蕩者（多賀城）
　　　　　☆倒産（者）（八重畑）
　　　　　　同義語：かまけし（鹿渡）、かまけやし（南外村）、かまどけぁす（玉山）、
　　　　　　かまどけぇーし（葛巻）、かまけぇす（甲子）、かまどけし（有畑・
　　　　　　嘉瀬）、かまどげし（大間）、かまどけやあし（三沢）、かまんどけ
　　　　　　えし（秋田1）
　　＊「かまどかえし」は「竈覆」。「竈」は「家・所帯・財産」などの意。「かまどかえし」は「財産
　　を無くしてしまうこと（人）」の意。「①破産者、②倒産者、③放蕩者」のこと。

かまどけぇぁし……放蕩者（飯豊2・佐倉河）

かまどたえし……家を滅ぼす人（大島）
　　＊「かまどたえし」は「竈絶えし」。「家を絶やす人」の意。

かまどなし……極貧者（南部）
　　＊「かまどなし」は「竈無し」。「財産のない人」のこと。

かまどねこ……内気な人（大貫）
　　＊「かまどねこ」は「竈猫」。「内気で引っ込み思案の人」の意。

がみめぎ……煩い人（種市2・南部）
　　＊「がみめぎ」は「嚙みめぎ、ガミガミ言う人」？「①小言を言う人、②煩い人、③ガミガミ言う
　　人」の意。

がむくちゃれ……乱暴者（米沢・置賜・置賜2）

がむさらもの……無鉄砲な人（気仙1・多賀城）
　　＊「がむさらもの」は「我武者羅者」の訛。

がむしゃらだもの……思慮分別なく傍若無人に振る舞う乱暴者（津輕10）

がむしゃら……☆乱暴（者）（小山）、同義語：がむしゃらもの（津輕13）、☆無鉄砲（泉）
　　＊「我武者羅」は「①齷齪（あくせく）、②意気地、③意固地、④依怙地、⑤一目散、⑥一生懸命、
　　⑦一心不乱」などの意。

がむちゃれ……☆大食家（置賜－山形・福島5）、☆乱暴者（宮内・置賜－山形・県北－福島5）

かむりこ……根気のない者（砂子瀬）

かめこ……恥ずかしがり・人見知りする子（会津－福島5・北會津）
　　同義語：かめっこ（田島・會津・会津3）
　　＊「かめこ」は「亀子」。「①恥ずかしがり屋、②はにかみ屋、③人見知り」のこと。

かめすけ……吝嗇家・けち（甲子・遠野2）、同義語：かめ（宮古）
　　＊「かめすけ」の「かめ」は「こんじょうかめ」の略。「こんじょうかめ」は「根性亀」？「①け
　　ちん坊、②食い意地の汚い人、③根性の卑しい人」の意。ここでは「吝嗇家、けち」のこと。

か

かもの……食わせ者（七戸）
　＊「かもの」の「か」は「食わせ」の略。

から……阿呆（遠野）
　＊「から」は「空」。「①阿呆、②中身のないこと（人）」のこと。

からいぐづなす……度胸の悪い（人）（九戸村）
　＊「からいぐづなす」の「から（空）」は強調の接頭語。「いぐづなす」は「①意気地なし、②愚か者、③度胸の悪い（人）」のこと。

からいぢ……役にも立たない意地っ張り（七戸）
　＊「からいぢ」は「空意地」。「負けず嫌い、役にも立たない意地っ張り」のこと。

からうそこぎ……全くの嘘吐き（七戸）
　＊「からうそこぎ」は「空嘘吐き」。「全くの嘘吐き」の意。

からおうばく……口幅ったいことを言う人（砂子瀬）
　＊「からおうばく」の「から」は「空」で接頭語。「おうばく」は「①乱暴な口の利き方をすること、②横着なこと、③贅沢な様、④大袈裟な様、⑤失礼なことを言う様」の意。ここでは「身のほど知らずの偉そうな口をきく（人）」の意。

からおんぢょ……空元気（秋田2）
　＊「からおんぢょ」の「から」は「空」で接頭語。「おんぢょ」は「空元気、虚勢」の意。

からかだり……虚言（者）（男鹿3）
　＊「からかだり」は「空語」。「虚言を言う人」の意。

からかづ……雑言無用語などを言う（人）（気仙5）
　●からかぢ……小言（をいう者）（日頃市）
　＊「からかづ」は「空数」？「①不平不満、②無用なことを言う（人）、③屁理屈」の意。「からかずほえる」は「屁理屈を並べる」こと。

からかづほえ……愚痴を言う人（気仙1）
　＊「からかづほえ」は「空数吠え」？

からからしぇんべー……内容がないくせに分かったようなことを喋る人（白石2）
　＊「からからしぇんべー」の「からからし」は「よしきり（葦切）」という鳥のこと。その鳴き声から、「仰々しい、煩い」の意味も。転じて「仰々しいことを言う人」の意。

からきぜぇ……意地悪く横着な人（平泉2）

からきぢ……☆空意地（地引）
　　　　　　☆怠け者・不精者（南部町・十和田）、同義語：からきづ（遠野）
　　　　　　☆我儘（津軽1・津軽6・津軽9・嘉瀬・大川平・平賀）
　＊「からきぢ」は「空気随」？「気随」は「①我儘、②好き勝手」の意。又は、「からきぢ」は「空気地」「空意地」？

からきづ……☆無愛想（な人）（紫波・岩手太田・花山）、同義語：からきづい（大貫）
　　　　　　☆短気（者）・せっかち（西和賀2）
　　　　　　　同義語：からきんぢ（釜石）、からっきづ（滝沢2）

☆意地っ張り（松崎・綾織）、同義語：からいづ（遠野郷）、からまづ（遠野郷）
　　　☆強情者・強情張り（盛岡11）
　　　☆高慢な人（森田）、同義語：からきち（八戸2）
　　　☆我儘（者）（五戸・八戸在・下田町・六戸3・下北16・南部方言・有畑・青森南部・
　　　　階上・百石・米田・横浜・宿野部・津軽4・津軽5・津軽12）
　　　　　同義語：からきぢ（野辺地・三本木・八重畑・盛岡弁・川内方言）、からきづぇ
　　　　　　（石巻）、からきまま（矢巾）、からきんづ（軽米・種市2・佐比内）、き
　　　　　　づ（八戸在）
　＊「からきづ」は「①我儘、②短気、③意地っ張り、④強情、⑤無愛想、⑥愛嬌のない、⑦気儘、
　　⑧ぶっきら棒な態度、⑨好き嫌いのあう人、⑩高慢な人」の意。

からきづおんな‥‥‥勝ち気で怒りっぽい女、ヒステリックな女（遠野2）

からきづけぁ‥‥‥気違い（一関）
　＊「からきづけぁ」は「空気違い」のこと。

からくされ‥‥‥お洒落（南都田）

からくせやづ‥‥‥小便臭い人（南部・津軽2）
　＊「からくせやづ」は「小便臭い奴」。「からくさい」は「①小便臭い、②青二才」の意。

がらぐた‥‥‥役たたず（宮古方言）、同義語：からくたま（置賜）、がらくたま（置賜－山形）
　＊「からぐた」は「我楽多」？「①使い道のない、②役に立たないもの」の意。

からくぢ‥‥‥☆無駄口・悪口（秋田4・子吉川）、☆へらず口（嘉瀬・弘前2）、☆口答え（山形漁村）、
　　　　　　☆冗談、猥談（軽米3）、同義語：からぐぢ（階上）
　＊「からくぢ」は「空口」。「①無駄口、②悪口、③口答え、④減らず口、⑤卑猥な言葉」の意。

からくちきき‥‥‥陰口を言う人（八戸23）

からけづ‥‥‥☆怪しからん奴（野田）、☆けちんぼ（一関）
　●からけつ‥‥‥無一文の者（遠野2）
　＊「からけづ」は「空客、空尻」。「①全くのけちんぼ、②無一文の者、③ろくでなし」の意。

からけはぐ‥‥‥☆おべっか使い（盛岡）、☆心にもないお世辞（七戸）
　●からけぇはぐまげる‥‥‥お世辞者（滝沢2）
　＊「からけはぐ」は「空軽薄」。「けはぐ」は「おべっか、諂い、お世辞」の意。

からこーい‥‥‥お喋りをする人（意味のない）（九戸村）、同義語：からしこぉこぎ（大野2）

からこぎ‥‥‥選り好みする者（七戸）

からこげ‥‥‥無能（な者）（矢巾）
　＊「からこげ」は「空虚仮」。「虚仮」は「①馬鹿、②愚か者、③野暮」の意。「こげ」参照。

からこしゃぐ‥‥‥☆小生意気な奴（遠野2・真室川）
　　　　　　☆生意気（な人）（飯岡5・岩手太田・盛岡俚・南外村・大蔵・庄内3・多賀城・泉）
　　　　　　☆お節介やき・生意気（十和田・盛岡・二戸郡・野辺地・紫波・九戸村・七戸・
　　　　　　稗貫・野田・南部・有住・秋田7・角田）
　　　　　　　同義語：からくしゃぐ（大川平）、からこしゃく（鹿角・藤沢・栗原）

　　　　　　　☆差し出口・干渉（軽米2）、☆屁理屈（角田）
　　　　　　　☆余計なお世話（七ヶ浜）
　＊「からこしゃぐ」は「空小癪」。「①小生意気、②お節介、③出過ぎた世話、④差し出口、⑤身分に合わない格好・言葉を使うこと、⑥小癪」の意。

からこしゃぐだがぎ‥‥‥生意気な子供（鹿角）

からこぜぁ‥‥‥年下の者が年長者のするようなことをすること（気仙7）
　＊「からこぜぁ」は「空小才」？

からこっぺ‥‥‥☆お節介やき・生意気（階上・矢巾・野辺地8）、☆軽い冗談（八戸2）
　　　　　　　☆出しゃばり（赤川・野辺地）、☆生意気（豊里・大蔵・最上－山形・庄内3）
　　　　　　　☆小賢しい人（平賀）
　＊「からこっぺ」は「空小才」？「①出しゃばり、②要らぬ世話、③お節介、④生意気、⑤こましゃくれた子供」の意。

からこべ‥‥‥小癪（津軽11）

からごんげ‥‥‥☆役に立たない大言壮語（藤沢）、☆言葉だけは威勢のいい人（胆沢3）
　＊「からごんげ」は「空権化」。「権化」は「①自慢、②放言、③暴言、④強情」の意。

からす‥‥‥忘れっぽい人（平内）

がらすべんちゃら‥‥‥見え透いたお世辞（角田）
　＊「がらす」は「硝子」、「べんちゃら」は「饒舌な人、お世辞を言う人」の意。「がらすべんちゃら」で「見え透いたお世辞」の意。

からしこで‥‥‥お洒落（是川－南部）
　＊「からしこで」は「空趣向体」？「しこ」は「①風采、②格好、③身なり」の意。

からしょんべる‥‥‥出しゃばり（川口）

からすぐね‥‥‥生意気で憎らしい人（安田）
　＊「からすぐね」は「空好きでない人」。「好きでない人」転じて「憎らしい人」の意。

からせ‥‥‥他に取り柄のない人（気仙1）
　＊「からせ」は「空背、幹背」。「①他に取り得のない人、②ただ背だけ高い人」の意。

からせだぎ‥‥‥怠け者（西木村）
　＊「からせだぎ」は「空背こぎ」に同じ。「背こぎ」は「背病こぎ」の略。「怠け者」の意。

からたいほう‥‥‥法螺吹き（花巻・日頃市）
　　　同義語：からたぇあほ（飯豊）、からてぁほ（盛）、からてぁほ（江刺）、からてぇほう（大島）
　　●からたぇほ‥‥‥大嘘つき（西和賀2）
　＊「からたいほう」は「①法螺吹き、②嘘、③大嘘吐き」の意。

からだやみ‥‥‥怠け者、骨惜しみ（岩手・相馬・原町・仙台1・多賀城2・仙臺3・玉造・泉・福島6）
　　　同義語：からだやむ（仙臺）
　＊「からだやみ」は「身体病（や）み」。「かばねやみ」と同義。

からぢくなし‥‥‥臆病者（岩泉）
　＊「からぢくなし」は「空意気地なし」。「①臆病者、②意気地なし」の意。

からぢほ‥‥‥空嘘、大嘘（鹿角）
　＊「からぢほ」は「空嘘」。「ぢほ」は「①嘘、②虚言、③法外なこと」の意。「ぢほけ」参照。

からぢょっぱり‥‥‥詰まらない強情を張ること（人）(弘前2)
　＊「からぢょっぱり」は「空強情張」のこと。「ぢょっぱり」は「強情張り、意地っ張り」の意。

からぢんぴ‥‥‥お洒落していい気になること（一町田）
　＊「からぢんび」は「空人品」。「人品」は「①風采、②お洒落」の意。

がらってぱっぷ‥‥‥すぐ察知する人（庄内）

からっぺ‥‥‥☆体裁を飾る（人）（階上）、同義語：からこっつぇわすう（吉里吉里）
　　　　　　☆好き嫌いの強い人（六戸採）、同義語：からぺ（十和田）、からぺし（十和田）

からっぽねやみ‥‥‥怠け者・不精者（宮古方言・八幡平）
　同義語：からっぱやみ（雄勝）、からっぽやみ（秋田6・鹿渡）、からぴやみ（秋田6・男鹿4）

からづれこう‥‥‥戯け、馬鹿真似（をする人）（宮古）
　＊「からづれこう」の「から(空)」は接頭語。「づれこう」は「①すれっからし、②不真面目、③狡いこと」の意。

からてっぽう‥‥‥嘘吐き・虚言者（久慈）、同義語：からてぁほ（平泉・石巻）
　＊「からてっぽう」は「空鉄砲」。「から」は接頭語。「てっぽう」は「嘘、嘘吐き」の意。

からてぇほう‥‥‥全くの嘘（石巻2）

からとっき‥‥‥粗忽者、慌て者（野田）
　＊「からとっき」の「から(空)」は接頭語。「とっき」は「①粗忽者、②慌て者、③剽軽者」の意。

からなき‥‥‥怠け者・不精者（下閉伊郡沼袋・附馬牛・久慈二子・久慈署・岩泉－聴耳・九戸郡2）
　同義語：からなぎ（岩泉・普代2・野田・九戸中野・種市2・久慈・大野2・安家・南部）、からなし（普代）
　＊「からなき」は「①怠け者、②骨惜しみする者、③子供が理由もなく泣くこと」の意。

からなまえぎ‥‥‥生意気（矢巾）
　＊「からなまえぎ」は「からなまいき（空生意気）」と同じ。

からなまこ‥‥‥巫山戯ること（人）（南部）
　＊「からなまこ」の「から(空)」は接頭語。「なまこ」は「冗談、戯け者、巫山戯者」の意。

からばぐ‥‥‥生意気なお洒落（野辺地・八戸－南部）
　＊「からばぐ」は「①お洒落、②生意気」。

からばこ‥‥‥老成する（人）（宿野部）

からぴら‥‥‥嘘吐き・虚言者（紫波）、同義語：からっぴら（盛岡3）
　＊「からぴら」は「からぼが」と同じ。「①嘘、②偽り」の意。

からふごっこき……不法な言い分をする人（五戸）
　＊「からふごっこき」は「空不法こき」。「理不尽なことを言う人」のこと。

からふるぎ……落ち着きのない人（川内）

からへ……図体（卑）（平賀）

からぺ……お節介やき、生意気（一戸）

からぺこぎ……お洒落好き（沼宮内）

からへた……下手な人（八幡平）
　＊「からへた」は「空下手」。「全くの下手」なこと。

からぺん……我儘（田子－南部）
　＊「からぺん」は「①気取った振る舞いをすること、②我儘」の意。

からぺんこぎ……好みをあれこれ喧しく言う人（五戸）

からほえ……☆骨惜しみ（田代）
　　　　　　☆怠け者・不精者（田老・宮古）、同義語：からほい（下岩泉）

からほうだいなし……馬鹿者（気仙1）
　＊「からほうだいなし」は「空放題無し」。「馬鹿者」の意。

からほえどたがり……乞食みたいな（人）（矢巾）
　＊「からほえどたがり」は「空乞食集」。「①乞食の様な人、②見窄らしい格好」の意

からぼが……嘘吐き・虚言者（紫波・盛・気仙5）、同義語：からぽんが（矢巾・宮古）
　＊「からぼが」は「空嘘」。「①嘘、②偽り」のこと。

がらぼし……痩せっぽ（真室川）、同義語：がらんぼし（平内）
　＊「がらぼし」は「柄干し」。「がら」は「とりがら（鳥柄）」の略。「鳥柄」は「痩せっぽ」の意。

からぽねやみ……☆空骨病・骨惜しみして骨病みを装う（人）（鹿角）
　　　　　　　　☆怠け者・不精者（盛岡・長岡・十和田・早坂・八幡平・野田・久慈－三陸北部・
　　　　　　　　八幡平3・下北16・津軽1・津軽4・津軽16・森田・嘉瀬・大川平・津軽13・
　　　　　　　　玉里・秋田北・田代・大館・鹿渡）
　　　　　　　　　　同義語：からつぽやみ（津軽15）、からぽねやき（南部・三沢）、からぽね
　　　　　　　　　　やぎ（七戸・新郷）、からぽねやみぃ（秋田9）、からぽねやむ（津
　　　　　　　　　　軽5）、からぽやみ（津軽1・平賀・砂子瀬・比内・秋田2・松ヶ崎・
　　　　　　　　　　能代・男鹿3・山本・藤里採・大館2）
　　　　　　　　☆大儀がる人、億劫がる人（津軽11）
　　　　　　　　☆不精者・骨惜しみ（大間）
　＊「からぽねやみ、からぽやみ」は「空骨病、骸骨病」。「からぽねやき」は「空骨焼」。「①骨惜しみ、②怠け者、③のらくらもの、④仕事に気が進まないこと」の意。反義語：「働き者」は「へごま」（津軽9）

からほら……法螺吹き（九戸村）
　＊「からほら」は「空法螺」。

からぼんがふぎ……大嘘つき（遠野2）

からまで……吝嗇家・けち（矢巾）
　＊「からまで」は「空真体」。「まで」は「①実直、②丁寧、③倹約、④けち」の意。ここでは④。

からもぎ……物事を諦めないで藻掻く人（津軽9）
　＊「からもぎ」は「骸揉」または「空揉み」。「①藻掻くこと、②身悶えすること、③自分を持て余すこと、④病気のため七転八倒すること」の意。

からやき……怠け者・不精者（南部方言・南部町・青森南部・百石・下田町・斗川・米田・八戸2・九戸村・横浜・舊南部・浪打・十和田4・小軽米・八戸23・馬門－南部8・津軽15）
　　同義語：からやぁぎ（軽米2）、からやぎ（二戸郡・五戸・野辺地・南部町・階上・七戸・新郷・三本木・久慈・九戸郡・十和田・一戸・大不動・軽米・種市2・八戸9・大野2・藤根2・南部）、からやみ（野田・種市2）、からやめと（十和田）
　＊「からやき」は「骸病（からやみ）、空病」の転、または「柄焼、空焼」（火にばかりあたっていて仕事をしない人）。「①無精者、②怠け者」の意。

からやきのおおねっこ……怠け者（南部2）

からやみ……☆病気と偽ること（宮古）、☆怠け者（七戸）
　＊「からやみ」は「空虚病み」。「①怠け者、②病気と偽ること」の意。

かられぐづ……理屈屋（矢巾）
　＊「かられぐづ」は「空理屈」のこと。

がらわれ……性格が良くない（人）（岩沼）
　＊「がらわれ」は「がらわる（柄悪）」のこと。

がり……盗人（石巻2）、同義語：がりも（石巻2）

がりき……盗み気（多賀城）、同義語：がりま（物を盗むこと）（仙臺10）

かれぁこぎ……ふて腐れ者（大野2）

かれかご……しまりのない人（八戸9）

かわぼう……穢多（胆澤2・仙臺）
　　同義語：かぁだ（県北－福島5）、かぁぽ（福島5・仙臺4・中村）、かあぼう（いわき）、かーぼ（相馬・福島2）、かーぼ（野木沢）、かぼ（米沢・米澤）、かぼう（仙臺6）、かわし（胆澤2）

がんかげわり……影が薄い様子（男鹿3）

かんかん……痩せ（姉体・多賀城）、同義語：がんた（霊山）、がんだんだいしょう（いわき）
　＊「かんかん」は「身体が痩せて細いこと（人）」のこと。

かんかんぼし……銭のない者（会津－福島3・大沼）
　＊「かんかんぼし」は「寒々法師」。「一文無し」のこと。熊本では「かんかんぼうず（寒々坊主）」とも言う。

かんきょれ……☆痩せて細い人（楢葉・いわき）、☆仕事のできない人（楢葉）
　＊「かんきょれ」は「かんちょろ」と同義。「かんちょろ」は「①痩せて小さい人、②病弱な人、③薄鈍」の意。

かんくはい……気狂い（白鷹）

かんくはえ……助平（鮎貝）

がんくら……頑固な人（田代・平賀）

かんくらい……間抜け（置賜2）

がんくらあたま……頭の悪い人（秋田2）
　＊「がんくらあたま」は「①固い頭、②頭の悪い人」の意。ここでは②。

かんくらいえ……何でも食う人（置賜−山形）

かんくらぇ……☆癇の強い人（米沢）、☆心なしの馬鹿者（白鷹2）
　＊「かんくらぇ」は「癇食」。「①癇症の人（子供）、②何でも食べる人、③捻くれ者、④間抜け」の意。

がんけ……おでこ（秋田7）、同義語：がんけやろ（大蔵）
　＊「がんけ」は「①酷く額の出ていること、②出額、③崖」のこと。

かんげぁなし……浅はかな人（気仙4・大原2）
　＊「かんげぁなし」は「考えのない人」。「①物事に気配りのない人、②思いやりのない人、③浅薄な人」の意。

かんがえなし……無鉄砲者（置賜2）

かんげしゃ……奥深く考える人（庄内）
　＊「かんげしゃ」は「考え者」のこと。「①奥深く考える人、②占い師」の意。ここでは①。

がんこわれ……厳めしい顔（の人）（北荘内）

がんざんでいす……痩せ衰えた人（石巻2）、同義語：がんざんでぇす（角田）
　＊「がんざんでぃす」は「元三大師」のこと。「元三大師」は天台宗の僧、良源（慈恵大師）で比叡山延暦寺の中興の祖。

がんざんてぇし……放蕩者（田野畑3）

かんしょ……狂人・気狂い（会津2・大沼・北會津・会津3）
　　同義語：かんしょー（會津）、かんしょたかり（蔵王）
　＊「かんしょ」は「癇症」。「①神経質な人、②狂人、③人を罵倒する言葉」の意。

かんしょたがり……☆綺麗好き（病的な）（遠野2・白石2）、同義語：きっと（釜石）
　　　　　　　　　☆癇癪持ち（北荘内）
　＊「かんしょたがり」は「①病的な綺麗好き、②物事を気にする人」の意。

かんすけ……馬鹿者、足りない者（南三陸・石巻2）

かんせい‥‥‥お節介やき、生意気（普代2）、同義語：かんせいけ（普代2）、かんべぇあこ（南鹿角）

かんぞーなすぽー‥‥‥考えの足りない者（山田4）

かんたがり‥‥‥☆癇の強い子供（米沢）、同義語：かんこ（南郷）
　　　　　　　☆癇の強い人（秋保）

がんたく‥‥‥お転婆（豊里・最上－山形）
　＊「がんたく」は「①暴れ者、②強情な子、③お転婆、④役立たず」などの意。ここでは③。

がんたれ‥‥‥☆締まりのない人（矢本・石巻2）、☆ヨボヨボしていること（人）（岩沼）
　　　　　　☆痩せた人（鹿島台）、☆ひ弱者（角田・白石2）、☆弱虫（大和）
　＊「がんたれ」は熊本・鹿児島では「粗末な物（人）」のこと。ここでは「①締まりのない人、②ひ弱者、③耄碌」の意。

かんたろう‥‥‥泣き虫（蔵王）
　＊「かんたろう」は「癇太郎」。「泣き虫」のこと。

かんぢ‥‥‥☆不具者（大川平）、同義語：かぢ（大川平）、☆跛（平賀・大館2）、☆びり（平賀）
　＊「かんぢ」は「片足が不自由な人」。

がんぢょ‥‥‥☆欲張り（津軽2）、☆痩せている人（津軽1・平賀）
　＊「がんぢょ」は「勘定」。「①倹約、②利得、③予定」の意。「倹約」転じて「欲張り」に。また、「がんぢょ」は「頑丈」とも。「頑丈」は「痩せ馬」のこと。転じて「痩せている人」の意に。

がんぢょっこ‥‥‥仕事をろくろく出来ない人（津軽8）

かんぢょーなし‥‥‥訳のわからない奴（久慈）
　＊「かんぢょーなし」は「勘定無し」。「①無計画、②訳もなく」、転じて「訳のわからない奴」に。

かんちょろりん‥‥‥痩せた体つきの人（原町）
　＊「かんちょろりん」は「①痩せて小さい人、②病弱な人、③もろくて弱い人」のこと。

がんつくれがぎ‥‥‥☆捻くれっこ（沼宮内・盛岡3）、☆手に余る子供（滝沢2・岩手太田）
　　　　　　　　☆役に立たない子供（盛岡俚）、☆泣く子供ら（新堀）
　　　　　　　　☆貧弱な人（体が）（徳田）
　＊「がんつくれがぎ」は「①役に立たない子供、②悪童、③腕白、④捻くれてきかない子供」の意。

がんつくれわらす‥‥‥駄々っ子（盛岡弁）

かんてち‥‥‥本気でない者（秋田7）、同義語：かんてつ（平鹿郡）

かんてつ‥‥‥30才過ぎの独身男性（六郷）

がんどー‥‥‥☆あばずれもの（久慈）、☆山賊（津軽11）
　　　　　　☆強盗・たかり（八戸－南部・松ヶ崎・能代・田代・秋田市・山本・津軽2・森田）
　　　　　　☆悪人（浅沢）、☆盗人（軽米3・大館2）、☆畜生（九戸郡2）
　＊「がんどー、がんどう」は「①強盗、②たかり、③賤しい乞食、④あばずれもの」の意。

かんとろぐ‥‥‥痩せて長身の人（一関）

＊「かんとろぐ」の「かんどろ」は「ポプラ」。転じて「痩せて長身の人」のこと？

がんない……☆弱い者・役立たず（岩手・気仙5・米沢・米沢2）
　　　　　　☆臆病者（米沢2）、同義語：がんねぁ（日頃市）
　＊「かんない」は「頑是無」の転訛？「頑是無」は「①情けない、②弱い」の意。

かんながら……つまらない人、軽薄な人（白石2）
　＊「かんながら」は「鉋殻」。転じて「①つまらない人、②軽薄な人」の意。

かんなし……物覚えの悪い（人）（氣仙沼3）

がんなべ……淫売婦（平賀）

かんぬげ……間抜け（小国）

がんねぇ……意気地無し（楢葉）
　＊「がんない」参照。

かんのさま……極めて大人しい人（秋田7）
　＊「かんのさま」は「①虱、②極めて大人しい人」の意。ここでは②。

かんばんをしょーる……評判の悪い人（久慈）
　＊「かんばん」は「看板」。「商人や職人が着る名入りの法被」のこと。

かんばんをとる……悪名高い人（久慈）

かんぴんたん……一文無し（庄内）
　＊「かんぴんたん」は「寒貧短」。「無一文」のこと。

かんぷけーたがり……かぶれ者（悪口）（八幡平）
　＊「かんぷけーたがり、がんべたがり」の「かんぷけ、がんべ」は「①湿疹、②皮膚のかぶれ、③出もの」のこと。「湿疹・かぶれなどの皮膚病を持った人」の意。

かんぺい……旋毛曲り（由利）
　＊「かんぺい」は「癇平」？「①癇癪もち、②旋毛曲り」のこと。

がんべたがり……おできの絶えない子（宮古）

がんぼ……☆乱暴（者）・向こう見ず（釜石2）
　＊「がんぼ」は「きかんぼ」の略。「①乱暴、②向こう見ず、③悪童、④頑童」の意。
　　　　☆耳の遠い人（庄内・田川）

がんまく……悪い顔付き、怒った顔付き（気仙7）
　＊「がんまく」は「顔まく」。「①悪い顔付き、②怒った顔付き、③容貌」のこと。

がんまないやつ……焦れったい奴（米沢2）
　＊「がんまないやつ」の「がんま」は「我慢」のこと。「がんまない」は「①我慢ができない、②焦れったい」の意。

き

きあがり‥‥‥逆上（仙臺6）

きぃぐづなやつ‥‥‥融通の効かない奴（藤沢）
　＊「きぃぐづなやつ」は「①窮屈な奴、②融通の効かない奴」のこと。

きいだぶり‥‥‥利口ぶること、知ったかぶり（仙台3）
　＊「きいだぶり」は「聞いた振り」？

ぎいだれ‥‥‥弱虫（置賜－山形）
　＊「ぎったれ」参照。

きいっぺー‥‥‥我儘者（山田4）

きかざる‥‥‥☆無鉄砲な人（気仙1）、☆負けん気の人（有住）、☆乱暴者（日頃市・大島）
　　　　　　　☆人の話を聞き入れない者（岩手・気仙5・多賀城）、同義語：きかざるもの（多賀城）
　＊「きかざる」は「聞かざる者」の略。「他人のいうことを聞かない者」の意。

きかぢ‥‥‥元気者（津軽）

きかぢら‥‥‥横暴な言動（をする人）（中仙）

きかづ‥‥‥☆乱暴（者）・向こう見ず（盛岡－岩手9・置賜・角田）、同義語：きかづこ（仙台原町）
　　　　　☆きかん坊（相馬・鳴子・宮城三本木・桑折）、☆短気（置賜2）
　　　　　☆悪戯者（山形・置賜2）
　　　　　☆腕白者（鮎貝・白鷹2・白石・仙台1）
　　　　　　　同義語：きがっこ（長島・秋田1）、きかんづ（平内）、きっかぢ（小国）
　　　　　☆強情者（岩沼2）、☆人の言うことを聞かない人（子女）（仙台3・仙臺5）
　　　　　☆耳の遠い人、耳の聞こえない人（軽米・胆澤3・多賀城・仙台3・山寺・津軽16・八戸2）、
　　　　　　　同義語：きかぢ（室根・東山2・大館2）、きけんぽ（石巻2）
　＊「きかづ」は「不聞」。元々は「聾者、つんぼ」のこと。「耳の聞こえない人」転じて、「聞こえても聞こえない振りをする人」から「他人の言うことを聞き分けできない人」の意。また、「①頑固・②腕白・③乱暴・④負けず嫌い・⑤悪戯・⑥喧嘩好き（人）」の意味も。

きかづがき‥‥‥腕白児（柴田・花山）

きかづっこ‥‥‥乱暴な子供（大貫）

きかづわらす‥‥‥言うことを聞かない子供（気仙沼）、同義語：きかねわらす（仙台1）

きかなす‥‥‥悪戯坊主（大蔵）

きかね‥‥‥☆乱暴な人（楢葉・七ヶ浜）、☆腕白（山形漁村・気仙沼）、☆頑固（高平）
　　　　　☆意地っ張り（野辺地）、同義語：きかない（紫波）、きかねあ（盛岡）、きかねぇ（原町）
　　　　　☆性格が強い（人）（峰浜・梁川・白石）
　　　　　☆人の言うことを聞き入れない人（蔵王）

きかねぁ‥‥‥喧嘩に強い人、荒っぽい遊びをする人、議論で相手に譲らない人（気仙7）

きかねい‥‥‥強情張り、意地っ張り（会津4）

きかねぇぁひと‥‥‥乱暴な人（江釣子2）
　　　同義語：きかない（気仙5）、きかづもっこ（七ヶ浜）、きかねぇ（平泉）、きかねぇあ（金ヶ崎）

きかね女‥‥‥気の強い女（山本）

きかんこ‥‥‥☆乱暴な子供（衣川2）、同義語：きかんこなす（衣川2）
　　　☆悪戯坊主（黒岩・十和田4・一関・江刺2・蛸浦・衣里・生母・田原・稲瀬・玉里・藤沢）
　　　　　同義語：きかづ（白鷹）、きかんぼ（永井）
　　　☆徒に喧嘩早い人（南都田）、☆乱暴者（古城）、同義語：きがねぇ（雄勝）
　　　☆腕白者（胆沢町・胆澤3）、同義語：きかつこ（新田）、きかねぇ（中村）
　　　☆腕白坊主（西根・平舘・一関・室根・黄海）、☆お転婆（多賀城）
　　　☆気の荒い子（黒岩・松尾・遠野郷・川口2・大原2）
　　　　　同義語：きかつこ（涌谷・矢本・石巻2）
　　　☆意地っ張りの気の強い子（会津4）

きかんぼ‥‥‥☆気の荒い子・きかない子供（水堀・普代・松尾・御明神・遠野郷・大野2・二子2・
　　　飯豊2・川口2・本宮・安家・藤沢・大鳥・庄内－山形・岡小名）
　　　　　同義語：きがへなぇ（平賀）、きかんぼう（門馬2・大沼）、きかんぼ（附馬牛・
　　　　　　普代2）、しがんぼ（松尾）
　　　☆腕白坊主（岩手郡滝澤・二戸郡・五戸・階上・宮古方言・九戸郡・飯豊・甲子・盛
　　　岡俚・倉沢・小軽米・軽米3・飯岡5・岩手太田・赤石・石鳥谷3・錦木・不動・
　　　南部・軽米2・一関・岩手・会津2・須賀川・田島・田村・山形漁村・會津・花山）
　　　　　同義語：きかなぁぇんぽご（真室川）、きかんす（野田）、きかんぼう（川井・野
　　　　　　田・南郷）、きかんぽ（野辺地・南部町・玉山・十和田・宮古4）
　　　☆腕白（小野・能代2・福島6）
　　　☆強情者・強情張り（西和賀・久慈・沢内7）、同義語：きかんき（久慈）、きかんこ（平泉）
　　　☆強情な子供（有畑・秋田北）、☆勝気の子供（比内・秋田1）
　　　☆暴れ児（八戸23）、☆勝気な人（棚倉）、☆腕白な男の子（千厩）
　　　☆悪戯者（西白河）、☆悪戯な子供（白鷹・田川）、☆わからづや（男鹿）
　　　☆乱暴者（温海・置賜2）、☆駄々っ子（田川）
　　＊「きかんぼ」は「きかぬき（聞かぬ気）→きかんき」＋「ぼう（坊）」。「意地っ張り、勝ち気の
　　　子供」から「聞き分けのない子供、喧嘩好きの子供」の意。

きぎがらね‥‥‥我儘（山本）

きぎすりがぎ‥‥‥駄々っ子（花山）

きぎふり‥‥‥下手くそ（野田）

ききわりいやつ‥‥‥縁起の悪い奴（津軽9）

きげんぢょうご‥‥‥お天気者（野田・平内・男鹿3・真室川）、同義語：きげんぢょこ（秋田北）
　　＊「きげんぢょうご」は「機嫌上戸」。「①酔うと機嫌が良くなる人、②お天気屋」の意。

きげんや‥‥‥気分の変わりやすい人（比内）
　　＊「きげんや」は「機嫌屋」。

きこばしい‥‥‥言動がてきぱきとした人（気仙7）

*「きこばしい」は「①言動がてきぱきとしていてかどかどしいこと、②豪毅なこと」の意。

きごつけねゃ……無愛想で取っ付きにくい人（松ヶ崎）
　同義語：きごつけないひと（男鹿3）、ぎごつねぁ（南外村）
　*「きごつけねゃ」は「ぎこつない」の訛。「ぎこつない」は「ぎこちない」に変化。「①円満でない、②人情味がない」などの意。

ぎごわ……☆融通のきかない性格（人）（松ヶ崎・由利・岩手・仙台3）、☆体が固い人（大貫）
　*「ぎごわ」は「義強」。「①無愛想、②不義理、③円滑でない（人）」の意。

きさぢこぎ……気取りや（雄勝）

きさわりやづ……☆気色悪い人（津軽2）、☆気味の悪い奴（きさわりいやづ）（津軽9）
　*「きさわりやづ」は「気障りな奴」の訛。「気障り」は「①不快に感じること、②気にかかること」の意。

きさんぢこぎ……見栄っ張り（秋田7）
　*「きさんぢこぎ」の「きさんぢ」は「気散じ」。「①暢気、②気楽、③気晴らし」の意。ここでは「見栄っ張り」。「きさぢまげる」で「お洒落する」の意。

ぎしめく……☆気が張っている人（岩泉）、☆落ち着きのない者（上有住）
　*「ぎしめく」は「軋めく」のこと？「軋めく」は「①ギシギシと音をたてる、②力む、③息張る、④詰め寄る」の意。

きしゃきしゃ……生意気（胆澤3）、同義語：きしゃきしゃつばか（岩手南）

きしゃます……甘ったれて言うことを聞かないこと（人）（置賜2）
　*「きしゃます」は「①気持ちを持て余すこと、②人の言うことを聞かず甘ったれること（人）」の意。

きしゃわり……厄介な奴（置賜2）
　*「きしゃわり子供」は「厄介な子供（山形）」のこと。

きしゃわれ……迷惑な（人）（村山）

きすきす……呆然たる貌（室根）

ぎすぱり……内弁慶（白銀－南部）
　*「ぎすぱり」は「えのめのぎすぱり」の略。「えのめのぎすぱり」は「家の前のぎすぱり」で「内弁慶」のこと。

きせもん……元気・勇気のある人（五戸）、同義語：くせもん（五戸）
　*「きせもん」は「曲者（くせもの）」。「曲者」は「①優れて巧みな人、②並々でない人」の意。

きぞっぺぇ……無愛想（な者）（胆澤3）
　*「きぞっぺぇ」の形容詞は「きぞっぱいない」。「きぞっぱいない」は「①無愛想な、②愛嬌がない、③素っ気ない」の意。

きたぢこぎ……お洒落をする人（仙南）
　*「きたぢこぎ」は「きさんぢこぎ」と同じ。「お洒落をする人」の意。

きだっぷり……☆小生意気（一関）
　　　　　　　　☆見栄っ張り（新田）、同義語：きだふり（能代2）
　　　　　　　　☆気の利いた振り（花山）
　●きたぶり……☆虚栄（者）（萩荘）、☆でしゃばり（きだふり）（大館2）
　＊「きだっぷり、きだぶり」は「聞けた振り」の転訛、または「利いた風」？「聞けた振り」は「知ったかぶり」の意。

きたむき……☆旋毛曲り（原町）、☆天邪鬼（伏黒・県北－福島3・福島6）
　＊「きたむき」は「北向」。「①北東風、②変わり者、③天の邪鬼、④旋毛曲り、⑤怒りっぽい人」の意。

ぎだれ……弱虫（五百川・宮内・置賜）
　　同義語：きだり（置賜2）、ぎったれ（保原）、ぎっだれ（置賜）
　＊「ぎだれ」は「①弱虫、②粗悪なこと」の意。

きちげ……狂人（會津）、同義語：きちがぇ（會津）

きぢげ……気遣いの要る人（田川）

きちげぇたがれ……気違い（津軽2・大川平）、同義語：きぢげたがり（霊山・伏黒）、きつがえ（南部）、きづげ（宮城三本木）、きづげぁ（宮古）、きづげぇ（胆沢町）、きづげたがり（仙台原町）、きつげたがれ（男鹿・森田）、きふどう（仙臺）、きむすぼれ（仙臺）

きちまり……短気（者）（大正寺）、同義語：きつまり（田代）
　＊「きちまり」の「きち」は「きんち（短気）」と同じ。「きちまりんだ」は「短気だ」の意。

きぢめて……堅苦しい人（南部町）
　＊「きぢめて」は「きぢめたい」の名詞形。「きぢめたい」は「①きつい、②辛い、③窮屈だ」の意。

きちゃきちゃもの……軽躁（な者）（鳴子）
　＊「きちゃきちゃもの」の「きちゃきちゃ」は「①軽はずみな様、②落ち着きのない様、③気丈な様、④軽躁な様」の意。

ぎぢょ……気性の激しい人（二戸郡）
　＊「ぎぢょ」は「気丈」のこと。

きぢょうたがり……物臭（野田）

きぢょうぬげ……☆臆病者（野田・大野2）、同義語：きぢょぬけ（九戸郡2）
　　　　　　　　☆意気地なし・臆病者（九戸村）、同義語：きんぢょぬげ（軽米）
　＊「きぢょうぬげ」は「気丈脱け」。「気丈」は「心がしっかりしていること、気の強いこと」で、「きぢょうぬげ」はこれの脱けたもの。

ぎちょげ……意地っ張り（雄勝）

きぢるし……狂人・変人（日頃市）、同義語：きづげぇ（胆澤3）、きづるす（宮古）
　＊「きぢるし」は「キ印」。「①気違い、②狂人、③変人」の意。

きづ……☆我儘（津軽2・森田・真室川）、同義語：きづい（仙臺・仙台1）
　　　　☆短気（者）・せっかち（西和賀2）

　　　　　　同義語：きぢ（西和賀2）、きづだ（西和賀2）、きんぢ（南鹿角）
　＊「きづ」は「きづい（強い）」の略。「気性の激しい」こと。

きづがぁぇんぼご……人見知り（子供）（真室川）

きづげぁ……馬鹿者・間抜け（岩手）
　＊「きづげぁ」は「気違い」の訛。

きっこばしい……甚しく剛き（人）（気仙5）
　＊「きっこばしい」の動詞「きこばる」は「硬直する」こと。「きっこばしい」は「甚しく剛い」の意。

きっさし……余所者（いわき・岡小名）

ぎつさむく……生意気、巫山戯た野郎（原町）

きっさわりぃやつ……癇に障る奴（津軽6）

きったながり……不潔を嫌う者（県南－福島5）

ぎったれ……☆不精者（米沢）、☆怠け者（福島市松川・福島3）、☆甲斐性無し（鮎貝）
　＊「ぎったれ、ぎいたれ」は「①弱虫、②粗悪なこと、③不精者、④怠け者」の意。

ぎっちょ……左利き（置賜2）
　＊「ぎっちょ」は「左利き」。「ひだりぎっちょ」とも。

ぎっちょぎぇ……旋毛曲り（西和賀2）、同義語：ぎちょぎぇ（西和賀2）
　＊「ぎっちょぎぇ」の「ぎっちょ」は「①左利き、②心の拗くれた人、③融通の利かないこと」の意。

ぎっちょぎゃ……偏屈者、融通の利かない者（秋田11）

きっちょく……軽躁（者）（北會津）

きっちょぺぁない……愛嬌のない（人）（気仙5）
　＊「きっちょぺぁない」は「きぞっぱいない」の転訛？「きぞっぱいない」は「そっぱいがない」の意。「そっぱい」は「塩気」のことで、「愛想がない、そっけない」の意。または、「きっちょぺぁない」は「几帳面でない」の説も。

きっとうもの……一癖ある者（吉里吉里）

きっとおし……短気（者）（県中－福島3）
　＊「きっとおし」は「気短、短気者」のこと。

きっとばし……お転婆（天栄）

きづね……売春婦（岩手・気仙）、同義語：きりうり（津軽11）
　＊「きづね」は「狐」。「①狐、②嘘吐き、③売春婦」の意。

きつねたがり……狐憑き（藤沢）、同義語：きづねたがり（一関）
　＊「きつねたがり」は「狐集り」。「きづねつぎ」は「狐憑き」のこと。「狐の霊が取り憑いた人、

一種の精神病」の意。

きづねつぎ‥‥‥錯乱（精神の）した人（野辺地・森田・大館2）

きつねのかわらばしり‥‥‥落ち着きのないこと（人）（米沢2）
　＊「きつねのかわらばしり」は「狐の河原走り」。「深く考えずにそわそわと急ぐこと、又はその人」の意。

きっぷーりー‥‥‥一風変わった人（白石）
　＊「きっぷーりー」は「きっぷり」と同義。「きっぷり」は「ちょっとしたことにも機嫌を損ね、他人の言を耳に入れない人（西置賜郡）」のこと。

きづめてぇあひと‥‥‥無愛想で窮屈な人（江釣子2・新田）
　＊「きづめてぇあひと」の「きづめてぇあ」は「気詰めたい」の転訛。「①窮屈だ、②気詰まりだ、③親しみ難い」の意。

ぎづんべ‥‥‥威張りたがる者（秋保）

ぎな‥‥‥不器用（者）（高平）

きなし‥‥‥心配や思いやりの足りない人（沼宮内・会津2・田島）、同義語：きなす（盛岡）
　＊「きなし」は「気無」。「気無」は「うっかりすること、気の利かないこと、野暮なこと、思慮の足りないこと」の意。

きなすぽ‥‥‥迂闊者（宮古）
　＊「きなすぽ」は「気無者」。「①不注意、②気の回りの鈍い人、③暢気者」の意。

きはし‥‥‥低脳の者（原町）

きぱしねひと‥‥‥気早い人（津軽7）、同義語：きっぱしね（津輕14）
　＊「きぱしねひと」の「きぱしね」は「気疾しない」。「①勝気、②きかん気、③気早い、④元気な」の意。「きばしこい」で「すばしこい、機敏だ、勝気だ」の意。

きばっちょう‥‥‥ぶっきらぼう（野田）

きびちょぐち‥‥‥人の話に口を出すこと（人）（南山形）
　＊「きびちょぐち」は「急須口」のこと。転じて「人の話に口を出すこと又はその人」の意。

きふ‥‥‥膨れ面（岡小名）

きぶ‥‥‥無愛想者（岩手・多賀城）
　　同義語：きぶくそ（南部）、きぶくせぇ（霊山・伏黒）、きぼくそ（南部）
　＊「きぶ」の形容詞形は「きぶい」？「きぶい」は「①苦くて渋い、②けちだ、③偏屈で気難しい、④不興げだ」の意。「きぶいひと」（仙臺6）は「偏屈で応対など難しい人」の意。

きぶくせぇ‥‥‥取っつきにくい人（福島市松川）

きびくそ‥‥‥☆旋毛曲り（浪打）、☆鈍い人（一戸2）、同義語：きぶくそ（軽米2）
　　　　　　　☆融通のきかない人（一戸3）、☆不器用者（軽米3）
　＊「きびくそ」は「①意地っ張り、②無愛想、③そっけないこと、④臍曲り、⑤不器用」の意。

きふーもん‥‥‥変な人・おかしな人（久慈）、同義語：きふ（高平）

きまあらづ‥‥‥機転の利かない者（気仙3）、同義語：きまわらづ（気仙1）
　＊「きまあらづ」は「気が回らない（人）」。

きままたがり‥‥‥☆我儘者（飯豊）
　　　　　　　　同義語：きままかだり（胆沢町・胆澤3・新田）、きままたがれ（西和賀2）
　　　　　　　☆気儘な人（盛岡）、同義語：きままたがれ（西和賀2）
　＊「きままたがり」は「気儘集り」、「気儘者、我儘者」の意。

きまらづ‥‥‥気が利かない者（岩手・胆沢町）

きみつか‥‥‥☆気短な（人）（滝沢2・岩手太田・河北）
　　　　　　同義語：きみちか（津軽2）、きみんつか（平賀）
　　　　　☆短気（者）・せっかち（盛岡・久慈・八幡・石鳥谷4・南部・嘉瀬）
　　　　　　同義語：きみぃつぅか（一戸3）、きみちか（九戸郡）、きみぢか（稗貫・佐比
　　　　　　　　　内・大川平）、きみづか（飯豊・矢巾・胆澤3）、きみづかもん（江刺）、
　　　　　　　　　きんみつか（軽米）
　＊「きみつか」は「気短か者」のこと。「①せっかち、②短気者」の意。

きむきぢょうご‥‥‥☆お天気や（岩手・多賀城）、同義語：きむぎぢょご（秋田7）
　　　　　　　　　☆気儘で一貫性に欠ける人（田代・矢本・石巻2）
　　　　　　　　☆自分の気に入ることしかしない人（置賜）、☆気分屋（大館2）
　＊「きむぎじょうご」は「気向上戸」。「気向上戸」は「①気の向くままに行動する人、②お天気
　　屋」の意。

きむぎちょ‥‥‥頑固者（滝沢2・遠山）、同義語：きむきちょ（石鳥谷4）

きむきっちょ‥‥‥☆気紛れ者（黒岩）
　　　　　　　　同義語：きむぎぢょーこ（西和賀2）、きむきちょ（石鳥谷4）、きむくちょ
　　　　　　　　　　（中野）、きむぐちょ（盛岡）
　　　　　　　☆我儘者・気紛れ（花巻）
　　　　　　　　同義語：きむきぢょうご（五戸）、きむぎぢょご（野辺地）、きむぎぢんぢ
　　　　　　　　　ょ・きむぎづんぢょ（南部北）
　＊「きむきっちょ」は「きむきぢょうご」の転訛。「きむきぢょうご」参照。

きむぎゃろ‥‥‥情緒不安定な奴（藤沢）

きむくちょ‥‥‥☆気難しい人（沼宮内）、同義語：きもくぞー（大鳥）
　　　　　　　☆臍曲り（玉山）、同義語：きむつけ（十和田）

きむぐちょ‥‥‥☆お天気や（滝沢2）、同義語：きんむぐちょ（滝沢2）
　　　　　　　☆片意地（をはる人）（不動）、☆拗ね者（盛岡11）

きむら‥‥‥気持ちにむらのある人（仙臺7）

きめしゃ‥‥‥気取りや（江刺）

きめぢょんご‥‥‥べそかき（遠野2）
　＊「きめぢょんご」は「泣き上戸」のこと。「きめる」は「幼児が人見知りして泣くこと」。

きめっこ‥‥‥☆捻くれ子（会津2・南郷）、☆拗ね者（会津3）、同義語：きめちょ（小国）
　＊「きめっこ」は「決めっ子」または「気が滅入る子」？「①気に入らないことがあると黙り込んでしまう子、②拗ねっ子、③捻くれ子」のこと。「きめこと」は「拗ねること」（米沢3）。

きもくそなし‥‥‥人当たりの良くない者（南部町）
　＊「きもくそなし」は「肝糞無」？「①愛嬌の無いこと、②ぶっきらぼう」の意。

きもこつよい‥‥‥強情張り（仙台原町）
　＊「きもこつよい」は「肝こ強い」。「肝」は「心臓、心、精神、心情、度胸」のこと。「きもこつよい」は「強情張り」の意。

きものきらし‥‥‥骨折り損（平内）

きもやき‥‥‥拗ね者（種市2）
　＊「きもやぎ」は「肝焼」。「肝を焼く」は「怒る、腹を立てる、気を揉む、心配する」の意。

きもやぎ‥‥‥怒りやすい人（久慈・九戸郡・大野2）

きゃなえやづ‥‥‥☆残念な奴（岩手郡）、☆劣っている人（松尾）、同義語：けねぇぶつ（盛岡弁）
　＊「きゃなえやづ」は「けぁねぇ奴」と同義。「けぁねぇ」は「かいない」のこと。「かいない」は「甲斐なし」、「①弱い、②病弱な、③貧弱だ、④劣等だ、⑤頼りない、⑥足りない、⑦質が悪い」の意。

きゃねひと‥‥‥病弱な人（新田）

ぎゃらご‥‥‥一人前にならない職人（森田）
　＊「ぎゃらご」は津軽で「蛙」のこと。「大人（一人前）にならないもの」を揶揄。

きりみみづ‥‥‥落ち着きのない子供（西和賀2）
　＊「きりみみづ」は「切蚯蚓」。「蚯蚓」を切ると、飛び跳ねた様に動き回ることから「落ち着きのない子供」の譬え。

きろきろむし‥‥‥落ち着きのない人（十和田）
　＊「きろきろむし」は「きょろきょろする人」。「きろきろまなく」は「心定まらなく眼光鋭いこと」の意。

きんか‥‥‥聾（胆澤3・鳴子・米沢・酒田・宮内・北荘内・石巻・仙臺・仙台1・小国・七ヶ宿・蔵王・置賜2・花山・玉造・秋保・多賀城2）
　同義語：きんぽ（岩手・石巻・南三陸・新田・多賀城・河北・泉）
　＊新潟でも「きんか」は「聾」の意。

きんぎょやろう‥‥‥相手にならない奴（置賜）

きんこ‥‥‥腕白者（東山2）

きんたまにぎり‥‥‥胡麻擂り男（遠野2）
　＊「きんたまにぎり」は「金玉握」。島根の言葉に「腰巾着」のことを「金玉を握る」とあり。

きんぢょうぬけ‥‥‥意気地なし（軽米－南部）
　＊「きんぢょうぬけ」は「気丈脱け」。「気丈」は「①几帳面、②しっかりしていること、③気の強

いこと」のこと。「気丈脱け」は「意気地なし」の意。

きんづやぎ……拗ね者（宮古俚）
　＊「きんづやぎ」は「きんづ焼き」。「きんづ」の類語「きんづたける」は「①怒る、②暴れる」、「きんづやぎ」は「①機嫌を悪くすること、②拗ねること、又はその人」の意。

きんづわらす……我が儘が通らなくて拗ねている子供（宮古山田）

ぎんながし……☆お洒落男（仙台1）、同義語：ぎんながす（盛岡）
　　　　　　　☆虚飾家（多賀城）、☆派手で遊び風の人（楢葉・石巻2）
　　　　　　　☆身分不相応に身を飾る（人）（塩釜・仙台3）、☆見かけ倒し（高平）
　＊「ぎんながし」は「銀流」。「銀流」は「①金遣いの荒い人、②見栄っ張り」の意。

きんぱ……短気（者）（津軽2・森田・平賀・比内・大館2）、同義語：きま（宮内）、きんぢ（秋田1）
　＊「きんぱ」は「気の短い軍鶏の一種」。短気者に例えたもの。

きんぶくそ……無愛想（な人）（軽米）
　＊「きんぶくそ」の「きんぶ」は「きぶ」と同じ。「きぶ」は「無愛想」の意。

きんま……☆我儘、激しい気性（米沢）、☆短気者（置賜－山形・置賜・添川）
　＊「きんま」は「①気短で怒りっぽい人、②負けん気の強い人、③欲張り、④我儘」の意。新潟では「きんま」は「癇癪持ち」の意。

きんむつけもの……気の鬱々とした者（岩手・気仙5）
　＊「きんむつけもの」は「気憤（きむつか）る者」。「気持ちがすっきりしないで苦しむ人」の意。

く

くいぬげ……大食漢（大越・鹿島台・田村・伏黒・仙台1・県北－福島3・桑折・福島6）
　　同義語：くいぬけ（只見・岡小名）、くえぬげ（田島）
　＊「くいぬげ」は「食い抜け」。「いくらでも食べる人」のこと。

ぐうだら……怠け者（盛）
　＊「ぐうだら」は「①怠け者、②ぐずぐずして鈍い者、③愚者」の意。

ぐうだらめ……泥酔者（会津－東北2）

くえごんぢょきたねぁ……意地汚し（安代）
　＊「くえごんぢょきたねぁ」は「喰根性汚し」。「意地汚い人」のこと。

くえづ……食い意地（の強い人）（南部）
　＊「くえづ」は「食い意地」の略。

くきゃすもの……世話を受けている人（森田）

くけし……物ばかり食べていて、役に立たない人（砂子瀬）

くさし……☆怠け者（楢葉・原町・菊多・福島2・県北－福島3・相馬2・會津・会津3・野木沢・桑折）

　　　　　　　同義語：くさしもの（小国・岡小名）、くさぢ（福島5）
　　　　　　　☆不潔（福島5）、☆不精者（福島6）☆物臭（仙臺8）
　　＊「くさし」は「臭し」。「①不潔、②怠け者、③物臭」の意。

くさぢぼら……騒奢（八木沢）

くさもち……☆娼婦、淫売婦（胆澤3・眞瀧・黒石・気仙5・宮城三本木・原町・本吉と福島市－娼婦・
　　　　　　　福島2・會津・大沼・野木沢・柴田・玉造・氣仙沼3・黄海・仙臺6）
　　　　　　　同義語：きさもづ（北村山－娼婦・矢本・多賀城）、くさもぢ（楢葉・会津2・米沢・
　　　　　　　保原・岡小名）、くさもつ（摺澤・仙台原町・泉）、くさもづ（石巻2・
　　　　　　　白石2）
　　　　　☆酌婦（西山形）
　　　　　　　同義語：くさもぢ（いわき・涌谷・白石・高平）、くさもつ（仙台1）

くされ……☆女（卑称）（松ヶ崎・河邊郡・由利）、☆罵倒語（真室川）
　　＊「くされ」は「腐れ」。「①役立たず、②馬鹿、③意地悪、④女を罵って言う言葉」の意。

くされいんきょ……きらわれ爺さん（卑）（会津2）

くされおなご……女（卑）（角田・濱萩・仙台3・仙臺7）
　　＊「くされおなご」は女を罵る言葉。

くされおんぢ……憎たらしい男の子（十和田）
　　＊「おんぢ」は「①次三男、②叔父、③男の子」のこと。

くされおやんぢ……能なし亭主（平内）

くされがき……☆可愛げのない子（盛岡・玉山・宮古方言・十和田・飯豊）
　　　　　　　同義語：くされわらし（十和田）、くされがーぎ（岩泉）、くそがぎ（階上）
　　　　　☆悪い子供（北上署・赤石・川口2・黒澤尻2・花巻採）
　　　　　　　同義語：くされがぎ（松尾・江釣子2・新堀・石鳥谷4）、くされわらす（赤石）
　　　　　☆子供（卑）（七戸）

くされだかり……けちな野郎（若柳）
　　　同義語：くされたかり（鹿角）、くされたがり（胆沢町・胆澤3）
　　＊「くされたかり」は「腐集」。人を罵る言葉。「①けちな野郎、②馬鹿野郎」の意。

くされたまぐら……☆お節介屋、☆何事にも口出しする人（大仙・秋田7・山本・峰浜）
　　　　　　　☆役立たず（大館2）
　　＊「たまぐら」は「①刀の柄につける金輪、②何事にも世話好きな人」のこと。

くされぢゃべ……女（卑称）（能代）

くされぢょろし……公・私娼（仙台1）

くされてんど……不器用な人（手先の）（玉山）
　　　同義語：くされてど（玉里・仙台3・宮城仙南－東北2）
　　＊「くされてんど」は「拙い技量の人」のこと。

くされなっかーれ……役たたず（宮古山田）

＊「くされなっかーれ」の「なっかーれ」は「なつかり」（上閉伊郡で「役立たず」）に同じ。

くさればっこ‥‥‥意地悪婆さん（宮古）
　　＊「くさればっこ」は「腐れ婆」。

くされびった‥‥‥☆憎たらしい女の子（十和田）、☆女の子に対する卑称（南部・七戸）

くされほえど‥‥‥相手を貶す言葉（雄勝）
　　＊「くされほえど」は「腐れ乞食」。

くされもの‥‥‥☆心の腐っている者（笹間・南部）
　　　　　　　　☆捻くれ者・旋毛曲り（大野2）、同義語：くされもん（大野2）
　　　　　　　　☆役たたず（種市2・七戸）、☆下等な者（胆澤3）、☆この野郎（藤沢）
　　　　　　　　☆悪い奴・悪者（西和賀2・一方井・玉山3・沼宮内3・本宮・二戸7・軽米2・南部・
　　　　　　　　衣川2）、同義語：くされもん（宮古）
　　　　　　　　☆良くない人・どうしようもない人・悪人（岩手郡滝澤・盛岡・南部町・玉山・川
　　　　　　　　井・花巻方言・宮古方言・十和田・沼宮内・南鹿角）、同義語：くされもん（岩泉）、
　　　　　　　　くされたがり（鹿角・八幡平）、くそこもり（南鹿角）
　　＊「くされもの」は「腐れ者」。「①つまらない奴、②良くない者、③下等な者」の意。

くされやろ‥‥‥☆馬鹿野郎（霊山・伏黒）、☆嫌な奴（白石2）、☆この野郎（胆澤3）
　　　　　　　　☆悪い人（岩沼）、同義語：くされやつ（倉沢・花巻）
　　　　　　　　☆つまらぬ奴（仙臺5）

くしゃもの‥‥‥馬鹿者・間抜け（上閉伊−全方）、同義語：くせーもの（岩手）

くすこづんぢょう‥‥‥頭の小さい人（遠野2）
　　＊「くすこづんぢょう」は「串人形」のこと。

くせもん‥‥‥☆狡い人（野田）、☆油断できない人（久慈）
　　＊「くせもん」は「曲者」の訛。「①変わり者、②悪者、③怪しい者、④卑しい者」の意。

くせぇもの‥‥‥☆阿呆（内川目2）、☆生半可者（甲子）

くせんこ‥‥‥☆汲み取り屋（南部）、☆臭い人（津輕11）
　　＊「くせんこ」は「臭いこ」。

くそいぢ‥‥‥強情張り（大沼）

くそがぎ‥‥‥子供を誹謗する言葉（南部・七戸）
　　＊「くそがぎ」は「糞餓鬼」。

くそくたむぢな‥‥‥寡黙な者（津軽2）
　　＊「くそくたむぢな」は「糞喰狢」。寡黙な人を蔑んで言う言葉。

くそくれぇ‥‥‥人を罵倒する言葉（弘前2・仙臺7）
　　＊「くそくれぇ」は「糞喰え」。

くそこごり‥‥‥くそったれ（八幡平）、同義語：くそけの（五戸）、くそまぐれぁ（五戸）
　　＊「くそこごり」は「糞凝」。人を蔑んで言う言葉。

くそたがり……人を罵倒する言葉（七戸）
 ＊「くそたがり」は「糞集り」。

くそたらし……馬鹿野郎（弘前・南外村）、同義語：くそたらす（森田）、くそっこれぁ（森田）
 ＊「くそたらし」は「糞垂し」。

くそたれ……☆役たたず（玉山）
　　　　　　　☆人を罵倒する言葉（大原2・仙臺）
　　　　　　　　同義語：くそたれやろー（仙台3・仙臺11）、くそったれ（仙台1）
 ＊「くそたれ」は「糞垂」。

くそねもなねぇ……物の役に立たない（人）（平内）

くそぴり……この野郎（平内）
 ＊「くそぴり」は「糞をひる他に能のない奴」の意。

くそまでだ……けちんぼ（森田）、同義語：までくそ（弘前）
 ＊「くそまでだ」の「くそ」は卑しめて言う接頭語。「まで」は「丁寧な、念入りな、大切な」の意。

ぐた……馬鹿（者）（会津2）
 ＊「ぐた」は「①馬鹿、②意気地無し」の意。ここでは①。

くだげぁし……酔っぱらい（気仙7）
 ＊「くだげぁし」は「くだ返し」のこと。「くだ返し」は「酔っ払って同じことを何度も言うこと又はその人」の意。

ぐだけもの……怠け者（下有住2・有住）
 ＊「ぐだけもの」は「ぐだけぇすもの」に同じ。「ぐだけぇす」は「態度がだらだらしている」こと。

ぐだすけ……笑い上戸（仙台1）

くたばり……☆役たたず（不動）、☆死に損ない・馬鹿な奴（盛岡・川井）、同義語：くらばりぢょこねぇ（野田）、くたばりぞごね（安家）、くたばれもん（岩泉）
 ＊「くたばり」は「くたばる」の名詞形。「くたばる」は「①衰弱する、②死ぬ」の意。

くたばりそぐねぁ……死に損ない（遠野1）、同義語：くたばりぞごねぁ（岩手南）

くたま……邪魔者（置賜・米沢2）、厄介な（者）（置賜2）
 ＊「くたま」は「①邪魔、②厄介な、③悩み、④苦心」の意。ここでは①②。「くたまにしねぇ」（会津4）は「全く気にかけない、物事に動じない」の意。「くたまになる」は「邪魔者になる」。

くぢおかづ……お喋り（田代）、同義語：くぢおかぢ（平賀）、くぢへらづ（気仙4）
 ＊「くちおかづ」は「口置かず」。「①口を置かないで言う人、②お喋り」の意。

くちおも……口が重く、口のきき方が遅い人（仙臺6）

ぐちかれ……愚か者（小国）

くちさかしい……口達者（久慈）、同義語：くちべんちゃら（比内・秋田北・大館2）
 　＊「くちさかしい」は「口賢しい」。「①口先が巧い、②言葉が巧みである」の意。

くぢし……三百代言、潜り弁護士
 　＊「くぢし」は「公事師」。「密かに他人の訴訟の斡旋を行う人」の意。

くぢとんがり……怒りっぽい人、よく不平顔する人（津軽11）
 　＊「くぢとんがり」は「口尖り」。「①口を尖らせる人、②怒りっぽい人、③不平・文句顔する人」の意。

くちばしなげぇ……食いしん坊（胆澤3）
 　＊「くちばしなげぇ」は「嘴長い」。「①飲食中に来合わせてご馳走にありつくこと又はその人、②食いしん坊」の意。

くちまめ……☆おしゃべり（南部・鳴子）、☆多弁家（玉造）
 　＊「くちまめ」は「口忠実」。「①口数の多い人、②口の軽い人、③話し好きな人」の意。

くちもぢり……口論（軽米3）、同義語：くちくりゃ（大館2）
 　＊「くちもぢり」は「口捩り」。「くちもめ（口揉）」に同じ。「口論、口喧嘩」のこと。

ぐぢや……饒舌者（南外村・北荘内）
 　　同義語：ぐぢゃ（庄内3）、くちゃべる（峰浜）、くぢよぐで（庄内3）、くづけらい（峰浜）
 　＊「くぢや」は「口」のこと。「口」は「①お喋り、②お世辞の巧い人」の意。

ぐぢゃし……小者、ろくでなし（平賀）

くちゃぱしー……口の軽い者（野田）、同義語：くずぁぱす（軽米）、くっちゃばし（白銀－南部）
 　＊「くちゃぱしー」は「嘴」の訛。「①唇、②お喋り」の意。

くちゃべりおなご……お喋り女（衣川2）、同義語：くぢゃわかす（北浦）
 　＊「くちゃべりおなご」の「くちゃべり」は「くっちゃべり」と同じ。「①お喋り、②多弁な者」の意。

ぐづ……☆仕事を上手くできない人（村山）、☆事に果断なき人（仙臺7）
 　＊「ぐづ」は「①寡黙な人、②意気地無し、③分からず屋、④仕事が上手くできない人」の意。ここでは④。

ぐづぐづ……小言を言う様（大沼）

くっけぇす……脛齧り（甲子）
 　＊「くっけぇす」は「くっける」の名詞形。「くっける」は「喰いきる」の意。転じて「くっけぇす」は「脛齧り」の意。

くづこね……小言を言う人（浜通－福島5）
 　＊「くづこね」は「くづこねる」の名詞形。「くづこねる」は「①不平を言う、②愚痴を捏ねる、③小言を言う」の意。

くっされ……脳無・馬鹿（会津2）

くったぐれ……酔っ払い（多賀城）

*「くったぐれ」は「よったぐれ」と同義。「酔漢」のこと。

くっちゃ……告げ口をする人（九戸郡・久慈5）

くっちゃべ……お喋り（嘉瀬・七戸）
　　同義語：くちゃべる（雄勝）、くっちゃべり（宮古山田）、くっちゃべる（軽米3・保原）
　　*「くっちゃべ」は「くっちゃべり」の略。「くっちゃべり」は「①お喋り、②多弁な者、③口数の多い人」の意。

くつぱし……話上手な人（嘉瀬）
　　*「くつぱし」は「嘴（くちばし）」。「嘴」は「①唇、②話し上手な人、③お喋り」の意。

くづべんこ……口先だけの者（庄内）、同義語：くぢいい（津軽2）
　　*「くづべんこ」は「口弁口」。「①口先だけの者、②弁舌、③話しぶり」の意。ここでは①。

ぐづまくひと……よく不平を言う人（仙台2）

ぐづめき……☆意気地なし・臆病者（遠野）
　　同義語：ぐづらめき（遠野）、☆ぶつぶつ言いたがる人（八戸在）
　　*「ぐづめき」は「①愚図めき、②意気地なし、③弱虫」の意。

ぐづもづ……ぐうたら（大和）

ぐづやづ……烏合の衆。凡夫（森田）
　　*「ぐづやづ」は「愚図奴」。「心の働きの鈍い人」の意。転じて「①烏合の衆、②凡夫」の意。

ぐづらめぎ……ぐずぐずしてはっきりしない者（六戸採）、同義語：くづらめぎ（南部北）

ぐづらもづら……☆のろまな（人）・のろのろしている（人）（横川目・大和）
　　　　　　　☆不平不満を言っている様（宮城仙北－東北2）
　　*「ぐづらもづら」は「ぐづぐづもづもづしている人」のこと。

ぐづろべー……埒あかない者（仙臺7）

くてぇこ……食いしん坊（津軽2・弘前）、同義語：くてぇくてぇこ（平内）
　　*「くてぇこ」は「食いたいこ」のこと？「意地汚く何でも食いたがる者」の意。

くびふりべご……怠け者（仙臺6）
　　*「くびふりべご」は「首振り牛」のこと。怠け者を嘲って云う言葉。

くぼ……狡賢い人、詐欺師（山形漁村・庄内）
　　*「くぼ」は「①嘘、②詐欺師、③高利貸」のこと。

くまいき……強勢なる貌（大沼）

くまかだり……他人の欠点を見つけて言う人（気仙2）、人のあらばかり見つけたがる人（気仙7）
　　同義語：くまさがし（気仙7）、くまひろい（北浦）
　　*「くまがだり」は「隈語り」。「隈」は「①隠し所、②秘密」の意。

くまびたひと……年の割に老けた人（山寺）

＊「くまびたひと」は「くまびた人」。「くまびた」は「くまびる」の連体形、「くまびる」は「隈（くま）む」と同義。「隈む」は「①年寄りめく、②大人びる、③実際より老けて見える」の意。

くまみだ‥‥‥年以上に老けて見える（人）（田川）

くみぬげ‥‥‥仲間外れ（角田）

くみはぢし‥‥‥村八分（庄内3）
　＊「くみはぢし」は「組外」。「①仲間外れ、②村八分、③不都合があった者への絶交」の意。

くやすがり‥‥‥☆負け惜しみの強い人（石巻2・河北・泉）
　　　　　　　　同義語：くやしがり（物事を執念深く残念がる人）（仙臺5）
　　　　　　☆口惜しがる人（仙臺7）
　＊「くやすがり」は「悔しがり屋」。「悔し」は「①悲しい、②羨ましい、③妬ましい、④悔しい」の意。

くらぁれもん‥‥‥食わせ者（下岩泉）、同義語：くらせもの（江刺）
　＊「くらぁれもん」は「食らせ者」の転訛？「一見誠実そうに見えるが、実は油断のならない者」の意。

くらいぬげ‥‥‥大食漢（福島5）、同義語：くらいのげ（福島5）
　＊「くらいぬげ」は「食抜」。「食抜」は「①大食い、②大食漢、③食いしん坊」の意。

くらえつぶす‥‥‥怠け者・不精者（南部北）
　＊「くらえつぶす」は「食い潰す（人）」。「穀潰し」転じて「①怠け者、②不精者、③徒食者」の意。

くらーつくし‥‥‥徒食者（種市2）
　　同義語：くらいづくし（南部）、くれぁだおし（岩手・多賀城）、くれぁだおす（平泉2）、くれぁつくし（舊南部）、くれぁつぐす（軽米）、くれぁてぁし（岩手・盛）、くれってす（附馬牛）
　＊「くらーつくし」は「食い尽くし」の転。「①穀潰し、②徒食者、③怠け者」の意。「くれぁだおし」は「食い倒し」。

くらどうな‥‥‥芸なし（食う以外の）（田野畑3）

くるげ‥‥‥生意気な人（秋田3）
　＊「くるげ」は「狂げ」。「①人を罵倒した言葉、②生意気な人」の意。

くるり‥‥‥狂人（津軽2）
　＊「くるり」は「くるる」の名詞形。「くるる」は「①気が狂う、②暴れ回る、③小言を言う、④叱る」の意。

くれぇあてぁあす‥‥‥無能（な者）（遠野郷）
　＊「くれぇあてぁあす」は「食い絶やす」。「①穀潰し、②怠け者、③無能な者」の意。

くれぁてぁし‥‥‥大食い（気仙7）

くれぇーてぇーす‥‥‥飯を食べるだけの人（能なし）（吉里吉里・遠野2）
　＊「くれぇーてぇーす」は「食い絶やす」。「①徒食者、②怠け者，③無能な者」の意。

くろっぺ……色黒の男（賤称）（津軽4）
　＊「くろっぺ」は「黒っぺ」。「膚色の黒い男」のこと。

くわえどごろねおとこ……特徴のない男（雄勝）
　＊「くわえどごろね男」は「銜処のない男」。「銜処のない」は「①捉え処のない、②詰まらない、③役に立たない、④取るところがない」の意。

ぐんづがさえび……☆青二才（津軽2）、☆詰まらない人間（平賀）
　＊「ぐんづがさえび」の「がさえび」は「蝦蛄（しゃこ）」のこと。「①つまらない人、②青二才」の意。

け

げぁぐず……締まりない者（岩手）
　＊「けぁぐず」は「けぁねぁぐず」の略？「けぁねぁ」は「①見劣りする、②締まり無い、③だらしない」の意。

けぁごまぢねぁ……蚕を飼う家に来て呪いをする人（気仙2）
　＊「けぁごまぢねぁ」の「けぁご」は「蚕」。「まぢねぁ」は「呪い」のこと。

けあしょうなす……甲斐性のない（人）（附馬牛）
　＊「けあしょうなす」は「甲斐性無し」の訛。

けあっちゃもぐれ……旋毛曲り（盛岡）、同義語：けっちゃもくれ（宮守3）
　＊「けぁっちゃもぐれ」は「臍曲り」のこと。「けっちゃ」は「①逆さ、②反対」、「もぐれ」は「剥（むく）れ」。

けぁなぐり……恥知らず（野田）

げあなす……弱い人（松尾）
　　同義語：けぁぁねぇぁ（東山2）、けぇね（石巻2・泉）、けぇねぇぶつ（滝沢2）、けぇねぇ（若柳・南三陸）
　＊「げあなす」は「かいない（甲斐無）」と同義。「①弱い、②病弱、③虚弱、④貧弱、⑤劣等、⑥不十分、⑦駄目な、⑧足りない、⑨頼りない」の意。

けぁなすもん……一人前無い者・駄目な奴（野田）

けあねあい人……役に立たない人（岩手中通－東北2）

けぇねぁんつこ……知能の低い者（岩手）

げぁぶさらし……恥晒し・業晒し（新郷）、同義語：げぁぶんざらす（宮古）
　＊「げぁぶさらし」は「ごうさらし（業曝）」と同義。「①厄介者、②恥さらし」の意。

けぁりんぼー……不勉強者、出来無し坊（宮古）
　＊「けぁりんぼー、けぇれんぼ」の「けぁり、けぇれ」は「①人並み以下、②低脳、③最下等」の意。

けぁれんぼ……学校に行かない子供（上閉伊）

けいれんほー‥‥‥人並み以下の人（釜石 2）

けいはぐ‥‥‥お世辞（者）（有住）、同義語：けいはく（軽米 3）、けぇはぐ（気仙沼）、けーはぐたがり（多賀城）
　＊「けいはく」は「軽薄」。ここでは「①お世辞、②追従、③諂い」の意。

けいはくかたり‥‥‥諂いを言う人（倉沢・新田）
　　同義語：えぇはぐ（気仙 7）、けいはく（気仙 5）、けーはく（南郷）

けぇだすけ‥‥‥役たたず（下岩泉）

けぇっちゃむぐれ‥‥‥反抗する者（遠野 2）
　＊「けぇっちゃむぐれ」の「けっちゃ」は「逆、反対、反様」。「むぐれ」は「剥（む）ぐれ」。「けっちゃむぐれ」は「①反抗する者、②一度は賛成して後で反対する者」の意。

けぇーなし‥‥‥甲斐性なし（会津）、同義語：けいなし（南郷）、けーねぇえ（会津 2）

けえれんぼう‥‥‥低脳（者）（宮古山田）

けがぢ‥‥‥飢渇
　＊「けがぢ」は「①飢渇、②飢饉、③凶作」のこと。

けがぢきみ‥‥‥高慢で頭の高い人（葛巻）

けがぢびど‥‥‥がつがつ良く食べる人（葛巻）

けがぢぼんぢ‥‥‥食いしん坊（津軽 1）
　＊「けかちぼんず、けがぢぼんじ」は「飢渇坊主」。

けかちぼんづ‥‥‥飢えた坊主（子供）（五戸）
　　同義語：けがつぽんず（南部）、けがぢわらし（十和田）、けがづわらす（上北採）

けがづ‥‥‥食べ物に賤しい人（山形漁村）

けがづほいど‥‥‥がつがつする（人）（野辺地）、同義語：けがつほいど（久慈－南部）
　＊「けがづほいど」は「飢渇乞食」。

げさく‥‥‥☆下等（花山）、同義語：げさぐ（河北）、☆品形賤しく下卑たること（人）（仙臺 6）

げさぐやろ‥‥‥卑しい者（岩手・平泉 2・多賀城）
　＊「げさぐやろ」は「下作野郎」。「下作」は「①小作、②賤しい、③下品な、④出来の悪い」の意。ここでは②。

けざらい‥‥‥少しの才能があっても役に立たない者（仙臺 6）

げしぱり‥‥‥強情者・強情張り（舊南部・青森 5・八戸 23）、同義語：げすぱり（南部）
　＊「げしぱり」は「下司張」？「下司」は「①小作人、②下品なこと、③卑しいこと」の意。

げしわらひ‥‥‥馬鹿笑い（玉里）、同義語：げしらわらひ（仙臺 5）、げすわらい（仙台 1）
　＊「げしわらひ」は「下司笑」？「下品な笑い」の意。

げす……下司、下種、粗野（庄内3・会津3）
　　＊「げす」は「身分や素性の賤しい人」の意。

げすたれ……劣等者（気仙1・気仙5）
　　同義語：げすっぽ（原町）、げすほ（気仙1）、げづだれ（気仙1）
　　＊「げすたれ」の「げす」は「下司・下種」。「下司」は「品性が下劣な人」。「下種」は「①品性が下劣、②下賤な人、③肥溜」の意。

げすぬかし……間抜け（只見）

げすのけ……だらしない（人）（会津2）、同義語：げすぬけ（会津4）

げすぱら……何でも口に入れる食いしん坊（岩手・平泉2）
　　＊「げすぱら」は「下種腹」。「①素性の賤しい母から生まれた子、②下賤なものの考え、③食いしん坊」の意。ここでは③。

げすまがり……臍曲り（会津4）

げすめっけ……醜女（北荘内、庄内3）

けすらぽん……平然たる様子（河北）

けそけそ（している人）……狡猾にして恥を恥としない（人）（仙臺6）

けそらぽん……冷淡な態度（花山）

げそり……何気ない体（花山）

げだ……笑い上戸（庄内3）
　　同義語：げだり（大間・平内）、げち（桧枝岐）、げちっくそ（桧枝岐）、げら（米沢・川西・南山形・庄内3）
　　＊「げだ、げら」は「げだげだ笑う人、げらげら笑う人」より、「①笑い上戸、②よく笑う人、よく巫山戯る人」の意。

げだえし……山登りの途中で疲れ果てる（人）（平賀）

げだげだ……不作法な笑い方（平賀）

けぢぎだもの……こんな詰まらない者（卑）（庄内3）
　　＊「けぢぎだ」は「こんな、このような（詰まらない）」の意。

けちくせ……吝嗇家・けち（六戸採・酒田）
　　同義語：けぢぐ（秋田7）、けちくされ（七戸）、けちくせっぽやろう（遠野郷）、けちくそ（会津2・只見）、けぢくそ（鏡石・福島5・小野）、けちたがれ（比内）、けつめど（楢葉）、けつみごもとんね（川西）
　　＊「けちくせ」は「①けち、②吝嗇家、③守銭奴、④しみったれ」の意。

けぢだわらす……悪い子供（秋田5）、同義語：けちながぎ（仙臺6）

けつおっけ……女（卑称）（平鹿）

＊「けつおっけ」は「大尻」。

けっちちまり‥‥‥便秘（者）（大館2）

けっちゃつ‥‥‥嫌な奴（醍醐）

けっつなげぁ‥‥‥長居客（有住）
　　＊「けっつなげぁ」は「尻長」。

けっつぬげ‥‥‥戸を閉めていかない人（大貫）

けっつふり‥‥‥尻軽女（野田）
　　＊「けっつふり」は「尻振」。

けっぽそ‥‥‥小心者（南部町・七戸）、同義語：けっつぼそ（種市2）
　　＊「けっぽそ」は「尻細」？「①小心者、②臆病者」の意。

けづ‥‥‥☆けちん坊（平泉2）
　　　　　☆怪しからぬ者（むつ）、同義語：けづだもん（むつ）、けづなやづ（南三陸）

けづなやつ‥‥‥☆悪い奴・悪者（紫波署）
　　　　　　　同義語：けぢなやづ（倉沢）、けづなやつ（黒岩）、けつなやつ（二戸4）、けづなやづ（稗貫・松崎・新田）、けづなぁえづ（湯口）
　　　　　　☆怪しからん奴（岩崎・金ヶ崎・石巻2）
　　　　　　　同義語：けぢなもん（大川）、けぢなやづ（大原2）、けつなやつ（柴田）、けづなやづ（遠野郷・岩手・宮城三本木・多賀城）、けづなやろ（江刺・胆沢町・胆澤3）
　　　　　　☆困り者（人の迷惑になる）（松尾）、同義語：けづなやつ（滝沢2）
　　　　　　☆憎い奴（中野）、☆不都合な奴（遠山）
　　　　　　☆嫌な奴・良くない奴（釜石・盛岡・遠野・飯豊）
　　　　　　　同義語：けづだもん（下北11）、けづなやづ（甲子）
　　　　　　☆怪しからぬ奴（花山）
　　＊「けづなやつ」の「けづ」は「下種（げす）」（下賤な者）・「尻（けづ）」・「咎（けち）」？「①嫌な奴、②怪しからん奴、③困りもの、④悪い奴」等々の意。

けっちまがり‥‥‥旋毛曲り（庄内3）

けっちゃむぐれ‥‥‥あべこべ（岩沼2）

げっぱ‥‥‥ビリ、最下位（山本・庄内2・田川）、同義語：げま（小野）
　　同義語：げす（相馬2）、げすっぺ（福島3）、げすっぽ（福島5）、げっぱしょれろ（庄内3）、げっぺ（山形・南山形・村山）、げっぽ（北會津・会津3）
　　＊「げっぱ」は「①最後の、②最下位、③尻」の意。

けつぽおもの‥‥‥不良の徒（遠野）、同義語：けっぺやろ（庄内3）、けつぽたがり（遠野1）
　　＊「けつぽおもの」は「咎んぼ者」？「けっぽ」は「①けち、②悪い奴」の意。ここでは「①品行の悪い者、②不良」の意。

けっぽやろ‥‥‥詰まらない人（白石2）

け

けでる……変わり者（山形漁村）、同義語：けがーり（桧枝岐）

げと……乱暴（者）（河邊郡）

げど……☆外道な者・タンカをきる者（釜石）
　　　　☆粗暴の者、同義語：げどおもの（遠野）、げどーもん（宮古）
　＊「げど」は「外道」。「外道」は「①人を罵って言う言葉、②悪人、ならず者、③法外のことを言う者」の意。

げどつぎ……無法者（遠野2）
　＊「げどつぎ」は「外道吐ぎ」。

げない……穢多（会津－福島5・大沼）、同義語：げねぁー（北會津）

げなし……下等（な者）（花山）

げなす……☆不風流な人（盛岡）、☆他愛ない話（をする人）（角田）

げなもの……宜しからぬ者（沼宮内3）
　＊「げなもの」は「異な者」なら「①優れている者、②殊勝な者、③穏和な者、④柔弱な者、⑤一風変わっている者」の意。「下な者」なら「①下等者、②劣った者」の意。

けはぐ……☆軽薄者・品位がないこと（人）（地引）
　　　　☆おべっか、諂い（津輕11・能代2）、同義語：けーはく（桧枝岐）、☆お世辞（大館2）
　＊「けはぐ」は「軽薄」。「①追従、②諂うこと又はその人」のこと。

けはぐたがり……☆お世辞者（二戸郡・一戸）
　　　　　　　同義語：けぁはぐかだり（一関・岩手）、けぇはぐもん（仙台3）、けはぐ（山本）、けはぐかだり（多賀城）、けーはくたがり（福岡・浄法寺2）、けーはぐもん（岩手）
　　　　　　☆おべっか使い（滝沢2）、同義語：けはぐ（北浦・雄勝・六郷）
　＊「けはぐたがり」は「軽薄集り」。「軽薄」は「①見え透いたお世辞、②軽薄、③依怙贔屓」の意。「けはぐまげる」は「おべっかを使う」こと。

げぶぢゃらし……恥をかくこと（人）（南部）
　＊「げぶぢゃらし」は「外聞晒し」？

けへぇこ……嫌らしい人、変態性の人（宮古方言）

げほ……☆愚かな者（岩手・多賀城）、同義語：げほう（眞瀧・仙台1）、げほやろ（大郷）
　　　　☆度外れた馬鹿野郎（仙臺7）、☆出額（庄内3）、☆頭の大きい人（多賀城）
　　　　☆杓子頭（大館3）
　＊「げほ」は「下法」では「①下法頭、②愚鈍、③出額」の意。「外法」では「①大頭、②おでこ、③長頭、④愚鈍」の意。

げほたがり……小馬鹿者（真室川）

げほぢゃらし……聞き分けない者（六戸採）

げほちんぶり……馬鹿者（秋田7）

げほもの……頼りない人（七ヶ浜）

げほやろう……大変な野郎（鹿島台）

けむ……詐欺（者）、三百代言（藤沢・東山・多賀城・花山・玉造・氣仙沼3）
  ＊「けむ」は「①詭弁を弄すること、②詐欺」の意。

けむしゃ……毛深い人（津輕11）
  同義語：けむぐだら（庄内）、けむぐぢゃら（米澤）、けむしら（津輕11）、けもくしゃら（川西）
  ＊「けむしゃ」は「毛むしゃら」の略。「けむくじゃら」のこと。

けむやろう……詐欺師（一関・岩手・多賀城）
  同義語：けむ（江刺・岩手・磐清水・田河津・千厩・日形・山目・平泉）、けむかけ（矢越）、けも（石巻2）、けもかげ（胆沢町）、けもかだり（石巻2）、けもやろ（石巻）

けも……掴みどころのない人（七ヶ浜）

けもんたかり……神経過敏な人（仙台2）

けやしぐなぇ……悪知恵（平賀）

けやねや……病弱（な人）（西明寺）、同義語：けぇねぁ（気仙沼）

げやねやあのひと……悪人（玉里）、同義語：げやねやあひと（岩手中通－東北2）

げらえもん……余所者（秋田5）
  ＊「げらえもん」は「①外来者、②余所者」の意。

けらけら……下っ端の者（森田）
  ＊「けらけら」は「軽輩」の意。「軽輩」は「①身分の低い人、②身分の賤しい人、③下っ端の人」の意。

けられ……お喋り（秋田7）
  ＊「けられ」は「くぢけらえ」の略？「くぢけらえ」は「公事繰（くぢくり）」の転訛？「公事繰」は「よく不平文句愚痴を言う人」の意。

げろあぱ……下品な女（能代）
  ＊「げろあば」の「げろ」は「①涎、②唾、③嘔吐、④自白、⑤下品」。「あば」は「①母、②妻、③中年の女、④既婚の女」のこと。

けろけろむしこ……何でもすぐ欲しがる人（五戸）、同義語：けろけろむす（盛岡・遠野2）
  ＊「けろけろむし」は「呉れ呉れ虫」？

けわしん……抜け目のない者（原町）
  ＊「けわしん」は「険しい人」。「険し」は「①ゆとりがない、②抜け目がない、③悪賢い、④盗癖がある、⑤甚だしい」の意。ここでは②。

けんくわし……喧嘩の上手な人（（津軽3・津軽4）
  ＊「けんくわし」は「喧嘩師」。「①喧嘩好きな人、②喧嘩の上手な人」の意。

げんだこ‥‥‥我慢強い子（田川）

けんちょ‥‥‥☆勝ち気でヒステリックな女（遠野 2）、☆乱暴（者）・向こう見ず（岩手・田代）
　＊「けんちょ」は「癇性（かんしょう）」の訛？「癇性」は「①短気、②怒りっぽい、③癇癪」の意。または「けんちょ」は「賢女」の訛？

げんど‥‥‥乱暴者（秋田 1・子吉川）
　＊「げんど」は「外道」。「外道」は「①餓鬼、②悪党、③破落戸、④乱暴者」のこと。「げんどおこす」は「駄々を捏ねる」こと。

げんとぐ‥‥‥頭の大きい人（秋田 7）、同義語：げんとく（能代 2）

けんのんたかり‥‥‥☆病的に潔癖（な人）（小牛田・秋保・仙臺 7）
　　　　　　　　　　同義語：けんのんたがり（石巻 2・仙台 3）
　　　　　　　　　☆物事を危ながる性質（多賀城 2）
　＊「けんのんたかり」は「険難集り」。「険難」は「苦難、安心ならないこと」の意。または「けんのん」は「剣呑」？

げんぽ‥‥‥娼婦・淫売婦（津軽 3）、同義語：げんぽ（津軽－娼婦）、げんぽう（津軽－娼婦）

こ

ごあえきり‥‥‥☆漫言する人（九戸郡）、☆歌の下手な（人）（九戸中野）
　　　　　　　☆大言壮語（する人）（平賀）
　＊「ごあえきり」の「ごあえ」は「ごわい」の訛。「ごわい」は「自慢ばかりする人」の意。「ごわいきる」は「①自慢する、②強がりを言う、③法螺を吹く、④啖呵を切る」の意。

こいつぱら‥‥‥意地悪（人）（安家）

ごいんはづれ‥‥‥歌声の調子外れ（仙台 3）
　＊「ごいんはづれ」は「五音外れ」。「①歌の調子が狂っていること、②調子外れ」の意。

ごうき‥‥‥遠慮会釈もなくずけずけ喋ること（岩木）
　＊「ごうき」は「ごうぎ（嗷儀）」？「①無理を言い張ること（多人数が、勢いを頼みにして無理を主張すること）、②乱暴」の意。

こうせんかせぎ‥‥‥三百代言、口銭稼ぎ（宮古）

ごうたかり‥‥‥☆浅ましき者（津軽 15）、☆悪運の強い者（原町）

ごうたがり‥‥‥悪業に付きまとわれた人（種市 2）、同義語：ごったがり（七戸）

こうのかだり‥‥‥話だけの人（藤沢）
　＊「こうのかだり」は「効能語り」？

ごうびんとがめ‥‥‥他人の言葉尻を取って咎め責める（人）（仙臺 6）

ごえきぎ‥‥‥自慢話をする人（赤川）、同義語：ごえぁきり（大野 2・秋田北）
　＊「ごえきぎ、ごえぁきり」は「ごはいきり」の転訛。「ごは（わ）い」は「自慢」の意。

ごえきり‥‥‥思い切ったことをする人（岩木）

こえぐぢねぇ‥‥‥意気地無し（置賜・川西）
　＊「こえぐぢねぇ」は「こいぐぢなし（小意気地無し）」と同義。「意気地無し」のこと。

こえこがづ‥‥‥色男（岩手）、同義語：こえかづ（平泉2）

こえらすぐねぁわらす‥‥‥可愛い気のない子供（藤沢）
　＊「こえらすぐねぁわらす」の「こ」は接頭語。「えらすぐねぁ」は「えらしぐね」（愛らしくない）と同義。「愛らしくない」とは「①憎らしい、②可愛げの無い、③可愛らしくない」の意。「わらす」は「童子」。

ごおたがり‥‥‥強欲者（小野）

ごおらかだり‥‥‥法螺を吹く者（岩手・大原）
　＊「ごおらかだり」は「むごらかだり」と同じ。「ごおら」は「①乱暴者、②度量の大きい様、③大言壮語」の意。ここでは③。

こが‥‥‥大酒飲み（気仙4）
　＊「こが」は「①酒樽、②大きな桶、③小便壺」のこと。ここでは①、転じて「大酒飲み」の意。

こかすけ‥‥‥狡い人（岩手）
　＊「こかすけ」は「狡助」。「こかす」は「①転す、②誤魔化す、③不正をする、④盗む、⑤異性を欺く」の意。

ごがすり‥‥‥暴れ者（真室川）
　＊「ごがすり」は「ごかかたり」と同義。「①暴れ者、②強情張り」の意。「ごかする、ごかつかす」で「①強請、②無茶を言う」の意。

ごかたけるもの‥‥‥手段を選ばず自分の思いを遂げようとする者（村山）
　＊「ごかたけるもの」は「ごかたける者」。「ごかたける」は「強情を張る」こと。

ごきあれい‥‥‥御器洗い・からやき（野辺地）
　＊「ごきあれい」は「御器洗」。「ごき」は「御器・合器」。「普段は何もしないのに、人の集まる宴会の時だけ手伝う振りをする人」の意。

こきめく‥‥‥怒り拗ねる者（宮古俚）
　＊「こきめく」の「こき」は「こく」由来。「こく」は「①立腹する、②好ましくないことをする」の意。

こくせぇ‥‥‥薄馬鹿・呆けた人（甲子）、同義語：こくせぇもの（吉里吉里）。
　＊「こくせぇ」は「小臭ぇ」。「①薄馬鹿、②呆けた人、③詰まらない奴」の意。

こくぞくなし‥‥‥意地悪（人）（田代）、同義語：こくぞなす（岩手）
　＊「こくぞくなし」の「こくぞく」は「獄率」。「義理や人情を解さない者」の意。「こくぞくねぇ」は「①根性が良くない、②性格が悪い」の意。

ごくたり‥‥‥役立たず（いわき）
　＊「ごくたり」は「極道」と同義。「役立たず」の意。

こ

ごくつぶし……☆ぶらぶら遊び暮らす人（津軽2）、☆御飯や物を粗末にする人（男鹿）
　　　　　　☆役立たずー（南部町・附馬牛・十和田4・安家・千厩・大原・胆沢町・仙臺4・富谷・米沢・置賜2）
　　　　　　　同義語：こくつふし（仙臺8）、ごぐつぶす（矢本・石巻2・山寺）
　　　　　　☆食べてばかりで働ない者（舊南部・原町・平賀）
　　　　　　　同義語：ごぐつぶす（軽米・岩手）、ごぐつぶす（矢巾）
　　　　　　☆徒食者（種市2・鳴子）、同義語：ごぐつぶす（新田・岩沼）
　　　　　　☆無為徒食の輩・怠け者（黒岩・岩泉・稗貫・甲子・白鷹）
　　　　　　　同義語：ごぐつぶし（西和賀2・八戸23）、ごぐつぶす（遠野・宮古方言）
　　　　　　☆怠け者・不精者（倉沢・紫波郡4・大原2・長井）
　　　　　　　同義語：ごぐつぶす（滝沢2・多賀城）
　＊「ごくつぶし」は「穀潰し」。「①役立たず、②遊び人、③食べ物を粗末にする人、④食べてばかりで働かない人」の意。

こけ……木偶の坊・阿呆（河邊郡）
　＊「こけ」は「虚仮」。「①実体のないこと、②内容が空虚で真実でないこと、③浅薄なこと、④愚かなこと」の意。

こげ……☆薄馬鹿・呆けた人（長岡・沼宮内・遠野2・南部北・赤石）
　　　　☆愚人（紫波署）、同義語：こち（紫波郡4）、このげ（早坂）、こげたがり（佐比内）
　　　　☆馬鹿者・間抜け（徳田・西和賀2・外川目2・岩手太田・一関・江刺・岩手・新沼・気仙7・大原2・秋田1・浜通－福島5）
　　　　　同義語：こけ（稗貫・久慈・古城・中村）、ごげ（秋田7）、こげあり（大正寺）、こけたかり（岩手）、こけさく（紫波署・古館）、こげすけ（西和賀・沢内7）、こげぞう（気仙1・気仙3・岩手・気仙5）、ごげぶつ（秋田1・平鹿－秋田6）、こけやろ（只見）
　　　　☆無能（な者）（矢巾）
　＊「こげ」は「①馬鹿、②薄馬鹿、③能なし、④浅薄、⑤おこげ」の意。「でなにこけなし（中村）」（出額に馬鹿はない）。

ごけ……娼婦（秋田8、由利－娼婦）、同義語：ごげ（津軽11・七戸）、こも（飽海－娼婦）
　＊「ごけ」は「①後家、②未亡人、③娼婦」のこと。

ごげおっかー……寡婦（小野）、同義語：ごげあっぱ（中年の未亡人）（平賀）

こげしる……締まり無き人（若柳）

こげすけ……☆うっかり者（川舟）、☆間抜け者（浄法寺）

ごげっこ……私生児（小野・野木沢）

ごげっぱな……形の悪い鼻（平賀）

こけらぬしみ……盗人（鹿角－全方）、同義語：こけらぬすびと（鹿角）
　＊「こけらぬしみ」は「小盗人」のこと。「こけら」は「①材木の屑、②詰まらない人」の意。

こげり……知恵の回らない人（中仙）

こごっちょお……世事に疎い者（岩手）、同義語：こごっちょー（気仙）
　＊「こごっちょお」は「世事に慣れていない者」のこと。

こごとかたり‥‥‥小言を言う人（仙臺 5）

こさき‥‥‥子供を呼ぶ語（卑語）（気仙 5）、同義語：こぢゃみ（南部 2）

こさく‥‥‥☆お節介（南部）、☆他人の妻に子を産ますこと（仙臺 6）

ございぶつ‥‥‥☆怠けること（胆澤 3）、☆病気で寝ていること（人）（気仙沼 2）

こざらし‥‥‥☆業ざらし（津軽 4・鹿渡）、
　　　　　　同義語：ごうつぁらす（角田）、ござらし（男鹿 3）、ごたがれ（津軽 4）
　　　　　☆恥さらし（能代 2）
　＊「ござらし」は「業晒し」。「恥曝し」の意。「ごぢゃらし」参照。

こしと‥‥‥腰の立たない人（盛岡ー岩手）
　＊「こしと」は「腰人」。「腰居人」？

こしねづけ‥‥‥腰巾着（野田）
　＊「こしねづけ」は「腰根付」？「腰巾着」のこと。

ごしゃぎ‥‥‥怒りっぽい人（平鹿）、同義語：ごしゃぎむし（鮎貝）
　＊「ごしゃぎ」は「ごしゃぐ」の名詞形。「ごしゃぐ」は「後世を焼く」の略。「①腹を立てる、②怒る、③残念に思う」の意。

こしゃく‥‥‥☆おしゃま、生意気（角館・由利・南山形）、☆余計なこと（岡小名）

こしゃぐ‥‥‥お節介やき（安代）、同義語：こしゃぐかだり（藤沢）
　＊「こしゃぐ」は「小癪（こさぐ）」のこと。「①お節介、②余計なお世話、③差し出がましいこと、④生意気、⑤年の割にませていること、⑥手際の良いこと」の意。

こしゃぐかだり‥‥‥分かった顔して余計なことを言う馬鹿。

こしゃくたれ‥‥‥☆余計な手出しをする人（新田）、☆生意気者（玉造）

こしゃくばくれた‥‥‥色気のついた（子供）（仙臺）

こしゃくもの‥‥‥生意気な人（気仙 1・気仙 3・三陸・岩手・綾里）
　　同義語：こしゃくたれ（宮城三本木）

こしゃっぺ‥‥‥生意気（会津）、同義語：こしゃまくれ（鹿島台）

こしゃまぐれ‥‥‥大人を真似て年不相応のことをする子供（会津 2）
　＊「こしゃまぐれ」は「こましゃぐれ」と同義。「子供が大人びた風をすること、又はその人」の意。

ごしゃらぐ‥‥‥呑気な人（男鹿 3）

こしょうかだり‥‥‥故障語り、異議を唱える（人）（気仙沼）

こしょうまげ‥‥‥噂をまく人（岩泉）
　＊「こしょうまげ」は「故障播」？「故障」は「苦情・異議」。「こしょうをまげる」で「①告げ口

する、②有らぬ噂を立てる」の意。

こしょかたり……何事にも我が儘言ったり、文句を言う人（古川）

こしょんけ……小馬鹿者（九戸郡・小軽米2）、同義語：こじょんけ（九戸郡）
　＊「こしょんけ」の「こ」は「小」、「しょんけ」は「馬鹿者」の意。

こすえ……欲張り（川西）

こすたがり……けち（高平）
　＊「こすたがり」は「狡い奴」のこと。「①けちん坊、②物惜しみする人、③悪賢い者」の意。ここでは①。

ごすたれ……臆病者（庄内）
　＊「ごすたれ」の「ごす」は「屑、豆殻、炭屑」のこと。「ごすたれ」は「屑野郎」、転じて「役立たず、臆病者」の意。

こすぽ……吝嗇・けち（中村・福島5・相馬2）、同義語：こすぇ（会津2）、こすっぽいたかり（原町）、こすぽお（中村）、こすんぼ（田島）

こぜくれがぎ……捻くれ子供（江刺）
　＊「こぜくれがぎ」は「抉れ餓鬼」。「抉（こぜ）る」は「拗（す）ねる」の意。「こぜくれ」は「捻れる、拗（こじ）れる」。「餓鬼」は子供の卑語。

こせづねぇやづ……こせこせ煩い人（江刺）
　＊「こせづねぇやづ」の「こ」は強調の接頭語。「せつねぇ」は「せつない」の訛。「①辛い、②窮屈だ、③じれったい、④煩（わずら）わしい、⑤煩（うるさ）い」の意。

こぜばもの……下級の者・貧乏人（矢巾）、同義語：こぢぇばもの（矢巾）

ごせやぎ……☆怒りやすい人（宮古署・門馬2）、☆怒り拗ねる者（宮古俚・新里・九戸村）
　＊「ごせやき」の「ごせ」は「後世」。「後世を焼く」は「腹を立てる」の意。

ごぜむぐ……小言（を言う人）（七ヶ浜）

ごせんこ……娼婦（大和）
　＊「ごせんこ」は「五銭女」のこと。

ごぞくぐり……人の意中を先読みする人（庄内3）
　＊「ごぞう」は「五臓」で「内臓」のこと。

こそちけなし……厚かましい人（秋田7）

こそぴそかだり……私語をする者（気仙1）
　＊「こそぴそかだり」は「こそこそと語る人」の意。

こそぼったい……軽佻（な人）（花山）

こそぼろけぇ……大人くさい話をして生意気な（人）（胆澤3）

こそろかぎ‥‥‥気忙しい人（北浦）

ごたがり‥‥‥☆親不孝者（下北16）、☆因果たがり、不幸者（南部）、同義語：ごー（天栄）
　●ごたがれ‥‥‥☆意地悪い老人（津軽3）、☆不運な人（津軽1・平賀）
　　同義語：ごーたがり（南部）、ごうたがれ（大川平・津軽1）、ごったがれ（津軽1）
　＊「ごたがり」は「業集り」。「①不運な人、②不幸な人、③親不孝者、④意地悪い老人」の意。

こーたがん‥‥‥この野郎（桧枝岐）

こたしゃろう‥‥‥馬鹿者・間抜け（浄法寺）

こだす‥‥‥吝嗇家・けち（宮古方言）
　＊「こだす」は「小出し」の訛。「けちん坊」のこと。

こだつ‥‥‥不作法（田根森）

こたなし‥‥‥何を言っても聞かない、不真面目な人（能代・秋田7）、同義語：こったね（能代）
　＊「こたなし」は「小足り無し（こたりなし）」の略。「薄馬鹿、間抜け」の意。

こたねやづ‥‥‥薄馬鹿（能代2）

ごだらけし‥‥‥太った人（男鹿・秋田7）

こたれ‥‥‥締まりのない者（古城）
　＊「こたれ」は「こたれなし」の略。「こたれなし」は「こたらなし」と同義。「こたらなし（小足なし）」は「①少し足りない、②間が抜けている、③締まりがない」の意。

こだれぇ‥‥‥不清潔者（胆澤3）

こだれもの‥‥‥☆だらしない者（岩手）、同義語：こたれ（平泉）、☆役たたず（岩崎）

こだれやろう‥‥‥怠け者（多賀城）

こたりにぇ‥‥‥頭の足りない人（西和賀2）、同義語：こたりない（男鹿3）

こたれ女‥‥‥意気地なし女（山ノ目）

こたれなし‥‥‥馬鹿者・間抜け（八戸23）
　同義語：こたれなす（水堀2）、こたんなぇ（真室川）、こたんねぇ（大郷）
　＊「こたれなし」は「こったりなし」と同義。「薄馬鹿、間抜け」の意。

こたれねぁ‥‥‥知恵が足りない（人）（北浦）、同義語：こたれねぇ（弘前2）

こだんぢゃぐ‥‥‥横着者たかり、詐欺類似行為を行う人（西和賀2）
　＊「こだんぢゃぐ」の「だんぢゃぐ」は「①横着者たかり、②詐欺類似行為を行う人、③道楽者」の意。

こぢうけ‥‥‥恥かしがりや（宮古3）

こちぎでね‥‥‥気に食わない人（雄勝）

＊「こちぎでね」の「こ」は強調の接頭語。「ちぎでね」は「好きでない」こと。

こぢくせがぎ‥‥‥いじけた子供（有住）
　　＊「こぢくせがぎ」は「拗れ餓鬼」。「①臍曲りの子供、②いじけた子供」の意。

こぢぐだもの‥‥‥こんな馬鹿者（山本）

ごちぐり‥‥‥罪作り（秋田7）

こぢくれがぎ‥‥‥腕白小僧（宮古方言・岩手）、同義語：こづくれがぎ（滝沢2）
　　＊「こぢくれがぎ」は「拗（こぢ）くれ餓鬼」。「拗（こぢ）ける」は「①縺れる、②衰える、③挫ける、④出来損なう、⑤旋毛を曲げる、⑥駄々を捏ねる」の意。

こぢけもの‥‥‥拗（こぢ）け者（南部）

こぢゃ‥‥‥饒舌（者）（大正寺）、同義語：ごぢゃ（秋田市）
　　＊「こぢゃ」は「①お喋り、②冗談、③分からず屋、④嘘、出鱈目、⑤下品なこと」の意。

こぢゃがし‥‥‥狡賢い（人）（南部）
　　＊「こぢゃがし」は「小賢しい」。

こぢゃく‥‥‥狡い人（八幡平）

こちゃげなし‥‥‥☆臆面もない欲張り者（七戸）、☆そそっかしい人（女）（七戸）
　　　　　　　　☆年甲斐もなく尻軽な女（平内）

ごぢゃぱだぎ‥‥‥宴会の時、最後まで飲み食いする人・後引（南部町）
　　同義語：ござっぱだぎ（気仙沼・小野）、ござぱたぎ（軽米2・楢葉）
　　＊「ごじゃぱだぎ」は「莫蓙叩き」。「宴会の時最後まで残って飲み食いする者」のこと。

ごちゃべるふと‥‥‥お喋りする人（砂子瀬）
　　＊「ごちゃべるふと」の「こちゃべる」は「お喋りする、ぺらぺら喋る」、「ふと」は「人」。

ごぢゃらし‥‥‥恥晒し（野辺地・八戸在・南部町・十和田・野辺地3・花輪3・八幡平・津軽2・津軽9・森田・大川平・岩木・平賀）
　　同義語：ごーざらし（野田）、こざらし（浅沢）、ござらし（峰浜）、ござらす（南部北）、ごーざらす（吉里吉里）、ごーぢゃらし（九戸郡・野田・九戸中野・種市2）、ごんぢゃあらし（十和田2）、ごんぢゃらし（南鹿角）
　　＊「ごぢゃらし」は「業曝し」。「業曝し（ごうさらし）」は「前世の悪業の報いによって、この世で恥をさらす人」のことを言う仏教用語。「ござらし」も同じ。

ごーぢょうがす‥‥‥高利貸（江刺）
　　＊「ごーじょうがす」は「強情貸」で、「高利貸」のこと。

こぢゅー‥‥‥小心者（大野2）、同義語：こぢゅうけ（野田）、こぢゅうなやつ（米澤）

こぢゅうけ‥‥‥心配性な人（普代2）

こぢょきたなす‥‥‥欲張り（者）・貪欲（川口2）
　　＊「こじょきたなす」は「根性汚し」。「けちん坊」のこと。

こぢょくれ……捻くれ者・旋毛曲り（遠野郷）
　＊「こぢょくれ」は「根性腐れ」の略。「ひねくれ者、意地悪」のこと。

ごぢょっぱり……☆意地っ張り（軽米・三川）

こぢょっぱり……無理語り（盛岡―岩手9）
　＊「こぢょっぱり」は「根性張り、意地っ張り」。

こぢょわり……☆意地悪（大川平・能代2）、同義語：こんぢわる（楢葉）
　　　　　　　☆心根が悪い（人）（北浦）、同義語：こんぢょわる（盛岡）
　＊「こじょわり」は「根性悪」。「こんじょよす」は「お人好し」（気仙沼）のこと。「こんぢょ」参照。

ごっかんもん……ろくでなし（能代）

こづぎ……骨相（米沢）
　＊「こづぎ」は「①外見、②骨相」のこと。

ごづぐり……悪い事許りする人（能代）
　＊「ごづぐり」は「業作り」又は「強突張（ごうつくばり）」。「①悪い事ばかりする人、②乱暴者、③強欲者」の意。

ごーつくり……乱暴者（南部）、同義語：ごっつくり（三本木）

ごーつくもの……強欲者（南部）

ごつくりわらし……駄々っ子（十和田）

ごっつくばり……強情張り（置賜・川西）

ごっつくり……☆破落戸（ごろつき）・乱暴者（十和田）、☆つまらない人（由利）

こづくれがぎ……素直でない子供、ひねくれた子供（西根・宮古）

こつけぁらしぐねぁ……可愛くない（子供）（有住）

こつけこ……小さい人（卑）（石巻2）

こつけだ……正常に発育しない物（者）（岩沼）

こづけもん……恥ずかしがりや（九戸村）

こつけわらし……ひねくれ者（津軽2）

こつけわらす……不機嫌な子供（宮古方言）
　＊「こつけわらす」は「拗（こじ）れ童子」。「こつける」は「拗（こじ）れる」のこと。「拗れる」は「①捻れる、②捻くれる、③拗らせる」の意。

ごっこ……吃者（軽米3・相馬・会津2・角田・白石・黄海）、同義語：ここ（平賀）、ごこ（津軽11）、こっこ（大館2）、こっこめぎ（大正寺）、ぽっぽ（相馬）

こっさぁかねー……軽薄で重厚さのない者（原町）

ごっそう……粗野な人（種市2）

こったしなし……取るに足らない者（盛）

こったれなし……☆間抜け・薄馬鹿（鹿角・玉山・十和田・沼宮内・七戸）
　　　　　　　　同義語：こたりなし（一戸）、こたれ（十和田2）、ごたれなし（九戸村）、
　　　　　　　　　　　　こったれなす（盛岡）、こったれねぁ（仙南・大仙）
　　　　　　☆遅鈍者（長坂）、☆薄馬鹿・呆けた人（一戸2）
　　　　　　　　同義語：こったなし（気仙1）、こたれなす（一戸3）
　　　　　　☆（やや）足りない人（こったんなし）（宮古方言）
　　　　　　　　同義語：こたなし（釜石）、ごたれなし（舊南部・青森5）、こったりねぇ（新田）、
　　　　　　　　　　　　こったんない（宮古方言）、こったんなす（角田）、こったんにぇ（高
　　　　　　　　　　　　平）、こったんね（角田）、こったんねぁ（有住・大原2）、こって
　　　　　　　　　　　　ーなす（白石2）
　　　　　　☆小馬鹿者（こったりねぇ）（岩手太田）
　　　　　　　　同義語：こたれなす（南部北）、こったりなし（岩手絵・仙臺）、こったねぇ
　　　　　　　　　　　　（胆沢町）、こちゃからなし（仙臺）
　　　　　　☆愚かな者（こったなす）（岩手）
　　　　　　　　同義語：こったなし（氣仙沼3・大島）、こったばげ（岩手）、こったんねぇ（油島）
　　　　　　☆馬鹿（大館2）、同義語：こったりなし（仙臺6）
　＊「こったれなし、こったなす」は「小足なし」のこと。「①知恵の遅れた人、②脳たりん、③少
　　し足りない人」の意。

ごったぐれ……☆舌の回らない人（岩沼）、☆始末に負えない人（蔵王）

ごったまらづ……呂律が回らぬこと（人）（石巻）

こっちぎでねぇ……好きでない（人）（大雄）
　＊「こっちぎでねぇ」の「こっ」は接頭語。「ちぎでねぇ」は「好きでない」の訛。

こっちゃがなす……思慮分別のない人（岩沼）

こっちゃがらなし……小馬鹿（者）（角田）

こっちゃげなし……だらしのない者（六戸採）
　＊「こっちゃげなし」は「①落ち着きのない者、②慌て者、③だらしない者」の意。

こっちょう……強情張り、ろくでなし（能代）
　＊「こっちょう」は「強情」？

こっつなし……☆余計なことをする人（白鷹）、☆助平（小国2）
　＊「こっつなし」は「①余計なことをする人、②悪戯者、③助平」の意。

こっぱすえ……気が強い人（大郷）、同義語：こっぱしい（新田）

ごっぱたり……罪業ふかき者（盛岡3）

こっぱでぇぐ……未熟な大工（七戸・江刺・楢葉）

108

同義語：こっぱだいく（胆沢町）、こっぱでーぐ（南部）
　＊「こっぱでぇぐ」は「木片大工」（こっぱだいく）のこと。「下手な大工」の卑語。

ごっぷにん‥‥‥罪作りな人、信仰心のない人（山寺）

こつぶれ‥‥‥小さい人（卑）（平賀）

こっぺ‥‥‥☆ませている者、おませ（米沢・米沢2）、☆小癪（福島2）
　　　　　　☆生意気（会津・只見・宮内・真室川・添川・小国）
　　　　　　　同義語：こっぺー（桧枝岐）、こっぺぃ（会津2）、こぺくせ（六郷）
　　　　　　☆お洒落（五百川・温海・酒田・宮内・北荘内・庄内2）
　　　　　　　同義語：こぴそてべ（山形漁村）、こぺ（温海・山形漁村）

こっぺぁしり‥‥‥生意気な子供（秋田7）、同義語：こっぺぇながぎ（米澤）
　＊「こっぺぁしり」の「こっぺぁ」は「こうへい」と同義。「こうへい」は「①子供がませた言動
　をすること、②お洒落、③お節介、④愚か者、⑤お喋り」の意。ここでは①。

こっぺおなご‥‥‥軽薄な女（庄内2）

こっぺくせ‥‥‥おしゃま・小生意気（大間）
　＊「こっぺくせ」は「こうへい臭」。

こっぺくせぁ‥‥‥年齢不相応な若造の言動（北浦）

ごっぺけし‥‥‥一文無し（岩木）
　＊「ごっぺけし」の「ごっぺ」は「幸運、僥倖」、「けし」は「返し」。「ごっぺけし」は「①失敗、
　②大損、③一文無し」のこと。ここでは③。「ごっぺかえし」（平賀）は「大変な失敗」の意。

こっぺたかり‥‥‥垢のついている人（野木沢）

こっぺはえやつ‥‥‥すばしっこい奴（庄内2）

こっぽだいなし‥‥‥何も分からない人（仙臺7）

こっぽぢょーでね‥‥‥（やや）足りない人（岩泉）

こっぽでなす‥‥‥物の条理を弁えない者（岩手・多賀城）、同義語：こっぽうだいなし（仙臺）

こっぽでねぇー‥‥‥ぼんやり者（遠野2）
　＊「こっぽでねぇー」は「こ放題なし」の略。「こっ」は接頭語。「放題なし」は「①何もわからな
　いこと、②知らないこと」の意。

こづれこ‥‥‥横着者（角間川）
　＊「こづれこ」は「小狡い者」。「①狡い者、②横着者」の意。

こでばもの‥‥‥小者（藤沢）

こでびゃくしょう‥‥‥貧農家（江刺）
　＊「こでびゃくしょう」は「小体百姓」？「小体（こたい）」は「①質素なこと、②こぢんまりし
　たこと」の意。または「小手百姓」？

こなす……悪口（西白河）
　＊平賀では「こなし」は「このわらし」の意。

ごに……悪人（比内・秋田北）、同義語：ごうにん（峰浜）、ごにたがれ（比内）、ごにん（男鹿・能代）
　＊「ごにん」参照。

こにくつれ……小憎い（人）（南部）
　＊「こにくつれ」は「小憎連」。

ごにたかし……非道なことをする奴（大館2）

ごにん……憎まれ者（男鹿3）
　＊「ごにん」は「業人」。「業」は「前世における善悪（主に悪）の所行によって現世で受ける報い」のこと。「悪人」の意。

こぬかうらみ……自分の非を悟らずに相手を恨むこと（人）（仙臺6）

こぬがばぐろ……低級な博労（七戸）
　＊「こぬがばぐろ」は「小糠博労」のこと。「小糠」は「①つまらない、②低級な」の意。

こぬげ……☆小馬鹿者（川口2）、☆馬鹿者・間抜け（久慈・九戸郡・松尾・岩手郡）
　　　　　　☆少し足りない人（滝沢2・岩手太田・盛岡俚）、同義語：こぬけ（軽米2）、こはんか（五戸）
　　　　　　☆間抜け者（盛岡・二戸郡・一戸・西根）、同義語：こぬげたがり（沼宮内）
　＊「こぬげ」は「小抜（こぬけ）」。「①少し抜けている人、②馬鹿者」の意。

こぬすびと……狡猾な人（砂子瀬）
　＊「こぬすびと」は「小盗人」。「①盗人、②スリ、③狡猾な人」の意。ここでは③。

こねぇろ……この野郎（胆沢町・胆澤3）
　　同義語：こなえろ（会津2・田島）、こねろ（霊山・米沢・伏黒）、こんなぇろ（白鷹）
　＊「こねぇろ」は「この野郎」の訛。

こねくり……動作が鈍い（人）（岡小名）

ごねばり……強情（者）（置賜2）
　＊「ごねばり」は「強情張り」のこと。

ごねんさま……☆諄い世話をする人（鹿島台）、同義語：ごねんしゃ（角田）
　　　　　　　☆念入りで面倒な人（石巻2）
　　　　　　　☆余計な世話をする人（仙臺7）、同義語：ごねんしゃ（仙台3）、ごねんざん（仙臺5）
　＊「ごねんさま」は「御念様」。「親切な心遣い」。転じて「余計な世話をする人」の意。

このがどろぼう……☆手癖の悪い人（野田）
　　　　　　　　　☆小盗人（江刺）、同義語：こぬかぬすと（南部）、こぬかぬすびと（上閉伊）
　＊「このがどろぼう」は「小糠泥棒」。「①小盗人、②こそ泥」のこと。

このけけぁする……愚か者（岩手）

このつつこ……この野郎（石巻2）

ごはいきり……法螺吹き・自慢ばかりする人（五戸）、同義語：ごわい（五戸）
　＊「ごはいきり」は「ごわい」とも。「①自慢する人、②法螺吹き、③強がりを言う人」の意。

こばか……薄馬鹿・呆けた人（稗貫・遠野郷）、同義語：こばがたづれ（下岩泉）
　＊「こばか」は「小馬鹿」。「①馬鹿者、②薄馬鹿、③呆けた人」の意。

こばかたれ……馬鹿者・間抜け（玉山・花巻方言・宮古方言・十和田・太田・沼宮内・黒岩・飯豊・八幡平・西和賀2・宮野目2・岩手太田・盛岡俚・安家・江刺・岩手・盛・佐倉河・胆沢町・胆澤3・多賀城）
　同義語：こばが（遠野）、こばかたがり（南部）、こばがたぐれ（盛岡・五戸・宮古・有住）、こばがたれ（岩手郡ー全方・赤石．宮古・衣川2・平泉2）、こばがやろう（遠野）、こばくせ（大貫）、こんばがたれ（江釣子・南鹿角・錦木）

こばしり……☆告げ口をする人（九戸郡・九戸中野）、☆よくものを言う者（南部・青森5）
　＊「こばしり」は「小走」。「小走」は「①使い走り、②余計なことを人に告げる者、③お節介」

ごーはだり……親不幸者（釜石5）、同義語：ごーばだぎ（宮古）
　＊「ごーはだり」は「業懲り」？類似語：「ごーばたけ」（罪作り）。「①強情者、②放蕩者、③親不孝者、④不運な者」の意。

こはんかくせ……☆（やや）足りない人（遠野3）、☆薄馬鹿（七戸）、☆小馬鹿くさい（角田）
　＊「こはんかくせ」は「小半可くせ」。「①軽薄な者、②馬鹿者、③間抜け、④鈍間」の意。

こび……厄介者（大川平）

こびたがれ……☆垢のついている人（津軽2・弘前・七戸）、☆汚い身なりの人（大川平）
　＊「こびたがれ」は「垢集れ」。「①不潔な人、②汚い格好の人、③垢のついている人」の意。

こびしょね……見窄らしい（人）（北荘内）
　＊「こびしょね」は「小不精ね」。「①見窄らしい、②だらしない、③不潔だ又はその人」の意。

こびす……小児（卑）（仙臺）、同義語：こびちょ（仙台3）

こびせり……親馬鹿（野田）
　＊「こびせり」は「小伏（こぶせ）」の転訛。「自分の子に非があるのに、相手の子供を責める人」。「こびせ」（仙台）は「煩い子供」。

こびちゃい……少女（仙臺）

こびちゃく……☆幼稚なこと（人）（会津2）、同義語：こびちゃわ（大沼）、こべそご（北荘内）
　　　　　　☆小生意気（置賜・川西）

こびっちょ……小さい人（卑称）（気仙1・岩手・多賀城）
　同義語：こびっちょ（気仙3）、こべつく（気仙3・気仙1）、こびんぢょ（仙臺6）、こびんちょ（玉造）
　＊「こびっちょ」の「こび」は「小人（こびと）」の「こび」。「こびっちょ」は「①少女、②小便垂れ、③泣き虫（なきびっちょ）、④小人」などの意。

こひゃぐも……生意気者（多賀城）

こびんぢょ……根性が狭い（人）（藤沢）
　＊「こびんじょ」は「①小さい人・子供を卑しめて言う言葉、②未熟な者、③青二才、④根性が狭い」の意。

ごびんぢょ……体格の良くない人（小牛田）

こびんとがめ……揚げ足取り（仙台3・米沢2）、同義語：ごんびんとがめ（仙臺6）
　＊「こびんとがめ」は「①言便咎め、②語尾咎め」。些細な言葉の語尾の揚げ足をとること。

こぶせ……我が子ばかり可愛がる（人）（松崎・西和賀2・大館2）
　　同義語：こぶしぇ（西和賀2）、こぶせり（五戸）、こぶせる（玉山）、こんぶ（大貫）
　＊「こぶせ」は「子伏」。「必要以上に我が子を可愛がる母親」のこと。「こびせり」参照。

こふらけゃ……無鉄砲（な人）（玉山）

こぶんて……気難し屋（真室川）

こぼけなし……☆愚か者（松尾・遠野郷・長岡2・飯豊2・下有住・千廐・気仙4・江刺・矢作・古城・矢越・保呂羽・磐清水・生母・眞瀧・平泉・田原・小山・佐倉河・梁川・岩谷堂・玉里・鳴子・花山・玉造・大島・黄海）
　　　　　同義語：こぼけなす（遠野署・摺澤・藤沢・一関署・新田）
　　☆小愚（胆澤・下有住2・衣里・松川・金ヶ崎・佐倉河・水沢署・胆沢町）
　　☆間抜け者（岩泉・玉山・宮古方言）、同義語：こぼけもの（宮古方言）
　　☆痴漢・気転なきもの（気仙5）、☆ぼんやり者（胆沢町）、☆愚人（岩澤）
　　☆物事のわからない人（こぼけなす）（新田）
　＊「こぼけなし」は「小惚けなし」「小呆為し」？「なし」は接尾語。「①愚か者、②馬鹿、③間抜け」の意。

こぼぢなし……「ほじ」のない者（西和賀2）
　＊「こぼぢなし」の「こ」は接頭語。「ぽぢなし」は「①方図（限度・際限）がない、②締まりが無い、③分別がない、④正気でない」の意。

ごぼほり……☆ごね者（松峰・秋田北）、☆悪態ついて暴れる者（南部）
　　　　☆我儘（山本）、☆乱暴者（花岡）、☆愚談愚談言う奴（田代）
　　　　☆駄々を捏ねる人、無理を言う人（津軽9）、☆捻くれ者、惰弱者（峰浜）
　＊「ごぼほり」は「牛蒡掘り」の略。「ごんぼほり」参照。

ごぼほりわらし……我が儘な子供（山本）

こぼろ……子煩悩（角館・鳴子・涌谷・石巻2・新田・村山・河北・玉造・仙臺5・宮城仙南－東北2）
　　同義語：こぼら（鹿島台）
　＊「こぼろ」は「①子供をひどく可愛がる人、②子煩悩」のこと。

ごま……嘘吐き、人を騙す人（野木沢）

こまがぎ……青二才（南部）
　＊「こまがぎ」は「細餓鬼」。「青二才」のこと。

こましゃぐれだわらす……ませた子供（津輕10）、同義語：こましゃぐれ（大郷・多賀城・岡小名）

こますけ……吝嗇家・けち（宮古方言）
　＊「こますけ」は「細助」。「けちん坊」のこと。

こまぢゃぐれ……小癪（福島2）

こまぢゃぐれだ（がぎゃ）……小賢しい子供（遠野・松崎）
　＊「こましゃぐれだがぎゃ」は「細抉れ童子」？「年の割にませた生意気な子供」。「こましゃぐれだわらす」と同義。

ごまづき……胡麻搗り（石巻2）
　＊「ごまづき」は「胡麻搗き」。「胡麻搗り」のこと。

こまっちゃぐれ……おしゃまな子供（江刺・米沢・山寺）
　同義語：こましゃぐれ（気仙沼・仙台3）、こまっしゃぐれ（岩手）、こまちゃくれ（津軽11・仙臺6）、こまちゃぐれ（米澤・石巻2）
　＊「こまっちゃぐれ」は「こましゃくれ」と同じ。「子供が大人びたことをすること」の意。

こまでだ……節約家（田代）
　＊「こまでだ」の「こまで」は「細手」？「細手」は「①吝嗇家、②けち」の意。

ごまやろう……狡猾な人（氣仙沼3）

ごみそ……占い師（大館2）

こみだぐなし……顔が少し醜い者（七戸）
　＊「こみだぐなし」の「こ」は「小」で接頭語。「みだぐなし」は「①顔の醜い人、②醜い女性、③嫌な奴、④小憎らしい奴」の意。

こみち……小心（者）（河邊郡）、同義語：こみぢなひと（花山）
　＊「こみち」は「小道」と同義。「小道」は「①小心な様、②金銭に細いこと、③けちくさいこと」の意。

こむぎちょねぇ……偏屈で味のない人（角館）、同義語：こむけちょねゃ（西明寺）
　＊「こむぎちょねぇ」の「こ」は接頭語。「むぎちょ」は「①偏屈者、②かたくなな者、③すぐ腹を立てる人」の意。

こめぁこ……けちん坊（宮古）
　＊「こめぁこ」は「細い者」。「細（こま）い」は「①小さい、②細かい、③狭い、④綿密だ、⑤吝嗇だ、⑥つましい」などの意。ここでは⑤。

こめぇ……財力なく無力の者（平内）

こめぇもの……小さい家に住む者（男鹿3）

こめつ……朗らかでない子供（遠野2）
　＊「こめつ」には「①はっきりしない人、②幼少でまだ口の回らない子」の意味も（遠野2）。

こめら……子供達（卑）（大沼・会津3）
　＊「こめら」は子供達を卑しめて言う言葉。

こめろ‥‥‥下女（庄内3）
 ＊「こめろ」は「小女郎」。「①少女を罵って言う言葉、②下女、③雇い女」。

こもかぶり‥‥‥☆無資格者、無免許者（江刺・北浦・中仙）
　　　　　　　☆娼婦・淫売婦（南部方言・津軽と酒田－娼婦）
　　　　　　　同義語：こも（庄内）、こもかんぶり（津軽11）
 ＊「こもかぶり」は「薦被」。「薦被」は「①乞食、②四斗入りの酒樽、③私娼、④濁酒、⑤もぐり」の意。ここでは③⑤。新潟でも「こもかぶり」は「私娼」の意。「菰で顔を包み、それを敷いた」ことによる。

ごもげなす‥‥‥馬鹿者（岩手）、同義語：こもけなし（玉造）
 ＊「こもげなす」は「こぼけなし」と同じ。「①愚か者、②馬鹿」の意。

こもだづ‥‥‥石女（胆澤3・いわき・福島市松川・多賀城）、同義語：こもたづ（岡小名）
 ＊「こもたづ」は「子持たず」。「①子供の生まれない女（既婚）、②子供のいない夫婦」のこと。

こもづこばが‥‥‥親馬鹿（野田）
 ＊「こもづこばが」は「子持小馬鹿」。「親馬鹿」のこと。

こや‥‥‥穢多（沼宮内4）

ごやきぎ‥‥‥見栄っ張り（津軽7）

ごやきり‥‥‥☆猥談をする人（江釣子）、☆自慢ばかりする人（嘉瀬・津軽11）
 ＊「ごやきり」は「ごはいきり」の略。「ごはいきり」は「ごはい」由来。「①自慢ばかりする人、②猥談する人」の意。

こやげのもの‥‥‥貧しい人（男鹿3）
 ＊「こやげのもの」は「小宅の者」。「①貧乏人、②貧乏な家」の意。

こやすあげ‥‥‥汲取人（江刺）
 ＊「こやすあげ」は「肥やし挙げ」。「汚穢（おわい）屋」のこと。

こやらしぐねがぎ‥‥‥憎たらしい子供（雄勝）

こより‥‥‥大した用事でもないのに人の家に立ち寄ってお茶のみ話をする人（気仙7）
 ＊「こより」は「小寄り」。「①近所の小会合、②茶飲み話をする人、③小さい寄り合い」のこと。

ごら‥‥‥大言壮語（油島）、同義語：ごらふぎ（河北）
 ＊「ごら」は「ごーら」と同義。「①木の空洞、②中身がないこと、③乱暴者、④度量の大きいこと、⑤大言壮語」の意。

ごらかだり‥‥‥大言壮語する者（岩手・多賀城）、同義語：ごらら（折壁）

こらづなす‥‥‥意見のはっきりしない人（南部北）

ごーらもの‥‥‥法螺吹き（気仙4）

ごりご‥‥‥人々に余される人間（岩沼）

ごろ‥‥‥☆臆病者（砂子瀬）、☆ごろつき（平内）
　＊「ごろ」は「破落戸」の略。「①無頼漢、②破落戸、③臆病者」の意。

ごろつき‥‥‥無頼漢（宮野目2・花巻10・南部）、同義語：ごろぢき（能代2）
　●ごろづぎ‥‥‥☆悪い奴・悪者（岩手）、☆乱暴者（米崎）、☆喧嘩売り（平泉）

ころぐでなす‥‥‥悪たれ者・ろくでなし（遠野2・遠野郷）、同義語：ころぐでもねぁ（宮古）
　＊「ころぐでなす」の「こ」は接頭語。「ろぐでなす」は「ろくでなし」のこと。

ごろけつ‥‥‥一番最後、ビリ（石巻2・花山）
　　同義語：ごっけ（角田）、ごろ（花山）、ごろっけ（角田・亘理）

ごわぇきり‥‥‥罪のないことを言う人（黒岩）
　＊「ごわぇきり」の動詞形は「ごわいきる」。「ごわいきる」は「①自慢する、②法螺を吹く、③啖呵を切る、④強がりを言う」の意。

こわぇらすぐねぇ‥‥‥憎たらしい奴（下岩泉）
　＊「こわぇらすぐねぇ」の「こわ」は接頭語。「えらすぐねぇ」は「愛らしくない」（憎らしい）。

ごんきだ‥‥‥頑丈な人（卑）（庄内）

ごんぎゃろ‥‥‥鼻つまみ者（北荘内）

ごんげ‥‥‥☆自慢（する者）（上口内・稲瀬・梁川・岩谷堂署・柴田・花山・河北・黄海）
　　　　　　同義語：ごんけ（御国・玉造）
　　　　　　☆道理でないことを言う人（松川・眞瀧）、☆手前味噌（なことを言う人）（気仙5）
　　　　　　☆空威張（磐清水・千厩署）、☆出鱈目（玉里・花山）、☆法螺吹き（多賀城2）
　　　　　　☆暴言、無理なことを言う人（胆沢町）、☆大言壮語（東山2）
　　　　　　☆無責任に放言すること（仙臺6）
　＊「ごんげ」は「権化」。「①自慢、②暴言、③放言」の意。

ごんげかだり‥‥‥☆屁理屈を並べる人（衣川2）、☆できもしない自慢を言う人（有住）
　　　　　　　　☆自慢語り（南三陸・多賀城・岩手南）、☆法螺吹き（七ヶ浜）

ごんげはぎ‥‥‥☆自惚れ者（遠野2）、☆大言を吐く人（種市2）、同義語：ごんけかだり（気仙沼）
　　　　　　　☆自慢話をする人（遠野郷・滝沢2・倉沢）
　　　　　　　　同義語：ごんきはぎ（南部）、ごんけ（古城）、ごんげ（大船渡・田原）、ごんけはり（紫波）
　　　　　　　☆法螺吹き・自慢ばかりする人（盛岡・二戸郡・一戸）
　　　　　　　　同義語：ごんけ（沢内）、ごんげたがり（岩手）、ごんけはき（五戸・鹿角）
　＊「ごんげはぎ」の「ごんげ」は「権化（ごんげ）、傲言（ごうげん）、高言（こうげん）、広言（こうげん）、滑稽（こっけい）」由来の説も。「傲言」は「①奢り高ぶった言葉、②巫山戯た言葉」の意。

ごんげはげ‥‥‥見栄っ張り（川口）

ごんげやろ‥‥‥嫌われ者（庄内3）

こんこんさま‥‥‥嘘をつきやすい人（会津2）
　＊「こんこんさま」は「狐」のこと。

こ

ごんしょたかれ……強情を張る人（中仙）、同義語：ごんぢょたがり（庄内）

ごんぞたがり……業の深い人（山形漁村）
　　同義語：ごぢょたがり（庄内3）、ごんにんたが（山形漁村）

こんぢゃらし……恥さらし（津軽11）

こんぢょ……食いしん坊・食い意地の汚い人（松尾）
　　同義語：こんぢょー（九戸郡・久慈署）、こんぢょこ（盛岡）、こんぞーかめ（宮古方言）、こんぢょーかめ（宮古方言）、ごんぢょうかめ（田野畑3）
　　＊「こんぢょ」は「根性」のこと。「根性」は「①意地悪、②性格が良くない、③食い意地が強い人、④食いしん坊、⑤けちん坊、⑥卑しい根性の人」などの意。

ごんぢょうきたなぇ……吝嗇者・けち（稗貫）
　　同義語：こんぢょきたなす（盛岡）、こんぢょおきたなし（遠野）、こぢょきたなし（玉山）

こんぢょうたがり……欲張り（者）・貪欲（野田・種市2）
　　同義語：こんぢょたがり（軽米・南部）、ごんぢょたがり（庄内3）、ごんぞたがり（庄内3）

こんぢょうまがり……旋毛曲り（江刺・能代2）

こんぢょかめ……☆意地の汚い人（釜石・遠野郷）
　　　　　　同義語：こんぢょきたねぁ（安代）、こんぢょこ（沢内）、こんぢょっこ（沼宮内）、こんぢょーかめ（岩泉）
　　　　　☆吝嗇家・けち（甲子・遠野2・釜石5）
　　　　　　同義語：こぢょかめ（松崎・遠野郷）、こんぢょうかめ（宮古俚）、こんそー（岩手）、こんぞーかめ（吉里吉里）
　　　　　☆賤しく欲張る子供（食事）（田老）、同義語：かめ（田老）

こんぢょうかめ……欲張り（者）・貪欲（普代2）

こんぢょなす……☆礼儀知らず、恩知らず（岩沼）、同義語：こんぢょなすばが（岩沼）
　　　　　☆気骨がない人（白石2）

こんぢょぱり……強情張り（尾花沢）

こんぢょよし……お人好し（胆澤3）

ごんた……☆横着者、腕白者（秋田7）、☆馬鹿者（山本）
　　＊「ごんた」は「権太」。「権蔵（ごんぞう）」に同じ。「権太」は「①ならず者、②乱舞者、③横着者、④拗ね者、⑤腕白者、⑥意地悪」などの意。

こんたにし……仕掛け人、腹に一物ある人（雄勝）

こんちくれ……☆いぢけた者・捻くれ者（南鹿角）、同義語：こんちけ（南鹿角）
　　　　　　☆捻くれ者・旋毛曲り（八幡平）
　　＊「こんちくれ」の動詞形は「こんちくれる」。「こんちくれる」は「こじける（拗ける）」の訛、「捻くれる、いじける」の意。

こんぢょう……心の悪い人に言う罵りの言葉（大和）

こんぢれ‥‥‥出来損ない（白鷹）
　＊「こんぢれ」は「拗れ」と同義。「出来損ない」のこと。

こんぢわり‥‥‥意地悪（白石2）
　＊「こんぢわり」は「根性腐」と同義。「根性悪」のこと。

ごんづ‥‥‥陸（ろく）でなし（普代2）
　＊「ごんづ」は「ごんぞう（権蔵）」の略。

こんつけもの‥‥‥拗け者、馬鹿者（南部）、同義語：こんつけ（角田）

こんつけわらし‥‥‥☆駄々っ子（十和田）、☆むずかり童子（九戸村）
　＊「こんつけもの、こんつけわらし」の「こんつけ」の動詞形は「こんつける」。「こんつける」は「こじける（拗ける）」と同義。「こじける」は「旋毛を曲げる、駄々を捏ねる、拗ねる」の意。

こんどかぶり‥‥‥もぐり（江刺）
　＊「こんどかぶり」は「塵埃被」のこと。「①どぶろく（濁酒）、②濁酒をもぐりで作る人、③もぐり」の意。

ごんにん‥‥‥☆悪態語、業人（北荘内）、同義語：ごんにんたがり（庄内3）
　　　　　　　☆罪深い人（山本・庄内3）、☆迷惑者、意地悪者（南三陸）、☆悪人（能代2）
　＊「ごんにん」は「業人」のこと。「①意地悪な人、②罪深い人、③悪行を積んだ人」の意。

ごんば‥‥‥馬鹿（者）（会津－福島3）

こんびたがり‥‥‥乞食みたいな（人）（江釣子）
　＊「こびたがり」参照。

こんびゃはやぇ‥‥‥気の利く人（鹿渡）
　＊「こんびゃはやぇ」は「頭の回転が速い人」のこと。

こんぼ‥‥‥臍曲り（藤沢）

ごんぼ‥‥‥☆泣き虫（宮古方言・舊南部・石鳥谷4・軽米3・江刺・黄海）
　　　　　　　　　同義語：ごんぼう（川井）
　　　　　　　☆面倒な奴（二戸－全方）
　　　　　　　☆酔って誹い人（笹間）、同義語：ごんぼほり（軽米3）、ごんぼほり（十和田4）
　　　　　　　☆悪たれ子供（氣仙沼3・大島）
　＊「ごんぼ」は「牛蒡」のこと。「ごんぼほり（牛蒡掘り）」の略。「①泣き虫、②悪たれ子供」の意。

ごんぼう‥‥‥破落戸（ごろつき）・乱暴者（川井）

ごんぼたれ‥‥‥駄々を捏ねて暴れる者（南部）

ごんぼねご‥‥‥女誑し（岩沼）

ごんぼほり‥‥‥☆管を巻く人（酔って）（南部町・青森南部・川舟・西和賀2・軽米2・七戸・新郷・
　　　　　　　　下田町・稗貫・三本木・宮古方言・十和田・花巻署・遠野2・一方井・野田・葛巻・
　　　　　　　　一戸・沼宮内・黒岩・江釣子・飯豊・花輪3・徳田・滝沢2・野辺地8・六戸3・

二子2・飯岡5・岩手太田・盛岡俚・八戸23・気仙1・江刺・岩手・蛸浦・盛・生母・若柳・玉里・弘前・嘉瀬・大正寺・気仙沼・多賀城）
　　同義語：ごぼほり（鹿角・十和田・八幡平・西和賀2・滝沢2・遠野1・淺澤・荒澤・比内）、ごんぼ（岩手太田・盛岡俚・八戸23）、ごんぼおほり（岩手）、ごんぽーほり（久慈・軽米・種市・小軽米）、
　☆強情者・強情張り（宮古3・沢内7）
　☆たらたらと文句をつけて絡む人（気仙7・津軽2）
　☆拗ね者（外川目2）
　☆駄々をこねる（人）（七戸・浪打・飯豊2・江釣子・下北16・胆澤3・佐倉河・能代2）、同義語：ごんぼーほり（子供）（大野2）
　☆泣き虫（岩手・玉山3・新堀・石鳥谷4・安家・盛）、同義語：ごんぼうほり（軽米3）
　☆むずかり者（宮古俚・八戸在）、同義語：ごぼほり（七瀧）
　☆乱暴（者）・向こう見ず（石鳥谷4）
　☆執拗者（江刺2・田原・稲瀬・梁川・岩谷堂・衣川2・金沢）
　　同義語：ごんばうほり（南都田）
　☆無頼漢（上有住）
　☆大泣きして親を手こずらせる子供（気仙7・気仙沼）
　☆ごね者（大館2）
　＊「ごんぼほり」は「牛蒡掘」。①些細なことに難癖をつける人、②酔って管を巻く人、③駄々を捏ねる子供、④強情張り、⑤物事を詮索する人」などの意。

ごんぼのしらや……黒い顔に白粉を塗った顔（秋田5）
　＊「ごんぼのしらや」は「牛蒡の白合え」。

ごんもぐ……詰まらない人（白石2）
　＊「ごんもぐ」は「ごみ、塵、芥」のこと。「ごんもぐ」は「①塵埃、②不平、不満、③詰まらない人」の意。

さ

ざぁもんひろげる……恥さらし（黄海）

さいかちかます……はしゃぐ人（五戸）
　＊「さいかちかます」の「さいかち」は「皀莢」。「かます」は「掻き回す」。「皀莢を掻き回すとガチャガチャ音を立てること」の意。以前は乾燥した皀莢の鞘を石鹸代わりに使用。

さいかちばら……手のつけられない、苛立つ者（原町）

さいかづから……捻くれ者（新田）
　＊「さいかづから」は「皀莢殻」？

ざいごたろう……田舎者（卑）（五戸・八戸23・南部・原町・大蔵・矢本・石巻2・玉造・仙臺5）
　同義語：ざぁえごたろ（真室川）、ざいごたろ（宮城三本木・新田・仙台1）、ざいごたろお（岩手・多賀城）、ざいごっぺ（棚倉・会津2・会津3・須賀川・伏黒）、ざいごっぺぇ（会津）、ざいごもの（仙台3）、ざいごもん（会津3）、ざぇごぉもん（宮古方言）、ざぇごし（高瀬）、ざぇごしゅ（盛岡11）、ざぇごしゅう（岩手太田・盛岡俚・中郷）、ざぇごしょう（白鷹）、ざぇごたぁー（會津）、ざぇごたろ（米沢・新田・白石2）、ざぇごたろう（宮古俚・稗貫・黒岩・盛岡11・置賜）、ざぇごたろ（新郷・飯豊2）、ざぇごっぽぉ（田島）、ざぇごぽっつ（宮古俚・宮古方言）、づぇえごっぽ（田島）

＊「ざいごたろう」は「在郷太郎」で「①田舎・村に住む人を馬鹿にする言葉、②野暮ったい人」の意。「在郷」は「①村、②郷村、③田舎」のこと。

さいこ……お節介（南部）、同義語：さえこ（南部）
　＊「さいこ」は「①お節介、②口出し、③余計な手出し」の意。ここでは①。

さいこのみ……美食する者（気仙5）
　＊「さいこのみ」は「菜好み」。「①飯の菜を選り好みすること、②おかず好み、③美食する者」の意。

さいぞう……よく喋る人（山形漁村）、同義語：さえぞう（庄内3）
　＊「さいぞう」は「才蔵」。「①ペチャクチャよく喋る人、②お喋り」の意。

さいはぢけ……生意気な（人）（仙臺6）、小癪な（人）（仙臺7）
　＊「さいはぢけ」は「才弾け」。「小才のきく者」の意、転じて「生意気な（人）、小癪な（人）」。

さいふ……無欲（な人）（仁賀保）

ざいんでーほーろぎ……人の噂を語り歩くこと（人）（室根）

さぇけもん……調子者（宮古方言）
　＊「さぇけもん」は「冴え者」「冴気者」？「冴える」は「①はしゃぐ、②調子よく騒ぐ、③空が晴れる」の意。ここでは②。又は、「才気者」。「頭の回転がいい者」、転じて「調子者」？

さえさきとり……☆叶へもせぬに他に先んじて事に當る人（胆澤）
　　　　　　　　☆他から横取りして先に発言する人（胆沢町・胆澤3）
　＊「さえさきとり」は「幸先取、最先取」？「①他人よりも先に事に当たろうとする者、②頼まれた訳でもないのに分かった気して事に当たる人」の意。
●さいさききり……知ったかぶり（久慈二子）

さえはぢけ……馬鹿者（米沢）
　＊「さえはぢけ」は「才弾け」。「①子供で年の割に才走っている者、②馬鹿者、③生意気」の意。

さえはづげだやづ……賢すぎる人（山寺）
　＊「さえはづげだやづ」は「才弾けた奴」のこと。

さぇんぢぢ……阿保・頓馬（津軽1）
　＊「さぇんぢぢ」は「才槌（さいづち）」。「才槌」は「①金槌、②阿保、頓馬、③ろくでなし」の意。ここでは②。

さがさごんぼ……自分に非があるのに相手に文句を言う人（気仙沼）
　＊「さがさごんぼ」は「逆さごんぼ」。

さがす……狡賢い（人）（気仙沼）
　＊「さがす、さかし」は「賢し」。「①賢い（人）、②利口な（人）、③狡賢い（人）」の意。

さがちぐり……酔っぱらい、酒乱者（秋田7）、同義語：さがつぐり（秋田1・中仙）
　＊「さがちぐり、さがつぐり」は「酒つぐり」。「酒を呑んで暴れる（人）、酒乱者」の意。

さがと……酔いどれ（秋田1・河邊郡）
　＊「さがと」は「酒人」。「酔っぱらい」のこと。

さ

さがまんき……酒乱（平内）

さからないべっとう……人が忙しがっている中で黙って坐っている人（五戸）
 * 「さからないべっとう」は「さからぬ別当」。「別当」は「①神社の僧官、②村役人、③亭主」の意。

さがらなし……無分別者（岩手・佐比内）

さがれぇだ……痩せっぽち（津軽2）

ざぐ……悪者（秋田7）
 * 「ざぐ」は津軽では「ぢゃぐ」。「①悪者、②強盗」のこと。

ざぐなし……意気地なし・臆病者（六戸）
 * 「ざぐなし」は「ぢぐなし」と同義。「ぢぐなし」は「①意気地なし、②臆病者、③怠け者」の意。

さくらごんぼ……絡む人（素面で）（五戸）
 * 「さくらごんぼ」は「桜牛蒡」。「①素面で絡む人、②計画的に言いがかりをつける人」の意。

さげつぐり……酒を飲んでからまる人（秋田5）

さげよと……酒に酔った人（仙南・南外村・男鹿3・子吉川・真室川・及位・置賜）
 　同義語：さがよい（小国2）、さがよえ（鮎貝・川西）、さかよと（由利）、さがよと（秋田1・南外村・庄内3）、さげおっと（秋田5）、さけよっと（山形）、さげよっと（雄勝）
 * 「さげよと」は「酒酔人」のこと。「さがと」参照。

さこと……戯れ言、冗談（野木沢）

ささぎから……捻くれ者・旋毛曲り（九戸郡）
 * 「ささぎから」は「大角豆殻」。「ささぎの殻は乾燥すると捩れること」より「①捻くれ者、②臍曲り」の意。

ささぐれ……親不幸者（盛岡3）
 * 「ささぐれ」は「①刺（とげ）、②木の表面が滑らかでないこと、③手がかさかさしていること」の意。「親不幸者」の義、不明。

ささめならす……お喋り者（比内）
 * 「ささめならす」の「ささめ」は「魚の鰓」。「鰓鳴らす」は「①女子の多弁な者、②物を言うこと、③人のことをとやかく言うこと」のこと。

ささやまからきた（よんたふと）……成り上がり（者）（五戸）
 * 「ささやまからきたよんた」は「笹山から来た様だ」。「羽織袴をさやさやと笹の擦れ合う音の様に立てながら気取って歩く者を揶揄して言う言葉」。

ささらすり……☆悪事を起こす首謀者（田老）、☆無用のことを真似る者（宮古方言）
 * 「ささらすり」は「簓（ささら）摺り」？「簓」は「①ささくれ、②人の嫌がることを言う人、③刺（とげ）、④竹の先を細く割ったもの」の意。ここでは「無用のことをして歩く人」の意。

ささらほそら……だらしない様（人）（岡小名）

さしあぇかなぇふと……平気で猥談を話す人（津軽1）
　＊「さしあぇかなぇふと」は「差し合い食わない人」。「差し合い」は「してはいけないこと」。「してはいけないことを行わない者」則ち「意に介さない人」のこと。

ざしぎはぎ……☆お世辞者（福岡・二戸署）、同義語：ざしきはぎ（浄法寺）、ざすぎはぎ（盛岡）
　　　　　　　☆おべっか使い（浅沢）
　＊「ざしぎはぎ」は「座敷掃き」のこと。「阿諛追従者」の意。

ざしきまぁり……酌婦（県北－福島5）
　＊「ざしきまぁり」は「座敷廻り」。「①婚礼の披露宴で客に酌をして廻る人、②酌婦」のこと。

さしくさび……☆要らないお世話、邪魔な助言（気仙7）、☆差し出口（花山・仙臺6）
　＊「さしくさび」は「差楔」。「①余計な差し出口、②邪魔な助言、③要らないお世話、④お節介」の意。

さっくち……☆口の軽い人（気仙2）、☆お喋り（岩手）
　　　　　　☆思ったこと聞いたことを何でも口にする人（気仙7）
　＊「さっくち」は「差口（さしぐち）」のこと。「①告げ口、密告、②入り口、③出だし」の意。

さっちぇぇなし……甲斐性のない者（会津2・田島）
　＊「さっちゅなし」参照。

ざっちゃまし……恥晒し（田野畑3）

さっちゅなし……考えのない奴（會津）
　＊「さっちゅなし、さっちぇぇなし」は「さっちぇなし」と同義。「①締まりの無い人、②無思慮、③浅薄」の意。

ざっぱ……取るに足らない（者）（宮古方言）、同義語：ざっぺぁ（宮古・大原2）、ざっぺい（江刺）
　＊「ざっぱ」は「雑輩（ざっぱい）」の転訛。「①取るに足らない人、②詰まらない輩、③小者」。

さっぱもの……☆粗雑な人（胆沢町・多賀城）、☆詰まらない物（河北）

さっぺぃ……余計なお節介（石巻2）
　　　　同義語：さっぱい（仙台3）、さっぺ（岩沼2・秋保）、さっぺぇ（七ヶ浜）
　＊「さっぺぃ」は「差配（さはい）」由来？「①余計な世話をすること（人）、②余計なお節介、③差し出がましいことをする（人）」の意。

さっやぐねやろ……馬鹿者（梁川）

さつらつき……人を嘲る顔貌（気仙5）
　＊「さつらつき」は「しゃっ面付き」。「しゃっ面」は顔を罵って言う言葉。

さどうむすこ……甘えっ子（胆沢町・胆澤3）
　＊「さどめんこ」参照。

さどげ……☆神経質（な人）（北荘内）、☆物事に潔癖な者（山形漁村）
　＊「さどげ」は「①潔癖家、②必要以上に潔癖なこと、③神経質な（人）」の意。

さどけのびっちょ……綺麗好きでありながら、だらしない人（温海）

121

同義語：さどげのびしょなし（庄内3・田川）

さどまご‥‥‥☆甘く育てた孫（気仙沼）、☆可愛い孫（胆澤3）
　＊「さどめんこ」参照。

さどめんこ‥‥‥☆甘えっ子（衣川2）、同義語：さどうめんこ（胆沢町・大原2）、さとめんこ（花山）
　　　　　　　☆大事な可愛い子（河北）
　＊「さどめんこ」は「さとめんこ」とも。「①可愛い子、②特別の秘蔵っ子、③甘えっ子」の意。

ざどんぼう‥‥‥盲人（会津－福島5）
　　同義語：ざとー（相馬2・小野）、ざど（庄内3・花山）、ざとのぽ（氣仙沼3）、ざとのぽー（黄
　　　　　　海）、ざどのぽう（仙臺4・花山）
　＊「ざどんぼう」は「座頭坊」。「①目の見えない人、②盲人」の意。

さねまがり‥‥‥素直でない女（原町）
　＊「さねまがり」は「核（実）曲り」。「核（実）」は「陰核」のこと。転じて「①臍曲り女、②素
　直でない女」の意。

ざぶか‥‥‥物を湯水のごとく使う人（秋田6）
　＊「ざぶか」は「水をザブザブと使う人」のこと。

さぶしがり‥‥‥臆病者（真室川）、同義語：さぶしかり（福島5）
　＊「さぶしがり」は「寂しがり」と同義。「臆病者」の意。「さぶしー」は「①恐ろしい、②怖い、
　③気味が悪い」の意。

さふたぎ‥‥‥☆余され者（甲子）、☆邪魔者（吉里吉里）
　●ざふたぎ‥‥‥☆役たたず（宮古方言）

さべこど‥‥‥独り言を言う人（気仙1）
　＊「さべこど」は「喋事（しゃべこと）」。「喋事」は「①弁舌、②愚痴・不平を言うこと、③独り
　言を言うこと、④苦労話」などの意。

さべちょ‥‥‥☆口の軽い人（鹿渡・会津2）
　　　　　　☆お喋り（嘉瀬・田代・七日市・大館・大正寺・象潟・秋田6・鹿渡・由利・会津・
　　　　　　荘内2・宮内・山形漁村・白鷹2・庄内3）
　　　　　同義語：さべくち（松ヶ崎）、さべちょこ（秋田1・能代2）、さべっちょ（秋田2・
　　　　　　秋田5・会津・大鳥・石巻2）、さんべちょ（秋田1）
　＊「さべちょ」は「喋り」と同義。「①お喋り、②口数の多い人、③口の軽い人、④告げ口を言う
　人」の意。ここでは①②。新潟でも「お喋り」は「さべっちょ」。

さほーしらず‥‥‥物の道理を知らない人（胆澤）、同義語：さほうしらず（胆沢町）
　＊「さほーしらず」は「作法知らず」。「作法」は「きまり、しきたり、物の道理、礼儀作法」など
　の意。

ざまかれ‥‥‥見にくい格好（石巻2）
　＊「ざまかれ」は「様な格好」。「ざま（様）」は「①格好、②分際、③無様な格好、④見にくい格
　好」の意。

さまなし‥‥‥☆容姿のだらしない人・醜女・阿呆（鹿角・有住）
　　　　　　☆無気力（者）（上有住）、☆すること為すこと全てまともでない人（気仙7）

＊「さまなし」は「様無」のこと。「さまがない」は「①恥ずかしい、②乱雑だ、③気力が無い」の意。『江戸語大辞典』に「ざまくない（様く無い）」とあり、これは「乱雑である。醜悪である。」の意。「さまなし」は「①役立たず、②ぼんやり者、③醜い女、④弱虫、⑤意気地無し」のこと。

●ざまねぇもの‥‥‥無様な者（岩手南）

さまぬげ‥‥‥☆頭の足りない人（九戸村）、☆愚か者（下閉伊3）
　＊「さまぬげ」は「様抜」。「さまなし（様無）」と同義。「ぢゃまぬけ」とも言う。

さめ‥‥‥泣き虫（女子）（秋田十和田）
　＊「さめ」は「さめざめ」の略。「さめざめ」は「頻りに涙を出して泣く様」。

さやづる‥‥‥お喋り（福島6）

さやみ‥‥‥怠け者・無精者（綾織）
　＊「さやみ」は「せやみ」と同じ。「①怠け者、②無精者、③寒がり」の意。

ざらすこ‥‥‥物を粗末にする人（小野）
　＊「ざらすこ」は「①金を使ってしまって貯まらない人、②物を粗末にする人、③だらしない人」の意。

ざる‥‥‥隠し事の出来ない人、気に締まりのない人、何でもすぐ洩らす人（気仙7）
　＊「ざる」は「笊」。「笊」は「竹でできた目が荒い入れ物」。

ざるあだま‥‥‥忘れん坊（滝沢2）
　＊「ざるあだま」は「笊頭」。「物事をすぐに忘れる人」のこと。

さるかやぎ‥‥‥相手を見下した言葉（秋田5）
　＊「さるかやぎ」は「猿貝焼」又は「猿返り」。「①軽佻浮薄な人、②馬鹿者、③この畜生野郎」など相手を罵倒する言葉。

さるこぢき‥‥‥☆猿真似の遠慮・恐縮固辞（玉山・稗貫・湯口・飯豊・沢内）
　　　　　　　　同義語：さるこぢんき（西根）、さるこぢんぎ（松崎）、さるっこぢき（有住）
　　　　　　☆馬鹿遠慮（南部北・飯岡5・盛岡俚・平賀）
　　　　　　　　同義語：さるこぢぎ（倉沢・岩木・津軽11・雄勝）、さるこおぢぎ（石巻2）、
　　　　　　　　　　　さるこづぎ（江刺・平泉2）
　　　　　　☆下手な遠慮（津軽8）、☆体裁だけの遠慮（大館2）
　＊「さるこぢき」は「猿こ辞儀」。「①心にもない遠慮、②恐縮固辞、③馬鹿遠慮」の意。

さんかえろ‥‥‥少し足りない人（南山形）
　＊「さんかえろ」は「さんかやろう」。「①相手を罵倒した言葉、②野郎、③少し足りない人」の意。

さんかまし‥‥‥思慮の浅いお節介屋（大館2）

さんかまなぐ‥‥‥注意深く抜け目のない目（庄内3）

さんがら‥‥‥開けっ放しで陽気な人（いわき）
　＊元禄時代に流行した「さんがらぶし」より、「①歌を歌って賑やかな人、②開けっ放しで陽気な人」の意。

さ

さんきれぁ……好かない人（気仙6）
　●さんきれ……闇雲に嫌う（人）（北荘内）
　＊「さんきれぁ、さんきれ」は「さりきらい（去嫌）」と同じ。「①好き嫌い、②選り好み、③甚だしく嫌うこと（人）、④好かない人、⑤連歌・俳諧の禁制の一」の意。

さんぐうしてる……低脳な愚者（米沢2）
　＊「さんぐうしてる」は「参宮してる」。「ぬけ参宮」で、「抜け参り」にかけて「①抜け作、②低脳、③愚か者」の意。

さんくろなし……☆軽率な者（楢葉）、☆世間知らずのお目出たい人（いわき）

さんこ……☆間抜けな女（津軽1）、☆役たたず（十和田）、同義語：さんこのたまし（十和田）
　＊「さんこ」は「①下女、②女（卑称）、③役立たず、④愚かな女」の意。

さんしょうばくろう……巧く人を陥れる人（五戸）
　＊「さんしょうばくろう」は「山椒博労」。「人当たりは良いが、裏で人を陥れることの巧い人」の意。

さんせぁななり……見窄らしい風体（石巻）
　＊「さんせぁななり」は「山水姿」のこと。「見窄らしい風体」の意。「山水」は「物のさびたること、少分なること、寂しきこと」の意。

ざんぞ……☆誹謗（玉里・宮内）、☆悪口・告げ口（野木沢・岩沼2・仙臺7）
　＊「ざんぞ」は「讒訴」。「悪口、陰口、誹謗」の意。新潟では「ざんぞ」は「陰で悪口すること」の意。

ざんぞかだり……☆人に悪口を言う人（胆沢町・鳴子・亘理・仙台1・白石2）
　　　　　　　☆陰口を言う人（気仙1・岩手・保呂羽・有住・胆沢町・気仙沼・七ヶ浜・大貫・多賀城・花山）、同義語：ざぞ（河北）
　　　　　　　☆人を悪し様に言い触らして世間に信じさせようとする人（気仙7）
　＊「ざんぞかだり」の「ざんぞ」は「讒訴（ざんそ）」、「かだり」は「語り」。「讒訴」は「①人を陥れようと事実を曲げて言いつけること。②陰口、③悪口」の意。

ざんぞぼろぎ……悪口を言って歩く人（岩崎・黒岩・岩手・岩手南）、同義語：ざんぞほり（盛岡）

さんた……間抜け者（久慈）、同義語：さんたろ（岡小名）、さんたろう（久慈）
　＊「さんた」は「三太」。「愚鈍な人」のこと。「さんたろう、さんたろうーこらぇ」とも言う。「馬鹿者、間抜け者」の意。

さんたまげぁろ……馬鹿者・間抜け（六戸採）

さんちょろ……巡査（白石2）

さんつっぱり……朝寝坊者（津軽15）
　＊「さんつっぱり」は「戸を閉じて桟をかうこと」、転じて「①朝起きてこない人、②朝寝坊」のこと。

さんとうしょう……梅毒を持っている人（男鹿）
　＊「さんとうしょう」は軍隊用語で「三等症」。「一等症」は「公症（傷）」、「二等症」は「普通の病気」、「三等症」は「性病」の意。

さぬげ……馬鹿者・間抜け（大野 2）

さんぱぐ……粗忽者、慌て者、軽はずみ者（岩木）
　＊「さんぱぐ」は「①お転婆、②粗忽者、③軽はずみ者」の意。

さんぱくもの……暴らき女（津軽 13）

さんぱち……☆人を卑しめて呼ぶ語（気仙 5）、☆男（蔑称）（気仙 7）、☆軽はずみな女（平鹿）
　＊「さんぱち、さんばづ」は①「才発（さいはつ）」から「お転婆」に転じたもの。②「三八（さんぱち）」で「人を卑しめて言う言葉」？「三八」は「三一七」とも。「三一（さんぴん）」は「身分の低い者を軽蔑して言う言葉」。

さんぱぢ……お転婆娘・男勝りの女（西和賀 2・田代・秋田 7・六郷・能代 2）
　同義語：さんぱく（津軽 3）、さんぱち（男鹿・秋田 1・大雄・角間川・雄勝）、さんぱちおなご（北浦）、さんぱづ（秋田 1）

さんぱづ……☆嘘吐き・虚言者（甲子）、☆道化者（矢巾）

さんばづ……間抜け者（盛岡・三八・遠野 2）

さんびゃく……☆小理屈を言う人（遠野 2）、☆信用されない一人前でない人（胆沢町）
　　　　　　☆口の達者な者・三百代言（岩泉・白鷹・胆澤 3・大館 2）
　　　　　　同義語：さんびゃぐ（盛岡・宮古）
　　　　☆狡い人（滝沢 2）、☆嘘吐き（藤沢・有住・胆沢町）、☆私設法律屋（北浦）
　＊「さんびゃく」は「三百」のことで、「300 文」則ち「安物、代言人（弁護士）」のこと。「三百」は「三百代言（さんびゃくだいげん）」の略語とも。「①もぐりの代言人、②詭弁を操る人」の意。

さんびゃぐ……詭弁を弄する人（真室川）、同義語：さんびゃくだいげん（庄内）

さんぶ……少し知恵の足りない人（大川平）
　＊「さんぶ」は「三分」。「やや足りないこと」の意。「三分五厘」とも言う。

ざんぶ……乱費家（真室川）

ざんぶごんぶ……金などを湯水の如く浪費する様子（白石 3・室根）。

さんぶち……娼婦・淫売婦（津軽 11）、同義語：させこ（置賜）、さんぶつ（弘前－娼婦）

さんぺ……うっかり者（秋田十和田）

さんぺぇ……臍曲り（大郷）

さんべちょ……お喋り（津軽 11）
　＊「さんべちょ」は「喋り」と同義。「①口数の多いこと、②お喋り」のこと。

さんぽろりん……貧乏で何もないこと（人）（庄内）
　＊「さんぽろりん」は「①無一文、②見窄らしい様（人）」のこと。「さんぽろ」は「酷く綻びた布・着物」の意。

さんもんなし……価値の低いこと（人）（気仙 7）

同義語：さんもでもね（庄内3）、さんもんたんきり（置賜）
　　＊「さんもんなし」は「三文無し」。「①価値の低い三文さえも持っていない者、②詰まらない人、③馬鹿者」の意。

さんもんやす‥‥‥我が儘な子供（白鷹）
　　＊一般に「お祖母ちゃん子は三文安」とも言われ、「甘やかされて育った子」のこと。

し

しぁぇーねぁー‥‥‥分別のない人（大鳥）
　　＊「しぁぇねぁー」は「しょうなし（性無し）」と同義。「①根性無し、②分別のない人、③意気地無し」の意。

しぇかやぎ‥‥‥世話やき、へらへらすること（庄内3）
　　＊「しぇかやぎ」は「せか焼き」と同義。「せか」は「せかつく」こと、「せかせかすること」の意。「焼き」は「世話焼き」の略。

しぇげんす‥‥‥渡り者（多賀城）
　　＊「しぇげんす」は「世間師」と同義。「①世情に明るい人、②放浪者、③余所者、④渡り者」の意。

しぇっこ‥‥‥お節介（川西）、同義語：しぇっこなし（小国2）
　　＊「しぇっこ」は「せっちょー」と同義。「せっちょー」は「①よく世話をすること（人）、②お節介、③虐待」の意。「しぇしぇる」は「お節介をする」こと。

しぇっこぎ‥‥‥☆不精者（花巻・南鹿角・八幡平・西和賀2・盛岡11・倉沢・平舘）
　　　　　　　同義語：しぇこがし（西和賀2）、しぇこぎ（滝沢2）、しぇったぐれ（江釣子）、しぇっこっき（長岡・不動）、しぇつたぐれ（飯豊・不動）、しょこぎ（玉山）、しぇこがす（西和賀）
　　　　　　☆怠け者（藤沢）
　　＊「しぇっこぎ」は「せっこぎ」と同義。「①不精者、②怠け者」の意。「せっこぎ」参照。

しぇっしゃこえ‥‥‥欲深い（人）、狡猾（岩沼）

しぇっちぇ‥‥‥性急者・せっかち（南鹿角）

しぇやみ‥‥‥怠け者（南鹿角・秋田1・子吉川・温海・山形漁村・田川）
　　同義語：しぇやみこぎ（南鹿角・能代）
　　＊「しぇやみ」は「せやみ（背病）」と同じ。「怠け者」の意。「せやみ」参照。

しぇわすなえ‥‥‥小うるさい（人）（小国）
　　＊「しぇわすなえ」は「忙しない（人）」のこと。「忙しない」は「①慌ただしい、②小うるさい、③せわしい、④いそがしい」の意。

しお‥‥‥出しゃばり者（南部）
　　＊「しお」は「塩」。「塩」は「①大事な人、②自惚れの強い人」の意、転じて「出しゃばり者」。

しおこごり‥‥‥けち（秋田十和田）
　　＊「しおこごり」は「塩凝」。転じて「けち」のこと。

しがえりうそし‥‥‥すぐばれる嘘を言う人（津軽2）
  ＊「しがえりうそし」は「日帰り嘘師」？

しかたねぁひと‥‥‥貧乏人（錦木・秋田1・田代）、同義語：しかだねもの（男鹿3）
  ＊「しかたねぁひと」は「仕方ない人」。「仕方ない」は「①しょうがない、②耐え難い、③具合が悪い、④気の毒だ、⑤悲しい、⑥貧しい」などの意。ここでは⑥。

しかどばが‥‥‥完全に馬鹿（津軽2）
  ＊「しかどばか」の「しかど」は「明らかに、確かに、はっきり」の意。「ばか」は「馬鹿」。

しかぶつ‥‥‥醜女（仙臺7）
  ＊「しかぶつ」は「醜者」。転じて「しこめ（醜女）」のこと。

しかり‥‥‥火傷の跡（平賀）

しかんこ‥‥‥痩せて小さい人（矢本・石巻2）
  ＊「しかんこ」は「①土筆、②子供のおちんちん、③痩せて小さい人」の意。

しきたねゃ‥‥‥出し惜しみする人（松ヶ崎）
  ＊「しきたねゃ」は「薄汚い」の略。または「し」は強調の接頭語。「汚い」は「けちんぼ、欲深い」の意。

しきたれ‥‥‥☆弱虫（白鷹・置賜2・米沢3）
                同義語：しぎたれ（宮内・置賜－山形・米沢2）、しぎったれ（小国）
              ☆臆病者（鮎貝・米沢3、同義語：しぎたれ（置賜・川西・米澤）
              ☆吝嗇（置賜2）
  ＊「しきたれ」は「しみたれ」と同義。「①弱虫、②臆病者」の意。

しくい‥‥‥吝嗇（者）（遠野郷）
  ＊「しくい」は「吝（しわ）い（人）」の意。

しくたれ‥‥‥貧相な人（種市2）
  ＊「しくたれ、しぐたれ」は「ぢぐたれ」と同義。「①意気地無し、②臆病者、③怠け者、④役立たず、⑤貧弱な者、⑥だらしない者」の意。

しぐたれ‥‥‥意気地無し（伏黒）、同義語：しぐなし（鹿島台）

しくたれもの‥‥‥だらしない者（南部）

しぐめぎ‥‥‥お転婆娘・男勝りの女（西和賀）
  ＊「しぐめぎ」は「①お転婆、②人の前に出たがる人、③男勝りの女、④そわそわしている様」の意。

しぐれんぢ‥‥‥出来損ない（米沢）
  ＊「しぐれんぢ」は「出来損ない」のこと。「しくれんし」は「①果物、②瓜などで歪んだ形のもの」をいい、「しぐれんぢ」はその転用。

しけはぢ‥‥‥臆病者（河邊郡）、同義語：したり（河邊郡）

しけんぼ‥‥‥どん尻（氣仙沼3）

しこつき‥‥‥☆お転婆娘・男勝りの女（川井）
　　　　　　　☆醜い姿（南部方言・米田・野辺地2・青森南部）
　　　　　　　　同義語：しこがき（下田町）、しこちゃま（南部）、しっこつき（南部）、しっこちゃま（南部）
　＊「しこつき」は「醜付」。「①醜い姿態、②風采の悪いこと（人）、③お転婆娘」の意。

しごとぢぞう‥‥‥仕事の出来ない者（浄法寺）
　＊「しごとぢぞう」は「仕事地蔵」。「①役立たず、②仕事のできない者」の意。

しこなねぁ‥‥‥手に負えない（者）（北浦）
　＊「しこなねぁ」は「しごにならん」の略。「①始末に負えない、②手に負えない」の意。「しご」は「①始末、②整理、③取り扱い」のこと。

しそのぢょうだわらし‥‥‥強情な子供（岩木）

したくれ‥‥‥半端者（南部）
　＊「したくれ」は「すたくれ」と同義。「①役に立たない者、②半端者、③怠け者」の意。ここでは②。

したっぷり‥‥‥☆小生意気（多賀城）、☆物知り顔（花山）
　＊「したっぷり」は「したぶり」と同義。「①余計な世話を焼くこと、②こ生意気なこと、③小癪なこと、④物知り顔」の意。

したぬぎ‥‥‥親方の仕事を奪い取る悪賢い人（西和賀2）、同義語：したくぐり（西和賀2）

したねばり‥‥‥舌足らず（津軽3・津軽11）
　＊「したねばり」は「舌粘り」。「①呂律が回らない人、②舌足らず」の意。

したぱらこぎ‥‥‥おべっか使い（比内）、同義語：したしれ（岩木）、したっぱらこき（大館2）、したぱら（津軽3）、したぱらこぎ（川内方言）、したぱらごぎ（秋田7・鷹巣－秋田2）、したぱらしり（津軽11）
　＊「したぱらこぎ」は「下腹こぎ」？「①諂う人、②お世辞を言う人、③おべっか使い」の意。

したらけゃし‥‥‥すたれかえった奴（松ヶ崎）
　＊「したらけゃし」は「したらかし」のこと？「すたりもの（廃り者）」は「役立たず」の意。

しだらなし‥‥‥☆襤褸を着た人（三陸）、☆容儀不整者（気仙3・綾里）
　　　　　　　☆締まりない（人）（気仙5）、同義語：しだらねぇぁ（金ヶ崎・佐倉河）
　＊「しだらなし」は「為たらくなし」の転？「①不整頓、②乱雑、③とり締まりのないこと、④だらしないこと」の意。また、「自堕落（じだらく）」（しまりなきこと）由来の説も。

しだらねぇ‥‥‥自堕落（古川）

しだりばち‥‥‥左利き（左ぎっちょ）（平賀）

したれけし‥‥‥役立たず（鹿渡）、同義語：したりけし（山本・能代2）
　＊「したれけし」は「廃れ返し」。「馬鹿、だらしない人」のこと。

しちからなき‥‥‥怠け者・不精者（野田）
　＊「しちからなき」の「しち」は「たいへん、非常に」の意の接頭語。「からなき」は「①怠け者、

②不精者」の意。「からなき」参照。

しちくでぇ……くどくどした人（胆沢町）
　＊「しちくでぇ」の「しち」は強調の接頭語。「くでぇ」は「諄い人」のこと。

しちこだれ……締まりなくだらしない（人）（胆沢町）
　＊「しちこだれ」の「しち」は強調の接頭語。「こだれ」は「①生き悪いこと、②締まり無いこと、③だらしないこと」の意。

しぢこべ……こましゃくれ、生意気（庄内3）
　＊「しぢこべ」の「しぢ」は強調の接頭語。「こべ」は「①お洒落、②化粧」の意。

しちたんき……短気（者）・せっかち（野田）
　＊「しちたんき」の「しち」は強調の接頭語。「たんき」は「①短気、②せっかち」の意。

しぢだんぢゃぐ……横着者たかり、詐欺類似行為を行う人（西和賀2）
　＊「しぢだんぢゃく」の「しぢ」は強調の接頭語。「だんぢゃぐ」は「惰弱」？「だぢゃく」は「①怠け者、②狡く横着な者、③駄々を捏ねる人、④乱暴者」などの意。

しぢぢゃましけ……邪魔者（津軽1・平賀）
　＊「しぢぢゃましけ」の「しぢ」は強調の接頭語。「ぢゃましけ」は「①邪魔になること、②邪魔者」の意。

しちばか……大馬鹿（日頃市）
　＊「しちばか」の「しち」は強調の接頭語。「ばか」は「馬鹿」。

しちぼんきり……大嘘つき（野田）、同義語：すづぼんきり（野田）
　＊「しちほんきり」の「しち」は強調の接頭語。「ぼんきり」は「①糞、②嘘、③嘘吐き」の意。

しちゆぐたがり……欲ばり（八幡平）
　＊「しちゆぐたがり」の「しち」は強調の接頭語。「ゆぐたがり」は「①欲張り、②吝嗇家、」の意。

しちよく……強欲者（稗貫）、同義語：しちよくたがり（稗貫）
　＊「しちゆぐたがり」参照。

しっけんぼ……どん尻（黄海）

しっこーちゃま……不様な格好をする人（種市2）、同義語：しっこーつき（種市2）
　＊「しっこーちゃま」は「醜様」。「しっこ」は「醜（しこ）」のこと。「①不様な格好、②醜いこと、③汚らわしいこと」の意。

しづこぼけなし……阿呆・馬鹿（藤沢）
　＊「しづこぼけなし」の「しづ」は強調の接頭語。「こぼけなし」は「①愚か者、②馬鹿者、③阿呆」の意。

しったこたれ……発音がごたごたして不明瞭な人（気仙7）
　＊「しったこたれ」は「舌こ垂」。「舌がうまく回らないで発音が不明瞭な人」のこと。

しったぶり……物知りの振り（柴田）

しつたれ……惰怠（な者）（福島2）
　＊「しつたれ」は「しみたれ」と同義？「しみたれ」は「見窄らしい者、だらしない者、不精者、怠惰な者」の意。

しっちゃま……足手纏い（有住）
　＊「しっちゃま」の「しっ」は強調の接頭語。「ちゃま」は「①邪魔、②足手纏い」の意。

しっぺさがり……☆眉毛の下がった顔（の人）（大貫・仙台1・多賀城・小野）
　　　　　　　　☆目尻の下がった人（石巻2・角田・田川・大館2）
　　　　　　　　☆好色者（仙台1・仙臺6）、☆器量が悪いこと（人）（庄内3）
　＊「しっぺさがり」は「しっぺ下がり」。「しっぺ」は「眉毛、目尻」のこと。「①眉毛の下がった人、②目尻の下がった人、③好色者、④器量の悪い人」の意。

しっぽろりん……落ちぶれた姿（秋田7）
　＊「しっぽろりん」は「すっぽろりん」と同義。「①体に何もつけない状態、②落ちぶれた姿、③無一文」の意。

しつやっけぁ……厄介（者）（盛）
　＊「しつやっけぁ」の「しつ」は強調の接頭語。「やっけぁ」は「①厄介、②厄介者」の意。

してぁけし……手余し者・手に負えない（人）（赤川）

してきゃしたもの……困り果てた奴（北浦）

してくれもの……ならず者・無頼不逞の輩（野辺地）、同義語：してくらいもの（野辺地2）
　＊「してくれもの」は「すてくれもの」と同義。「①破落戸、②持て余し者、③捻くれ者、④無法なことをする人、⑤無頼不逞の輩」の意。

してけぁしもの……ろくでなし（秋田7）

してけした……呆れた（奴）（山本）、同義語：してってけしたもの（能代2）

しておやぢ……☆家庭を顧みない親父（津軽1）、☆ろくでなしの親父（平賀）
　＊「しておやぢ」は「捨親父」。「①自分の親父を罵って言う言葉、②家庭を顧みない親父」の意。

してわらし……捨て子（平賀）
　＊「してわらし」は「捨て童子」。

してんぽこき……大嘘吐き（小国）
　＊「してんぽこき」は「すてんぽこき」と同義。「①大嘘吐き、②常軌を逸した人」の意。

しとなね……強情張りで、こちらの言う通り動かない人（砂子瀬）

しとふうでね……一風変わっている人（岩沼）
　＊「しとふう」は「一風」の訛。「一風流」は「変人、偏屈者」の意。

してぶち……無鉄砲（な人）（浅沢）

しとめぇこ……人見知り・人前に出ない人（西根）
　同義語：しとぐび（北荘内）、しとむづり（南三陸・岩沼）

＊「しとめぇこ」は「人見っこ」。「ひとめ」で「人見知り」の意。

しどろなし……不精者（白石）、同義語：しどりなし（仙臺6）
　＊「しどろなし」は「しどりなし」と同義。「①物を粗末に扱い整頓しないこと（人）、②不精者」の意。

しなくたみ……性格のはっきりしない人、醜いこと（仁賀保）

しなくづ……無駄口（七ヶ浜）
　＊「しなくづ」は「死口」？転じて「無駄口」の意。

しなしもん……貧弱な人（体が）（岩泉）
　＊「しなしもん」は「為成し者」のこと？転じて「体格が貧弱な人」の意。

しなだ……藪睨み（村山－山形）

しなぢれ……狡賢い人（中仙・能代2）

しなむぢり……どうしても言うことを聞こうとしないこと（人）（気仙7）
　＊「しなむぢり」は「撓捩り」？「撓い」は「しぶとい」の意。「むぢり」は「臍曲り」の意。または、「しなむぢり」は「品捩り」。「品」は「品物」由来？「品物」は「他人からよく思われていない人」の意。

しにきつね……ある要求を持っていつまでも付き纏う人（仙臺6）
　＊「しにきつね」は「死に狐」。

しにぎゃり……蘇生、死に返り（大館2）

しにくたばり……死に損ない者（南部）、同義語：しにこづれ（仙臺7）
　＊「しにくたばり」は「死にくたばり」。「①死に損ない者、②死にものぐるいで事に当たること」の意。

しにそぐなえ……耄碌した人（遠野）
　同義語：しにこぢれ（仙臺6）、しにそぐなり（稗貫・遠野1）、すにそぐなえ（遠野）
　●しにぞこね……死に損ない（南部町）、同義語：しにそこなれ（舊南部）
　＊「しにそぐなえ、しにぞこね」は「死損」。「①老人対する卑語、②耄碌した人、③自殺未遂者」のこと。

しにばか……白痴者（下閉伊3）

しにべんけえ……馬鹿奴（八戸在）

しにぼごり……☆老いぼれ（野田）、☆晩年の空元気（平賀）
　＊「しにぼごり」は「死誇」。「死ぬことを予感して勝手な振る舞いをすること」の意。「誇る」は「①巫山戯る、②暴れる」の意。

しねばり……他の邪魔する人（胆澤・小山）
　＊「しねばり」は「執念張」。「①執念深く餓を張る人、②他の邪魔をする人」のこと。

しのぢょっぱり……片意地（をはる人）（南部町）、同義語：しのぢょー（南部）

* 「しのちょっぱり」は「ひの情張」。「理屈を捏ねて我を張る人」の意。

しのぶくりん‥‥‥腰巾着（岩手・釜石）
　* 「しのぶくりん」は「小判戴（こばんいただき）」。「小判鮫」のこと。転じて「腰巾着」の意。

しびきらし‥‥‥皹（あかぎれ）の出やすい人（平賀）

しびたれ‥‥‥☆しみったれ（九戸村・舊南部・種市2・及位）
　　　　　　　☆吝嗇家・けち（十和田・南部方言・二戸郡・鹿角・青森南部・百石・下田町・高平・新郷・横浜・沢内・西根・松尾・玉山2・遠野郷・宿野部・六戸3・岩手・會津・有住・南外村・由利・鳴子・鹿島台・宮城三本木・宮内・山形・鮎貝・添川・仙台1・多賀城・玉造・岩沼2）
　　　　　　　　　同義語：しぴたれ（秋田市・大蔵）、しびたれない（南部）、しびったれ（只見・原町・須賀川・田島・宮内・山形・野木沢）、しぶたがれ（秋田6・南外村）、しぶたれ（十和田・野辺地3・西和賀2・気仙4・秋田6）、しょぽたれ（秋田6）、しんぴたれ（八幡平）
　　　　　　　☆意気地なし・臆病者（八戸23・福島市松川・真室川・置賜・米澤）
　　　　　　　　　同義語：しぇびたれ（中郷）、しぎたれ（米沢）、しびったれ（南山形）
　　　　　　　☆弱虫（久慈・九戸郡・中野・西山形・及位・山形・置賜2・桑折）
　　　　　　　　　同義語：しびたれこ（平舘）
　* 「しびたれ」は「しみたれ（染垂）」と同義。「①しみったれ、②吝嗇家、③意気地無し、④弱虫、⑤無精者、⑥役立たず」の意。

しびたれない（し）‥‥‥不潔（著しく）にしている（女）（鹿角）
　* 「しびたれない」の「しびたれ」は「染垂（しみたれ）」、「ない」は「甚だしいこと」。「染垂」は「不潔なこと」の意。

しびづけなし‥‥‥不潔な人（秋田1）

しぶたがぎ‥‥‥幼弱の小児を卑しめて呼ぶ語（気仙5）
　* 「しぶた」は「渋蓋」。「がぎ」は「餓鬼」。

しぶどい‥‥‥横着（者）（末崎・米崎・大船渡署）
　* 「しぶどい」は「①鈍い、②拗ねる様、③横着（者）、④狭い、」の意。ここでは③。

しぶとし‥‥‥拗強（気仙5）

しべたさがり‥‥‥好色漢（野邊地4）
　* 「しべたさがり」は「目尻下がり」で、「しべた」は「目尻」のこと。「すっぺ、しっぺ」とも。転じて「好色漢」の意。

しべらこぎ‥‥‥づぼらをする人（大雄）
　* 「しべらこぎ」の「しべら」は「づぼら」と同義？「ぢんべらこぎ」とも言う。「①締まりがない人、②だらしない人、③怠け者」の意。

しますやつ‥‥‥お洒落な奴（秋田2）
　* 「しますやつ」は「済ます奴」のこと。「済ます」は「①洗って綺麗にする、②借りていた金品を返す」の意。

しまねご‥‥‥人見知り・人前に出ない人（十和田）、同義語：しんねこ（天栄）

＊「しまねご」は「隅猫」と同義。「隅猫」は「①人見知り、②野良猫」の意。

しまぶり‥‥‥一日なすこともなく過ごす人（白石2）
　　＊「しまぶり」は「暇振り」？

しみぢげなぇ‥‥‥躾が悪い（人）（平賀）

しみづげねぇおどご‥‥‥無精男（平内）

しみったれ‥‥‥☆吝嗇家（花巻・長部・南郷・多賀城・仙台3・會津）
　　　　　　　　同義語：しみたれ（大原2・仙臺）
　　　　　　　☆弱虫（會津）
　　＊「しみったれ」は「しみたれ」の促音。「しみたれ」は「染垂」で、「守銭の色に染まること（けちけちすること）」・「汚穢が染みつく（不潔・見窄らしいこと）」の意。文化年間の流行語。

しゃえこなし‥‥‥☆余計な世話（置賜2）
　　　　　　　　☆お節介な人（米沢・米澤）、同義語：しゃえっこなし（長井・白鷹・置賜・小国）
　　＊「しゃえこなし」は「差異がない、差異無」と同義。「①余計なお世話、②お節介な人、③思慮分別の足りない者、④生意気な人」の意。
●しゃいこない‥‥‥生意気な（人）（米澤2）

しゃからなし‥‥‥☆浅薄な人（相馬・富谷・浜通－福島5・仙臺5）
　　　　　　　　同義語：しゃがらなす（矢本・亘理・仙台1）
　　　　　　　☆無謀（玉里）
　　　　　　　☆無鉄砲（な人）（江刺2・稲瀬）
　　　　　　　同義語：しゃがらなし（岩谷堂）、しゃがらなす（多賀城）
　　　　　　　☆無責任なことを放言する人（鹿島台）、同義語：しゃらがなす（七ヶ浜）
　　　　　　　☆ばかばかしいことをする人（泉）
　　　　　　　☆口の軽い者、出しゃばり者（しゃがらなし）（仙台3）
　　　　　　　☆お喋り回る人（仙臺7）
●しゃがらなす‥‥‥☆困った者（岩手）、☆先の見えない人（仙台2）
　　　　　　　　☆考え無しに喋る少し足りない人（山寺）、☆軽率で出しゃばり者（河北）
　　　　　　　☆お喋り屋（仙台4）
●しゃがんなす‥‥‥余計な言葉（を言う人）、駄弁（岩沼）
　　＊「しゃからなし」には「①思慮分別の足りない人、②浅薄な人、③無益なこと」の意。「さかりなし（離無）」の転の説も？

しゃからもない‥‥‥役に立たない（人）（花山）

しゃくし‥‥‥杓子顔の人（平鹿）
　　＊「しゃくし」は「①杓子に似た顔付きの人（額と顎が出て中央部が引っ込んでいる顔）、②女子を卑しめて言う言葉」の意。

しゃぐだれもの‥‥‥お洒落で怠け者（多賀城）

しゃぐでぁもねぇ‥‥‥年甲斐もなく出しゃばること（人）（室根）

しゃくとり‥‥‥娼婦（野辺地－娼婦）、同義語：じょろし（鹿島台）
　　＊「しゃくとり」は「酌取り」で、「①酒席でお酒の酌をする女性、②酌婦、③娼婦」の意。ここでは③。

しゃくらなし……言って良いことといけないことを区別なく喋る人（鳴子）

しゃっきんはたり……借金を督促する人（鹿島台・仙臺7）
　＊「しゃっきんはたり」は「借金はたり」。「はたり」は「督促する」の意。

しゃっくち……耳目に触れることを悉く言う者（気仙5）
　＊「しゃっくち」は「しゃっくつない」と同義。「①何でも隠さず話す人、②お喋り」の意。「しゃっくち」は「噴口」？

しゃっていなし……考え無し（会津－福島4）
　同義語：しゃっちいなし（会津－福島5）、しゃっちぇなし（北會津）

しゃべちょ……お喋り（秋田2・象潟・霊山・福島市松川・福島2・庄内3）
　同義語：おしゃべっちょ（中村・田川）、しゃべくちょ（温海）、しゃべくり（唐丹）、しゃべぐり（福島5）、しゃべちょこ（能代2）、しゃべっちょ（田代・天栄・中村・会津2・只見・梁川・酒田・庄内3）、しゃんべちょ（平内）
　＊「しゃべちょ」は「①口数の多いこと、②お喋り」の意。

しゃべりと……口の軽い者（宮古方言）、同義語：しゃべっちょこき（南郷）

しやみ……怠け者・不精者（笹間）
　＊「しやみ」は「せやみ（背病）」と同義。「①怠け者、②無精者、③寒がりの人」の意。

しゃみたがり……不精者・骨惜しみ（花巻方言）
　＊「しゃみたがり」は「背病集り」のこと。

しゅやみこぎ……病気でもないのに仕事を本気でやらない人（男鹿）
　＊「しゅやみこぎ」は「背病こぎ」、「①無精者、②怠け者」の意。

しゃれくせぇー……小癪な奴、巫山戯た野郎（遠野2）
　＊「しゃれくせぇー」は「洒落臭（しゃらくさい）」と同義。「①小癪な人、②巫山戯た人、③分不相応にしゃれている人」の意。

しゃれこ……お洒落（な人）（霊山・米沢・伏黒・福島市松川・宮内・真室川・大蔵・蔵増・白石・置賜2）
　同義語：しゃれ（柴田）、しゃれこき（南郷）、しゃれこぎ（庄内3）、しゃれっこ（大貫）、しゃれもんだ（岩沼）
　＊「しゃれこ」は「お洒落」のこと。

しゃんしゃくしゃ……出しゃばり（仙台原町）

しゃんしゃぐなす……お喋り（仙台原町）

しゅわっぽ……吝嗇家（河邊郡）
　＊「しゅわっぽ」は「吝っぽ」。「吝嗇家」のこと。

しょいのすけ……間の抜けた人（小国2）
　＊「しょいのすけ」は「背負の助」、「蓑笠担ぎ」の意。転じて「間の抜けた人」。

しょうこけ……間抜け（日形）、同義語：しょこけ（澁民）

＊「しょうこけ」の「こけ」は「虚仮（こげ）」。「愚者、馬鹿」のこと。

しょうどなし……意気地なし（仙臺7）
　＊「しょうどなし」は「性度なし」。「意気地なし」の意。

しょうなし……☆弱虫（藤沢）、☆懲り性なし（気仙5・多賀城）
　　　　　　　☆どうにもならない奴（南部）☆意気地なし（庄内3）、☆悪口（田川）
　＊「しょうなし」は「性なし」。「①甲斐性なし、②意気地なし、③根性のない人。ここでは「どんなに教えても一人前にならない人」のこと。

しょうなひと……妙な人（松尾）
　＊「しょうなひと」は「妙な人」のこと。

しょうなんこぎ……よく人の悪口を言う人（庄内）

しょうべぁあがり……前に芸者・娼婦であった者（多賀城）
　＊「しょうべぁあがり」は「商売上り」。

しょうらぐもの……箸にも棒にもかからない者（庄内2）
　＊「しょーらぐ」参照。

しょこづき……落ち着きのない人（五戸・南部）、同義語：しょっこ（南部北）

しょすかげ……落ちぶれた姿（人）（新田）

しょたれ……☆見た感じの悪い（人）（松尾）、☆無精者（庄内3）、同義語：しょうだれ（只見）
　＊「しょたれ」は「潮垂れ」。「①意気消沈している人、②不潔でだらしない人、③貧相な人、④見窄らしい人、⑤役立たず、⑥馬鹿者、⑦締まりのない女、⑧自惚れ者」の意。

しょだれ……不潔な（人）（北荘内）
　＊新潟では「しょーたれ」で「不潔・不精」の意。

しょっくまん……人の欠点を暴くこと（人）（室根）

しょつこ……☆慌て者（軽米・九戸村）、☆変な人・おかしな人（九戸村）
　＊「しょつこ」は「ひょっこ」と同義。「しょこめぐ」は「落ち着きが無く、動き回る」こと。「しょっこ」は「粗忽者（しょこつもの）」の意。

しょったれ……☆貧乏くさい（人）（梁川）、☆不精者（伏黒・小国・庄内3）
　　　　　　　☆自惚れ子（矢本）、自惚れ者（石巻2）、☆締まりない女（県北－福島5）
　　　　　　　☆意気地なし（白石2）、☆不潔な人（小国2）

しょってる……馬鹿（楢葉）
　＊「しょってる」は「愚かだ、馬鹿」の意。

しょっぱくづ……塩っ辛いものを好む人（庄内）
　＊「しょっぱくづ」は「塩っぱ口」、「塩っ辛いものを好む人」の意。

しょっぱたり……☆陸（ろく）でなし（南部・盛岡3）、同義語：しょばだり（黒岩）
　　　　　　　☆性悪い人（盛岡・水堀・玉山・沼宮内）

135

　　　　　　同義語：しょうぱだり（普代 2）、しょばだり（花巻・湯口）
　　　　　☆良くない人・どうしようもない人・悪人（紫波署・遠野・盛岡 3）
　　　　　　同義語：しょっぱたれ（沢内）
　　　　　☆しつっこい野郎（松尾・岩手郡・岩手・盛岡 3・気仙 5）
　　　　　　同義語：しょっぱだれ（荒沢 2）、しょばだり（徳田）
　＊「しょっぱたり」は「性懲（しょうはた）り」と同義。「しょばだり」は「①ろくでなし、②どうしようもない人、③しつっこい人、④文句ばかり言って役に立たない人、⑤馬鹿」の意。

しょっぱだり‥‥‥意地悪な年寄り（遠野 2・盛岡俚）、同義語：ぢょっぱだり（遠野郷）

しょっぱたりもの‥‥‥ろくでなし、厄介者（岩手）、同義語：しょうはだりもの（石巻 2）

しょっぱだれ‥‥‥☆ぐずぐず文句ばかり言って働かない人（鹿角）
　　　　　　☆強情者・強情張り（南鹿角）、同義語：しょっぱり（石巻）

しょっぽねわり‥‥‥根性の悪い人（秋田 2・秋田 5）
　　同義語：しょっぽねよぐねやつ（南部）、しょっぽねのわりやつ（石巻）
　＊「しょっぽねわり、しょぽねわり」は「性骨悪」のこと。「性骨」は「①根性、②性根、③性質」の意。

しょなこ‥‥‥青二才（角田）

しょなし‥‥‥こり性のない人（岩手太田・盛岡俚）
　＊「しょなす」参照。

しょなす‥‥‥☆根性のない者（滝沢 2）
　　　　　同義語：しょねなし（庄内）、しょーなし（岩手）、しょーなす（遠野 2）
　　　　　☆甲斐性のない（人）（盛岡）
　＊「しょなし、しょなす」は「性無」のこと。「性無」は「①根性無し、②意気地無し、③凝り性のない人」の意。

しょねぁわり‥‥‥意地悪者（象潟・秋田 6）、同義語：しょねわり（南外村・仁賀保・子吉川）
　＊「しょねぁわり」は「性根悪」。「性根」は「①根性、②魂、③正気、④性質」の意。

しょねこう‥‥‥意地っ張り（北荘内）
　＊「しょねこう」は「嫉こう」、「性根こう」？「嫉（そね）む」は「妬む、羨む」の意。庄内では「しょねしょねしー」で「いじけている（人）」のこと。

しょねんなし‥‥‥いくら怒られても忘れて同じことを繰り返す人（庄内）
　＊「しょねんなし」は「性根なし」。「①物忘れをする人、②根性・心根なし」の意。

しょばだり‥‥‥☆吝嗇者・けち（西和賀 2）、同義語：しょばだれ（西和賀 2）
　　　　　☆邪魔者（飯豊 2・金ヶ崎・佐倉河）、☆手に負えない人（江刺）、☆やくざ者（岩手）
　　　　　☆しぶとい奴・しつこい人（浄法寺）、同義語：しょばだりめ（岩崎）
　　　　　☆老人を邪魔する悪口（胆沢町・胆澤 3）
　＊「しょばだり」は「しょ〈性（しょ）又は強調の接頭語〉」と「徴（はた）る」。「徴る」は「催促する。強く求める」→「無理を言う、拗ねる」の意。「しょばだり」は「①無理を言って拗ねる者、②手に負えない人、③邪魔者」などの意。

しょばたれ‥‥‥馬鹿者・間抜け（西和賀・川舟）

　　　　　同義語：しょっぱだれ（沢内7）、しょばだり（玉山2）、しょんたぐれ（岩手）

しょばだれ……意地悪（秋田7・河邊郡）

しょぴたれ……不潔な人（川井）
　＊「しょぴたれ」は「小便垂れ」。転じて「不潔な人」の意。または、「しょぴたれ」は「しみたれ」と同義。「①見窄らしい人、②不潔な人」の意。

しょぺぁやつ……世知辛い人（秋田6）
　＊「しょぺぁやつ」は「しょっぱい奴」と同じ。「しょっぱい」は「①世知辛い、②苦々しい、③けちで融通が効かない、④汚い、⑤酸っぱい」の意。

しょぽねわり……根性悪い（人）（山本）
　＊「しょっぽねわり」参照。

しょーらぐ……☆薄馬鹿（山形漁村）
　　　　　　　☆お人好し（庄内3・田川）、同義語：しょらく（庄内3）
　＊「しょーらぐ」は「①役立たず、②お人好し、③薄馬鹿」の意。「しょうらく馬」は「役に立たない馬」のこと。

しょろこけ……☆間抜け者（東磐井・曾慶・田河津・東山・矢本・黄海）、☆小馬鹿者（玉造）
　　　　　　　☆気が利かない人（鹿島台）、同義語：しょろこげ（岩手）
　　　　　　　☆物忘れの多い人（矢本・古川）、同義語：しょろこぎ（石巻2・七ヶ浜）
　　　　　　　☆うっかり者（大郷・岩沼2）、同義語：しょろこげ（岩沼）
　　　　　　　☆憔悴した者（玉造）
　＊「しょろこけ」の「しょろ」は「精霊」？「①間抜け者、②小馬鹿者、③物忘れの多い人、④やつれた人、⑤うっかり者」の意。「しょろこける」は「物忘れする」の意。

しょわすやつ……煩い奴（秋田2）
　＊「しょわすやつ」は「せわ（忙）しい奴」のこと。

しょんけ……小馬鹿者（浄法寺）
　＊「しょんけ」は「ひょんけ」と同義。「ひょん」は「①馬鹿らしい、②変な、③不思議な、④戯ける様、⑤調子が悪い」の意。

しょんたなひと……変な人・おかしな人（花巻）
　＊「しょんたなひと」の「しょんた」は「①変な、②おかしな」の意。

しょんべむぐし……寝小便垂れ（真室川）
　＊「しょんべむぐす」は「①小便を漏らすこと、②寝小便をする人」の意。

しらかだづなし……出来損ない、困りもの（野田）
　＊「しらかだづなし」は「しら形無し」。「しら」は接頭語。「形無し」は「①出来損ない、②困りもの」の意。

しらかまかえし……身代限りをした者（岩手）
　＊「しらかまかえし」は「しら釜返し」。「しら」は接頭語。「釜返し」は「①倒産、②破産、③放蕩、④財産を食いつぶすこと」の意。

しらけもの……巫山戯者（秋田1）

＊「しらけもの」の「しらけ」は「しらける」由来。「しらける」は「巫山戯る」の意。「しらけもの」は「巫山戯者」の意。

しらごんぼ……☆くだをまく人（酔って）・泣き虫（甲子）
　　　　　　　☆酒も飲まずにくどくなる人（花巻・八戸在・南部）
　　　　　　　　同義語：しらごぼ（平賀）、しらごんぼう（遠野郷）
　　　　　　　☆正気で悪態をつく者（遠野2）
　＊「しらごんぼ」の「白（しら）」は「酒に酔っていないこと」で、「ごんぼ」は「ごんぼほり」と同義。「牛蒡掘り」は「①酒に酔って管を巻く人、②駄々を捏ねる子供、③強情張り」の意。

しらため……藪睨み（平内）

しらっぽえぃ……乞食野郎（岩手）

しらぱくれ……恥を恥とも思わないこと（人）（気仙5）
　＊「しらぱくれ」は「①知っていながら知らない振りをすること、②空とぼけること」の意、転じて「恥を恥とも思わないこと」。

しらみぢぎ……喉から手が出る程食べたいのに遠慮すること（人）、馬鹿遠慮（気仙7）
　＊「しらみぢぎ」は「虱辞儀」。

しらみたがり……☆不潔な人（十和田・花巻採・原町）
　　　　　　　　☆人を罵倒する言葉（庄内3）、同義語：しらみたがれ（秋田4・大川平）
　＊「しらみたがり」は「虱集り」。「①虱が取り付いている人、②不潔な人、③人を罵倒する言葉」の意。

しらみたがれ……虱集れ（津軽8・秋田5）、同義語：ししゃみたがり（新田・白石2）

しりあげねご……物事を半ばで投げ出す人（大鳥）
　＊「しりあげねご」は「尻上げ猫」？「尻焼猿」と同義。「飽きやすく長続きしない人」の意。

しりくせわるい……身持ちが悪い女（南部）
　＊「しりくせわるい」は「尻癖悪」。「尻癖」は「①身持ち、②性的に猥らな癖、③浮気癖」の意。

しりぬけ……☆後始末の悪い人（南部・胆沢町）、☆底の浅い人（胆沢町）、☆だらしない人（原町）

しりぬげ……物忘れのひどい人（岩手太田・盛岡俚）、同義語：すりぬげ（滝沢2）
　＊「しりぬけ、しりぬげ」は「尻抜け」または「尻拭（しりのごえ）」。「①物忘れの酷い人、②人の失敗の後始末をする人、③後始末の悪い人、④用便後の尻を拭うもの」の意。

しろもの……若い女性（米沢）
　＊「しろもの」は「代物」。「①引出物の蒲鉾、②別嬪、③処女、④昔の子女売買の隠語」の意。

しわい……吝嗇（者）（黒石・稲瀬・岩谷堂・玉里・気仙5）
　　同義語：しわぇ（南都田・胆澤3）、しわぇぁ（松川）、しわすけ（鹿島台・玉造・大館3）
　＊「しわい」は「吝い」。「①けちだ、②しみったれ、③吝い人の略」の意。

しわんぼ……吝嗇（者）・けち（岩手・紫波郡4・気仙1・気仙3・岩手・盛・只見・會津）
　　同義語：しはんぼ（綾里）、しわすけ（大館・宮城三本木）、しわっかす（只見）、しわっぴり
　　　（金ヶ崎・佐倉河・矢本・石巻2）、しわぴり（胆沢町・胆澤3・仙台3）、しわっぽ（秋

田7)、しわんぼう（玉里）
* 「しわんぼ」は「吝ん坊」。「①けちん坊、②極度の吝嗇家」の意。

しんきやみ……気弱な人、弱虫（古語）、同義語：しんきたれ（庄内3・置賜2）
* 「しんきやみ」は「心気病み、辛気病み、神経病み」？「心気・辛気」は「①心持ち、②じれったいこと、苛々すること、③根気がいること、④退屈な様、⑤寂しい様、⑥悔しい様、⑦遅い様」の意。

しんけ……☆気違い（津軽8・鹿島台・宮城三本木・米沢・白鷹・宮内・山形漁村・真室川・山形・田川・添川・庄内・仙台1）
　　　　　同義語：しんけい（南郷）、しんけぇー（会津2）、しんけたかり（酒田）、しんけーたかり（会津）
　　　　☆頭のおかしい人（平賀）
* 「しんけ」は「神経」の略。「①気違い、②狂人、③心柄、④神経質な人」の意。

しんけくるり……神経狂い（津軽8）

しんけたがり……☆気違い（相馬・大鳥・真室川・小牛田・庄内3・保原）
　　　　　　☆神経質な人・気の小さい者（十和田・飯豊・赤川・南部・胆沢町・弘前・楢葉・涌谷）
　　　　　同義語：しんけいたがり（南部町・六戸採）、しんけぇたがり（気仙沼）、しんけーたがり（大原2）、しんけたがれ（津軽2）
　　　　☆神経病者、ヒステリー（原町）
* 「しんけたがり、しんけたがれ」は「神経集り」または「心気集り」。「①神経質な人、②気の小さい人、③精神に異常のある人」の意。

しんけたがれ……☆異常に潔癖な人（大川平・北浦）、☆気の短い人、神経質な人（雄勝・大館2）

しんつこ……執念深い、執拗、剛情（津軽8）
* 「しんつこ」は「しつっこい」の略。「執念深い（人）、強情（者）」のこと。また、「しんつこ」には「指似」（①土筆、②子供のおちんちん）の意も。

しんつこぇおなご……すれからし、強か者、色欲女（津軽8）
* 「しんつこぇおなご」は「しつっこい女」のこと。

しんでん……穢多（いわき）

しんねりむんねり……優柔不断な人（只見）
* 「しんねりむんねり」ははっきりしない陰気な性格のこと。

しんばご……欲張り（庄内3）

しんぴたれ……不潔な人（南鹿角）、同義語：しんびつけなし（南鹿角）
* 「しんぴたれ」は「染垂れ（しみたれ）」と同じ。「染垂れ」は「①不潔な人、②むさくるしい人、③吝嗇者・けち」の意。

しんびったれ……けち（秋田7）、同義語：しんぽ（大館3）、しんぽー（平内）、しんぶたれ（八戸）

しんぷぐぬげ……☆意気地なし・臆病者（普代2）、☆根性のない者（野田）
* 「しんぷくぬげ」は「①胸中を打ち明けることができない者、②腹の中がわからない者」から

「①意気地なし、②臆病者、③根性のない者」の意。

しんぷくりん……巾着（釜石2）
＊「しんぷくりん」は「ぜにぶくろ（銭袋）」のこと？「巾着」は「腰に巻く銭袋」から「腰巾着」の意。

しんよぐ……欲張り（死にそうになっても治らない）（西和賀2）
＊「しんよぐ」は「死欲」。「①死ぬ間際まで欲が強いこと、②死期が迫って、尚更欲が強くなること」の意。

す

すいたくれ……悪擦れ者（会津－福島5）

すうぇぁしと……けちん坊（岩手・多賀城）

すうだばくそ……邪魔者（普代2）、同義語：すらぢゃまくそ（普代2）、すらどばくそ（普代2）

すえらべ……透かし屁（米澤）
　同義語：すかしっぺ（大貫）、すかすぺ（石巻2）、すーらいべ（会津3）
＊「すえらべ」は「透かし屁」のこと。「音のしない屁」の意。

すかさねやろ……抜け目のない奴（庄内・山寺）
＊「すかさねやろ」は「透かさない野郎」のこと。「透かさない」は「①抜け目がない、②手抜かりしない、③油断しない」の意。

すかんぴ……欲深者（内川目2）
＊「すかんぴ」は「①嫌らしい人、②物事に好い加減な人、③欲深者」の意。ここでは③。

すきたれ……体の貧弱な人（亘理）
＊「すきたれ」は「しみったれ」と同義。「①下等な者、②貧弱な者」の意。

すくたれ……☆小心者（八戸在）、☆だらしない奴（南部）
＊「すくたれ」は「づぐたれ」と同じ。「づぐたれ」は「①役立たず、②怠け者、③だらしない人④お洒落、⑤意気地なし、⑥悪者」の意。

すけ……劣等者（気仙1）、同義語：すけだろ（気仙1）
＊「すけ」は「最後尾、びりの者」の意。ここでは「劣等者」。

すけとしょる……年寄りじみた人（涌谷）、同義語：すけどしょる（仙台2）
＊「すけとしょる」の「すけ」は「老け」の訛、「としょる」は「年寄」のこと。

すげねぇかお……物足りず寂しそうな顔（相馬2）

すけべたがり……好色漢（福岡・盛岡・二戸郡・浄法寺2・岩手太田・南部・楢葉・岩沼）
　同義語：すけべ（南部方言・米田・秋田市・相馬）、すけべぇたかり（小牛田）、すけべーたがれ（岩泉）、すけべたがれ（弘前）
＊「すけべたがり」は「助平集り」。「①好色漢、②色気違い」のこと。

すこいやつ‥‥‥悪賢い奴（会津2）
　＊「すこいやつ」は「すこい奴」。「すこい」は「①敏捷な、②狡猾な、③悪賢い」の意。ここでは③。

すこけ‥‥‥怠け者（岩手）

すごぢょっぱり‥‥‥強情者（南部）
　＊「すごぢょっぱり」は「強情張」。「ごぢょっぱり」と同義。

すこたん‥‥‥ペテン（秋田1）
　＊「すこたん」は「素頭（すこーべ）」と同義。「すこーべ」は「①頭脳、②頭、③額、④頬、⑤狡い者、⑥横着者、⑦生意気者」の意。ここでは⑤。

すごぼたれ‥‥‥臆病者（川口）
　＊「すごぼたれ」の「すごぼ」は「えのめのすごぼ」と同義。「内弁慶」のこと。「臆病者」の意。

すづげなす‥‥‥躾の良くない者（宮古）
　＊「すづげなす」は「躾なし」の訛。「躾の良くない者」の意。

すすたがり‥‥‥けちん坊（気仙沼）

すすどしやつ‥‥‥抜け目のない奴（秋田6）
　＊「すすどしやつ」は「すすどい奴」のこと。「すすどい」は「①抜け目がない、②素早い、③鋭い、④悪賢い」の意。ここでは①。

すすーはぐ‥‥‥たかり・ただ貰い（野田）

すたくたなし‥‥‥訳のわからない奴（岩崎）、同義語：すたくたねぇ（胆沢町）
　＊「すたくたなし」は「①締まりのない者、②いい加減な者、③何のかんのと言を左右にしてグズグズ文句を言う人、④落ち着きのない人」の意。

すたくたなす‥‥‥締まりのない者（遠野）

すたこだれ‥‥‥舌たらず（盛岡・盛岡3）
　＊「すたこだれ」は「舌不足」のこと。「舌足らず」の意。「こだれる」は「怠ける、腐る」の意味も。

すだづ‥‥‥成長が遅く弱々しい子（山寺）

すたっぷり‥‥‥お節介（大郷）

すたみづぐらぇ‥‥‥下ばかり見ている人（盛岡11）

すだれ‥‥‥しまりのない人（滝沢2）
　＊「すだれ」は「しだれ」と同義。「しだれ」は「締まりのない人、だらしない人」の意。

すづかばねやみ‥‥‥怠け者（藤沢）
　＊「すづかばねやみ」の「すづ」は接頭語。「かばねやみ」は「躯病」または「屍病」のこと。「①怠け者、②骨惜しみ」の意。

すつからこい‥‥‥抜け目のない者（原町）
　＊「すつからこい、すっこい」は「すこい」と同義。「①悪賢い（人）、②狡猾な（人）、③抜け目

141

のない者」の意。

すっからし……すれっからし（仙臺7）

すっからなぎ……怠け者・不精者（安家）、同義語：すっからほい（下岩泉）
　＊「すっからなぎ」の「すっ」は接頭語。「からなぎ」は「①怠け者、②骨惜しみする者」の意。

すづくたま……厄介者（気仙沼）

すっけんたれ……びりっこな奴（宮古）
　同義語：すっけんぽ（仙台3・仙臺6）、すっけんぽっぽ（気仙沼2）、すっぺぐろう（田野畑3）
　＊「すっけんたれ」は「助」と同義。「びり、最後の者」の意。

すっこい……狡い（人）（岡小名）

すったぐれ……☆悪擦れ者（鏡石）、☆阿婆擦れ（桑折）、同義語：すったくれ（会津2・会津4）
　＊「すったぐれ」は「①すれっからし、②阿婆擦れ、③下品な卑猥な話をする人」の意。

すったまぬげ……臆病者（田野畑3）
　＊「すったまぬげ」の「すっ」は接頭語。「たまぬげ」は「魂抜」で「臆病者」の意。

すったもん……手に負えない困った人（大館2）

すっちゃらべっちゃら……切れ目のないお喋り連中（原町）

すってこてんま……慌て者（種市2）
　＊「すってこてんま」の「すっ」は接頭語。「てこてん」は「慌てること」。

すってんぶり……手ぶら、無財産（古川・河北）
　＊「すってんぶり」は「素手振」のこと。「①手に何も持たないこと、②無財産」の意。

すっとり……怠け女房（藤沢）

すっとんけ……お人好し、時々へまをする人（有住）
　＊「すっとんけ」の「すっ」は接頭語。「とんけ」は「①気の利かない者、②愚か者」の意。

すっぱすけ……打算的でケチな人（沼宮内）
　＊「すっぱすけ」は「すっぱ助（奴）」。「すっぱ」は「すっぱい」のこと。「すっぱい」は「①けち、②悪賢い、③すばしこい、④色好み」の意。

すっぺぁやつ……☆世知辛い人（秋田6）、☆抜け目がなくて狡い人（山寺）

すっぺのかわ……人を卑しめて呼ぶ語（気仙5・仙臺7）
　＊「すっぺのかわ」は「竹箆の皮」のこと。「①僅かなこと、②人を卑しめて言う言葉」の意。

すっぺさがり……目尻の下がった人（石巻・新田・七ヶ浜・岩沼）、同義語：すっぺぇさがり（大郷）
　＊「すっぺさがり」は「しっぺさがり（竹箆下）」のこと。「①目尻の下がった人、②眉毛の下がった人、③好色な人」の意。

すづむんつん……気難し屋（角田）

＊「すづむんつん」の「すづ」は接頭語。「むんつん」は「むんちん」と同義。「①拗ね者、②気難しい者、③天邪鬼」の意。

すてくれもの‥‥‥持て余し者・余され者（野辺地・五戸）、同義語：すてけぁしもの（南外村）
＊「すてくれもの」は「捨腐者（すてくされもの）」のこと。「捨腐」は「①捨て鉢になること、②ふて腐れること、③自棄になること」の意。「すてくれもの」は「①持て余し者、②捻くれ者、③手に負えない者」の意。

すてづぐねぇー‥‥‥なりそこない・劣等者（吉里吉里）
＊「すてづぐねぇー」は「捨て損ない」のこと。「なり損ない」の意。

すてばり‥‥‥意地悪（岡小名）
＊「すてばり」は「すてばて」と同義？「すてばて（捨果）」は「我儘者、手の付けられない様な悪人、おてんば」の意。

すてぼんづ‥‥‥自分の家のやんちゃ坊主（平内）

すてらん‥‥‥癇癪女（野辺地）
＊「すてらん」は「ヒステリー女」のこと。

すてんきもの‥‥‥急に心変わりする人（石巻2）
＊「すてんきもの」は「①生意気な人、②幼児が大人ぶる様、③訳もなく手強い人、④急に心変わりする人」の意。

すてんち‥‥‥出しゃばり女（白石2）

すてんちもの‥‥‥浮ついている人（岩沼）

すてんづくり‥‥‥親にかまって貰わない子供（村山）
＊「すてんづくり」は「捨て作り」のこと。

すどげとり‥‥‥ぐずぐずして手間のかかる人（釜石）
＊「すどげとり」は「しどげ取り」。「しどげ」は「紅葉傘（もみじがさ）」のこと。春の山菜採りの時に、「しどげ」の若芽と鳥兜（とりかぶと）の若芽と一目には区別しがたいことからその採取に躊躇することによる。

すとんけ‥‥‥☆慌て者（野田）、☆阿保（岩手・気仙1）、☆低脳（者）（松崎）
☆馬鹿者・間抜け（中野・盛岡11・平舘・岩手太田・軽米2）
　　同義語：すっとんけ（大野2）、づんけ（久慈）
☆間抜け・薄馬鹿（紫波郡長岡・盛岡・二戸郡・遠野・八戸在・飯豊・甲子・玉山・稗貫・宮古方言・一戸・湯口・沼宮内・西根・松尾・滝沢2・南部北・倉沢・飯岡5・赤石・安家・江刺・岩手・軽米3）
☆頓間（気仙7）
　　同義語：すっとんけ（遠野2）、すとんけやまいも（滝沢2）、すとんけやろ（二戸郡）
☆調子外れ（岩手南）
＊「すとんけ」は「素頓狂」と同義。「素頓狂」は「①慌て者、②知能の低い者」の意。

すなし‥‥‥☆生意気な児（米沢・川西・置賜2）、同義語：すないし（米澤2）
☆悪戯（置賜－山形・添川・川西）、☆分別なし、無鉄砲（白鷹2）

すなび‥‥‥無気力な人（盛岡）、同義語：すなびたがり（盛岡）
　　＊「すなび」は「萎（しな）び」。「萎（しな）びける」で「①萎（な）える、②萎（しぼ）む、③水分が無くなる、④皺くちゃになる」の意。「すなび」は「無気力な人」の意。

すなもの‥‥‥煮ても焼いても喰えない者（花巻方言）
　　＊「すなもの」は「品物」、「砂者」？「①他人から良く思われていない人、②煮ても焼いても食えない者」の意。

すねこ‥‥‥☆捻くれ子（米沢）、☆捻くれ者（置賜2）
　　＊「すねこくれ」参照。

すねこくれ‥‥‥捻くれ者（米沢）
　　同義語：すねこぐれ（真室川・山寺）、すねごもの（置賜2）、づねこぐる（鮎貝）
　　＊「すねこ、すねこくれ」は「拗ね子」のこと。「捻くれ子（者）」の意。

すねっこ‥‥‥道化者（会津2・田島）
　　＊「すねっこ」は「すねる人（子）」のこと。「すねる」は「①戯れる、②ずるける」の意。転じて「すねっこ」は「道化者」の意。

すねっぱり‥‥‥強情者（胆澤3）

すぱすけ‥‥‥狡い人（盛岡）
　　＊「すぱすけ」は「すっぱい人」と同義？「すっぱい」は「①けち、②悪賢い、③狡い、④すばしこい」などの意。「すっぱすけ」参照。

すびぢげねぇ‥‥‥不精者・不潔な者（下北16）
　　＊「すびぢげねぇ」は「しびづけなし」と同じ。「しびつけない」は「①しぶとい、②無精な、だらしない、不潔な、③気乗りしない」の意。

すびたれ‥‥‥☆意気地なし・臆病者（滝沢2・浄法寺3・置賜）
　　　　　　同義語：すぴたれ（岩手太田）、すびたれ（滝沢2・浄法寺3）、すぷたれ（徳田・紫波署・青森5）、すんびたれ（滝沢2・盛岡俚）
　　　　　☆弱虫（田山・御明神・岩手署・米沢・置賜・南山形）
　　　　　☆意気地なし・寒がりや（盛岡・宮古方言・浄法寺・南山形）
　　　　　☆卑屈な（人）（佐比内・山形）、☆貧弱な人（体が）（松尾）
　　　　　☆気が弱く臆病な子（山寺）、同義語：すぴたれもの（泉）
　　　　　☆役たたず（折爪）、同義語：すぴた（蔵王）、すべたやろう（亘理）
　　　　　☆吝嗇（者）（錦木・軽米・有住・大蔵・南三陸・大郷・石巻2・亘理・七ヶ浜・大貫・岩沼・河北・白石2・七ヶ宿・蔵王）
　　　　　　同義語：すぴたれ（大和）、すぷたれ（藤沢）、すみったれ（江刺）
　　　　　☆物惜しみする人（涌谷・小牛田・秋保）
　　　　　☆痩せて細い身体（秋保）
　　＊「すびたれ」は「しみたれ」と同義。「①けち・吝嗇者、②貧相、③貧弱な人、④意気地無し、⑤役立たず、⑥弱虫、⑦下等な者、⑧人を罵って言う言葉」の意。「しびたれ」参照。

すぶたむすめ‥‥‥醜い娘（浪打）

すぺかす‥‥‥末っ子、末弟（平内）

すべた‥‥‥☆女（卑）（庄内3）、☆醜婦（會津）、☆能なし（女）（會津）

＊「すべた」は本来はカルタ用語の「espada」由来で、点にならない札のこと。「①女性を罵って言う言葉、②顔の醜い女、③つまらない者」の意。

すべら……怠慢（者）（有住）
　　＊「すべら」は「怠け者」のこと。「ずべらこがす」は「骨惜しみする」の意。ポルトガル語由来の語（カルタ用語－すべた）とも？

すぼのめんこ……ひょっとこ面（江刺）

すほろげ……無一文（仙台1）
　　＊「すほろげ」の動詞「すほろける」は「見窄らしくなる」こと。

すまぶりもの……一番終わりまで残っている人（宴会などで）（岩沼）
　　＊「すまぶりもの」は「巣守者」。「①その場に一人残される者、②宴会などで最後まで残っている人」の意。

すまねご……人見知り・人前に出ない人（岩泉・野辺地・八戸在・南部）
　　同義語：すまこねこ（宮古方言）、すまねーご（軽米）、すまこわらす（宮古方言）
　　＊「すまねご」は「隅猫」。「①人を怖れて隅に引っ込んでいて人前に出ない猫、②野良猫、③人前に出ない人」の意。

すみすご……落着きなく煩い人（宮古山田）
　　＊「すみすご」は「炭俵（炭俵）」？

すらきいだめもん……憎くて憎くてたまらない者（宮古山田）

すらきごんぼ……素面でくだをまく人（盛岡）
　　＊「すらきごんぼ」の「すらき」は「素面」。「ごんぼ」は「ごんぼほり」の略。

すらっかばすぐねー……悪い奴・悪者（山田4）
　　＊「すらっかばすぐね」の「すらっ」は接頭語。「かばすぐね」は「芳しくない奴」で「悪い奴」。

すらみくせぁ……不美人（宮古）
　　＊「すらみくせぁ」の「すら」は接頭語。「みくせぁ」は「みぐさい人」のことで、「不美人」の意。または、「虱臭い」こと？

すらみたがり……不潔な人（盛岡）
　　＊「すらみたがり」は「虱集り」。「虱が付いている様な不潔な人」のこと。

すりかまり……ご機嫌取り（遠野2）
　　＊「すりかまり」は「尻嗅まり」。「かまり」は「臭いを嗅ぐこと」。「ご機嫌取り」の意。

すりぬげ……後始末の悪い人（南部北）
　　＊「すりぬげ」は「尻拭い」。「①他人の失敗の後始末をすること（人）、②後始末の悪い人、③尻を拭くこと」の意。

するすひき……虱たがり（五戸）
　　＊「するすひき」は「磨臼引」。「虱で痒いため、両袖を手で握って衣服を左右に動かすこと」。

すれからし……悪づれした者（秋田1）

すれからし」は「擦れっ枯らし」。「①世間に慣れて、人柄が悪くなってくること、②悪擦れした者」の意。

すれくれもの……捻くれ者・旋毛曲り（遠野2）
　＊「すれくれもの」は「①捻くれ者、②阿婆擦れ者、③ふて腐れ者、④すれからし」の意。

すれったくれ……世間ずれして厚かましい人（只見）
　＊「すれったくれ」は「擦れたくれ」。

すろっと……白子（卑）（多賀城）
　＊「すろっと」は「白い人」？

すわぴり……吝嗇（者）（石巻・小牛田・南三陸）
　同義語：すわぇ（秋田8）、すわたがり（一関）、すわったれぇ（胆澤3）、すわっぴり（岩手・矢本・大郷・気仙沼・古川・亘理・新田・七ヶ浜・岩沼2・仙台1・塩釜・多賀城・泉・大和・岩手南）、すわぴぃ（摺澤）、すわんぼう（佐比内・江刺・摺澤）、すわんぼたがり（胆澤3・若柳）、すんびたれ（角田・南山形）
　＊「すわぴり」は「吝ん坊」と同義。「けちん坊（吝嗇者）」の意。

すんきたれ……気弱な人（角田）

すんけ……気違い（宮内・大蔵・山形・庄内・角田）
　＊「すんけ」は「しんけー（神経）」に同じ。「①精神に異常のある人、②狂人、③気違い、④神経質な人」の意。

すんけたがり……☆発狂者・気狂い（一関・石巻2・角田・大蔵・南三陸・新田・岩沼・仙台1・蔵王・多賀城）
　　　　　　　☆神経質な人（南山形）
　＊「すんけたがり」は「神経集り」または「心気集り」。

すんけやみ……神経質な人（衣川2）
　＊「すんけやみ」は「神経病みまたは心気病み」。

すんぴたれ……弱虫（南山形）

すんぴらこぇひと……執念深い人（角田）

せ

せぁしゃがら……無用のことを為すこと（人？）（室根）

せあみこき……怠け者（大館3）
　＊「せあみこき」は「背病みこき」。「せっこぎ」参照。

ぜぇごたろ……田舎者（卑）（衣川2・中村・鹿島台・白石・大貫・泉・大和）
　同義語：ぜぁごたろー（宮古・岩手・平泉・石巻・多賀城）、ぜぁんごたろ（安代）、ぜいご（岡小名）、ぜいごうたろう（沢内）、ぜいごたろ（小牛田・蔵王）、ぜいごっぺー（会津4）、ぜぇぁごたろ（沼宮内・江刺・角田）、ぜぇぁーごたろ（釜石）、ぜぇごたぁ（會津）、ぜぇごたれ（胆澤3）、ぜぇごたろう（胆澤3・秋保）、ぜこ（山形漁村）、ぜごしょ（温

海)、ぜごたろ（南部町）、ぜんごしょ（庄内）、ぜんごたろう（河北）
＊「ぜごたろ」は「在郷太郎」。「田舎者」のこと。

せえらぐ……お節介やき（吉里吉里）
＊「せえらぐ」は「せーらく」と同じ。「せーらく」は「余計な世話をすること」（三戸）の意。

せきて……慌て者（仙台1）
＊「せきて」は「急き手」。「①せっかちな様、②慌て者」の意。

せきらし……精根の尽きる程悪事を行う人（津軽4）
＊「せきらし」は「精切」。「精切」は「①親などが精を切らす程悪事を働く親不孝者、②無闇に人の手数を煩わすこと、③人を気疲れさせること」の意。

せきらしだわらし……世話の焼ける子（平内）

せくひと……忙しない人（仙臺7）

せそくとり……借金取り（仙台1）
＊「せそくとり」は「催促取り（せそくとり）」。「借金取り」の意。

せぢぢ……愚か者（浄法寺）

せちびん……けち、吝嗇（仙臺）、同義語：せちべん（仙台3・仙臺6）、せちびんなひと（仙臺4）
＊「せちびん」は「世知弁」。「勘定高いこと、けちなこと」の意。新潟村上町でも同義。

せっくぱたらぎ……怠け者・無精者（稗貫・江刺・気仙沼）
＊「せっくぱたらぎ」は「節句働」。「普段はさぼっているのに、人の出入りの多い節句の時だけは働いた振りをする怠け者」の意。

せっこぎ……☆骨惜しみ（中野・玉山3）、同義語：せぇやみ（盛岡俚）、せっこぎ（藤根2）
　　　　　　☆怠け者・不精者（紫波・釜石・盛岡方言・水堀・川井・久慈・太田・宮古3・荒澤・御明神・岩泉署・北上署・遠野署・外川目2・内川目2・長岡2・江釣子2・本宮・黒澤尻2・八戸23・爾薩体・新堀・軽米2・江刺・岩手・平泉・金ヶ崎・稲瀬・玉里・藤沢・胆沢町）
　　　　　　　同義語：せえっこぎ（外川目・遠野郷）、せこかし（錦木・秋田1）、せこき（五戸・八幡平・陸中鹿角・秋田1）、せこげ（松尾）、せこぎ（七瀧・秋田・二子2・南部・南外村）、せっこがし（川舟・湯田）、せっこぎ（花巻・滝澤・岩泉・盛岡・安代・南部町・玉山・九戸郡・赤石・稗貫・吉里吉里・花巻方言・宮古方言・大更・附馬牛・野田・一戸・軽米・笹間・飯豊・田老・田山・徳田・松崎・小川・倉沢・紫波署・上閉伊郡一全方・東晴山・岩澤・淺澤・種市2・秋田・一方井・西山・浄法寺2・小軽米・田野畑3・佐比内・飯岡5・石鳥谷4・錦木・大川・安家・気仙4・有住・仙台1)、せっこぎたがり（盛岡）、せっこぎもん（宮古俚）、せっこけ（水沢署・胆澤3）、せっこげ（玉山・九戸村・沼宮内・沢内・岩手署・平舘）、せっこげたがり（沼宮内）、☆不精者（気仙1）
　　　　　　☆慌て者（盛）、☆気の忙しい人（気仙7）
＊「せっこぎ」は「せやみこぎ（背病こぎ）」の略。「せやみ」は「背病」。「こぎ」は「そういう癖のある人」のこと。「①骨惜しみする者、②怠け者、③無精者、④慌て者、⑤気の忙しい人」の意。

せっこぶ‥‥‥背の膨れている人（軽米3）
　＊「せっこぶ」は「背瘤」。「①クル病で背に異常のある人、②猫背の人」の意。新潟では「猫背」を「ぼんこ」と言う。

せったぐれ‥‥‥☆怠け者・不精者（花巻・稗貫笹間・飯豊・大萱生・佐比内・石鳥谷4・上口内）
　同義語：せったくり（倉沢）、せったくれ（紫波郡4・新堀）、せたぐれ（湯口2）、☆道楽者（石鳥谷4）
　＊「せったぐれ」は「背病みたげる」の略。「たげる」は「身体に付く」の意。

せっちんだいく‥‥‥一人前でない大工（原町）
　＊「せっちんだいく」は「雪隠大工」。「①一人前でない大工、②戸のない掘っ立て小屋しか建てれない大工」の意。

せっつせいし‥‥‥意気地なし・臆病者（宮古方言）

せっぴん‥‥‥しわんぼう（五戸）
　＊「せつびん」は「世知弁」。「①吝嗇家、②けち、③欲張り、④倹約」の意。

せつびんたらしい‥‥‥貧しそうな（人）（仙臺5）

せな‥‥‥愚痴者（會津2）

せなしもの‥‥‥不甲斐ない奴（宮古方言・田代）

せなしもん‥‥‥☆弱い人（安家）、☆貧弱な人（体が）（岩泉）
　＊「せなしもの、せなしもん」は「背無者」？「①身体の弱々しい人、②不甲斐ない奴、③根性のしっかりしていない者」の意。

ぜにこぢき‥‥‥守銭奴、銭貰い（仙臺7）
　＊「ぜにこぢき」は「銭乞食」。

ぜにこづち‥‥‥金使いの荒いこと（人）（岩沼）、同義語：ぜにこぢき（泉）
　＊「ぜにこづち」は「銭小槌」。「金使いの荒い人」の意。

せびぎ‥‥‥短尺者（村山－山形）
　＊「せびぎ」は「背低」。「①背の低い人、②クル病の人」の意。

せやみ‥‥‥☆怠け者（御国・釜石・岩泉・盛岡・遠野・川井・稗貫・宮古方言・甲子・岩崎・湯口・飯豊・花巻俚諺・糠塚・横川目・長岡2・二子2・江釣子2・大原2・石鳥谷4・黒澤尻2・気仙4・岩手・唐丹・若柳・金ヶ崎・玉里・胆沢町・秋田1・松ヶ崎・西木村・秋田6・南外村・大雄・西明寺・秋田10・由利・大鳥・酒田・山形漁村・山形・古川）
　同義語：せあみこぎ（小国）、せえやみ（外川目）、せほし（西木村・七ヶ宿）、せやみこぎ（長岡2・錦木・大正寺・秋田6・男鹿3・雄勝・能代2）、せやみたかり（倉沢）、せやみたがり（花巻・盛岡・江釣子・宮守・庄内）
　　☆無精者（気仙1）、☆寒がり（酒田・庄内）
　＊「せやみ」は「背病み」由来で、「背が痛くて仕事ができない」こと。「①怠け者、②無精者、③寒がり」の意。新潟でも「怠け者」は「せやみこき」と言う。

ぜれたい‥‥‥吝嗇（仙臺3）

せわぎぎ‥‥‥お節介やき（安代）
　＊「せわぎぎ」は「世話聞き」？「世話好き、お節介」の意。

せんきやみ‥‥‥☆心配性な人（一戸・西和賀2・石巻2）、同義語：せんきけぇっぽ（川西）
　　　　　　　☆神経質な人（雄勝）
　＊「せんきやみ」は「疝気病」。「疝気」は「下腹部・睾丸が腫れて病む病気」のこと。ここでは「自分に関係のないことを心配する人」の意。諺：人の疝気を頭痛に病む。

せんきやむ‥‥‥人のことを気にかける人（遠野2）

せんだいぶかん‥‥‥他家の系図をよく知っている人を嘲って言う言葉（仙臺6）

せんみっつ‥‥‥法螺吹き、大嘘吐き（西和賀2・会津・真室川・置賜）
　　　同義語：せんみつ（古語・森田・平内・会津2・田島・亘理・仙臺7）
　＊「せんみつ」は「千三」のことで、「千に三つも本当のことを言わない人」のこと。

せんめぇあかぶり‥‥‥鉄面皮・図々しい奴（野田）
　＊「せんめぇあかぶり」は「千枚被り」。「①鉄面皮、②図々しい人」の意。

そ

そいと‥‥‥厄介者、居候（矢本・石巻2）
　＊「そいと」は「添人」。「①厄介者、②居候」の意。

そうーすがりや‥‥‥恥かしがりや（久慈二子）
　＊「そうーすがりや」の「そうーすがり」は「おそすい、おしょすい」と同義。「おしょすい」は「恥ずかしい」の意。

ぞうせぁたがり‥‥‥粗雑癖のある者（一関）
　＊「ぞうせぁたがり」は「ぞんざい癖」？「ぞんざい」は「物事を粗略にすること」の意。

そぐだぐもの‥‥‥困り者（人の迷惑になる）（遠野2）、同義語：そぐだりもの（遠野1）

そぐなり‥‥‥☆生まれ損ない（矢巾・盛岡俚）、同義語：そくなり（平鹿）、そごなり（矢巾）
　　　　　　　☆出来損ない・困りもの（玉山・甲子・遠野2・盛岡俚・子吉川）
　　　　　　　同義語：そくなり（大雄）、そぐなれ（秋田4・北浦）、そごなし（盛岡）、そごなり（浄法寺・西根）、そごなれ（鹿角）
　　　　　　　☆やくざ者（秋田1）、☆弱くて役に立たない人（松ヶ崎）
　＊「そぐなり、そこなれ」は「損なわれ」と同義。「①未熟者、②出来損ない、③堕落者、④役立たず、⑤意気地無し、⑥生まれ損ない、⑦不器用者、⑧端者、⑨人を罵倒する言葉」の意。

そくなれ‥‥‥意気地なし（大正寺）

そけそげ‥‥‥憔悴している様（人）（仙臺6）

そごえぢり‥‥‥間接的な意地悪（北浦）
　＊「そごえぢり」は「底意地悪」。「そご」は「表面に表れていない」で、「えぢり」は「意地悪」。

そごなり‥‥‥端者（浅沢）

そ

そこなれ‥‥‥☆未熟者（南鹿角・八幡平・秋田・錦木・仙南・秋田1・大館）
　　　　　　　　同義語：そぐなれ（南鹿角・南外村）
　　　　　　　☆堕落者（秋田1）
　　　　　　　☆役立たず者（比内）、同義語：ぞぐなり（雄勝）、そごなれこ（比内）
　　　　　　　☆出来損ない（大館2）
　＊「そぐなり」参照。

そごぬげ‥‥‥大酒飲み、間抜け（盛岡）
　＊「そごぬげ」は「底抜け」。「大酒飲み」転じて「間抜け者」の意も。

そそくされ‥‥‥軽はづみな人（盛岡11）
　＊「そそくされ、そそくせぁ」は「そそくさい人」のこと。「そそくさ」は「①そそっかしいこと、②物事を粗略にすること、③仕事が粗末なこと落ち着きのない様、④注意の行き届かないこと、⑤軽率なこと」の意。

そそくせぁ‥‥‥粗末な職人（飯豊）
　＊「そそくされ」参照。

そそくせぁひと‥‥‥物事をいい加減にする人、注意の行き届かない人（気仙7）

そそくそかだり‥‥‥密談（小山）
　＊「そそくそかだり」は「ひそひそ語り」のこと。ここでの「そそくそ」は「①小さな声で話す様、②ひそひそ」の意。

そそらこ‥‥‥粗忽者（盛岡）、同義語：そそらことっか（種市2）
　＊「そそらこ」の「そそら」は「①落ち着きのない様、②粗忽、③物事をいい加減に処理する様、④粗末」の意。

そっぽかたり‥‥‥捻くれ者・臍曲り（長井）
　同義語：そっぱ（鮎貝）、そっぽたかり（川西）、そっぱたがり（鮎貝）
　＊「そっぽかたり」は「そっぱ語り」。「そっぱ」は「①捻くれ者、②頰、③無愛想な様、④横を向くこと」の意。ここでは①。

そっぱだり‥‥‥☆しつっこい野郎（松尾）、☆長生きして後人を困せる人（釜石）
　＊「そっぱだり」は「そーはたり」と同義。「そーはたり」は「①死にそうになっても中々死なない人、②長生きして周囲に迷惑をかける人、③身内や恩人に迷惑をかける人」の意。

そっぱな‥‥‥鼻が上を向いている（人）（卑）（仙台1）
　＊「そっぱな」は「反鼻」。「上を向いた鼻」の意。

ぞっぱり‥‥‥☆意地っ張り（佐比内・気仙1・気仙4・玉里・有住・胆沢町・胆澤3）
　　　　　　　　同義語：ぞうっぱり（新里）、ぞっこぎ（温海・庄内3・田川）、ぞぱり（湯本）
　　　　　　　☆強情者・強情張り（釜石・稗貫・宮古方言・矢巾・飯豊・大萱生・江釣子2・石鳥谷4・不動・安家・古城・平泉・稲瀬・若柳・玉里）
　　　　　　　　同義語：ぞーぱり（岩泉・宮古）、ぞうっぱり（吉里吉里）、ぢょっぱり（南鹿角）
　　　　　　　☆無理語り（稗貫－岩手9）
　＊「ぞっぱり」は「情張（じょうはり）」。「①意地っ張り、②強情者」の意。

そっぺぁねぁ‥‥‥無愛想（者）（象潟・摺澤）
　同義語：そっぱぇなぇ（仁賀保）、そっぺぇねぇ（河北・室根・仙臺5）、そっぺない（仙台3）

* 「そっぺぁねぁ」は「そっぱいがない」と同義。「そっぱいがない」は「①味が薄い、②粘り気がない、③そっけない、愛嬌がない、④生真面目、⑤締まりがない、⑥呆気ない、⑦価値がない」などの意。ここでは③。

そでつ‥‥‥旋毛曲り（米沢2）
　* 「そでつ」は「外手之」。「①人の反対の態度をとること、②旋毛曲り、③逆の様」の意。

そーなし‥‥‥しまりのない人（種市2）

そぱだれ‥‥‥阿保（鹿角）

そふたれ‥‥‥だらしのない者（吉里吉里）、同義語：そぴたれ（宮古）
　* 「そふたれ」は「身成・身の周りをだらしなく不潔にしている人」のこと。

そべぇこ‥‥‥甘えん坊（宮古方言・鳴子・玉造）
　同義語：そばぁえこ（真室川）、そばいこ（東磐井・矢越）、そばえこ（多賀城・仙台3）、そばえっこ（会津・小国）、そばえるこ（矢本）、そびやっこ（大貫）、そべぁこ（千厩・鹿島台・石巻）、そべぁっこ（宮古・新沼・胆沢町・黄海）、そべぇあっこ（松川）、そべぇがぎ（有住）、そべぇっこ（黒岩・石巻2・仙台1・仙台2）、そべこ（福島市松川・北荘内・秋保・多賀城2・福島6・仙台4）、そべっこ（只見・富谷・矢本・七ヶ浜・庄内3・会津4）
　* 「そべぇこ」は「戯子（そばえこ）」。「①親に甘える子、②甘えっ子」のこと。「そばえこ」の動詞形「そばえる」は「①子供が巫山戯る、②甘える、③我が儘を言う、④駄々を捏ねる、⑤じゃれる（犬猫）」の意。

そみしぬげ‥‥‥うっかり者（秋田十和田）

そみちなし‥‥‥性懲りなし（一戸2）

そーやーだ‥‥‥惚け者（野田）

そらぐ‥‥‥馬鹿者（秋田7）

そらぐなし‥‥‥しおらしくない人（秋田7）

そらふぎ‥‥‥天上の方ばかり向いて歩く人（五戸）
　* 「そらふぎ」は「空吹（そらふく）」。「空吹」は「①上の方ばかり見て歩く人、②不注意の人」の意。

それしゃ‥‥‥色の道に通じた人（石巻2）
　* 「それしゃ」は「其者」。「①その道によく通じている人、②専門家、③玄人、④色の道に通じた人」の意。

ぞんきなもの‥‥‥無愛想な者（仙臺7）

そんこぢ‥‥‥☆強情張り（添川）、☆旋毛曲り（小国）
　同義語：そんこうぢ（白鷹・米沢2）、そんこぢ（白鷹2）
　* 「そんこぢ」は「①捻くれ者、旋毛曲り、②反対、③見当外れ」の意。

そんこんぢゃろ‥‥‥捻くれ者（米沢）

*「そんこぢ」参照。

そんぴん……☆臍曲り（白鷹・宮内・置賜－山形・川西・米沢2）、☆変わり者（置賜・米澤）
　　　　　　　☆捻くれ者（米沢3）
　*「そんぴん」は「①捻くれ者、②旋毛曲り、③変わり者」のこと。

そんぴんたかり……捻くれ者（鮎貝）

そんぴんつり……天邪鬼（米沢・置賜・川西）

そんべんたれ……小便をよく洩らす奴（宮古）
　*「そんべんたれ」は「小便垂れ」。

た

だいき……☆金銭に淡泊な者（玉造）、☆気が太く物惜しむ心の少ない（人）（仙臺6）
　*「だいき」は「大気」。「①金銭に鷹揚な人、②気前の良い人、③金銭に淡泊な者」の意。

たいしゅうなひと……酒豪（宮古）
　*「たいしゅうなひと」は「大酒な人」。「大酒」は「①酒を沢山飲む人、②大酒飲」の意。

だいなし……器量の良くない女（舘－南部）
　*「だいなし」は「台無し」？「ひどくいたんで形をなさない」ことから「器量の良くない女」の意に。

たいほう……☆嘘吐き・虚言（者）（浄法寺・軽米2・爾薩体・男鹿・摺澤・日形・大原・柴田・油島・田原・黒石・稲瀬・梁川・玉里・鳴子・七ヶ宿・花山・玉造・東山2・黄海）
　　　　　　　同義語：たいほ（南部・上口内）、たいほうかたり（仙台1）、だいぽうきり（宮古山田）、たいほうこく（原町）、たいほうもの（氣仙沼3）、たいほかだり（一関・仙台3）、たえほ（西和賀2・金ヶ崎）、たえほう（遠野署・水沢署）、たえほーふき（倉沢）、たぇほやろ（多賀城）
　　　　　　　☆法螺吹き（附馬牛・下北16・能代2）、☆杜撰（濱萩）
　*「たいほう」は「大砲」？「①嘘、嘘吐き、②いい加減なこと、③大袈裟に言うこと、④自慢屋、⑤山師」の意。

たうえなす……☆たいした考えのない者（盛岡）
　　　　　　　☆物忘れのひどい人（遠野2・甲子）、同義語：たぁえなし（古川）
　　　　　　　☆無分別者（気仙1・三陸・江刺・綾里・多賀城）
　　　　　　　　同義語：たうぇぁなす（岩手・秋田7）、たゑあなし（錦木）
　*「たうえなす」は「たわいなし」のこと。「たわいなし」は「①だらしない者、②思慮の足りない者、③不甲斐ない者、④風采の上がらない者」の意。

たうやなし……締まりのない者（西明寺）

たえしたき……自惚れ屋（置賜）

たえなし……☆思慮の足りない（人）（沢内6）、☆体格が貧弱で風采の上がらない人（五戸）

だぇなぢ……役に立たない人（会津2）、同義語：だえなし（福島5）

たえねゃ……脳たりん（大仙）
　＊「たえねゃ」は「足りない者」のこと。「①能なし、②馬鹿」の意。

たえほー……駄法螺（者）（磐清水）
　＊「たいほう」参照。

たぇわんぼうず……禿頭病（卑）（福島3）
　＊「たぇわんぼうず」は「台湾坊主」（方言ではない）が訛ったもの。「禿げ頭」のこと。

たぇんげでなぇやづ……非常識な奴（仁賀保）
　＊「たぇんげでなぇやづ」の「たぇんげでなぇ」は「大概でない」のこと。「①普通ではない、②一通りではない、③甚だしい、④非常識な」の意。「やづ」は「奴」。

たがぎもの……持て余し者（男鹿・秋田4・松ヶ崎・男鹿3・河邊郡・雄勝）
　同義語：たがきもの（大原2）
　＊「たがきもの」は「手昇者」「担がき者」または「抱き上ぐ者」？「①持て余している者、②役に立たない者」から「①厄介者、②能なし」へ。

たがなしげ……出額、おでこ（平賀）
　＊「たがなしげ」は「高なづき」と同じ。「なづき」は「額・脳」のこと。

たがら……怠け者・無精者（十和田）
　＊「たがら」は「宝」。「①家の厄介者、②怠け者、③無能者、④無精者」の意。

たがらむすこ……☆手余し息子（宮古）、☆厄介息子（石巻2）

たがらもの……☆おめでたい奴（少々）（南部町）、☆無能者（仙台3・仙臺7）
　　　　　　　☆愚か者（八戸7・大館3）
　　　　　　　☆馬鹿者（会津・いわき・鹿島台）、同義語：たからもの（大沼）、たからもん（岡小名）
　　　　　　　☆怠け者（岩手・南三陸・岩沼・多賀城）、同義語：たからもの（宮城三本木）
　　　　　　　☆持て余し者（男鹿・弘前）、☆役立たず者（仙南・松ヶ崎・男鹿3・川西）
　　　　　　　☆放蕩者（盛岡11・西山・平舘）
　　　　　　　☆役立たず（怠け者）・道楽息子（階上・玉山・九戸郡・十和田・一戸・甲子・西根・南鹿角・西和賀2・錦木）
　　　　　　　　　同義語：たからもの（鹿角・稗貫・宮古方言・久慈・沢内・田山・八幡平・紫波署・五戸）、たがらもん（大間・宮古方言・九戸郡・沼宮内）、たなぎもの（西和賀2）
　　　　　　　☆道楽息子（下北16）
　　　　　　　☆間抜け者（野田・大野2・軽米2）、同義語：たがらもん（九戸中野）
　　　　　　　☆無能者（種市2・鳴子・白鷹・真室川・大郷・角田）
　　　　　　　　　同義語：たからもの（仙台1）、たがらんけ（真室川）
　　　　　　　☆厄介者（雄勝・大鳥・温海・矢本・石巻2・新田・岩沼・多賀城・大館2・平内）
　　　　　　　　　同義語：たがらものこ（津軽2）
　　　　　　　☆困りもの（大和2）
　＊「たからもの」は「宝物」を逆説的に使用したもので、「手間のかかる者・負担のかかる者」から「役立たず、怠け者、放蕩者」の意味で使うようになったもの。自分の息子を謙遜して「おらえのたがらもの」などとも言う。

たからもん……一人前でない者（原町）

たからんけ……薄馬鹿（鮎貝）、同義語：たがらんけ（川西）
　＊「たぐらんけ」参照。

たかり……☆狂人（県北－福島5）、☆欲深き人（柴田）、☆精神病者（花山）
　＊「たかり」は「集」。「①憑物が付いている人、②狂人、③欲の深い人、④精神病者」の意。

たがり……中風に罹った人（石巻2）
　＊「たがり」は接尾語として「〇〇たがり」の様に使用。「中風たがり、神経たがり、欲たがり」など「患っていること、取り憑かれていること」を表現。

たかりへんき……馬鹿者・間抜け（岩手絵）
　＊「たかりへんき」の「たかり」は「集り」で「①群がること、②取り憑くこと、③気が狂うこと、④罰があたること」の意。「へんき」は「疱気」のこと。「相手を馬鹿にして罵る言葉」。

たがれ……虱などがたかっている（平賀）

たくきり……☆無駄話をする者（岩手・五戸）、☆馬鹿（軽米3）
　＊「たくきり」は「託きり」のこと。「①無駄話をする人、②長話をする人、③戯れ言を言う人、④馬鹿者」の意。

たぐらげつ……怠け者・無精者（和賀－全方）、同義語：たくれ（紫波郡4）

だぐらやろ……横着野郎（北荘内・庄内3）
　＊「だぐらやろ」は「だぐら野郎」。悪態語。

たぐらんけ……☆馬鹿者・間抜け（大間・花巻・花巻方言・十和田・軽米・普代2・川内方言・社衛同・大野2・関根・六戸採・下北16・秋田4・南外村・大雄・北浦・山本・雄勝・仁賀保・大鳥・山形漁村・真室川・庄内3）
　　　　　同義語：たくらんけ（稗貫・九戸村・南部・平鹿・中仙・子吉川・川西・仙台1）、たふらんけ（十和田）
　　　　☆思慮分別のない人（白石2）
　＊「たぐらんけ」は①「企む」由来、②「たぐれ」由来（例：馬鹿たぐれ）、③「田藏田（たくらだ）」、④「たがらんけ（たからもの）」が訛ったもの由来」などがある。「田藏田」は中国で「性鈍な獣」（麝香鹿に似た獣）のことをいい、これから愚か者を「たくらんけ」と言ったというもの。

たくれんこ……馬鹿者、人を罵って言う言葉（気仙5）
　＊「たぐらんけ」参照。

たご……戯け・阿呆（南外村）
　＊「たこと」参照。

たごかだり……法螺吹き（男鹿3）

たこと……嘘（西白河）
　＊「たごど、たご」は「戯言」。「①冗談、②無駄口、③虚言、④譫言、⑤猥談」の意。

たごど……無駄口（室根）

たしゃがもなえ……正体ないこと（米沢）
　＊「たしゃがもなえ」の「たしゃ」は「①はっきりしたこと、②正体」のこと。「たしゃがもなえ」

で「正体ないこと」の意。

たしょもの‥‥‥☆渡り者（岩手・多賀城）、☆余所者（置賜・仙台3・仙臺7）
　＊「たしょもの、たしょーもの」は「他所者」。「①よその町村の人、②渡り者」のこと。

だすがらげ‥‥‥出し惜しみすること（盛岡）
　＊「だすがらげ」は「出しがらかい」。「がらかい」は「行い渋る気持」のこと。

たそえなし‥‥‥定まりなき者（遠野郷）

だだ‥‥‥☆駄々っ子（藤沢）
　　　　　　同義語：だだっこき（只見）、ただやろ（福島5）、だだわらす（角田・蔵王）
　　　　　☆強情（者）（千厩・黄海）
　＊「だだ」は「駄駄」？「駄駄」は「①我儘、②拗ねること、③地団駄踏むこと」の意。

ただえ‥‥‥大して働かない人（種市2）
　＊「ただえ」は「徒居」または「只居」。「徒居」は「①何もしないでいること、②無駄に暮らすこと、③無為徒食」の意。

たたきあがり‥‥‥多弁（な人）（気仙2）
　＊「たたきあがり」の「たたき」は「喋ること」の意。

だだこぎ‥‥‥☆泣き騒ぐ子供（会津2・福島5）、☆執拗な子供（庄内－山形）
　　　　　　☆聞き分けなく暴れる子供（桑折）、☆無理を言う人（米沢）
　　　　　　☆文句を言って無理を通す人（庄内3）、☆癇癪を起こす人（酒田）

だだすけ‥‥‥太っている人（一関）
　＊「だだすけ」は「だだ助」。「だだ」は「①大きいこと、②肥満」を表わす接頭語。

だだち‥‥‥醜い姿（田老）

だだはぇない‥‥‥だらしない（人）（大沼）
　＊「だだはぇない」は「だだくさなし」と同義。「①だらしのない人、②締まりの無い人」の意。

ただもしょ‥‥‥無鉄砲（者）（泉）

だだもの‥‥‥聞き分けのない人（大郷）

たたり‥‥‥厄介者（五戸）

ただりもっけ‥‥‥☆困り者（人の迷惑になる）（八戸在）、☆祟りもの（津軽8）
　＊「たたり」は「ただりもっけ」の略。「ただりもっけ」は「祟物怪」。「祟物怪」は「①祟りをなす者、災いをなす者、②厄介者、困り者」の意。

ただりぼっこ‥‥‥余され者、怠け者（南部）
　＊「ただりぼっこ」は「祟り坊主」？

だだわりない‥‥‥分別ない（人）（添川）、同義語：だだわいない（置賜2）

だぢゃぐ‥‥‥☆乱暴な人（男鹿・秋田5・大正寺・北浦）

　　　　　　　同義語：だしゃく（河邊郡）、だぢゃく（大雄・角間川・能代2）、だぢゃくこき（平
　　　　　　　　　　　鹿・中仙）、だぢゃぐこぎ（大仙）、だぢゃぐもの（男鹿3・雄勝）
　　　　　☆怠け者・不精者（浄法寺・浅沢）
　　　　　　　同義語：だんぢゃぐ（安代）、だんぢゃぐかだり（浄法寺2）
　　　　　☆我儘（松ヶ崎）、☆横着（大沢）、☆だらしない人（秋保）
　＊「だぢゃく」は「惰弱」または「惰着」？「惰弱」は「①意気地のないこと、②身体の弱いこ
　　と」の意。『鹿角方言考』では「だぢゃく」は「惰着」で「①乱暴者、②怠け者」の意。

だぢゃぐこき‥‥‥☆悪たれ者（峰浜・秋田11）、☆横着者（大館2）

だっき‥‥‥☆嘘をついて人を騙す者（岩木）、☆人を苛める壮年老年の女（津軽10）
　　　　　☆人を欺く者（秋田7）、同義語：だっきやろ（庄内3）
　　　　　☆娼婦（庄内3）、☆淫らな女（庄内3）
　＊「だっき」は「①良い振りをしたり、②話を横取りする人」。男鹿では「おべっか使いの最も上
　　手な人」の意。

たつけなし‥‥‥思慮分別のない人（鳴子）
　＊「たつけなし」は「①締まりが無い（人）、②たわいない（人）、③下らない（人）、④思慮分別
　　のない人」の意。

だっこのげ‥‥‥腰抜け（庄内3）
　＊「だっこのげ」は「肛門脱げ」のこと。転じて「①腰抜け、②気力に欠けた人」の意。

だっそー‥‥‥きかん坊（種市2）、同義語：だっそーこぎ（種市2）

だつそう‥‥‥酒を呑んで乱暴する人（釜石11）

だっちょやろ‥‥‥人を罵る言葉、脱腸野郎（庄内3）

たっぱ‥‥‥吝嗇（村山－山形）
　＊「たっぱ」は「吝嗇者、けち」のこと。

たっぱら‥‥‥気短な人（男鹿）

たっぱづら‥‥‥きょとんとした顔（男鹿3）

たっぺ‥‥‥嘘を言って人を誑かす人（桃生雄勝）

だっぺやろ‥‥‥人を罵る言葉（庄内3）
　＊「だっぺ」は「睾丸、陰茎」のこと。

たっぽっぽ‥‥‥無責任な人（いわき）

だでく‥‥‥身なりがだらしない（人）、同義語：だでくさね（庄内3）

だでこぎ‥‥‥すます人、華美好みの人（最上－山形）
　＊「だでし」参照。

だでし‥‥‥☆見栄っ張り（古語・種市2・岩手太田・盛岡俚）
　　　　　同義語：だです（滝沢2）、☆お洒落をする人（南部）

＊「だでし、だでこぎ」は「①身なりを飾る人、②お洒落、③見栄っ張り」の意。

だでしゃ……奢者（秋田市）
　　＊「だでしゃ」は「伊達者」のこと。

たでへいす……小馬鹿者（普代2）、同義語：たばつけ（浄法寺）

たてむしろそだち……貧しい家の娘、躾のできていない娘（南部）
　　＊「たてむしろそだち」は「立莚育ち」。「かけむしろそだち」と同義。

だでめっこ……片目の人（亘理）

たながれもの……手余し者・手に負えない（人）（遠野2）
　　＊「たながれもの」は①手に負えない悪たれ者、②世話の焼ける困り者」の意。

たなぎもの……☆持て余し者、役立たず（山本）、☆厄介者（大館2）
　　＊「たなぎもの」は「たがきもの」と「同義」。「①持て余し者、②役立たず、③厄介者」のこと。
　　または、「坦き者」、「坦なく」は「①持つ、②持ち上げる、③持て余す」の意。

たなっちり……お尻の出ている人（桧枝岐）
　　＊「たなっちり」は「棚尻」、「雪庇」のこと。転じて「お尻の出ている人」の意。

たねかす……おやじ（卑）（盛岡）
　　＊「たねかす」は「種滓」。「菜種の絞り滓」転じて「精力の落ちた老人」の意。

たねとらし……婚期の遅れた娘（平賀）、同義語：たねめらし（平内）

たばけもの……怠け者・不精者（九戸村）
　　＊「たばけもの」は「戯け者（たわけもの）」に同じ？「たわける」は「怠ける」の意。

たばこぼん……何処にでも顔を出す出しゃばり者（塩釜）
　　＊「たばこぼん」は「煙草盆」。

だはん……傍若無人（な人）・乱暴者（宮古俚）、同義語：だはんこぎ（五戸・軽米）

だはんこぎ……☆自分勝手な人（男鹿）、☆駄々をこねる（人）（大間）
　　　　　　　☆無理を張る人（種市2）、☆横車をおす人（普代2）、☆捻くり者（津軽8）
　　＊「だはんこぎ」は「①我が儘を言う人、②駄々を捏ねる人、③暴言をはく人、④管を巻く人」の
　　意。「だはん」は「駄々」？

たびしょ……余所者（仁賀保・庄内3）

たびもの……月給取り（罵称）、他所者（気仙7）

たひやなし……無精な者（松ヶ崎）
　　＊「たひやなし」は「他愛なし」？「①だらしない（人）、②無精者」の意。

だぶ……☆肥えた婦人（岩手・曾慶・室根）、☆肥満（者）（矢越・折壁）
　　　　☆娼婦・女郎（鹿角－南部・北秋田－娼婦）、同義語：だんぶ（鹿角－娼婦）
　　＊「だぶ」は「①水溜まり、②湿地、③風呂、④娼婦、⑤太った人、⑥馬鹿、⑦塩漬け、⑧蜻蛉」

157

の意。ここでは④⑤。

たふらんけ‥‥‥☆意気地なし・臆病者（甲子）、☆愚か者（津軽2・庄内3）、☆小馬鹿者（遠野2）
　　　　　　　　☆馬鹿（大館2）
　＊「たふらんけ」は「たぐらんけ」に同じ。「たぐらんけ」参照。

たへえなし‥‥‥☆意気地なし（いわき）、同義語：だへや（花山）、☆根性のない人（新田）
　　　　　　　　☆たわいなし（西白河）

たへぇなす‥‥‥☆締まりのない奴（南三陸）、☆分からず屋（岩沼）、☆間抜け者（大郷）
　　　　　　　　☆自制心のない人（七ヶ浜）

たーべきり‥‥‥口先だけを働かせる（人）（宮古俚）

たへなし‥‥‥☆だらしのない人（男鹿）、☆間抜け者（石巻2）、同義語：だへなす（石巻2）
　＊「たへなし」は「たわいなし」と同じ。「①だらしない者、②思慮の足りない者、③不甲斐ない者、④風采の上がらない者」の意。

だぼこ‥‥‥矮小者（秋田1）

だぼら‥‥‥大嘘（をつく人）（衣川2・岩沼）、同義語：だぼらふぐ（岡小名）
　＊「だぼら」の「だぼ」は「①馬鹿者、②冗談、③嘘」の意。「だぼら」で「大嘘を吐く人」の意。

だほらかだり‥‥‥詰まらぬ大言語り（南三陸）

だぼらまげ‥‥‥嘘吐き・虚言者（宮古方言・滝沢2）、同義語：だほらこぎ（石巻2）

たぼらんけ‥‥‥戯け者（南部）

たまぐら‥‥‥☆何にでも口を出す人（野辺地・峰浜）、☆お節介者（能代2）
　＊「たまぐら」は「①刃物の柄につける金輪、②何事にも世話好きな人、③貝」の意。ここでは②。

たまごけっつ‥‥‥すぐ横になる人（遠野2）
　＊「たまごけっつ」は「卵尻」。「卵の様にすぐに横になる人」の意。

たましぬげ‥‥‥☆阿呆（大2野）、☆忘れん坊（下閉伊3）、☆意気消沈した（人）（五戸）
　　　　　　　　☆根性のない者（野田）、☆馬鹿者・間抜け（九戸郡・十和田・葛巻・南部・軽米2）
　　　　　　　　☆ぼんやり者・物忘れしやすい人（二戸郡・階上）
　　　　　　　　　　同義語：たますぬげ（盛岡・滝沢2）
　　　　　　　　☆物忘れのひどい人（一戸）、同義語：たますぬげ（滝沢2）
　　　　　　　　☆放心者（平内）
　＊「たましぬげ」は「魂脱」。「魂」は「霊魂」の他に「気力がなくなる」の意。「たましぬげ」は「魂の脱けた者」すなわち「ぼんやり者、根性の無い者、馬鹿者・阿呆」の意。

たまる‥‥‥女乞食（岩沼）

ため‥‥‥藪睨み（軽米3）
　＊「ため」は「斜視」のこと。

だめ‥‥‥痘痕面（室根・東山2）

ためしょ……欲張っていろいろ集めて貯蔵する人（白鷹2）

たら……酒に酔った風をする人（岩手・古城・曾慶・田河津・澁民・日形）
　＊「たら」は「誆（たら）す」の「たら」？「たらし」は詐欺師のこと。「たら」の動詞形「たらつかる」は「酒に酔った振りをする」の意。

たらうり……怠け者（岩手・秋田7・山本）

だらかつぎ……肥やし担ぎ（卑）（仙台1・仙臺5）
　＊「だらかつぎ」は「肥やし担ぎ」のこと。「だら」は「①糞尿、②下肥」の意。

だらく……☆不潔な（人）（花巻・飯豊2・佐倉河・水沢署・石巻・河北）
　　　　　　　同義語：だらぐ（菊多）、だらぐくせやろ（大蔵）、だらし（豊里）
　　　　　☆無精者（岡小名）
　　　　　☆だらしない人（岩手・濱萩）
　　　　　　　同義語：だらぐ（真室川・岩沼・多賀城）、だらくもの（仙臺5）、だらぐもの（仙台3）、
　　　　　　　　　　　だらぐもん（白石2）、だらふくべ（伏黒）
　＊「だらく」は「堕落」。「堕落」は「品行が悪くなって、正しい生活ができなくなる」の意。ここの「だらく」は「①不潔なこと（人）、②だらしないこと（人）、③猥らなこと（人）」の意。

だらく女……意気地なし女（山ノ目）

だらくれ……☆頽然たる貌（日形・東山）、☆酒に酔ってぐったりしている様（東磐井）

たらけ……怠け者（男鹿）、同義語：だらい（大沼）、だらくしょせい（仙台1）

たらし……好色（者）（川西）
　＊「たらし」は「女誑し」の略。

たらのまね……馬鹿げた真似（相馬2）
　＊「たらのまね」は「①馬鹿なこと、②巫山戯た仕草」のこと。

だらふくべ……落ちぶれている男（桑折）

たらわぢ……低脳、間抜け（庄内3）
　＊「たらわぢ、たらわづ」は「足らづ」と同義。「①馬鹿、②愚か者、③間抜け、④低脳」の意。

たらわづ……☆知恵遅れ（仁賀保）、☆愚か者（田川）
　　　　　☆低脳な人（大鳥）、同義語：たらわぢぇ（温海・山形漁村）

たらんこ……脳無し（一関）

たりなしもの……馬鹿者、間抜け（川口2）
　　同義語：たれねあ（錦木）、たんなっこ（宮古俚）、たんねぇやつ（中村）
　＊「たりなしもの」は「たらわぢ」と同様「足らづ」のこと。「①馬鹿者、②間抜け、③低脳」の意。

たるへえず……（やや）足りない人（普代2）

たるみ……無能（な者）（五戸）
　＊「たるみ」は「弛み、足るみ」？「父が子を叱るときに使う言葉」。

たれか‥‥‥☆怠け者・不精者（黒岩・胆澤・岩手・佐倉河・胆沢町・楢葉・霊山・梁川・伏黒・福島5・多賀城・保原）
　　　　　　同義語：だれぇー（会津）、だれか（金ヶ崎）
　　　　　☆横着（者）（福島2）、☆為すべきこともしない様な狡い人（相馬2）
　＊「たれか」は「誰彼」。

たれかもの‥‥‥☆信用ならない者（河北）
　　　　　　☆怠け者（江刺・宮城三本木・原町・福島市松川・南三陸）
　　　　　　☆狡い人（南三陸・石巻2・角田）、☆狡く立ち回る人（仙臺5）、☆剽軽者（石巻）
　　　　　　☆痴者（仙台3・仙臺6）、☆態と知らん振りする人（古川・亘理・仙台4）
　　　　　　☆はっきりしない人（仙台2）、☆いい加減な者（泉）
　　　　　　☆自分でやれるのにやらずに居る者（秋保）
　　　　　　☆知っていて知らない振りをする者（多賀城2）、☆空とぼける人（仙臺7）
●たれかもん‥‥‥☆実力を出さない人、怠け者（岩沼）、☆まともでない人（白石2）
●たれかやろ‥‥‥好色者（石巻）
●たれっかもの‥‥‥☆仮病で怠ける者（大郷）、☆戯け者（七ヶ浜）
　＊「たれかもの」は「誰彼者」の略？「①仮病を使う者、②疲れた振りをして怠ける者、③知らぬ振りをする者、④好色者」の意。動詞形「たれかする」は「故意に知らない振りをする」こと。

たれぐり‥‥‥女誑し（角田）

たれっこなし‥‥‥酒に酔って正体をなくした人（気仙7）
　＊「たれっこなし」は「①酒に酔って正体を無くした人、②笑い崩れる様」の意。

たろしち‥‥‥薄鈍（いわき）、同義語：たろきち（置賜）

たわいなし‥‥‥☆愚か者、考えの足りない者（岩手・気仙5・多賀城・仙台3）
　　　　　　同義語：たわいなす（大蔵）、たわえなし（仁賀保）
　　　　　☆締まりなし（宮城三本木・大沼）
　　　　　☆思慮分別のない者（仙臺7）、同義語：たわいなす（仙台1）、たあいなす（仙台1）
●たわぇぁなし‥‥‥☆うつけ者・分別なし（南鹿角）、☆他愛のない人（有住）
●たわえなぇ‥‥‥取るに足らない（者）（村山2）
●たわえなし‥‥‥☆忘れん坊（附馬牛・倉沢）、同義語：たわぇなす（遠野郷）
　　　　　　☆戯け者（遠野署・門馬2）、同義語：たわけなす（江刺）
　　　　　　☆役たたず（黒岩）、☆分からず屋（宮古署）、☆締まり無し（花山）
　　　　　　☆決まりない者（江刺2・南都田・田原）、同義語：たわいなし（矢越）
　　　　　　☆馬鹿（大館2）
　＊「たわいなし、たわえなし」は「たうえなし」と同じ。「たわいなし」は「①思慮分別がない者、②取るに足らない者、③酔って正体がない者、④だらしない者、⑤不甲斐ない者、⑥忘れっぽい者、⑦体格が悪くて風采の上がらない者、⑧馬鹿者」の意。

たわぇねぁ‥‥‥だらしない（人）（秋田6）

たわけ‥‥‥☆馬鹿者（能代・江刺）、☆間抜け（會津）
　＊「たわけ」は「戯け」。「①巫山戯る者、②阿呆、馬鹿」の意。

だんがぎもの‥‥‥☆厄介者（岩手・有住・角田）、☆役立たず（石巻）
　　　　　　☆素行不良で親を困らせる子、出戻り娘で嫁の口がかからない子（気仙7）
　＊「だんがきもの」は「手舁者（てがきもの）」のこと？「舁（か）く」は「物を肩にのせて運ぶ」の意。又は「担（たん）なく者」？何れにしても「厄介者」の意。

だんき……嘘をついて人を騙す人（砂子瀬）

だんきち……旦那（陰口）（置賜）
　＊「だんきち」は「旦吉」？

たんきまんき……無鉄砲者（置賜2）
　＊「たんきまんき」は「短気まんき」。

だんぐり……背の低い人（松ヶ崎・大正寺・河邊郡）、同義語：だんぐりこ（新田）
　＊「だんぐり」は「ずんぐり」と同義？「背の低い人を罵って言う言葉」。

だんくろう……腹の黒い奴（平鹿・大雄）

だんこ……けちな人（大仙）

だんこぬげ……間抜け・尻抜け（盛岡）
　＊「だんこぬげ」は「脱肛」のこと。「①脱肛、②脱腸、③臆病者、④意気地なし」の意。

だんこのげ……☆意気地なし、臆病者（津軽－東北・庄内3）
　　　　　　　同義語：だんこなし（南外村）、だんこぬげ（庄内3）
　　　　　　　☆脱腸（平賀）

たんころ……人を罵倒する語・馬鹿（長井・白鷹・鮎貝）

たんころりん……田舎者（五戸）
　＊「たんころりん」は「在の者を馬鹿にして言う言葉」。

たんしょ……よく咳をする人（庄内3）
　＊「たんもつ」参照。

たんだくれ……泥酔の者（金ヶ崎）
　＊「たんだくれ」は「飲んだくれ」と同じ。「①酔っぱらい、②泥酔者」の意。

たんだねやづ……手に負えない人（津軽2）
　＊「たんだねやづ」は「只事でない奴」のこと。「たんだね」は「①容易でない、②只事でない、③相当困難な」の意。

だんぢゃぎこき……惰弱者（大正寺）

だんぢゃぐ……☆横着者たかり・詐欺類似行為を行う人（南鹿角・西和賀2）
　　　　　　☆道楽者（西和賀2・沢内7）、☆我儘者（滝沢2・横川目・津軽12）
　　　　　　☆駄々を捏ねること（人）（津軽5・津軽11）
　＊「だんぢゃぐ」は「だぢゃぐ」に同じ。「①怠け者、②横着者、③我儘者、④駄々を捏ねること」の意。

だんぢゃぐもの……駄々を捏ねる者（津軽8）
　＊「だんぢゃぐこぎ」は「①惰弱者、②乱暴者」の意も。

だんぢょ……☆駄々を捏ねる人（山形漁村）、☆怒りっぽい人（庄内3）
　＊「だんぢょ」の動詞形「だんぢょこく」は「駄々を捏ねる」こと。

たんつぼ‥‥‥吝嗇者・けち（滝沢2）

たんなっこ‥‥‥頭の足りない人、脳の弱い子（宮古方言・宮古山田）

たんね‥‥‥馬鹿者（庄内3）

たんぱら‥‥‥短気者（五戸・野辺地・宮古俚・南部町・玉山・沼宮内・西和賀2・軽米3・川井・稗貫・宮古方言・九戸郡・岩崎・軽米・笹間・遠野郷・黒岩・江釣子・飯豊・秋保・沢内・田山・大萱生・紫波署・岩澤・大野2・横川目・宮野目2・花巻10・佐比内・平賀・長岡2・石鳥谷4・盛岡俚・不動・八戸23・江刺・盛・衣川・松川・磐清水・金ヶ崎・佐倉河・玉里・水沢署・弘前・津軽2・津軽11・秋田4・秋田5・田代・七日市・大館・大和2・大正寺・南外村・雄勝・峰浜・いわき・鳴子・山形漁村・大蔵・鮎貝・置賜・白鷹2・石巻・能代2・南三陸・大郷・古川・角田・亘理・白石・七ヶ浜・大貫・仙台1・庄内3・保原・高平・河北・大島）、同義語：たぱら（玉造）、たんぱらこき（比内）、たんぱらもち（鹿島台・仙臺7）、たんぱらもの（仙臺5）、たんぱらもん（江刺・白石2）
  ＊「たんぱら」は「短腹」または「立腹」。「①短気、②短気な人」の意。

だんぶ‥‥‥☆遊女（南部・秋田9）、☆娼婦（鹿角－娼婦）、同義語：だるま（江刺）

だんぶくろ‥‥‥腰の重い人（男鹿）
  ＊「だんぶくろ」は「着物の丈や幅が大きくて、だぶだぶしている様」のこと。転じて「腰の重い人」の意。

たんぺ‥‥‥酒飲み（森田）
  ＊「たんぺ、だんべ」は「①大きい人、②泥酔すること、③酒飲み、④陰茎、⑤女陰」などの意。ここでは③。

たんべつ‥‥‥無駄口（巌美）
  ＊「たんべつ」は「①無駄口、②無駄話」のこと。

たんべつまくり‥‥‥☆無駄話（する人）（日形・油島）、☆お喋り（気仙沼・気仙沼2）

だんぽ‥‥‥☆乱暴者（津軽2）、☆きかない人（胆澤3）
  ☆放蕩（者）（北荘内）、同義語：だんぽこぎ（庄内3）
  ☆背の低い人（比内）、同義語：だんぐり（秋田7）、だんぽこ（田代）

だんぼこ‥‥‥背が低く太っている人（秋田2）、同義語：だんぽ（大館2）

だんぼやろ‥‥‥糞親父（庄内3）
  ＊「だんぽ（ぽ）」は「旦方」。「①士族、②士族の子を罵って言う言葉、③巡査、④刀、⑤主人」の意。転じて「乱暴者、放蕩者」にも使用。また「だんぽ、だぼこ、だんぼこ」には「背の低い人」の意も。

たんもつ‥‥‥喘息持ち（仙台1）
  ＊「たんしょ、たんもつ」は「たんしょもち（痰症持）」の略。「①喘息持ち、②肺病患者」の意。

ち

ぢぅ……穢多（浜通−福島5）

ぢぇごたろ……田舎者（盛岡・二戸郡・江釣子・藤沢）
　　同義語：ぢあごたろ（倉沢・福岡・二戸署）、ぢぇいごたろ（胆沢町）、ぢゃごたろ（十和田・飯豊）、ぢゃえごたろ（八戸在）、ぢぇんごたろ（一戸・七戸）、ぢぇぁごたろー（軽米・大野2）、ぢゃいごたろー（九戸村）、ぢゃいごたらう（舊南部）、ぢゃごたろ（下北16）
　*「ぢぇごたろう」は「在郷太郎」。「ぢゃごもの」は「在郷者」のこと。「①田舎者、②田舎者を蔑視した言葉」の意。「在郷」は「①郷村、②村、③部落、④田舎」のこと。

ぢぇごつぼけ……気の利かない者（弘前）
　*「ぢぇごつぼけ」は「在郷つぼけ」。「在郷」は「田舎者」のこと、「つぼけ」は「馬鹿、間抜け」の意。

ぢおうかだり……嘘を吐く人（胆沢町）
　*「ぢおうかだり」は「づほ語り」と同じ。「づほ」は「①嘘、②偽り」の意。

ちかづ……☆気性の激しい子供（白石2）、☆耳の遠い人（七ヶ宿）
　*「ちかづ」は「きかづ」と同義。「①きかない子供、②気性の激しい子供、③耳の遠い人」の意。

ちかた……ヒステリー（白鷹・川西）
　*「ちかた」は「①婦人の病気、②血の道、③ヒステリー症、④神経過敏、⑤癲癇持ち」の意。

ぢかたもち……癲癇持ち（中通り−福島4）

ちかね……乱暴者（仙台原町）

ちきしょうぼね……人間以下の者（下岩泉）
　*「ちきしょうぼね」は「畜生骨」？罵倒語。

ぢぎしらず……礼儀を弁えない者（津軽1）
　*「ぢぎしらず」は「辞儀知らず」のこと。「礼儀を知らない者」の意。

ちくしょたがり……畜生奴（鹿角・盛岡・稗貫）
　　同義語：ちきしょたがり（南鹿角・真室川）、ちくしょうたかり（八幡平・仙台1）、つきしょう（舊南部）
　*「ちくしょうたがり」は「畜生集り」。「①相手を罵る言葉、②こん畜生、③畜生め」の意。

ぢぐだま……背が低く太っている様（人）（小野）
　*「ぢぐだま」は「ちっくり」と同義。「背が低く太っている人」のこと。

ちくたれ……こん畜生奴（岩手太田）

ぢくたれ……☆意気地なし・臆病者（新郷・浄法寺・松尾）
　　　　　　同義語：ぢぐ（西和賀2）、しくたれ（久慈）、ぢぐだれ（八幡平）、ぢぐたれ（滝澤）
　　　　　☆臆病者（飯岡5・岩手太田・盛岡俚）
　　　　　　同義語：ぢぐたれ（安家）、ぢぐだれ（秋田1・秋田2）
　　　　　☆だらしない人（ぢぐだれ）（長井）、☆小胆者（飯岡5）、☆怠け者（山形）

＊「ぢくたれ」は「づくたれ」と同じ。「づぐたれ」は「①役立たず、②怠け者、③だらしない奴、④お洒落、⑤取り得のない奴、⑥口の上手い人」の意。

ぢくなし……☆意気地なし・臆病者（鹿角・有畑・宮古俚・野辺地・下田町・百石・九戸郡・大不動・米田・横浜・杜陵・宿野部・花巻 10・長岡 2・宮古・久慈・八戸在・八戸 2・八重畑・一戸・横川目・玉山 2・湯口・浄法寺・甲子 2・松尾・西和賀 2・川内・種市・倉沢・野辺地 8・六戸 3・茂市・長岡 2・岩手太田・津軽 12・古城・摺澤・生母・若柳・千厩署・胆沢町・大原 2・男鹿 3・比内・仙南・峰浜・由利・宮城三本木・北荘内・氣仙沼 3）
　　　　同義語：ぢぐなす（岩泉・遠野・九戸村）、ぢぐぬげ（九戸郡）、ぢぐなし（階上・早坂・飯豊・大萱生・巻掘・藤沢・有住・津軽 2・嘉瀬・田代・山本・雄勝・平賀）、ぢくなし（紫波郡長岡）
　　　☆間抜け者（黄海）

ぢぐなし……☆臆病者（岩手太田・安家・八戸 7・倉沢・田野畑 3・不動・津軽 1・津軽 5・河邊郡・六郷・能代 2）、同義語：ぢくなし（錦木・盛岡俚・二子 2・秋田市）
　　　☆心の弱い者（三沢）、☆弱虫（大館 2）
　　＊「ぢぐなし」は「づぐなし（尽無）」と同義。「尽無」は「①臆病者、②意気地無し、③怠け者、④不器用な者、⑤馬鹿、⑥心の弱い者」の意。ここでは①②。

ぢぐのげ……腰抜け・間抜け（種市 2）、同義語：ぢぐぬげ（南部）
　　＊「ぢぐのげ」は「意気地抜け」。「意気地の抜けた者」の意。

ぢけぁどり……取り留めのない者（秋田 7）

ちこぺー……体の小さい人（卑称）（岩手）
　　　同義語：ちげ（秋田 7）、ちこぺい（気仙 5）、ちっぺ（南部）、ちゃぽっこ（多賀城）、ちゃんき（いわき）

ぢごぼ……意気地なし、弱虫（南部）
　　＊「ぢごぼ」は「えのめのぢごぼ」の略。「えのめのぢごぼ」は「家の前のぢごぼ」で、「内弁慶」の意。

ぢごろ……悪たれ者・ろくでなし（田野畑 3）
　　＊「ぢごろ」は「地ごろ」。「①その地の人、②与太者、③悪たれ者、④ろくでなし」の意。

ぢごんぼう……意地っ張り（普代 3）

ぢしたり……気儘（者）（気仙 5）

ぢしばり……お喋りの子（南部）

ぢだいなやつ……悪い奴・悪者（稗貫）
　　＊「ぢだいなやつ」は「地体な奴」？「地体」は「全く、さっぱり、駄目な」の意。

ぢだこき……放蕩者（秋田 7）
　　＊「ぢだこき」は「づだこき」と同じ。「放蕩者、遊び人」の意。

ちたぶり……知った振りをする人（仙台 2）
　　＊「ちたぶり」は「知った振り」の訛。

ぢだらぐ‥‥‥怠け者（大川平）
　＊「ぢだらぐ」は「自堕落」。「怠け者」の意。

ちちゃんぺ‥‥‥小さい男の子（卑称）（山形漁村）

ちちょけなし‥‥‥馬鹿（津軽3）、同義語：ちぢょけなし（津輕12）
　＊「ちちょけなし」は「馬鹿者」の意。

ちぢょぬげ‥‥‥馬鹿者、訳のわからぬ者（岩木）

ぢぢろ‥‥‥私娼（会津2）、同義語：ぢしろ（会津－福島5・大沼）
　＊「ぢしろ」は「地白」、「密淫売婦」の意。

ちづげや‥‥‥氣違い（川口2）、同義語：ちづげ（大和2）
　＊「ちづげや」は「気違い」の訛。

ぢっせんこ‥‥‥娼婦（大和）
　＊「ぢっせんこ」は「十銭女」のこと。「ごせんこ」参照。

ちっちゃご‥‥‥小人（卑称）（会津2）、同義語：ちゃんこ（多賀城）

ちっぱ‥‥‥よく見えない者、片目（卑）（山形漁村）

ちっぱりこき‥‥‥意地っ張り（秋田2）
　＊「ちっぱりこき」の「ちっぱり」は「突っ張り」。「突っ張り」は「①虚勢を張ること、②粋がること、③意地っ張り」の意。

ちっぺ‥‥‥お喋り（大館2）

ちなりこげ‥‥‥馬鹿者（六郷）

ちび‥‥‥吝嗇者・けち（釜石・西和賀・沢内7・南部）
　同義語：ちびすけ（釜石11）、ちびたがり（御国）、ちびたかり（西根）、ぢびったれ（会津2）
　＊「ちび」は「染垂（しみったれ）」の「染（しみ）」が転じたもの？「①吝嗇家、②けち」の意。

ちびしょたかり‥‥‥臆病者（会津）

ぢびったれ‥‥‥大小便を漏らす人（会津2）
　＊「ぢびったれ」は「しびったれ」と類義。「しびったれ」は「小便垂れ」のこと。転じて「ぢびったれ」は「大小便垂れ」の意。

ぢべら‥‥‥怠け（者）（小国）

ちぼけ‥‥‥☆愚か者（浄法寺・浅沢）、☆馬鹿者・間抜け（九戸郡・小軽米）
　＊「ちぼけ」は「つぼけ」と同義。「①馬鹿者、②愚か者、③間抜け」の意。「つぼけ」参照。

ぢほこき‥‥‥☆嘘つき（松峰・秋田7・北浦）、☆自分のこと許り大きく言う人（能代）

ぢほふつたれ‥‥‥嘘吐き・虚言者（宮川2）

ぢほまけ……嘘吐き・虚言者（七瀧・秋田7）
　　同義語：ぢぃほまげ（秋田9）、ぢふたれ（南鹿角）、ぢほこき（比内）、ぢぼこぎ（南鹿角）、ぢほまげ（花輪3・南鹿角・比内）
　＊「ぢほ」は「自負」？「自負」は「自分の才能が優れていると信じていること」。また、「ぢほ」は「づほ」とも言い、「①虚言、嘘、②法外なこと、③悪戯」の意。

ぢぼらこぎ……無責任（な人）（大正寺）
　＊「ぢぼらこぎ」は「づぼらな人」の意。

ぢま……倹約（花山・玉造）

ちゃおなご……淫売婦（置賜2）
　＊「ちゃおなご」は「茶屋女」のこと。「淫売婦」の意。

ちゃかし……☆慌て者（有畑・三本木・十和田・関根・津軽2・弘前・平内・津軽14）
　　　　　同義語：ちゃかす（下北16）、☆そそっかしい人・軽はずみな人（赤川）
　　　　　☆軽率者（大川平・松峰・秋田北）
　　　　　同義語：ちゃかす（津軽5）、☆告げ口する人（津軽4）
　＊「ちゃかし」は「①落ち着きのない者、慌て者、②口が軽い人、何でも喋る人、③出しゃばり」の意。

ちゃかしばば……お喋りな婆（森田）

ちゃかほかきがねひと……融通が利かない人（雄勝）

ぢゃきはり……妬んで邪魔をする（人）（古川）
　＊「ぢゃきはり」は「邪気張り」。「邪気」は「①悪意、②邪推、③誤解、④悪気」の意。

ぢゃぐ……悪意のある者（津軽2）
　＊「ぢゃぐ」は「ぢゃき（邪気）」の訛？または「妬く」？

ぢゃぐしか……出稼ぎ放浪者（大川平）

ぢゃごもの……田舎者（男鹿3）
　　同義語：ぢゃんごたろ（松ヶ崎・大館2）、ぢゃんごのもっけ（能代2）
　＊「ぢゃごもの」は「在郷者」。

ぢゃしぎはぎ……おべっか使い（安代）、同義語：ぢゃしぃぎぃはぎぃ（秋田9）
　＊「ぢゃしぎはぎ」は「座敷掃き」。「おべっか使い」の意。「ざしぎはぎ」参照。

ぢゃせん……思慮の浅いお節介屋（大館2）

ちゃちゃくちゃ……お喋り（石巻）、同義語：ちょちゃんべ（平内）
　＊「ちゃちゃくちゃ」は「①お喋りの様、②ぺちゃくちゃ、③落ち着きのない様」の意。

ちゃちゃこ……矮人（田島）

ちゃちゃんべ……おっちょこちょい（平賀）

ちゃぢらみ……大人の茶席に来て離れたがらない子（気仙7）

＊「ちゃぢらみ」は「茶虱」。

ぢゃっかい‥‥‥☆人を罵倒する言葉（仙台3）、☆痘痕（仙臺4・花山・桃生雄勝・玉造）
　　　同義語：ぢゃっかへ（仙臺10）、ぢゃっけ（泉・秋保）、ぢゃっけぁ（室根）、ぢゃっけい（柴田）、
　　　　　　ぢゃっけぇ（仙臺5）
　＊「ぢゃっかい」は「疱瘡の跡」のこと。

ちゃっぱ‥‥‥出しゃばり（秋田7）
　＊「ちゃっぱ」は「①軽率な人、②浮気女、③派手な服装をすること、④手拭い」の意。

ぢゃっぱ‥‥‥☆お転婆（津軽2・弘前・森田）
　　　　　　同義語：ぢゃば（岩沼・白石2・會津・多賀城2・仙臺5）、ぢゃぱぁ（大川平）、
　　　　　　　　　　ぢゃば女（仙臺・蔵王）
　　　　　☆端っぱ女（平賀）
　＊「ぢゃっぱ」は「雑端（ざっぱ）」？「①お転婆娘、②はすっぱ娘、③少女、④女」の意。

ちゃっぺ‥‥‥☆饒舌者（二戸署・浄法寺2・南部・津軽3）
　　　　　　同義語：ぢゃっぺ（南部・秋田7）、ちゃべ（原町）、ちゃぺし（南部）
　　　　　☆告げ口をする人（八戸23）、同義語：ちょっぺこぎ（盛岡俚）
　　　　　☆お茶目気の多い人（田代）
　＊「ちゃっぺ」は「お喋り娘」のこと。「ちゃぺす」は「お喋りする者」で、「ちょっぺ語り」は
　「よく告げ口する人」の意。

ぢゃど‥‥‥盲（大館2）
　＊「ぢゃど」は「座頭」のこと。

ぢゃば‥‥‥お転婆（仙台4）

ちゃぱくせゃ‥‥‥世話焼き（鹿渡）
　＊「ちゃぱくせゃ」の動詞形「ちゃぱやる」は「①でしゃばり、②手出し口出しする」の意。

ぢゃばふたぎ‥‥‥邪魔者・余され者（安家）、同義語：しゃばふたぎ（釜石5）、ぢゃふたぎ（甲子）
　＊「ぢゃばふたぎ」は「娑婆塞ぎ」のこと。「娑婆塞ぎ」は「老人が生を長らえることで、子供達
　や世間に迷惑をかけるという詠嘆（自卑）」（釜石5）。

ちゃぺ‥‥‥お喋り小娘（南部北）
　＊「ちゃぺ、ぢゃぺ」は「①口数の多い人、②お喋り、③告げ口をする者」の意。

ぢゃべ‥‥‥☆女（卑称）（男鹿3・仁賀保・子吉川）、同義語：ぢゃべくされ（男鹿3）
　　　　　☆告げ口をする者（相馬）、☆少女（酒田）
　＊新潟でも「ぢゃべ」は「女の子」の意。

ぢゃまなし‥‥‥無気力な人（男鹿）、同義語：ぢゃまなぇ（平賀）
　＊「ぢゃまなし」は「様無（さまなし）」。「様無」は「①意気地なし、弱虫、②力がない、③ぼん
　やり者、馬鹿、④醜い女」の意。

ぢゃまぬげ‥‥‥腰抜け・間抜け（野辺地・九戸郡・十和田・種市2）
　　　同義語：ぢゃまぬけ（浄法寺・五戸－南部）、ぢゃまのげ（津軽8・平賀）、ぢゃんまぬげ（五戸
　　　　　－南部）
　＊「ぢゃまぬげ」は「様抜」。「様抜」は「①態度の悪い者、②臆病者、③卑屈者、④ぼんやり者、

⑤弱虫、⑥腑抜け」の意。

ぢゃまわり‥‥‥無能（山本）
　＊「ぢゃまわり」は「様悪」。「①格好悪いこと、②無能」の意。

ちゃもれ‥‥‥後妻（田川）
　＊「ちゃもれ」は「茶貰」。「①後妻、②継母」の意。

ちゃやつかい‥‥‥☆女郎買い、放蕩者（南部）
　　　　　　　同義語：ちややつかひ（津軽12）、ちゃやつけ（平内）
　　　　　　☆放蕩にして遊里に流連する者（津軽5）
　＊「ちゃやつかい」は「茶屋遣い」。「①女遊び、②女郎買い、③茶屋遣い」の意。

ちゃやまつ‥‥‥一人前でない者（田川）

ちゃら‥‥‥おべっか者（三春－福島）
　＊「ちゃら」は「お世辞、追従」のこと。転じて「おべっか者」の意も。

ちゃらくらもの‥‥‥軽躁者（気仙1・気仙3・岩手）
　＊「ちゃらくらもの」は「①ぶらぶらしている者、②巫山戯者、③出鱈目を言う人、④軽躁者」の意。ここでは④。

ちゃらすけ‥‥‥落ち着きのない人（庄内3）
　＊「ちゃらすけ」は「①何事にも手出し口出ししたがる子供、②落ち着きのない人」の意。ここでは②。

ちゃらぶら‥‥‥遊び人（花山）
　＊「ちゃらぶら」は「ちゃらんぶらん」と同義。「①怠け者、②のらくら者、③遊び人」の意。ここでは③。

ぢゃんぐゎ‥‥‥痘痕のひどい人（男鹿・秋田市）
　同義語：ぢゃっけ（岩沼）、ぢゃっけぃ（新田・白石）、ぢゃし（大館3）、ぢゃひ（大沼）、ぢゃんか（大沼・耶麻・会津3）、ぢゃんが（松ヶ崎）、ぢゃんこ（大館3）、ぢゃんぼ（男鹿・福島2・能代2）

ちゃんこ‥‥‥小さい人（水沢署）、同義語：ちゃご（白石）、ちゃんちゃんこ（胆澤3）
　＊「ちゃんこ」は「ちんこ」と同義。「背の低い人、小さい人」の意。

ちゃんちゃれつ‥‥‥☆軽薄者（遠野2）、☆調子者（甲子）

ちゃんちゃんべい‥‥‥粗忽者、饒舌家、お節介者（津軽8）

ぢゃんぢょほり‥‥‥悪口を言って歩く人（沢内）
　＊「ぢゃんぢょほり」は「譏訴ほり」。「人の悪口を言う人、悪口を言って歩く人」の意。

ちゃんば‥‥‥見栄坊（秋田北）
　＊「ちゃんば」は「①見栄坊、②見栄っ張り、③うわべ飾り」の意。

ぢゃんまぬげ‥‥‥ぼんやり者（五戸）
　＊「ぢゃまぬげ」参照。

ちゅうくりゃ……見栄えのしない人（田代）
●ちゅうくらいなひと……愚鈍な人（仙臺6）
 ＊「ちゅうくりゃ」は「中位」のこと？「中位」は「①いい加減なこと、②あやふやなこと、③見栄えのしない人」の意。

ちゅうげたがれ……老人（賤称）（弘前）
 ＊「ちゅうげたがれ」は「中風集り」のこと。「①中風に罹った人、②老人に対する卑称」の意。「ちゅぶたがれ」参照。

ちゅうはんすぎみ……ほおっとしている人（会津）

ちゅうべぇ……お節介（南部）

ぢゅうめん……泣きっ面（角間川）
 ＊「ぢゅうめん」は「渋面」。「①今にも泣きそうな顔、②作り顔、③泣きっ面」の意。

ちゅぶたがれ……中風を患っている人（卑）（大仙・大館2）
  同義語：ちゅうぎたかり（三春・福島）、ちゅうぎたかれ（由利）、ちゅげ（平賀）、ちゅうたいちょう（胆澤3）、ちゅうぶたかり（仙臺5）、ちゅうぶたがり（一関）、ちゅげたがる（津軽3）
 ＊「ちゅぶたがれ」は「中風集れ」。「中風」は「①脳卒中、②脳卒中後遺症、③半身不随」の意。

ぢょうかぶり……無精者・骨惜しみ（野田）
 ＊「ぢょうかぶり」は「不精者、骨惜しみ、怠け者」の意。

ちょうすけ……直ぐ飽きてしまう人（庄内3）

ぢょうづかだり……☆お諂いを話す人（平泉2）、同義語：ぢょうづかたり（南郷）
          ☆お世辞の上手い人（桧枝岐）
 ＊「ぢょうづかだり」は「上手語り」。「①その場限りのお世辞を語る人、②信用できない人」の意。

ぢょうせぁねぇ……粗相がない（人）（気仙沼2）

ぢょうづもの……☆お世辞者（宮古方言）
         ☆軽薄者、おべっか者（多賀城）
          同義語：ぢょうずかたり（江刺）、ぢょんずっこ（岩手）
 ＊「ぢょうずもの」は「上手者」。「上手」は「①お世辞、②諂い、③うまいこと」の意。

ぢょうぢゃばり……上座に座る人（臆面もなく）（八幡平）
 ＊「ぢょうぢゃばり」の「ぢょうぢゃ」は「上座」のこと。

ちょうどなし……一人前でない人（男鹿）
 ＊「ちょうどなし」は「丁度ない人」のこと。「丁度ない」は「①頭が弱いこと、②一人前でないこと」の意。

ちょうどねぁ……頭の弱い人（有住）

ちょうばら……短気（雄勝）

ぢょうぱり……☆我意を押し通す者（気仙5）、同義語：ぢょうばち（多賀城）

　　　　　　　　☆強情張り（相馬）、☆意地っ張り（菊多）
　　＊「ぢょうばり」は「情張」。「①意地っ張り、②我を通す者、③強情を張る者」の意。

ちょうろうしねぁもん……小馬鹿臭い奴（野田）

ぢょくらわれ……馬鹿者（山形漁村・庄内3）

ちょけっこ……狂言（者）（田河津）
　　＊「ちょけっこ」の「ちょけ」は「剽軽な人、道化者」の意。ここでは「狂言」の意。

ちょしくそ……手慰み者（北浦）
　　＊「ちょしくそ」の「ちょし」は「①弄（もてあそ）ぶこと、②弄（いじ）くり回す」の意。

ぢょせぁねぁ……捌けた人（有住）
　　＊「ぢょせぁねぁ」は「如才なし」。「ぢょさいなし」は「①遠慮がない、②構わないこと」の意。

ちょちょぢ……お喋り（弘前2）、同義語：ちょちゃんぺ（平内）、ちょちょうぢ（津軽15）
　　＊「ちょちょぢ」は「葦切の鳴き声」。転じて「おしゃべり」の意。

ぢょぢょひめ……醜い女（遠野2）

ちょちょらこ……おっちょこっちょい（盛岡）
　　＊「ちょちょらこ」の「ちょちょら」は「①軽率、②疎か、③落ち着きのないこと、④誠意のないこと、⑤手癖の悪いこと、⑥嘘」の意。

ぢょっかい……道楽者・女郎買い（舊南部）
　　＊「ぢょっかい」は「女郎買い」の略。

ちょっけー……☆馬鹿者・間抜け（福岡・二戸署・岩手）、☆左利き（酒田・泉）、☆悪戯（最上－山形）
　　＊「ちょっけ」は「ちょっかい」と同義。「①悪戯、②機敏なこと、③馬鹿者、④左利き」の意。

ぢょっこ……女の子（卑）（会津4）

ぢょっぱり……☆意地っ張り（浄法寺・荒沢2・葛巻・軽米2・長岡・八戸23・一関・江刺・盛・津軽6）
　　　　　　　同義語：ぢょうぱり（久慈・九戸郡・九戸中野）、しょっぱだり（滝沢2）、しょっぱだれ（八幡平）、しょばだり（滝沢2）
　　　　　　☆強情者・強情張り（南部町・西和賀・川舟・稗貫・十和田・軽米・西根・花輪3・花巻方言・矢巾・湯口・沼宮内・飯豊・沢内・松崎・舊南部・横川目・遠野署・東晴山・盛岡11・佐比内・飯岡5・岩手太田・不動・沢内7・嘉瀬・大川平・津軽8・南都田・上口内・稲瀬・岩谷堂・藤沢・岩谷堂署・江刺2・胆澤3・松川・黒石・玉里・大雄・八戸2・大館2）
　　　　　　　同義語：ぢょーっぱり（宮古方言）、ぢょーばり（種市2）、ぢょうぱり（甲子・野田）、ぢょぱり（岩手県－全方・下北16・松峰）
　　＊「ぢょっぱり」は「情張り（ぢょうはり）」由来。「情張り」には「強情を張ること（人）、意地っ張り」の意。

ぢょっぱりのへっぱり……強情っ張り（砂子瀬）

ちょっぺ……☆口の軽い者（南部町・能代2）、同義語：ちょっぺこぎ（沼宮内）

　　　　☆陰口をする人（秋田2）
　　＊「ちょっぺ」は「①口の軽い人、②陰口をする人、③告げ口をする人、④噂を撒く人、⑤おべっか使い、⑥お喋り、⑦お節介、⑧女（卑）」の意。

ぢょっぺぇ‥‥‥女（卑）（田島）

ちょっぺこ‥‥‥噂をまく人（下岩泉）
　　同義語：ちょっぺっこ（宮古山田）、ちょぺっこ（宮古）、ちょぺこ（男鹿）

ちょっぺこぎ‥‥‥☆おべっか使い（盛岡）、☆お節介、出しゃばり（田代）
　　　　　　　　☆阿（おもね）る人（宮古方言）、同義語：ちょっぺっこ（宮古方言）

ぢょづまげ‥‥‥外交辞令の巧い人（沼宮内）
　　＊「ぢょづまげ」は「上手まげ」、「上手のうまい人」で、「①お世辞のうまい人、②諂う人、③外交辞令の巧い人」の意。

ちょーどあにぇ‥‥‥（やや）足りない人（西和賀2）、同義語：ちょーどにぇ（西和賀2）

ちょどなし‥‥‥馬鹿者（男鹿3）
　　＊「ちょどなし、ちょうどあにぇ」は「丁度なし」。「丁度なし」は「①頭が弱い人、②馬鹿者」の意。

ぢょばけつ‥‥‥尻の重い人（賤称）（津軽4）
　　＊「ぢょばけつ」は「重盤尻」。「重盤」は「藁を打つ時に使う石の台、布を打ち柔らげる時に使う盤」のこと。転じて「①尻の重い人、②頑丈で出っ張った尻」の意。

ぢょーばり‥‥‥我を通す人（岩手）
　　＊「ぢょーばり」は「情張り」。「強情張り」のこと。

ちょぺ‥‥‥お喋り（秋田7）
　　＊「ちょっぺ」参照。

ぢょべこ‥‥‥告げ口をする人（田野畑3）

ちょぼくれちょんがれ‥‥‥野卑なる物語を述べる人（気仙5）
　　＊「ちょぼくれちょんがれ」の「ちょぼくれ」は「馬鹿な、巫山戯た」で、「ちょんがれ」は「浪曲をうなる人」の意。

ぢょらいおどこ‥‥‥女のような男（仙臺7）
　　＊「ぢょらいおどこ」は「女来男」。

ぢょろけぇ‥‥‥女郎買い（岩沼）

ぢょろす‥‥‥遊女（江刺）、同義語：ぢょろし（福島5・大沼・玉造）、ぢろし（鳴子）
　　＊「ぢょろす」は「遊女、女郎」のこと。

ちょんけ‥‥‥訳の分からない話や行いをする人（男鹿）

ぢょんばけつ‥‥‥頑丈で出っ張った尻（津軽8）
　　＊「ぢょばけつ」参照。

ちらくひ……不満顔、嫌みを見せる顔（北浦）
　＊「ちらくひ」は「面癖」のこと。「①常に不機嫌な顔、②不満顔、③嫌な態度」の意。

ちらぢけなし……恥晒し（小軽米）、同義語：ちらばしなし（九戸郡）
　＊「ちらぢけなし」は「つらつけなし」と同義。「①厚かましい人、②不作法な人、③意地悪、④恥晒し」の意。

ちらぢけねやつ……不作法な奴（庄内－山形）。

ちりちり……怖れ縮まる様（仙臺6）

ぢれこ……生意気（秋田・錦木・秋田1）
　＊「ぢれこ」は「狡い子」。「ぢれこたげる」で「狡いことをする」の意。

ぢろすけ……狡い人（弘前・平賀・大館3）、同義語：ぢりこ（山形漁村）、ぢろ（秋田7）
　＊「ぢろすけ」は「狡助」。「狡い人」のこと。

ぢろばいまわる……狼狽して度を失う様（人）（仙臺6）

ちんか……耳の不自由な人（岩沼・仙台2・大和2）
　＊「ちんか」は「きんか」と同義。「ちんかのはやみみ」は「聾（つんぼ）の早耳」のことで、「都合の悪いことは聞こえないふりをして、悪口などには敏感に反応すること」。

ぢんがね……老爺（卑）（河北）

ぢんぐりこ……背丈の低い人（藤沢）
　＊「ぢんぐりこ」は「づんぐりこ」と同じ。「背丈の低い人」のこと。

ちんけ……馬鹿者（庄内3）
　＊「ちんけ」は「①背の低い人、②劣っている人、③最低であること、④馬鹿者」の意。ここでは④。

ちんけやろう……馬鹿野郎（米沢・置賜）

ぢんけぁねぁ……情けない、甲斐性がない、頼りない（人）（気仙7）
　　同義語：ぢんけなし（仙台3・仙臺6）
　＊「ぢんけぁねぁ」は「腎甲斐無い、尽期無い」、または「ぢゅんけ（順気）ない」？「ぢゅんけない」は「①悪いことが続くこと、②精根尽き果てること、③厄介なこと、④情けないこと、⑤頼りないこと」の意。

ちんけのぢ……無い物ねだりする（人）（野辺地・十和田）
　＊「ちんけのぢ」は「後頭部に刷り残した毛」のこと。「それだけでは髪が結えない」ことから「無い物ねだりする人」の意？

ちんちく……小さい人（気仙1・岩手・綾里・気仙5）
　　同義語：ちんちぇ（福島5）、ちんちぐ（有住）、ちんちくりん（気仙1）
　＊「ちんちく」は「①小さいこと、②背の低い者、③着物の丈の短いもの、④けちんぼ」の意。

ちんぢゅぬげ……一人前無い者・駄目な奴（南鹿角）

ぢんぢょ……役たたず（八戸在）

＊「ぢんぢょ」は「人形または地蔵」？「役立たず」のこと。

ぢんばり‥‥‥多淫（岩手）
　＊「ぢんばり」は「腎張」。「①性欲の強い人、②好色な人、③淫売婦、④お転婆、阿婆擦れ、⑤猥褻なことを言う人」の意。

ぢんぴこぎ‥‥‥☆洒落者（大間・比内・大館 2）
　　　　　　　同義語：ぢんぴ（秋田 7）、ぢんぴまけ（大館）、ぢんびまげ（南鹿角・花輪 3）、ぢんぴんごき（五戸）
　　　　　　☆おめかし好き（北浦）
　＊「ぢんぴこぎ」は「人品こき」のこと。「人品」は「①上品ぶる人、②お洒落な人」の意。

ちんべたれ‥‥‥放屁者（秋田 7）
　＊「ちんべたれ」は「ちんべ垂れ」。「屁を放つ者」の意。

ぢんべら‥‥‥怠け者（秋田 7）

つ

つあっぱ‥‥‥お転婆娘・男勝りの女（上閉伊郡栗橋）

づうくぢ‥‥‥怠け者（いわき）、同義語：づうくぢやろう（浜通－福島 5）
　＊「づうくぢ」は「愚かな者、痴れ者」の意。

つかみ‥‥‥吝嗇者（砂子瀬）

つきぁなぇ‥‥‥無愛想な人（津軽 15）
　＊「つきぁなぇ」は「月並みな奴」の意。「①詰まらない人、②無愛想な人」の意。

つぎたがり‥‥‥中風患者（卑称）（一関・江刺・岩手）、同義語：つぎたかり（胆沢町）
　＊「つぎたがり」は「ちゅうぎたがり」則ち「中風集り」のこと。「中風患者」の意。

づぎなす‥‥‥無遠慮（な人）（軽米）
　＊「づぎなす」は「辞儀なし」。「①礼儀知らず、②無遠慮な人」の意。

つぎねやつ‥‥‥つまらない人（津軽 2）

づぎりぼっくら‥‥‥人当たりの悪い人（石巻 2）

づくすけ‥‥‥頓間（山形・仙臺）
　＊「づくすけ」は「①他人を罵って言う言葉、②ちび、③鈍間、④頓間」の意。ここでは④。

づぐたま‥‥‥背が低く太った人（会津）

づぐだり‥‥‥半端者（卑）（角田）

づぐたれ‥‥‥☆意気地なし・臆病者（湯本・宮野目・二戸署・新堀・玉山・沼宮内 2・盛岡・川井・十和田・軽米・九戸村・花巻 10・沢内 7・米沢・蔵増・添川）
　　　　　　同義語：すくたれ（大野）、すぐだれ（一戸）、づぐだり（霊山）、づぐたれ（長岡 2・

173

沼宮内4)、づぐたれ（西和賀・新郷）、づくだれ（県北－福島5)、づぐ
だれ（置賜・保原）
☆臆病者（野田・岩手太田・軽米1)
同義語：づくたれ（荒澤・浄法寺2)、づくだれ（葛巻）、づぐだれ（蔵増）
☆怠け者, 不器用者（庄内)、☆酷い悪口呼び（泉）
＊「づぐたれ、づぐだれ」は「①役立たず、②気の利かない人、③怠け者、④放蕩者、⑤意気地無し、⑥臆病者、⑦弱虫」の意。

づぐだれ……☆気力のない人（有住・大郷)、☆不活発な人（岩沼)、☆怠け者（白石2)

づぐだれかぐだれ……病気がちで機能の低下した人（岩沼）

づぐつかたり……無駄口をたたく人（仙台1）

づぐづかだり……駄洒落のうまい人（塩釜）

づぐなし……☆意気地なし・臆病者（鹿角・黒岩・田山・糠塚・二戸署・北上署・浪打・江釣子2・黒澤尻2・八戸23・宮古郡・盛岡方言・沼宮内・飯豊・甲子・沢内・二戸郡・中野・遠野・安代・八戸在・南部町・玉山・階上・新郷・宮古方言・湯口2・徳田・松崎・松尾・花巻署・折爪・陸中鹿角・土淵・宮守2・大野2・六戸採・森田・江刺・衣川2・平泉2・秋田1・七日市・男鹿3・白鷹・大蔵)
　　同義語：づくなし（稗貫・附馬牛・十和田・九戸村・普代・八幡平・秋田2・大正寺・角館)、づぐなししょんべん（宮古方言)、づぐぬがし（沢内)、づぐなす（大更・岩崎・矢巾・盛岡・西和賀・軽米・黒岩・錦木・栗橋・盛岡11・岩手・姉体)、づくぽー（階上)、づぐぽなし（綾織)、づしなし（県中－福島3)
☆臆病者（野田・盛岡3・軽米3・沢内7・下北16・淺澤・荒澤・浄法寺2・盛・松ヶ崎・南外村)
　　同義語：づくなし（爾薩体・軽米2)
☆寒がり屋（福岡・浄法寺2)、秋田8)、づぐなしたれ（軽米3)、づぐなす（遠野郷・外川目2・平舘)、づぐねぇ（象潟）
☆小心者（八戸25)、☆根気のない人（気仙7・酒田)、☆役立たず（添川）
☆不器用な人（大鳥・宮内・山形・庄内)、同義語：つぐなし（真室川）
☆胆力なし（大正寺）
＊「づぐなし」は「尽無」。「尽無」は「①拗ねること、②甘えること、③戯れること、④苛めること、⑤しつこくすること、⑥ふざけること、⑦焦ること、あるいはその人」の意。

づぐなす……☆甲斐性なし（一関)、☆力量なし（南三陸）

づぐねんづん……ぐちぐち拗ける人（江刺）
＊「づぐねんづん」は「ぢくねんぢん」と同じ。「拗ねる人」の意。動詞「ぢくねる」は「①拗ねる、②甘えて我が儘を言う、③悪巫山戯をする、④泣いて意地を張る」の意。

づぐぽ……臆病者（淺澤・荒澤)、同義語：づぐぼう（佐比内)、づごぽ（淺澤)、づごぽ（荒澤）
＊「づぐぽ」は「づくなし（尽無）」と同義。「①弱虫、②意気地無し、③臆病者、④小心者、⑤内弁慶」の意。

づぐりわらし……むずかり童子（笹間）

つけぇすごど……口答え（河北）

つけばれ……浪費癖の人（岩沼）、同義語：つけーばれー（白石2）
　＊「つけばれ」は「使い払い」の訛。

づごだま……太った背の低い人（亘理）、同義語：づぐだま（岩沼）、づごっとしたひと（石巻）

づごぼ……弱虫、意気地なし（南部）
　＊「づぐぼ」参照。

づごぼう……小心者（川井）

づごんぼー……内弁慶（安家）、同義語：づごんぼう（宮古山田）

つさっぱぢー……恥知らず、遠慮がない、臆面がない、図々しい（気仙7）

つさっぱぢねぁ……厚かましい（人）（有住）
　＊「つさっぱぢねぁ」は「面恥」のこと？「①厚顔無恥、②鉄面皮」の意。

つしょたがり……中風に罹った人（石巻2）、同義語：つうしょたがり（岩沼）
　＊「つしょ」は「中風」のこと。「つしょたがり」は「つぎたがり」と同じ。「中風患者」の意。

づだ……放蕩者（西和賀2）、同義語：づだこぎ（西和賀2）

づだこぎ……怠け者・不精者（西和賀2）
　＊「づだ、づだこぎ」は「①怠け者、②放蕩者、③遊び人」の意。「すたこぎ」で「碌に仕事をしないで遊び歩いている人」（北上）。

づだぐりこ……短躯・矮小（藤沢）

づだいほう……大嘘（花山・玉造）、同義語：づたいほう（仙臺7）
　＊「づでほ」参照。

づだらぐ……ふしだらな（者）（野田・庄内）
　＊「づだらぐ」は「自堕落」。「自堕落」は「①ふしだらなこと、②だらしないこと」の意。

づたれかもの……大たれかもの（七ヶ宿）
　＊「づたれかもの」は「大たれかもの」のこと。「たれかもの」は「①軽薄者、②剽軽者、③臆病者、④愚者、⑤仮病などを使って怠ける者」の意。

づでほ……大法螺吹き（涌谷）
　同義語：づてぇほう（石巻2）、づでーほー（角田）、づぇほうぱり（新田）
　＊「づでほ、づだいほう」は「①嘘言、②うそ、③大法螺吹き」の意。

づぢぬげ……わからぬ奴（津軽5）
　＊「づぢぬげ」は「筋抜け」。「①要領を得ない者、②わからない者」の意。

つぢのけ……要領を得ぬ者、わからない奴（津輕12）

つつこ……悪戯っこ（涌谷）

つづこげ……のろまな人（滝沢2・岩手太田・盛岡俚）

つつこども‥‥‥詰まらぬ者ども（河北）

づつなし‥‥‥誠意のない人（氣仙沼3）

つつぼ‥‥‥下手な腕前の人、木槌（胆沢町）

づどぉなやつ‥‥‥不注意者（米澤）
＊「づどぉなやつ」は「づどーな奴」と同じ。「づどー」は「不注意な様」の意。

づなす‥‥‥女性の大足（大和）

つなりこげ‥‥‥☆（やや）足りない人（西和賀2）
☆何も出来ない者（西和賀2）
同義語：なりこけ（西和賀2）、ふなりこげ（西和賀2）
＊「つなりこげ」は「なりこげ」と同義。「①馬鹿者、②やや足りない者、③何も出来ない者」の意。

づねやづ‥‥‥狡い奴（能代）
＊「づねやづ」は「狡い奴」の訛。

づのぼせる‥‥‥自惚れ（岡小名）、同義語：づのぼせ（野木沢）

つばくろ‥‥‥落ち着きのない人（胆沢町）
＊「つばくろ」は「燕」のこと。転じて「①口数の多い人、②落ち着きのない人」の意。

つばりべご‥‥‥強情な人（山本）
＊「つばりべご」は「突張牛」のこと。転じて「①強情な人、②梃でも動かない人」の意。

つぶけ‥‥‥薄馬鹿・呆けた人（玉山・百石・南部）、同義語：つぷけ（南部方言）
＊「つぶけ」は「つぽけ」と同義。「①人を罵って言う言葉、②阿呆、③馬鹿、④頓馬、⑤ろくでなし」の意。

づぶでー‥‥‥図太い奴・横着者（軽米）、同義語：づぶでぇ（嚴美）

づぶどい‥‥‥強情者（一関署・黄海）
＊「づぶどい、づぶで」は「図太い」。「図太い」は「①胆が太い、②不貞不貞しい、③強情で横着、④しぶとい」の意。

づへかだり‥‥‥いい加減なことを言う人（胆沢町）

づべら‥‥‥☆怠け（者）・不精者（飯豊・紫波郡4・宮古・浪打・田原・梁川・大館・南外村・只見）
☆横着者（平舘・小野）、☆嘘つき（平泉）、☆締まりのない者（鏡石・原町）
☆だらしないこと（岩沼2・福島6・岩手南）
＊「づべら」は「①怠け者、無精者、②締まりがない者、③横着な者、④だらしない者、⑤生意気な者、⑥気の利かない者」の意。「づべらこく」は「怠ける」の意。

づべらがどう‥‥‥呑気な奴等（下岩泉）

づべらこぎ‥‥‥☆だらしのない者（西和賀2・野田）、同義語：づぼらこぎ（野田）、づんべ（矢巾）
☆怠け者（野田・大正寺・雄勝）、☆狡い奴（能代2）

づへりもん‥‥‥図太い奴・横着者（宮古俚）
　＊「づへりもん」は「づへり者」。「づへり」は「①図太い、②厚顔な、③横着な、④だらしない」の意。

づべろぐ‥‥‥酔いどれ（岩手・気仙5）
　＊「づべろぐ」は「①人を罵って言う言葉、②役立たず、③馬鹿、④酔いどれ」の意。

づほう‥‥‥☆虚言（南都田・田河津・黒石・稲瀬・岩谷堂・東山・胆沢町・矢本・柴田・玉造）
　　　　　　同義語：づふ（宮内）、づほだれ（置賜2）
　　　　　☆嘘を言う人（胆沢町）
　　　　　　同義語：づふたれ（添川）、づほうふき（金沢）、づほこき（大館2）、づほこぎ（秋田1・豊里・鳴子・真室川・大蔵・山形・山寺）、づほつき（村山－山形）、づほまけ（秋田1）、づほもの（平泉2）
　　　　　☆悪戯（津軽12）、同義語：づほ（西明寺・河邊郡）
　＊「づほう」は「①實法の意が反対に用いられたもの（鹿角）、②図なしボラの転（気仙）、③ヅは強意の語でボラは法螺（江刺）」の説あり。②③は「づぼら」由来説。「づほ」は「①虚言、②法外のこと、③悪戯、④我儘」の意。

づほかだり‥‥‥法螺吹き（男鹿3・藤沢・平泉2）、同義語：づほうかだり（衣川2）

づほら‥‥‥大法螺吹き（会津2・桃生雄勝）、同義語：づぼらふぎ（新田）

つぽけ‥‥‥☆この野郎（森田・大川平・平賀）、同義語：つぽけつづ（森田）
　　　　　☆悪戯坊主（八戸在）、☆惚（とぼ）けている人（沼宮内）
　　　　　☆薄馬鹿、呆けた人（盛岡・野辺地・百石・川井・奥入瀬）、同義語：つぽっけ（九戸村）
　　　　　☆虚（うつ）け者、余され者、阿呆（種市2）
　　　　　☆愚か者（松尾・一方井・荒沢2・南部北・津軽5）、同義語：つぱけ（玉山3）、つぽけぇ（西根）
　　　　　☆間抜け、怠け者（五戸・津軽2）、☆分からず屋（下岩泉・嘉瀬）
　　　　　☆馬鹿者（津軽3・岩木・津軽12）、同義語：つんぼけ（津軽3）
　　　　　☆低脳（者）（水堀2・川口2）、☆頓馬野郎（弘前）
　　　　　☆白痴者（下閉伊郡－全方）、☆役たたず（玉山）
　　　　　☆馬鹿者・間抜け（青森南部・久慈・南部町・十和田・舊南部・大野2・野辺地8・六戸3・沼宮内3・下北16・田代・大館2）
　　　　　　同義語：つぶけ（十和田・横浜・舊南部・八戸23）、つぽげ（三沢）、つぽけ（野田）
　　　　　☆声の高いこと（人）（室根）
　＊「つぽけ」とは種物を入れる器のことで、夕顔・瓢箪などの果実をくり貫いて作る。この果実の中身はあまり利用されなかったため、図体が大きく中身が伴わないことから「間抜け・馬鹿・役立たず」のことを「つぽけ」と言うようになったもの。「つぽけ」は「①馬鹿者、②ろくでなし、③頓間」の意。

つぽけさがり‥‥‥間抜け者（一戸2）

つぽけたがれ‥‥‥間抜け野郎（岩木）

つぽけつづ‥‥‥間抜け者、とんまな野郎（岩木）

つぽけながれ‥‥‥陸（ろく）でなし（野田）
　＊「つぽけながれ」は「①ろくでなし、②あんちくしょうー」の意。

づぼねひきづり‥‥‥骨惜しみ、怠け者（泉）

づぼら……☆怠惰（な人）（江刺2・矢作・古城・田原・黒石・稲瀬・梁川・岩谷堂・玉里）
　　　　　　同義語：づぼこき（中村）、づらこき（中村）
　　　　　　☆横着（白鷹・大郷）、同義語：づべら（白鷹）
　　　　　　☆（約束事を守らない）だらしない人（真室川）、☆投げやりな人（山寺）
　＊「づぼら」は「①放蕩者、②ふしだらな人、③投げやりな者、④締まりのない者、⑤狡い人」。

つまされもの……除け者（栗原）

つみつくり……☆運の悪い人（川口）、同義語：つみつぐり（玉山）、☆不幸せ者（軽米3）
　＊「つみつくり」は「罪作り」。「①可哀想な様、②難儀する様、③無情な様、④気の毒な様、⑤運の悪い人」の意。

つめこかだり……意地悪く理屈を言う人（平泉2・鹿島台）

づもんた……低脳（者）（置賜）

づら……☆虚言（古城・山目・嚴美・鹿島台・矢本・角田・花山・黄海）
　　　　　同義語：づぼら（摺澤・日形・大原・油島・嚴美）
　　　　　☆怠け者（いわき）、同義語：づらくら（いわき）、☆出鱈目（福島6）
　＊「づら」は「①出鱈目を言うこと、②嘘を言うこと、③謀（たばか）ること」の意。

つらあらづ……埃だらけの顔、不潔な顔（津軽8）
　●つらあらぁづ……不精者、不潔な者（野田）
　＊「つらあらづ、つらあらぁづ」は「①顔を洗わない人、②不潔な顔、③無精者、④燕（福島県）」の意。

つらあぢ……恥晒し（野辺地）
　＊「つらあぢ」は「面厚」。「①面厚いこと、②恥を知らぬこと」の意。

づらかだり……嘘つき（岩手・多賀城）、同義語：づらこぎ（涌谷）、づらこぢ（岩沼）
　＊「づらかだり」は「面語り」。「①嘘を言う人、②いい加減な人」の意。

つらくせのわるいひと……常に不機嫌な人（仙臺6）
　＊「つらくせのわるいひと」は「面癖の悪い人」。

つらくひ……すぐに感情を表に出す人（男鹿）
　＊「つらくひ」は「面食い」。「面食い」は「①顔立ちのよい人を好むこと、②器量好み、③すぐに感情を表に出す人」の意。

つらつぢわれぇ……無愛想（な人）（岩沼）

つらっかげ……恥ずかしがり屋（いわき）、同義語：つらっかけ（岡小名）

つらつけなし……鉄面皮・図々しい奴（鹿角・宮古俚・十和田・沼宮内）
　　　同義語：つらつけない（百石・下田町・横浜・軽米2）、つらつけなす（盛岡）、つらつけね（野辺地・九戸村・能代2）、つらつけねぇ（宿野部・秋田3・南外村・大雄・角館）、つらつけねゃ（西明寺）、つらつけねもん（庄内2）、つらっぱぢけない（仙臺6）、つらぱちない（気仙5）
　●つらつけね人……不人情な人（山本）
　＊「つらつけなし」は「①鉄面皮、②厚かましい人、③不作法な人、④遠慮のない者、⑤意地悪、

⑥不人情な人」の意。

づらっぱげ‥‥‥まる禿げ（石巻2・仙台1）、同義語：づらぱげ（仙臺7）
　＊「づらっぱげ」は「つらっ禿げ」。「まる禿げ」の意。

つらぱすねぇ‥‥‥恥知らず（石巻2）、同義語：つらっぱしない（黄海）、つらっぱぢけないひと（仙臺7）
　＊「つらぱすねぇ」は「つらっぱぢない」と同義。「①厚かましい人、②鉄面皮、③図々しい人、④恥知らず」の意。

つらぶり‥‥‥仏頂面（久慈）
　＊「つらぶり」は「面振り」。「①仏頂面、②嫌な顔」の意。

つらましない‥‥‥見るに堪えない（人）（大館3）

つらもど‥‥‥猛々しい顔（大鳥）

づらもの‥‥‥☆図々しく一筋縄ではおえない者（江刺）
　　　　　　　☆虚言を弄する者（一関署・衣川2・大郷・塩釜・仙台2・花山）
　　　　　　　　　同義語：づらもん（白石2）
　　　　　　　☆見かけ倒しの人（鳴子・石巻）、☆遊び人（原町）、☆怠け者（高平）
　　　　　　　☆当てにならない人（宮城三本木・古川・石巻2）、同義語：づらもん（原町）
　　　　　　　☆信用できない（者）（南三陸・気仙沼・角田・白石・河北）
　　　　　　　☆まやかし者（亘理）、☆いい加減な者（泉）
　＊「づらもの」は「①づらづらして捕らえ所のない人、②虚言を言う者、③見かけ倒しの人、④怠惰な人、⑤偽物、⑥不良物」の意。

づるいやつ‥‥‥怠け者（胆澤2）
　　同義語：づるか（角田）、づるこぎ（米沢・山形）、づるすけ（米沢・置賜・川西）
　＊「づるいやつ」は「狡い奴」。「狡い」は「①狡猾だ、②怠慢だ、③だらしない、④愚かだ、⑤鈍い、⑥嫌らしい、⑦生意気な、⑧弱い」などの意。

つるたごみやろ‥‥‥末っ子（卑）（村山）、同義語：つるたごみ（山寺）
　＊「つるたごみやろ」は「蔓の先の未熟なうらなり」のこと。転じて「末っ子」の意。

づれこう‥‥‥☆剽軽者・生意気（者）（川井）、☆巫山戯者（普代2）

づろうへい‥‥‥横着（者）（耶麻）

づろすけ‥‥‥狡い人（盛岡・南部町・十和田・浄法寺・八幡平・西和賀2・秋田2・会津2）
　　同義語：づりっぺ（庄内3）、づるし（胆澤2・気仙5）、づるしけ（錦木・秋田1）、づるすけ（大川平・鳴子・鹿島台・石巻・玉造）、づれ（田根森）

づろっぺぇえ‥‥‥生意気な者・馬鹿（会津2）、同義語：づろっぺい（大沼）

づんぐり‥‥‥肥えた人（多賀城）
　＊「づんぐり」は「①独楽、②肥えた人」の意。

づんけ‥‥‥☆のろまな人（岩手・御国）、☆馬鹿（御国）、同義語：づんてこ（会津−福島5）
　＊「づんけ」は「①人を罵って言う言葉、②鈍間、③馬鹿」の意。

づんけね……うるさい（人）（岩沼2）

づんだ……出来損ないの人（岩沼）

つんつく……極めて背の低い人（気仙7）、同義語：つんつぐ（有住）
　＊「つんつく」は「太くて短いこと、小さな人、背の低い人」の意。

づんばり……好色漢（盛岡）
　＊「づんばり」は「腎張」。「①好色漢、②淫欲の盛んな人」の意。

づんびこぎ……おめかしや（西明寺）、同義語：づんび（西明寺）
　＊「づんびこぎ」は「人品こぎ」。「①お洒落な人、②上品ぶる人」の意。

づんべら……☆怠け者（秋田1）、同義語：づんべ（岩手）、☆いい加減な人（大貫）

づんべらぼう……当てにならない人（会津）
　＊「づんべら、づんべらぼー」は「投げやりで締まりがない様」のこと。転じて「①怠け者、②いい加減な人、③当てにならない人」の意。

づんぼう……☆能無し（一関）、同義語：つんぽけ（鹿島台）、☆物臭（気仙6）
　＊「づんぼう」の「づんぼ」は「物臭な人」の意。また、「づんぼう、つんぽけ」は「つぼけ」と同義。「能なし、愚か者」の意。

づんぼねやみ……骨惜しみする者（秋保）

て

でぁがら……怠け者（一関）
　＊「でぁがら」は「出がらげ」の略。「出がらげ」は「外出を渋ること、出不精」のこと。転じて「怠け者」の意？

でぁづんきどり……金持気取り（一関）
　＊「でぁづんきどり」は「大尽気取り」。「大尽」は「①財産家、金持、②大家、③お人好し、④地主」の意。ここでは①。

てぁとりするひと……お節介（気仙4）
　＊「てぁとり」は「手合取」。「①お節介、②要らぬ所に手を出すこと」の意。

てぁーなす……器量の悪い人（女）（軽米）、同義語：てなし（十和田）
　＊「でぁーなす」は「態なし」又は「体もない」？「態」は「①姿、②形、③振る舞い」の意。「体もない」は「①酷い、②だらしない、③無駄、④つまらない」の意。

てぁーほ……虚偽（上有住・富谷）、同義語：てあほう（岩谷堂署・一関署）、てぇほ（若柳・泉）

てぁほうたかり……嘘吐き・虚言者（遠野郷）
　同義語：てぁーほ（軽米）、てぁほう（摺澤・大原・永井・田原・長坂・石巻・室根）、てぁほうかたり（折壁）、てぇほうかだり（気仙沼・石巻2）、てぁほかだり（気仙1・一関）、てぁほもの（藤沢）、てぁほやろ（河北）、てぇぁほらかたり（金ヶ崎）、てぇほ（胆沢町）、てぇほう（江釣子・古川・大和2）、てぇほうもの（南三陸・矢本）、てぇーほーかたり

（黒岩・涌谷）、てぇほうかだり（南三陸）、てぇほかだり（新田）、でぇほでぇがだり（花巻）、てぇほうもん（甲子）、てぇほもの（泉・秋保）、てぇほやろ（亘理）、でほーでぇ（遠野2）、てほかだり（岩沼）、てーほやろ（仙台4）

てあまし‥‥‥☆手余し者・手に負えない（人）（八戸在・十和田・黒岩・南部）
　　　　　　同義語：てあますもの（軽米・江刺）、てやまし（一戸・盛岡俚）
　　　　　　☆持て余し者・余され者（大野2）、同義語：てあましもっけ（二戸－全国・宮古）

ていほもの‥‥‥巫山戯者（仙台原町）

でぇげぇかだり‥‥‥淫猥な話をする人（南三陸・石巻2）
　＊「でぇげぇかだり」は「大概語り」？「大概」は「いい加減な、普通以下の」の意。「でがぇ」（金沢）は「猥談」のこと。

てぇほうぶち‥‥‥大袈裟にする人（大雄）
　＊「てぇほうぶち」は「大砲打ち」。「でぇほう」は「大砲」？「①嘘、嘘吐き、②いい加減なこと、③大袈裟に言うこと、④自慢屋、⑤山師」の意。

てぇほなす‥‥‥馬鹿者（大貫）

でぇほやみ‥‥‥怠け者・無精者（下北11）
　＊「でぇほやみ」は「でぇ骨病」のこと。「骨病」は「怠け者、無精者」の意。

てがげ‥‥‥☆情夫（温海・山形漁村）、☆妾（真室川）、同義語：てかけ（大館2）
　＊「てがげ」は「①情夫、②妾」のこと。

てかましもの‥‥‥持て余し者（男鹿3）

でがらかぇ‥‥‥出不精（宮古方言・盛岡俚）、同義語：でがらげぇあ（大野2）、ではりがらげぇ（盛岡2）
　＊「でがらかぇ」は「出からげ」。「①出不精、②便秘、③難産」の意。

てがらすこ‥‥‥貧弱な人（体が）（五戸）
　＊「でがらすこ」は「でがらす子」。「でがらす」は「①ほっそりして弱々しいこと、②か細いこと、③体が貧弱なこと」の意。

てかれもかれ‥‥‥火傷の瘢痕を持っている子供に対する侮蔑語（砂子瀬）

でかんぼ‥‥‥背が高く痩せている人（江刺）、同義語：でんがんぽ（金ヶ崎）
　＊「でかんぼ」は「蟷螂（かまきり）」のこと。「蟷螂のように背が高く痩せ細っている人」の意。

てぎ‥‥‥☆あの野郎（津軽8）、☆粗野な人・狄（野辺地）
　＊「てぎ」は「狄」。「狄」は「①嘗て北東北に住んでいた先住民を貶して言う言葉、②粗野な人、③あの野郎」の意。

てきぎ‥‥‥愚か者、戯け者（津軽8）
　＊「てきぎ」は「①手杵、②愚か者、③おっちょこちょい」の意。

でぎなし‥‥‥頭の悪い人（十和田）
　＊「でぎなし」は「出来なし」。「①頭の悪い人、②脳無し」の意。

てぎゃぐ······敵役（津軽8）
　＊「てぎゃぐ」は「敵役」の略。「①敵同士、②憎み合う相手」の意。

てぐ······屠殺場の職員、獣皮の鞣職人（大館2）

でくすけ······☆機転のきかない者（気仙1・岩手・気仙5）、☆嫌な奴（宮古俚）
　　　　　　☆でぶでぶ太っている人（江刺・胆沢町・胆澤3・多賀城）
　　　　　　　　同義語：でぐ（胆沢町）、でくだま（県中－福島5）、でくたれ（南部）、でくでく（大沼）
　＊「でくすけ」は「木偶助」。「①気の利かない者、②能なし」の意。「木偶」は「①操り人形、②土や木で作った人形、③顔、面、④子供、⑤丁稚、⑥野郎、⑦馬鹿、⑧太っている人」の意。

でくのぼう······☆融通の利かない要領の悪い人（宮古・気仙1）、☆坊主頭（醜い）（遠野・稗貫・滝沢2）
　　　　　　☆馬鹿（楢葉）、☆脳無し（南郷）、☆ぼんやり者（会津2・原町）
　＊「でくのぼう」は「木偶の坊」。「①木製土製の人形、②人を罵って言う言葉、③融通の利かない者、④要領の悪い者、⑤ぼんやり者、⑥馬鹿者、⑦坊主頭」の意。

てくらく······お節介（者）（米崎）
　＊「てくらく」は「手管く」？「①人を欺く者、②ごまかし、③余計な手立て、④お節介」の意。「てぐらぐする」は「①余計な手出しをする、②手配り、計画」の意。

てぐらぐ······人を欺く者（南鹿角・秋田7）

でご······野郎（山形漁村）

でごすけ······☆物覚えの悪い人（胆沢町）
　　　　　　☆役立たず（霊山・伏黒・亘理）、同義語：でぐ（山形漁村）、でご（会津2）
　　　　　　☆太った人（米沢・胆沢町・高平）
　　　　　　　　同義語：でくだま（中通り－福島4）、でこすけ（川西）
　　　　　　☆でっかい鈍間者（原町）、☆愚か者（田村・保原・大沼）、☆馬鹿者（南郷）
　　　　　　☆罵倒する言葉（白石・桑折）、☆不器用者（会津3）
　＊「でごすけ」は「木偶助」。「①物覚えの悪い人、②役立たず、③馬鹿、④不器用者」の意。

てごたたき······出たがり屋（秋田十和田）
　＊「でごたたき」は「太鼓叩き」のこと。

でごっとしたひと······小太りの人（栗原）
　＊「でごっとした人」の「でごっと」は「肥満している様」のこと。「でごっとした人」は「小太りの人」の意。

でごぼる······難しい奴（野田）
　＊「でごほる」は「大根掘り」または「木偶ほる」？「大根掘り」は「牛蒡掘り」と同義。「木偶ほる」は「木偶の坊」と同義。

てしま······娼婦（鶴岡－娼婦）
　＊「てしま」は「密売春婦」のこと。

てしゃ······曲者（石巻2）

てしょづらすえやろこ······お節介過ぎる子供（村山）
　＊「てそづらすねこ」参照。

ですくなり……生まれ損ない・出来損ない（胆澤・金ヶ崎）
　　同義語：ですぐなれ（南都田・小山・胆澤3）、でそこなれ（水沢署）
　＊「でそごなり」参照。

ですっぱり……出歩くことの好きな人（いわき）
　＊「ですっぱり」は「ですばぎ」と同義。「①外出好きの人、②どこへも行きたがる者」の意。

てすりこばえ……☆機嫌取り（金ヶ崎）、☆手をすって拝み倒すこと（平内）
　＊「てすりこばえ」は「てすりこっぺぁ」と同じ。「手摺叩排」のこと？「①揉み手をして平身低頭すること、②三拝九拝すること」の意。

てすりべんけい……空威張りする人（南部町）

でそくね……放蕩息子（県北－福島3）

でそぐね……出来損ない（白石2）、同義語：でそぐれ（蔵王）

でそごなり……ろくでなし、出来損ない（気仙7）、同義語：でそごね（石巻2・仙台3）
　＊「でそごなり、ですくなり」は「出そごなり」と同義。「そごなり」は「①出来損ない、②未熟者、③生まれ損、④不具者」の意。

てそづらすい……何にでも手を出していじり回す（人）（塩釜）

てそづらすねこ……手うるさい子（石巻2）
　＊「てそづらすねこ、てしょづらすえやろこ」は「手そぞらしー子供」のこと。「手そぞらしー」は「①物珍しさに手を出したがる、②干渉されて煩わしい、③お節介すぎる」の意。

てだらぐ……醜い姿（古語）

てぢくされ……意地悪（者）（大船渡署）
　＊「でぢくされ」は「意地腐れ」。

でっか……瘢痕ケロイド（大館2）
　●てっか……禿げ（大館3）

てっかもの……乱暴者（田代）、同義語：てっくわ（気仙5）、てっくわもの（気仙4）
　＊「てっかもの」は「鉄火者」。「鉄火」は「①乱暴、強情、②気が強くて荒々しいこと、③お転婆、④悪戯、⑤ならず者、⑥意地悪、⑦博打打」の意。ここでは①。

てっかり……藪睨み（卑）（岩手・江刺2・盛・日形・油島・眞瀧・田原・嚴美・涌津・蔵王・上有住・千厩署・胆澤3・河邊郡・米沢・宮内・真室川・大蔵・白鷹2・石巻・角田・白石・七ヶ浜・多賀城・仙台3・仙臺4・置賜2・柴田・花山・河北・玉造・秋保・室根・東山2・黄海・大和2）
　　同義語：すがめ（白鷹）、てかりこ（江刺・松ヶ崎・南外村）、てっかりこ（稲瀬・岩谷堂）、てっかりめ（白鷹）、てんかり（大正寺）、てんかれこ（男鹿3）
　＊「てっかり」は「①斜視（藪睨み）、②一本の毛もない禿頭、③火傷の跡」の意。ここでは①。

でっくら……太って丈の短い人（いわき）
　＊「でっくら、でっくり」は「肥満している人」の意。

てっくわ……暴漢（気仙2）、同義語：でっくれ（岩手）
　＊「てっくわ」は「鉄火」。「①破落戸、②乱暴者、③無法者、④腕白者」の意。「てっかもの」参照。

てつけぼたん……☆手余し者・手に負えない（人）（十和田）、☆手に余る子供（五戸）
　＊「てつけぼたん」は「①手に負えない者（子供）、②気難しい人、③余され者、④芍薬」の意。

てづげほね……手が付けられない悪い者（岩沼）

てっつぬげ……☆裁縫の下手な女（南部北）
　　　　　　　同義語：てちなし（南部町）、てちぬげ（南部町）、てんぼう（門馬2）
　　　　　　☆仕事の下手な者（南部方言・五戸）
　　　　　　　同義語：てっつぬけ（青森南部）、てんぼくされ（西和賀2）
　　　　　　☆不器用な人（手先の）（階上・下田町・六戸3・青森5・南部）
　　　　　　　同義語：てっけ（能代2）、てっちぬけ（十和田4）、てっつ（十和田）、てっつぐれ（花巻採・黒岩・石巻2）、てつぬげ（十和田）
　＊「てっつぬげ」は「手っつ抜け」？「①不器用な人、②無骨者、③仕事の出来ない者、④裁縫の下手な人」の意。「てぼけ」と同義。

てっつめへらねぇ……油断も隙もないような人、転んでもただでは起きない人（沼宮内）

でっと……肥え太った人（秋田北・大館・大館2）
　　同義語：でぁっぽ（石巻）、でっくら（天栄・会津2）、でっくり（気仙5・多賀城）、でっこら（金沢）、でっとこ（大館3）、でっぷら（秋田市）、でぶぐれ（亘理）

てっぱしゅ……手荒い者（岩手）

てっぱりぢゃっこ……要らぬお世話（平賀）

てつはれおなご……手の効かない女（仙臺8）

てっぽ……☆嘘吐き・虚言者（玉山・矢巾）
　　　　　同義語：てっぽう（階上・能代2）、てっぽたれ（松尾・遠野郷・滝沢2）、てぽまげ（松尾）、てっぽまげ（矢巾・西根・滝沢2）てんぷーこぎ（大鳥）、てんぽ（聴耳）、てんぽこぎ（八幡平）
　　　　☆無鉄砲（庄内3）
　＊「てっぽ」は「鉄砲」。「①嘘、嘘吐き、②法螺ふき、③出鱈目、④大言」の意。

てっぽだま……直情径行な人（盛岡）

てでいぢ……愚か者（石巻2）

てでなし……私生児（立根）、同義語：ててなし（米崎・軽米3）、てでなしこ（黄海）、てでなしご（摺澤）
　＊「てでなし」は「ててなしこ（父無子）」の略。「私生児」の意。

ててぬすみ……余所の主人と通じる女（平鹿）
　＊「てでぬすみ」は「父（他家の主人）盗み」。

てどくされ……不器用者（泉）

でどこかまし……女中に悪戯をする主人（野辺地）

＊「でどごかまし」は「台所搔き回し」のこと。転じて「女中に悪戯をする主人」の意。

てどごわっぱ……お転婆娘（釜石）、同義語：でばざれ（釜石5）、てんぽ（温海）

てとったやつ……呆れた奴（山本）
　＊「てとったやつ」は「手取った奴」。「てとる」は「①当てが外れる、②困る、③当惑する」の意。

てなが……☆手癖の悪い者（津軽2）
　　　　　　☆盗み癖のある人（紫波・十和田・南部北・嘉瀬）
　　　　　　同義語：てぁなが（津軽8）、てっかま（釜石）
　＊「てなが」は「手長」。「①盗癖のある人、②手癖の悪い人」の意。

でなづき……出額（卑）（福島5）
　　同義語：でな（白石2・七ヶ宿・相馬2・置賜2・高平・野木沢・桑折）、でび（福島5・柴田・花山・玉造・秋保）

てばなしあがめ……目の下の赤い人（大貫）

でぶだやろう……口の乱暴な人（中仙）

でぶやぢ……☆がむしゃらな（奴）（北浦）、☆田舎者（能代2）

でぶやづ……乱暴者（手の付けられない）（松ヶ崎・秋田5）
　　同義語：でふやぢ（河邊郡）、でぶゃぢん（由利）、でぶらづ（大正寺）
　＊「でぶやづ」は「でんぶやぢ」と同じ。「でんぶやぢ」は「田夫野人」。「①教養のない人、②粗暴な人、③乱暴な様」の意。

てぶりはちかん……一文無し（大館・能代2）
　　同義語：でぶりはちがん（大正寺・大館3）、てほろけ（泉）、てほろけぇ（胆澤3）、てんぽろけぇ（胆澤3）
　＊「でぶりはちかん」は「手振八貫」。「手振八貫」は「①無一物、裸一貫、②手に何も持たないこと」の意。

でぶろぐ……横着（者）、我儘（雄勝）
　＊「でぶろぐ」は「横着なこと」。「でんぶろく」とも。

てぺたかい……高慢ちき（男鹿3）
　＊「てぺたかい」は「額高い」。「額」は「でび、でんび」とも。

てへつ……低脳（者）（紫波郡長岡）

でほうだい……猥褻な話をする人（玉造）、同義語：でほーてぁ（室根）

でほうでぇかたり……無駄話をする人、大法螺吹き（江刺）
　＊「でほうでぇかたり」は「出放題語り」。「出放題」は「①猥らな様、②差し出がましい様、③沢山、④大きい様、⑤出来上がり次第」の意。

てぼけ……手先の不器用者（五戸・野辺地・八戸在・南部町・新郷・三本木・十和田・浄法寺・南部北・比内・男鹿・松峰・秋田5・大館・北浦・山本・能代2）
　　同義語：てぁけぇ（大川平）、てけ（男鹿）、てけあ（八戸在）、てけあもけあ（八戸在）、てっか

い（花山・東山2）、てっかえ（南部北）、てっきゃ（岩手）、てっけ（南部町・子吉川）、てっけあ（盛岡・軽米・沼宮内・飯豊・一関・気仙4・南外村）、てっけあもっけあ（盛岡）、てっけぇ（南部北・南三陸）、てっけゃ（松ヶ崎）、てつなし（十和田・南部・三沢・津軽2・森田・平賀）、てづなし（有畑・津軽4）、てつね（津軽7）、てつぶぢまげ（岩木）、てどかーなし（種市2）、てどくされ（石巻2）、てどなし（岩泉・八戸在・宮守2・種市2・田野畑3・気仙1・松川・田原・古川・栗原）、てどなす（盛岡・徳田・滝沢2）、てどばだぎ（九戸郡・種市2・大野2・軽米2）、でどばだげ（九戸中野）、てどばなれ（八幡平）、てのつげ（早坂）、てのま（栗原）、てぶくそ（南部）、てぶしばなれ（玉山）、てぶすばなれ（盛岡・涌谷）、てぼぁ（九戸村）、てぼかー（種市2）、てぼかえ（南部北）、てぼき（置賜2）、てぼきゃ（八幡平・比内・秋田2・大雄・中仙）、てぼくされ（遠野署・西和賀2・岩崎・黒岩・飯豊・滝沢2・花巻11・岩手・胆澤3）、てぼくす（七ヶ浜）、てぼけ（葛巻）、てぼけぇあ（大野2）、てぼけあ（二戸郡・階上・一戸・軽米・野田）、てぼけぇー（軽米2）、てぼけなす（田代）、てぼき（秋田1）、てぼこ（酒田・北荘内・南山形・庄内3・會津）、てぼこくらわれ（由利）、てぼつき（長井・白鷹2）、てぼっきゃ（大館2）、てぼっけ（大間・南部北）、てぼっこ（会津・米沢・白鷹2・米澤）、てむづくれ（庄内3）、てもっこ（置賜2・川西）、てんどなす（滝沢2）、てんどぱなれ（南鹿角）、てんぽ（宮古俚・玉山・宮古方言・岩手・涌谷・南三陸・七ヶ浜）、てんぽう（新里・気仙3）、でんぼくされ（花巻・西和賀・江釣子・北上署・滝沢2・沢内7・江刺・石巻2・新田・胆澤3）、てんぼくされ（黒澤尻2）、てんぼけぇぁ（南鹿角）、てんむぢくれ（大鳥）

でほだれ……☆嘘を言う人（宮内・置賜－山形・置賜・添川）
　　　　　　同義語：でほうでぇ（古川）、てほかだり（大貫）、てほこぎ（大貫）、でほこぎ（小国）
　　　　　　☆出鱈目（米沢3）
　　＊「でほだれ」の「でほ」は「①口から出任せに喋ること、②嘘、③法螺、④出鱈目、⑤嘘吐き」の意。

てぼつき……仕事の下手なこと（人）（鮎貝）

てほやろ……☆馬鹿野郎（七ヶ浜）、同義語：てーほやろ（多賀城2）、☆法螺吹き（岩沼）

でほらく……嘘を言う（人）（原町）
　　＊「でほらく」は「出法楽」または「出放題」？「①嘘、②出鱈目、③口から出任せを言う（人）」の意。

てぼろけ……無一文になること（者）（仙臺6）、同義語：てぼのけ（仙臺6）

てまへもの……勝手な者（御国）、同義語：てめぁもの（宮古方言）
　　＊「てまえもの」は「手前勝手者」の意。

でまぐれ……離縁などで、実家に戻った女（気仙7）、同義語：でんまぐれ（気仙7）
　　＊「でまぐれ」は「出捲れ」。「離婚して実家に戻った女」のこと。

てゃぱづれ……見込み外れの駄目な男（大館2）

てやますもの……厄介者（盛岡）
　　●てやます……手に余るもの、手に負えぬ奴（五戸）
　　＊「てあまし」は「手余し者」の略。「①手に余る者、②持て余し者、③手に負えない者」の意。「てやますもの」は「①手に余る者、②厄介者」の意。「てやますもっけ」とも。

てやらぐなし‥‥‥だらしない（人）（大雄）、同義語：てやらぐねゃ（西明寺）

てらこ‥‥‥外れっこ（八戸）
 ＊「てらこ」は「子供の遊びで仲間に入ることの出来ない子、外れっ子」のこと。

でれしけ‥‥‥狡くて動かない人（小国）

てれすけ‥‥‥☆はっきりしない者（五戸）、☆だらしのない者（久慈・黒岩・南部北・田代・保原）
　　　　　　☆血の巡りの悪い者（滝沢）、☆好色者（宮古・南部）

でれすけ‥‥‥☆怠け者（会津）、☆鈍間（福島市松川・白河）、☆飲んべえ（會津）
　　　　　　☆愚者（楢葉・鏡石・天栄・会津2・いわき・原町・南郷・三春－福島・會津・高平）
　　　　　　☆放蕩者（大沼）
 ＊「でれすけ」は「でれでれした人」のこと。「①愚か者、間抜け、②だらしない者、③不真面目な者、④無神経な者、⑤ろくでなし、⑥泥酔者、⑦放蕩者」の意。

てれんくれん‥‥‥のらくら（泉）

てれんこてん‥‥‥薄鈍（いわき）
 ＊「てれんこてん」は「でれすけ」と同義。「①ぼんやり者、②間抜け、③薄鈍」の意。

てんがいかだり‥‥‥☆猥褻なことを言う人（日形）、☆でんげあ：猥談（千厩署）
 ＊「てんがいかだり」は「猥談語り」。「でんげぁ」は「猥談」のこと。

てんがかき‥‥‥癲癇持ち（置賜・川西）、同義語：てんごかき（川西）
 ＊「てんがかき、てんごかき」の「てんが、てんご」は「癲癇」のこと。「てんが（ご）かき」で「癲癇持ち」の意。

てんがさま‥‥‥勝手気儘な人（栗原）
 ＊「てんがさま」は「天下様」。「①嬶天下、②勝手気儘な人」の意。

てんきりびんぼ‥‥‥極貧者（南部）
 ＊「てんきりびんぼ」は「この上ない貧乏」のこと。

てんぐさま‥‥‥盗癖のある人（福島6）

てんげーかだり‥‥‥冗談ばかり言う人（新田）
 ＊「でんげぁ」（室根・東山2）は「猥談」のこと。

てんこち‥‥‥無鉄砲（西明寺）、同義語：てんこちない（仙臺）
 ＊「てんこち」は「①無鉄砲、②お転婆娘」の意。「てんこちない」で「①とんでもない、②思いもかけない」の意。

てんこふき‥‥‥法螺吹き（庄内3）
 ＊「てんこふき」の「てんこ」は「①嘘、②法螺、③無法なこと」のこと。「てんこふき」は「法螺吹き」の意。

てんづくりん‥‥‥美貌を売り物に男から男へ飛び回る女（江刺）
 ＊「てんつくりん」の「てんつく」は「凧（てんじゅく）」のこと。「凧のように飛び回る」ことから。

てんつ……嘘吐き（置賜2・米沢2）、同義語：てんつこき（置賜2）、てんつこぎ（米沢3）
　＊「てんつ」は「嘘、虚言」の意。「てんつかたる」は「嘘をつく」こと。

でんづら……片ちんば（岩泉）

でんでらはげ……てかてかのつるっ禿げ（岩手南）

てんでんこのばか……仲間に入らず孤立している馬鹿（岩手南）

てんば……穢多（中村・原町）、同義語：てらのかぐぢ（平内）

てんばい……ゐざり（仙臺2）
　＊「てんばい」は「手這」。「足の立たない人」の意。

てんびかんび……何にでもすぐ手を出していじくり回す人（白石2）

でんぶやぢ……粗暴な人（秋田3）、同義語：でんぶやつ（能代2）
　＊「でんぶやぢ」は「田夫野人」のこと。「田夫野人」は「①乱暴な（人）、②無茶な様、③無理難題の言いがかり」の意。

でんぶやづ……無鉄砲な奴（峰浜）

てんぼ……☆嘘（玉里・男鹿3・白鷹2・川西・米澤・置賜2）
　　　　　　同義語：てんち（宮内）、てんつ（置賜−山形・添川・白鷹2・米澤）
　　　　☆大言・誇張（河邊郡）
　　　　☆法螺吹き（秋田2・秋田7・衣川・鮎貝）
　　　　　　同義語：てんぽう（気仙5）、てんぽうひり（気仙5）、てんぽこぎ（南鹿角・山本・温海・庄内3・田川・小国2）、てんぽふき（釜石2）、てんぽふぎ（温海・山形漁村・庄内3）
　　　　☆不器用な人（手先の）
　　　　　　同義語：てんぽくされ（古川）、☆途方もなく乱暴なこと、放縦なこと（津輕10）
　　　　☆お転婆・腕白（酒田・庄内3）
　　　　☆手の不具者（大郷・石巻2・角田・亘理・仙台1・相馬2・置賜2・柴田・花山・秋保・氣仙沼3・黄海・大館2）
　　　　　　同義語：てんぽう（栗原・仙台2）
　　　　☆片手のない人（白石・岩沼・多賀城）、同義語：てんぽー（保原）
　　　　☆手のない人（多賀城2・仙台4）、同義語：てんぽう（大和2）
　　　　☆物や金を粗末にする人（白石2）
　＊「てんぽ」は①無鉄砲な様、②思い切ってすること、③大袈裟な様、④嘘、嘘吐き、⑤法螺」の意。又は「てんぽ」は「てんぼう（手棒）」の略。「①手・指のない不具者、②手先の不器用な人」の意も。

てんぽかたり……大嘘吐き（五戸・岩手・白鷹）

でんぼたがり……出しゃばり（矢巾）

てんぽーひり……嘘をつく人（岩手）

てんぽもの……無鉄砲者（温海・庄内3）、同義語：てんぽ（田川）、てんぽらしい（雄勝）

でんぽ……考え無しの人（桑折）

でんぽー……浪費者（県北 – 福島3）

てんぽせん……☆愚か者・図体は大きいが余り役にたたない人（福岡・宮古方言・沼宮内・甲子・気仙1・江刺）
　　　　　　同義語：てんぽ（南部北）、てんぽうせん（沢内・葛巻）、てんぽへん、てんぽしぇん（盛岡）、てんぽーせん（岩泉・軽米・九戸村・桑折）
　　　　☆（やや）足りない人（西和賀2）
　　　　　　同義語：てんほうせん（原町）、てんぽしぇん（矢巾・遠野2・滝沢2）、てんぽへん（南部町）
　　　　☆馬鹿者・間抜け（浄法寺2）、同義語：てんぽせんはちりん（南部）
　　　　☆仕事をしても能率の上がらない人（宮古山田）、☆白痴者（七瀧）
　＊「てんぽせん」は「天保銭」。「天保銭」は天保6年から鋳造された銅銭で、裏に「當百」とあって、一枚百文として作られたが、市場での価値が落ちたためこれよりも低い値で流通したもので、ここから、頭の足りない人を「てんぽせん」と言うようになったもの。

てんぽろけ……文無し（矢本・角田・白石2）
　　同義語：てほろけ（栗原）、てぽろけ（角田・仙台3）、てんぽろきゃー（新田）
　＊「てんぽろけ」は「①手土産を持たないで他家を訪問すること、②一文無し」の意。

と

といち……色女（いわき）
　＊「といち」は「上」の字を「ト」と「一」に分けて言ったもの。「①情婦、②情夫、③愛人、④色女」の意。

どいらもの……怠け者（大和2）

どうす……☆この馬鹿者（磐清水）、どうすやり（置賜2）、☆癩（東山2）
　＊「どうす」は「癩病患者」のこと。転じて「他人に対する悪口」。

どうすがぎ……悪い子供・餓鬼（下有住2）、同義語：どすがぎ（南部北）、どすほいど（平鹿）

どうぢ……悪い奴・悪者（玉山3）

どうづやり……☆横着者（宮内・置賜 – 山形）、同義語：どんづやり（白鷹）
　　　　　☆怠け者（長井）
　　　　　　同義語：どづやり（添川）、どづやりもの（宮内・置賜 – 山形）、どんづやり（宮内）
　　　　　☆だらしない人（白鷹2）

とうはち……招かれない客（五戸）
　＊「とうはち」は「①座頭、②招かれない客」の意。

とうはづかたり……突飛なことを言って人を笑わす人（江刺）、同義語：とはづかだり（石巻2）

どうらぐ……☆怠け者（中郷）、☆（だうらく）遊蕩者（荘内）
　＊「どうらぐ」は「道楽」。「①愚か者、②怠け者、③放蕩者」の意。

と

どうらくもの‥‥‥放蕩者（気仙3）
　＊「どうらくもの」は「道楽者」。「①放蕩者、②遊び歩く人」の意。

どおほねやみ‥‥‥怠け者（会津2・田島）
　＊「どおほねやみ」は「胴骨病」。「怠け者」の意。

どおみそ‥‥‥意気地無し（会津2・会津－福島3）
　＊「どおみそ」は「どみそ」と同義。「どみそ」は「①意気地無し、②臆病者、③弱虫」の意。

どか‥‥‥粗忽者（秋田1・河邊郡）、同義語：どがつかで（大正寺）
　＊「どが」は「どがちかで」の略。「どがちかで」は「①そそっかしい、②粗忽な」の意。

とがつら‥‥‥怒りっぽい顔（村山）
　＊「とがつら」は「尖顔」。「①口を尖らした顔、②不満顔、③不平顔、④怒りっぽい顔」の意。

どがばがでぇ‥‥‥落ち着きがない（人）（雄勝）

とかひかもの‥‥‥慌て者（秋田1）
　＊「とかひかもの」は「とかひか者」のこと。「①慌て者、②落ち着きのない者、③そそっかしい者」の意。

とき‥‥‥せっかち（秋田7）
　＊「とき」は「とっき」の略。「①慌て者、②せっかちな人」の意。

とぎしらず‥‥‥時間の観念の稀薄な人（岩泉）
　＊「とぎしらず」は「時知らず」。「①朝寝坊、②時間の観念の薄い人」の意。

ときひき‥‥‥落ち着きのない人（西和賀2）
　＊「ときひき」は「ときひかもの」の略。「①落ち着きのない人、②そそっかしい人、③慌て者」の意。

ときめぎ‥‥‥お転婆娘・男勝りの女（西和賀・宮古方言）、同義語：とっきめぎ（江刺）

どくされ‥‥‥臆病者（山形漁村）
　＊「どうくされ」は「胴腐」。「①臆病者、②怠け者」の意。「どんくされ」とも。新潟でも「どくされ」は「臆病者」の意。

どくしょわり‥‥‥根性が悪い（人）（石巻2）
　＊「どくしょわり」は「毒性悪」のこと。「①性根の悪い人、②意地の悪い人」の意。

どげ‥‥‥☆道化（西根・真室川）、同義語：どげっぐり、（平賀）、☆馬鹿者・間抜け（十和田）
　＊「どげ」は「道化」の略。「①道化、②馬鹿、③間抜け、④軽率」の意。

どけもの‥‥‥戯け者（秋田1）

とけらん‥‥‥ぼんやり者（八幡平）

とごらんけ‥‥‥☆馬鹿者・間抜け（八戸在・海猫・平内）
　　　　　　　同義語：とくらんけ（能代2）、とこらんけ（野辺地2・南部）
　　　　　　　☆頼り甲斐のない不真面目な人（能代）

＊「とごらんけ」は「たぐらんけ」と同義。「愚者」のこと。「たぐらんけ」参照。

ところべんけい……陰弁慶（津軽 13）
　　＊「ところべんけい」は「所弁慶」。「人前で怯み、陰で偉そうにする人」の意。

どーし……あばずれもの（久慈 5）

どしね……病弱（な者）（山形漁村・庄内－山形）、同義語：どっし（山形漁村）

どーしぼーす……乞食坊主（岩手）

としゃら……上っ調子な若い娘（五戸）
　　＊「としゃら」は「①浮調子な若い娘、②おっちょこちょい」の意。「としゃらっこ」で「落ち着きのない者」のこと。

どしゃらく……だらしない（人）（石巻 2）
　　＊「どしゃらく」は「①だらしない様、②締まりの無い様」の意。

どしょなし……臆病者（高平）

どしょーなし……度胸のない者（県北－福島 3）
　　＊「どしょうなし」は「土性骨無し」の略。「①度胸のない者、②臆病者」の意。

としょりおぼこ……年をとって子供の様になる老人（置賜）
　　＊「としょりおぼこ」の「としょり」は「老人、年寄り」のこと。「おぼこ」は「子供、童子」のこと。

としょりきっつめ……老人くさい（子供）（葛巻）
　　同義語：としょりくせ（野辺地・南部）、とそりきっつめ（宮古）
　　＊「としょりきっつめ」は「老人切詰」。「①老人くさい子供、②老人の真似をする子供」の意。

としょりばっちゃぇ……年寄りのくせに出しゃばりな人（軽米 3）
　　＊「としょりばっちゃぇ」は「年寄りのくせに」の意。

どーしんぼ……強情張り（会津 2・県中－福島 3）

どす……☆他人を罵倒する言葉（白石 2）、同義語：どすたがり（真室川）
　　　　☆役立たず（酒田）、同義語：どーすやろ（庄内 3）
　　　　☆乞食（荘内）、☆悪病（仙臺 3）
　　　　☆癩（酒田・白鷹・古川・石巻 2・角田・亘理・岩沼・塩釜・福島 2・白石 2・仙臺 2・置賜 2・小野・石城・耶麻・野木沢・泉・多賀城 2・大館 2）
　　　　　　同義語：どうし（軽米 3・玉造）、どうす（宮内・米澤・栗原・南山形・會津・大沼・柴田・花山・秋保）、とおす（福島 5）、どし（平賀・平内）、どすたがり（山寺）、どすっぽ（野木沢）、どっし（田川）
　　＊「どす」は「①他人を罵る言葉、②虚言、③最後、④癩」の意。

どすけーり……間抜け者（安家）

どすけんぽ……一番最後、ビリ（古川・石巻 2・大貫）、同義語：どすけん（石巻 2）、どろすけ（亘理）
　　＊「どすけんぽ」は「①最後、②最下位、③びり」の意。

どすのこ‥‥‥自分の子を卑しめて言う言葉（南部）

どすのそん‥‥‥他人を罵る言葉（男鹿3）、同義語：どーぢ（会津2）、どすぽえど（遠野1）

どすのまけ‥‥‥血筋の悪いこと（栗原）、同義語：どすまぎ（六戸採・大館2）、どすまげ（大和2）
　＊「どすのまけ」は「癩血統」のこと。

どすわらす‥‥‥うるさい子供（姫神）、同義語：どすがぎ（六戸採）

とぜかり‥‥‥臆病者（岩手）
　＊「とぜかり」は「徒然坊（とぜんぼう）」のこと。「臆病者」の意。

とーせんぼく‥‥‥間抜け（秋田7）
　＊「とーせんぼく」は「唐変木（とうへんぼく）」。「①馬鹿、②役立たず、③訳のわからないこと」の意。

とそりはっくり‥‥‥老いぼれ（野田）、同義語：とそれ（森田）
　＊「とそりはっくり」は「としょりふぐり（年寄りの陰嚢）」のこと。「①年寄りを貶した言葉、②老い耄れ」の意。

どた‥‥‥☆肥満（者）（矢本）
　　　　　同義語：どだ（山形）、どだぐれる（北浦）、どだっつぐれ（多賀城）、どだっぷぐれ（江刺）、どだふくれ（気仙5）、どったぐれ（軽米－南部）、どっだり（南部）
　　　　　☆動作の鈍い人（矢本）
　＊「どた」は「①太っている人（卑）、②大きい人」の意。

どだあっぱ‥‥‥肥満の婦人（南部）
　＊「どだあっぱ」は「太ってどっしりしたあっぱ」のこと。「あっぱ」は「①母、②妻、③婦人」の意。

とだち‥‥‥突飛なことを言う人（八戸在）
　＊「とだちさま」は「徒立様」で「士族」のこと。「とだち」は「突飛なことを言う人」の意。

どぢぇやみ‥‥‥骨惜しみ（北荘内）、同義語：どんぢゃみ（北荘内）
　＊「どぢぇやみ」の「ど」は強調の接頭語で、「ぢぇやみ」は「せやみ」と同義。「①骨惜しみ、②怠け者」の意。

どぢくなし‥‥‥☆臆病者（秋田1）、☆意気地なし（津軽4）
　＊「どぢくなし」の「ど」は強調の接頭語で、「ぢくなし」は「①意気地なし、②臆病者」の意。

とぢこ‥‥‥末っ子（田川）

とちつぱり‥‥‥卑屈な（人）（八重畑）
　＊「とちぱり」参照。

とちぱり‥‥‥内弁慶（稗貫・松崎）、同義語：とち（っ）ぱり（遠野）、とっつぱり（藤沢）
　＊「とちぱり」は「①家の中では元気が良いのに一旦外に出ると大人しくなる人、②内弁慶、③卑屈な人」の意。

どちゃらく‥‥‥だらしない人（石巻）

＊「どちゃらく」は「どしゃらく」と同じ。「①だらしない様、②締まりの無い様」の意。

とっき……☆慌て者（玉山・沼宮内・盛岡・涌津・気仙7・気仙沼・花山・泉）
　　　　　　同義語：とき（西和賀2）、とっきもの（大郷・栗原・多賀城）、とっこ（浜通－福島4・保原）
　　　　☆粗忽者（盛岡・鹿角・野辺地・稗貫・徳田・八幡平・紫波署・滝沢2・濱萩）
　　　　　　同義語：とっきかか（仙臺3）、とっちもん（白石2）、とっきもの（沢内・西和賀・五戸・小牛田・石巻2・亘理・仙臺2）
　　　　☆落ち着きのない子供（秋田・錦木）、☆落ち着きのない者（室根）
　　　　☆落ち着き無く気の忙しい人（河北）、☆せっかち（秋田7・涌谷・小国・桃生雄勝）
　　　　☆剽軽者（南部）、☆そそっかしい人（大舘2）、☆気の早い人（仙台4）
　＊「とっき」は「疾気」。「①粗忽者、せっかち、②そそっかしい者、③慌て者、④剽軽者」の意。「とっき」には「突気」の説も。

とっきづら……口を尖らせて物言う顔（秋保）

どっくち……悪口（高平）
　＊「どっくち」は「毒口」。「悪口」の意。

とっけゃまなぐ……斜視（大舘3）

どつこい……最下等（置賜2）
　＊「どつこい」は「①最下等、②やっとのこと」の意。

どっこぎ……臆病者（北荘内・山形漁村・庄内－山形）
　　同義語：どこぎ（庄内3）、どこげ（庄内3）、どっこげ（庄内3・田川）
　＊「どっこぎ」は「臆病な者」の意。

とってくらい……☆無法者（涌谷・仙臺4）、☆礼儀廉恥もないような人物（仙臺11）
　＊「とってくらい」は「①下卑た人、②恥知らずな人、③無法者」のこと。

とっとごなし……取り所のない人（岩泉）、同義語：とっとごなす（遠野1）、とっどこなす（九戸村）
　＊「とっとごなし」は「取り所なし」。

とっぱぢかたり……一部を知って全部を飲み込み顔に話す人（胆澤・岩手・金ヶ崎・小山）
　＊「とんばぢがたり」参照。

とっぱり……意気地なし・臆病者（倉沢）

とっぴもの……剽軽者（小牛田・石巻2・亘理・栗原・仙臺6）
　＊「とっぴもの」は「①滑稽な人、②剽軽者」の意。

どっぺ……びり（白石2・平内）、同義語：どっぺかす（七戸）、どろすけ・どろんぺ（泉）
　＊「どっぺ」は「①最後、②最下位、③びり、④殿」の意。

とっぽえ……生意気（白鷹2）

とっぽやろ……間抜け者、頓馬（秋保）

どづまのげ……馬鹿・間抜け（森田）

＊「どづまのげ」の「どづ」は他人を罵倒する接頭語。「まのげ」は「間抜け」。

どでぁなし‥‥‥話にならない人（釜石・川井・宮古方言・気仙1）
　●どであーなし‥‥‥信念のない人（田代）
　●どーでーなし‥‥‥道理知らず（岩手）
　＊「どでぁなし」は「道理を知らない人」のこと？

どでしゅ‥‥‥社交下手な人（山寺）
　＊「どでしゅ」は「土手衆」。「日の当たらない所で暮らす人」。転じて「社交下手な人」の意。

どどくもの‥‥‥不道徳な人（由利）

とどこなげぢ‥‥‥出額（平賀）
　＊「とどこ」は「蚕」のこと。「なげぢ」は「なづき」と同義。

とどりねぁやづ‥‥‥だらしない人（秋田11）、同義語：とどるない（桃生雄勝）
　＊「とどらない」は「不潔・散らかすこと」（泉）の意。

とどりのねえひと‥‥‥どうしようもない人（遠野3）
　＊「どごまでもとどりのねぇ人なもんだ」（遠野3 P194）

どどろなし‥‥‥☆心に締まりのない人（気仙1・気仙3・気仙5）
　　同義語：とどりとぺねぇ（角館）、とどろないひと（仙臺7）
　＊「とどろなし」は「とどろない」の名詞形。「とどろない」は「①乱雑だ、②まとまりがつかない、③だらしない、④放埓だ」の意。

ととろもない男‥‥‥埒もない者（仙臺4）

どのに‥‥‥馬鹿者、戯け者（岩木）

とばえこ‥‥‥落ち着かずに遊んで歩く人（秋田7）
　＊「とばえこ」は「とっぴやっこ」と同じ？「落ち着きが無く、遊び歩く人」の意。また、「とばえ」は「鳥羽絵」（戯け者）のことも。

どばすやみ‥‥‥骨惜しみ（南三陸）、同義語：どんぼねやみ（石巻2）
　＊「どばすやみ」は「とんぼもの」（庄内）と同じ。「とんぼもの」は「①怠け者、②骨惜しみ、③放蕩者」の意。

とはぢ‥‥‥早合点する人（気仙7）

とはちかだり‥‥‥☆取り留めのない話をする人（南鹿角・八幡平）
　　　　　　　同義語：とはぢかたり（佐倉河）、とはづかたり（江刺・古川）
　　　　　　☆信用できない話をする人（秋田7）、同義語：とはづかたり（栗原）
　＊「とはちかだり」は「十八語り」。「①十の内八しか本当のことを言わない人、②要領を得ないことを話す人」の意。

とばはり‥‥‥華美贅沢を好む人（釜石4）

とびあがり‥‥‥☆軽率者（米沢・置賜）、☆軽躁者（米澤）、☆剽軽（濱萩）
　　　　　　☆お転婆娘（中村・会津2・南郷・會津）

　　　　　　同義語：とんびあがり（県北－福島5）、とんびゃがり（田島）
　＊「とびあがり」は「飛上」のこと。「①軽率な者、②落ち着きのない人、③剽軽者、④向こう見ず、⑤お転婆娘、⑥出しゃばり」の意。

とびのせんきやみ……尺八の下手なこと（人）（遠野郷・遠野2）
　＊「とびのせんきやみ」は「鳶の疝気病み」。「鳶がピーピーと憐れに鳴く」のを「尺八の下手な人、唄の調子外れ」に例えたもの。

とぶけもの……ぼんやり者（軽米）
　＊「とぶけもの」は「恍け者（とぼけもの）」。「ぼんやり者、間抜け、馬鹿」の意。

どぶすけ……狡い奴（山本）

どぶつけもの……しぶとい者（由利）

どぶで……利己的な人（秋田6）
　＊「どぶで」は「ど太い奴」のこと。「①図太い奴、②図々しい人、③狡い奴、④しぶとい人、⑤利己的な人」の意。

どぶでけし……図太い奴（秋田5・男鹿3）、同義語：どぶできゃし（大館2）、どぶとけし（雄勝）

どふべぇり……囲炉裏に履物のまま入る人（桑折）

どふらかぼちゃ……役立たず者（大仙）
　＊「どふらまんけ」参照。

どふらまんけ……太った人（男鹿3）、同義語：どふら（山本）
　＊「どふらかぼちゃ、どふらまんけ」の「どふら」は「①南瓜、②ぶくぶく太った人」の意。「どふら」そのものはポルトガル語で「南瓜（かぼちゃ）」の意。

どへ……愚か（者）（西明寺・栗原）、同義語：どへこ（男鹿4）

どべかい……糞尿買い（平鹿）
　＊「どべかい」は「糞尿買い」。以前は糞尿は田畑の肥料として貴重なもの。

どべかす……意気地なし、臆病者（山本）、同義語：どべかし（能代2）、どべかしら（能代2）

とぺかぺ……☆慌て者（津軽2・平賀）、☆辻褄の合わぬ人（津軽3）
　＊「とぺかぺ」は「①慌てる様、②落ち着かない様、③頓珍漢」の擬態語由来。

とへろれんこ……おっちょこちょい（津軽2・弘前）、同義語：とぺかい（平賀）、とぺぺ（中仙）
　＊「とへろれんこ」は「祭の笛の音」由来？「おっちょこちょい、落ち着きのない者」の意。

とぼけ……☆馬鹿者・間抜け（大更・西根・会津2）、同義語：とんぼけ（米沢・置賜）
　　　　　☆ぼんやり者）（水堀・松尾・黒石・上口内・稲瀬・玉里）
　　　　　　同義語：とぼさぐ（江刺）、とぼぬけ（有畑）、とぼけもの（浪打）
　＊「とぼけ」は「恍け」。「①ぼんやり者、間抜け、馬鹿、②耄碌した人、③気が狂った人、④落ち着きのない人」の意。

とぼけなし……小愚者（岩手・永岡）

とぼけやろー……間抜者（岩手）

どぼすけ……狡い人、悪党（能代）

とぼっけなし……脱けている人（有住）

とほぬげ……間抜け者、ぼんやり者（津軽2・津軽3・平内）、同義語：とほらんけ（津軽2・弘前）
　＊「とほねげ」は「途方もなく抜けている者」。

とほら……馬鹿（森田）
　＊「どほら」は「とほんと」の転。「①馬鹿、②抜けている者」の意。「とほらんと」は「①ぽかんと、②きょとんと」の意。

どほらーこき……嘘吐き・虚言者（秋田十和田）

とほらぬげ……間抜け者、ぼんやり者（砂子瀬）

とほらんけ……☆間抜け者（南部・岩木・一町田）、☆ぼんやり者（八幡平）

どみって……弱虫（小国）

どやたべげ……変な奴（能代）

どらうち……道楽者（南部町）
　　同義語：どら（南部）、どらうぢ（山本）、どらうつ（舊南部）、どらうづ（舊南部）、どらおとご（甲子）、どらぐこぎ（南鹿角）、どらぐもの（福岡）

どらうぢ……☆放蕩者（南鹿角・男鹿・山本・能代2）
　　　　　同義語：どらうち（錦木・秋田1・男鹿3）、どらうづ（南部北・秋田1・田代）、とらぶち（気仙5）、どらぶち（遠野郷）、どらもの（南部北）
　　　　　☆無頼漢（庄内－山形）
　＊「どらうぢ」の「どら」は「だらける」の「だら（怠惰・放蕩）」。これと「銅鑼」をかけて「どら打ち」（銅鑼打ち）と洒落たもの。「どらうち」は「①放蕩者、②道楽者、③酒色に耽る者」の意。

どーらぐもの……☆不真面目者（象潟）、☆女関係に締まりのない者（岩手・多賀城）

どらぐもの……遊び人（南外村・仁賀保）

どらはちうち……遊蕩者・遊惰の人（五戸）

どらぶつ……道楽者、女郎買い（遠野2）、同義語：どらうち（大館2）

どらもの……放蕩息子（気仙7）
　＊「どらもの」は「どら者」。「どら」は「だら、どろ」の転？「①放蕩者、道楽者、②無頼漢、③怠け者、④自堕落者」の意。

とれねぇーやつ……気のきかない人（遠野2）

とろい（ひと）……心緩やかに女色などになづむ（人）（仙臺6）

とろけ……☆のろま（津軽2・森田・大川平）、☆ぼんやり者、間抜け者（岩木）
 ＊「とろけ」は「とろぇ、とれぁ（とろい）」の名詞形。「①蕩け者、②頓間」の意。「とろい」は「①動きが鈍い、②遅い、③ノロノロしている、④能率が上がらない、⑤間抜けている、愚かな様、⑥眠気がさすこと」の意。

とろさぐ……愚鈍な人（津軽2）

とろしことん……☆酒によって前後不覚になる人（弘前）、☆おっちょこちょい（平賀）
       ☆締まりのない者（平内）
 ＊「とろしことん」は「金の使い方や酒の飲み方に締まりのない者」の意。

とろっけ……頓馬・のろま（五戸）、同義語：とろけ（南部）

とろぺ……手ぬるい人（十和田）

とろべつなし……訳のわからない人（野田）

とろろ……仕事が遅い人（森田）
 ＊「とろろ」は「とろい」の名詞形。「とろい」は「①動作が鈍い、②鈍い、③仕事が遅い、④鈍感な」の意。

とろろぐぐやづ……呑気者（男鹿3）

とわだり……初心者（津軽4・平内）、同義語：なべこ（津軽4）
 ＊「とわだり」は「戸渡」、「①経験のない者、②初心者、③かけ出し」の意。

どん……愚か者（五戸）
 ＊「どん」は「鈍（どん）」。「愚鈍」の意。

どんがらやき……怠け者・不精者（上北採）

とんがりこ……いつも怒っている（人）（滝沢2）
 ＊「とんがりこ」は「①いつも口を尖らせている者、②山頂、③物の先頭」の意。

どんきょなまず……蹲って活発に活動しない者（五戸）
 ＊「どんきょ」は「①泥鰌、②魚」の意。

とんきょもの……戯け者（置賜）
 ＊「とんきょもの」は「頓狂者」。「①滑稽者、②剽軽者、③戯け者」の意。

どんくされ……臆病者（荘内2）
 ＊「どんくされ」は「胴腐」。「①臆病者、②怠け者」の意。

とんけ……☆頑固者（久慈）
    ☆馬鹿者（秋田2）、同義語：どんけ（森田・平内）
    ☆間抜け者（有畑）、同義語：どんけぁ（秋田7）
 ＊「とんけ」は「鈍気（どんけ）」？「①気の利かない者、②愚か者」の意。

どんけ……☆疎い（人）（早坂）、☆のろま、間抜け（津軽2・弘前・田代）
    ☆馬鹿（大館2）、同義語：どんけなす（仙台4）

とんけつ……狡猾（者）（保原）

どんけなぇひと……味気ない人（米沢3）

どんけなし……お人好し（温海・北荘内・山形漁村）

とんこ……落ち着きのない軽躁な人（男鹿）
 ＊「とんこ」は「どんぱち」と同義。

どんぜやみ……怠け者、横着者（庄内3）
  同義語：どんぢゃみこ（山形漁村）、どんぢゅあみ（庄内3）、どんづやり（置賜2）

どんたく……淫売女（気仙5）
 ＊「どんたく」はオランダ語の「zondag」（日曜日）由来。「①遊女、娼婦、②女郎買い、③怠け者、④月経、⑤休日」の意。

どんぢぐなし……☆意気地なし・臆病者（南鹿角・錦木・津軽3・津軽8・弘前・北浦・平賀）
  同義語：どんぢぎなし（仙南）、どんぢくなし（秋田1・南外村・八幡平）、どんづくなし（南外村）、どんづぐなし（仁賀保）
      ☆肝玉の小さい人（能代2）

とんぢゃぐねぇひと……無頓着な人（雄勝）
 ＊「とんぢゃぐねぇひと」は「頓着無い人」。「無頓着な人」の意。

どんぢゃり……働くことを嫌う者（置賜2）
 ＊「どんぢゃり」は「どーづり」と同義。「①物臭、②働くのを嫌う者、③怠け者、④懶惰」の意。

どんづぐなし……意気地なし（平内）
 ＊「どん」は強調の接頭語。「づぐなし」は「意気地なし」

とんつけ……頓馬・のろま・剽軽者（沼宮内・西根）
 ＊「とんつけ」は「とんつく（鈍付）」と同義。「①鈍い人、②頓間、③愚鈍者、④剽軽者」の意。

どんづぢおなご……よいとまけの綱引きをする女（卑）（白石2）
 ＊「よいとまけ」は「地均しのために鎚を滑車で上げ下げする人」のことで、以前の建築現場では歌を合わせながら綱を引く女性が居た。

とんづやり……物臭がり（屋）（置賜）

とんてき……☆戯け者（野田）、☆慌て者、粗忽者（盛岡・階上・南部−津軽12・有住）
  同義語：とんとぎ（平内）、とんとげ（津軽2）、とんてぎ（甲子・南鹿角・弘前・津軽2・津軽5・秋田1）
 ＊「とんてき」は「頓的」または「頓敵」。「①思慮がなく、軽弾みなことをする人、②愚鈍な人、③粗忽者、慌て者、おっちょこちょい、④お転婆、⑤馬鹿者」の意。新潟では「とんとき」で「粗忽者」の意。

とんてきはねつるべ……跳ねっ返り者（盛岡）

どんど……よく眠る人（五戸）

とんとげ‥‥‥☆物忘れする人（津軽8・平賀）、☆間抜け、のろま（津軽10）

どんどけ‥‥‥慌て者（六戸3）

とんどらまんどら‥‥‥薄ぼんやり（南鹿角）、同義語：ととまど（気仙採）
　＊「とんどらまんどら」は「①耄碌した様、②薄ぼんやり、③よぼよぼした様」の意。

どんのすけ‥‥‥一番のビリ（石巻2）、同義語：どんすけ（石巻2）

どんばすすきずり‥‥‥怠け者（南三陸）

どんぱち‥‥‥☆頓馬（浄法寺）、同義語：どんぱつ（玉山）、どんぱづ（盛岡）
　　　　　　☆愚か者（一戸2・盛岡3・津軽2）、同義語：どんばぢ（弘前・津軽8・秋田7・仁賀保）
　　　　　　☆考えの足りない者（御明神）、☆ませた子（小国2）、☆賢くない者（南部町）、
　　　　　　☆抜けた者・抜け作（五戸）
　　　　　　☆間抜け者（花輪7・南部・山本）、同義語：どんぱづ（滝沢2・田代）
　　　　　　☆血の巡りの悪い者（男鹿3・由利）、☆乱暴者（津軽14）、☆（どんぱし）お転婆（平賀）
　＊「どんぱち」は「鈍八」。「①愚か者、②鈍い者、③お転婆娘、④乱暴者、⑤粗忽者」の意。

とんばぢかたり‥‥‥一部を知って全部飲み込み顔に話す人（佐倉河）
　＊「とんばぢかたり」は「とんぱち語り」のこと。「①嘘吐き、②千三つ、③出鱈目を言う人」の意。

どんぱつ‥‥‥☆心の足りない者（水堀）、☆落ち着きのない軽躁な人（男鹿）

とんぴくりん‥‥‥調子外れの行動をする人（いわき）
　＊「とんぴくりん」は「①軽率な人、②落ち着きのない人、③調子外れの行動をする人」の意。

どんぶでけし‥‥‥ずうずうしく狡い人（秋田7）

どんべ‥‥‥☆のろまな人（舊南部・八戸23）、☆腹の出た太った人（嘉瀬）
　　　　　☆馬鹿者・間抜け（二子2・三陸・気仙4・江刺2・南都田・古城・眞瀧・田原・稲瀬・
　　　　　　岩谷堂・秋田市・栗原・胆澤）
　　　　　☆鈍重者（角田）
　＊「どんべ」は「鈍ぺ、鈍兵」。「①間抜け者、馬鹿者、②ぼんやり者、③放蕩者、④横着者、⑤大
　　酒飲み」の意。

どんぺー‥‥‥☆間抜け者（九戸郡・大野2・小軽米2・秋田7）、同義語：どんべかす（秋田7）
　　　　　　☆物分かりの悪い者（南部）

とんぺぁ‥‥‥うすのろ（野田）

どんべい‥‥‥馬鹿者（気仙1・気仙3・気仙5・三陸・綾里・金ヶ崎・胆澤3）

どんぺい‥‥‥低脳（者）（九戸郡2）、同義語：どんぺー（室根）

とんぺょ‥‥‥慌て者（玉山）

どんぽろけ‥‥‥惚け者（庄内3）、同義語：どんぽろけやろ（庄内3）
　＊「どんぽろけ」は「①ぽかんとしている者、②惚け者」の意。

とんみゃくやろう······横着者（温海）
　＊「と（ど）んみゃくやろう」は「①悪人、②ろくでなし、③腹黒い奴、④横着者、⑤図太い奴」の意。

どんみゃぐやろう······腹黒い奴（田川）

どんや······下手な鉄砲打ち（白石2）

な

なえふと······仕様の無い人（南鹿角）、同義語：なえもの（花輪7・秋田十和田）
　＊「なえふと」は「無い人」。「①仕様のない人、②仕事のない人」の意。

ながっちり······中々帰らない客（大貫・栗原）、同義語：ながしま（平内）、ながっつら（庄内3）
　＊「ながっちり」は「長尻」のこと。「長居して仲々帰らない客」の意。

ながまはんつけ······仲間外れ（庄内3）
　＊「ながまはんつけ」は「①仲間外れ、②村八分」のこと。

なからなまづ······中途半端（千厩署・室根）、同義語：なからなまぢ（気仙5）
　＊「なからなまづ」は「①中途半端なこと、②いい加減」の意。時に人のことも。

ながらはんちゃぐ······☆いい加減な（人）（遠野2・南部・白鷹）、同義語：なからはんぢゃく
　　　　　　　　　　☆仕事が未熟な（人）（南郷・北會津）、☆中途半端（秋保）
　＊「ながらはんちゃぐ」は「半半尺」。「①中途半端、②未熟な様、③知ったかぶり、④怠け者」

なぎ······泣き虫（盛岡）
　同義語：なきたれ（置賜2）、なぎち（大野2）、なぎちぽー（鹿角）、なぎちめ（安家）、なぎつめ（西根）、なきつら（福島5）、なきたれ（米沢・宮内）、なきびそ（塩釜）、なきびっちょ（宮古俚・長岡2・江釣子・置賜2・赤石・岩手・日頃市・摺澤・胆澤3・気仙5・鳴子・白鷹）、なぎびしょ（宮古方言）、なきびちょ（二子2・鹿島台・宮城三本木・涌谷・小牛田・古川・濱萩・玉造）、なぎびちょ（大郷・新田・小国・花山・泉・大和2）、なきびっき（松尾）、なぎびっき（滝沢2）、なぎびっちょ（岩泉・黒岩・甲子・西和賀2・黒澤尻2・盛・石巻・七ヶ浜・多賀城・仙臺5）、なきべそ（南郷）、なきべっちょ（盛岡・玉山・稗貫・宮古方言・久慈・軽米横浜・倉沢・南部・富谷・栗原）、なぎべちょ（南部町・矢本・石巻2・仙台4）、なきべっちょう（横川目）、なぎべっちょ（九戸郡・沼宮内・飯豊・八幡平・紫波署・西和賀2・大野2・森田・大川平・南三陸）、なげべっちょ（津軽2・津軽8・平賀）、なきめそ（楢葉・大越）、なきみそ（天栄・いわき・只見・白鷹・宮内・真室川・置賜2・桑折）、なぎみそ（大正寺・象潟・河邊郡・雄勝・仁賀保・由利・三川・福島市松川・温海・保原・山形漁村・大蔵・山形・角田・田川・會津）、なぎめす（南山形）、なきめそ（会津2・秋保）、なぎめそ（田村・伏黒・真室川・南山形・高平）、なきめっちょ（野田）、なぎめっちょ（大館2）、なぎめろ（秋田7・大雄）、なぐち（浄法寺）、なげつら（能代2）、なげめす（村山－山形）、なぢめそ（白石2）

なぎぢれ······泣き連れ・不幸な夫婦（平賀）、同義語：なぎづれ（平内）

なぎづらっこ······泣きやすい子（河北）

200

なぎやすひと……前言を取り消しの泣きを入れる人（遠野 2）

なげ……涙もろい人（平賀）

なげおんづ……弟（卑）（南部）
　＊「なげおんづ」は「投げ弟」。「おんづ」は「弟、叔父」殊に「末弟」のこと。「末っ子は放っておいても育つ」から。

なげつ……☆強情者・強情張り（十和田）、同義語：なげつごんぼ（十和田）
　　　　　　☆泣き虫（二戸郡・五戸・有畑・八戸在・新郷・三本木・十和田・一戸・軽米・九戸村・沼宮内・田山・南部北・種市 2・三沢・花輪 7・平内）
　　　　　　同義語：なぁげっつ（軽米 2）、なけ（鹿角）、なげ（南鹿角・八幡平）、なげぇ（弘前）、なげち（野辺地・南部町）、なけつ（小鳥谷・宿野部・十和田 4）、なげっつ（安代・階上・南鹿角・舊南部・南部北・八戸 12・六戸 3）、なけづ（浪打）、なげっち（八戸 2）、なげつら（大川平・山本）、なけち（鹿角・一戸 2）、なっきぢ（九戸郡）

なげっつごんぼ……泣きながら駄々を捏ねる子供（南部）

なげわらし……☆親が構わない子供（五戸・野辺地）、同義語：なげわらす（南部北）
　　　　　　　☆汚い子（十和田 3）、☆放っておかれる子（十和田）、同義語：なげがぎ（南部）
　　　　　　　☆憎たらしい子
　＊「なげわらし」は「投げ童」。「①親が構わない子、②汚い子、③憎まれっ子、捨て子」の意。

なさげなす……意気地なし（平泉 2）
　＊「なさげなす」は「情無し」。「なさけない」は「①惨い、②辛い、③詰まらない、④儚い、⑤大変だ、⑥気迫のない、⑦無能な」の意。ここでは「意気地なし」の意。

なだでばかま……臍曲り（遠野 2）
　＊「なだでばかま」は「鉈と言えば鎌と言う」のこと。「①旋毛曲り、②臍曲り」の意。

なぢみ……☆情人（南外村・仙臺 4・大島）、同義語：なぢみっこ（惚れた女）（日頃市）
　　　　　☆恋人（平内）
　＊「なぢみ」は「①情婦、②恋人、③情人」の意。

なちょこなーれ……出来損ない・困りもの（野田）
　＊「なちょこなーれ」は「なっちょこねぇぁ」とも。「なり損ない」のこと。

なっかり……役たたず（上閉伊郡栗橋）
　＊「なっかり」は「成り上がり」のこと。「①急に成り上がった者、②不真面目者、③仕様のない者、④役立たず」の意。

なっかりなし……恰好悪い人（釜石）

なっかりもの……仕様の無い人（遠野 2）

なっとでぇぐ……下手な大工（平内）
　＊「なっとでぇぐ」は「納豆大工」。「味噌大工」の下。

なつねご……寒がり屋（岩泉・盛岡・野辺地・種市 2・五戸）

同義語：なづねーご（軽米）、なづねご（南部町・宮古方言・盛岡・南部北）
　＊「なつねこ」は「夏猫」。「夏生まれた猫は冬の寒さに耐えきれない」ことより「暖かいのに厚着をしている人」の意味に。

なっひょ……女（卑）（米沢・置賜2）、同義語：なな（山形漁村）、なひよ（置賜2）
　＊「なっひょ」は「女を卑しめて言う言葉」。

なのこま……悪口（平賀）

なのはな……娼婦（秋田－娼婦）、同義語：なんこ（雄勝－娼婦）
　＊「なのはな」は「なのは（菜葉）」と同義。「娼婦、妓女」の意。

なべぐみふうふ……野合の夫婦（仙台3）、同義語：なべくみ（室根・仙臺6）
　＊「なべぐみふうふ」は「鍋組夫婦」。「①妻を失った男と夫を失った女の縁組、②正式の結婚をしていない夫婦」の意。

なべふたぎ……大食家（岩手）
　＊「なべふたぎ」は「鍋塞」。「①鋳掛け屋、②大食家」の意。

なまか……☆疎かな（物事に）（人）（遠野）、☆未熟（者）（石巻）、☆助平（山寺）
　＊「なまか」は「生皮」の略。「①怠け者、②未熟者、③好色な者、④刃物の切れない様」の意。

なまぐら……怠け者・不精者（軽米・南部北・大蔵）
　　　同義語：なまか（松崎）、なまぐだら（津軽2）、なまくらぼうず（階上）、なまぐらもの（秋田7）、なまぐらもん（能代・江刺）、なんまぐらもん（秋田1）
　＊「なまくら」は「鈍ら」。「①刃物の切れ味の悪いこと、②怠け者、③だらしないこと、④無精者」の意。

なまこ……☆不真面目者（荒澤）
　　　　☆戯（おど）ける人・力を抜いて仕事をする人（八戸在・軽米・宿野部）
　　　　☆剽軽者（野辺地・八戸2・八戸7）
　　　　　　同義語：なまっこ（南部）、なまこくだれ（軽米）、なまこつぎ（十和田）
　＊「なまこ」は「怠こ」。「怠ける」の名詞形。「①巫山戯者、戯け者、②冗談、③不真面目者」。または、「なまこ」の「なま（生）」は「中途半端」。「なまか」（遠野）は「おろそかな（人）」の意。「なまか」が「なまこ」に転じたものから「①剽軽者、②道化者」の意に？

なまこたかり……☆色深い奴（一戸2）、☆滑稽な人（荒沢2）、同義語：なまっこ（舊南部）
　　　　　☆冗談ばかり言う人（南部町）、同義語：なまこ（早坂）
　　　　　☆巫山戯者（浄法寺・沼宮内・浅沢）
　　　　　　同義語：なまこ（沼宮内）、なまっこ（岩手）、なまこさがり（岩手）、なまっこさがる（岩手）

なまこだひと……道化者（舊南部）

なまだら……☆横着者（西和賀2）、☆図々しい人（山寺）
　　　　☆おろそかな（物事に）（人）（遠野・黒岩・平泉）、☆だらしのない者（岩手太田）
　　　　☆不真面目な人（石巻2）
　　　　☆怠け者・不精者（花巻採・西和賀・稗貫・岩崎・松崎・宮野目・一関・角田・亘理・七ヶ浜・岩沼・氣仙沼3・黄海）
　　　　　　同義語：なまだらもの（岩手・南外村・多賀城）、なまだらもん（白石2・仙台4）

☆のろまな人（湯口・西根・宮野目2・爾薩体・花巻10・佐比内・長岡2・江釣子2・新堀・田河津）
　　　同義語：なまがーだ（吉里吉里）、なまだな（岩手）、☆所作の生ぬるい人（仙臺6）
* 1)「なまだら」の「なま」は接頭語で、「だら」は「だる（懶）し」のこと。2)「なま」は「なま（懶）け」で、「だら」は「だら（弛緩）ける」の略。3)「なま」は「なま（生）」（鈍いの意）で、「だら」は2)と同様。

なまたらくさい……☆自堕落（仙臺2・仙臺10）

なまだらぢっけ……助平爺（盛岡11）
　　同義語：なまだらおやぢ（栗原・仙臺4）、なまんだらぢっこ（南鹿角）
* 「なまだらぢっけ」は「怠惰ら親父」で、「色を好む老人」の意。

なまっこ……怠け者・不精者（盛岡・大野2）
　　同義語：なまっこたがり（盛岡・安代）、なめぁこく（水堀）

なまづるぇ……狡猾（者）、横着（者）（会津2）、同義語：なまづるい（高平）
* 「なまづるぇ」は「なま狡い」。「①狡い（人）、②狡猾な（人）、③言いつけを聞かない（人）、④横着者」の意。

なまらはんか……未熟者（原町）、同義語：なまらはんぢゃく（浜通－福島3）、☆生半可（平内）

なめぁこく……生意気（な人）（稗貫）、同義語：なめえこく（八重畑）

なめろく……大酒飲み（西山形）

なもみたかり……怠け者・不精者（安家）
* 「なもみたかり」は「なもみ集り」。「なもみ」は①「囲炉裏に当たり過ぎると臑に出る赤い斑点」のことで、「仕事をしないで火にばかり当たっている者」則ち「怠け者」のこと。②「なまはげ」類似の「お化け」の意。

ならえはたき……不束者（小軽米2）、同義語：なれぇぱだげ（九戸中野）
* 「ならえはたき」は「①不束者、②未熟で中途で止めた職人、③貪り食う者」の意。

ならづもの……無頼漢（下有住2）
* 「ならづもの」は「破落戸（ならずもの）」。

ならなしかだり……無い物ねだりする人（気仙1）、同義語：ならんぼならし（釜石）
* 「ならなしかだり」の「ならなし」は「手近に無い物を欲しがる者」の意。

なりがみ……怒鳴る人（甲子）
* 「なりがみ」は「鳴神」。「①雷、②声の大きい人」の意。

なりごげ……馬鹿（秋田1）

なりにならぬやつ……言うことを聞かない人（仙臺6）
* 「人の言いなりにならない人」の意。

なりぬげ……不注意者、馬鹿（秋田1）
* 「なりぬげ」は「なり抜け」。「なりごけ、なりぬげ」は「馬鹿者」の意。

なりぱだけ‥‥‥行儀の悪い（人）（食物にたいして）（岩手太田・盛岡俚）
　＊「なりぱだけ」は「①食い意地張り、②食いしん坊」の意。

なりたや‥‥‥目立ちたがり屋（南部）
　＊「なりたや」は「鳴りた屋」。「目立ちたがり屋」の意。

なりんぼ‥‥‥☆臆病（県北−福島3）、☆癩病（福島2・石城）
　　同義語：なりぼう（大沼）、なりぼお（福島5）

なれぇぱだぎ‥‥‥横着者（大野2）

なれくさし‥‥‥怠け者（高平）
　＊「なれくさし」の「なれ」は「熟れ」または「馴れ」？「くさし」は「面倒くさがること」、「怠け者」の意。

なんか‥‥‥馬鹿で荒っぽい者（山寺）
　＊「なんか」は「①きかん坊、②暴れ者」のこと。

なんかもの‥‥‥☆悪漢（気仙1・気仙3・岩手・多賀城）、☆乱暴者（多賀城）
　　　　　　　☆不良の徒（釜石）、同義語：なんかんもの（岩手・若柳）
　＊「なんかもの」は「乱暴者、手に負えない者」の意。語源は①「何のかんの」の略、②「難関者、難堪者」より、③「南華（なんか）者」（取り留めのないことを言う人、愚か者）など。新潟では「なんくゎん」で「利かん坊」の意。

なんかんもの‥‥‥☆乱暴者（気仙5・米沢）、☆捻くれて手荒い者（胆沢3）
　　　　　　　☆扱いにくい者（河北）、同義語：なんこもの（能代2）
　＊「なんかんもの」は「手に余る乱暴者」のこと。

なんこんま‥‥‥役立たず（能代2）

なんぢゅう‥‥‥貧困（仙臺6）

なんぢゅうもん‥‥‥気難しい人（盛岡弁）
　＊「なんぢゅうもん」は「難渋者」。「気むずかしい人」の意。

なんば‥‥‥けちんぼ（山寺）
　＊「なんば」は「南蛮」。「けち、けちな人」の意。

に

にぇものぱだり‥‥‥無い物ねだりする（人）（西和賀2）
　＊「にぇものぱだり」の「にぇもの」は「無い物」。「ぱだり」は「ねだること」。

にぐだらしひど‥‥‥憎い奴（教−大間）
　＊「にぐだらしひど」は「憎たらしい人」の訛。

にぐもぢゃえ‥‥‥太った体質（の人）（平賀）

にげっと‥‥‥駆け落ち人（仙臺8）

 ＊「にげっと」は「逃人」。

にこはち……無能（な者）（下北16）
 ＊「にこはち」は「二五八」。「①いい加減にすること、②曖昧にすること」またはその人の意。

にすびと……盗人（山目）、同義語：にすと（山形・県北－福島5）
 ＊「にすびと」は「ぬすっと（盗人）」の訛。

にぞうさんすけ……低級な人、無風流な人（角間川）
 ＊「にぞうさんすけ」は「二蔵三助」。「二蔵三八」とも。「①平凡で何処にも居る人、②低級な人、③無風流な人」の意。

にたたね……決断力のない人（置賜）
 ＊「にたたね」は「煮立たないこと」で、「①煮え切らないこと、②決断力の無い人」の意。

にたりかん……ニタニタしている奴（下岩泉）
 ＊「にたりかん」は「にたり漢」。「①薄気味の悪い笑いを浮かべる奴、②ニタニタしている奴」の意。

にちゅう……下手くそ（桧枝岐）
 ＊「にちゅう」は「①未熟者、②素人、③半可通、④下手くそ、⑤怠け者」の意。

にでくてもあまる……余され者（大川平）
 ＊「にでくてもあまる」は「煮て食ても余る」こと。「煮ても焼いても食（か）れねぇ」と同義。「①手余し者、②厄介者」の意。

にてもやいてもくはれない……持て余し者（濱萩）
 ＊「にてもやいてもくはれない」は「煮ても焼いても食われない」。「持て余し者」の意。

にどわらす……惚け老人（原町）
 ＊「にどわらす」は「二度童」。「二度目の子供」で、「①老人になって気持ちが子供のようになってしまう人、②惚け老人、③還暦」の意。

にゃらご……弱虫、弱い者（秋田1）

にわはぎ……お世辞者（福岡・浄法寺2）
 ＊「にわはぎ」は「庭掃き」。「①下男、②お世辞者、③卑しい身分の者、④庭掃除を生業とする者」の意。ここでは②。

にんぐど……歯をむき出した様（平賀）

にんぢょがれ……不美人（七ヶ浜）
 ＊「にんぢょがれ」は「人形壊れ」？「不美人」の意。

にんにく……くどくどと言う人（九戸郡）

ぬ

ぬかりもの……下等な人（仙臺10）

ぬげ‥‥‥☆気抜け者（七ヶ宿）、☆間抜け者（多賀城）
　＊「ぬげ」は「抜け」。「①間抜け、②愚か者、③気抜け者」の意。

ぬげさぐ‥‥‥☆機転のきかない者（気仙1・気仙3・三陸・有住）
　　　　　　☆頓馬（飯坂5・岩手太田・盛岡俚・角田）
　　　　　　☆馬鹿者・間抜け（野田・滝沢2・大野2・涌津・仙台3・玉造）
　　　　　　　　同義語：ぬけさく（南郷）、ぬげでる（階上）、ぬっけ（早坂）
　　　　　　☆間抜け者（六戸・玉山・宮古方言・十和田・九戸村・沼宮内・甲子・二戸署・河北・花巻10・一関・岩手・楢葉・鳴子・浄法寺・西根・舊南部・真室川・矢本・大郷・気仙沼・石巻2・亘理・新田・大貫）
　　　　　　　　同義語：ぬげ（盛岡・種市2・錦木・秋田1）、ぬけさく（南部・気仙5・只見・鹿島台・宮城三本木・川西・栗原・岡小名・岩沼2）、ぬけすけ（鹿島台）、ぬげすけ（岩手・平泉2・石巻2）、ぬげもの（種市2）、ぬっけ（紫波）
　＊「ぬげさぐ」は「抜け作」。「ぬげ」は「間抜け」の略。「①間抜け者、②馬鹿者」の意。

ぬさんばり‥‥‥のさばり者（秋田鹿角・錦木・秋田7）
　＊「ぬさんばり」は「のさばり者」。動詞形「のさばる」は「①甘える、②巫山戯る、③蔓延る、④身体を伸ばす、⑤怠ける、⑥腹這いになる」の意。

ぬさんばりこ‥‥‥甘えん坊（南鹿角）

ぬすくしゃねご‥‥‥隙を見て盗んで食べる人（新田）、同義語：ぬすくらぇ（会津4）

ぬすと‥‥‥盗人（南部・大正寺・会津2・白鷹・添川・米澤・福島5・玉造）
　　同義語：ぬしと（県中－福島5）、ぬしほど（津軽2）、ぬしゅと（秋田市）、ぬすっと（南部・米沢）、ぬすびと（南部・米澤）、ぬすぶど（大川平）、ぬすみど（真室川）、ぬすみっと（桧枝岐）

ぬっけなし‥‥‥不器用者（真室川）
　＊「ぬっけある」は「器用である」こと。

ぬっぺだら‥‥‥優柔不断で暗愚な（人）（滝沢2）、同義語：ぬっぺらぼ（滝沢2）

ぬっぺらぼー‥‥‥馬鹿者・間抜け（宮古方言）

ぬっぺらぼう‥‥‥図々しい（人）（川井）
　＊「ぬっぺらぼう」は「のっぺらぼー」と同義。「①無能、②締まりのない人、③間抜け」の意。ここでは「図々しい人」の意。

ぬっぽ‥‥‥薄鈍（置賜）

ぬなし‥‥‥不器用（者）（小国2）

ぬびたれ‥‥‥弱虫（山形）

ぬへ‥‥‥常識外れで少し抜けている人（山寺）

ぬへんぼー‥‥‥愚者（会津2・会津－福島3・大沼）
　＊「ぬへろぐ」と同義。「馬鹿、間抜け」の意。

ぬらくらもの‥‥‥徒食者（宮古方言・紫波郡4）、同義語：ぬらくらもん（宮古）
* 「ぬらくらもの」は「のらくら者」と同義。「①放蕩者、②徒食者、③怠け者、④愚か者、⑤乞食」の意。

ぬりさく‥‥‥機転の利かない者（綾里）
* 「ぬりさく」は「温作」に同じ。「①機転の利かない者、②愚鈍な者」の意。

ぬれくれ‥‥‥怠け者・不精者（紫波郡4）

ぬるゆでへー‥‥‥ぼんやりしている者（原町）

ね

ねぁれぁご‥‥‥出来損ない者（秋田7）
* 「ねぁれぁご」は「①出来損ない、②身体の弱い者」の意。

ねえたんねばり‥‥‥無いの足りないのとだけ言うこと（人）（新田）

ねかもの‥‥‥猜疑心の強い人（秋田7）
* 「ねかもの」は「ねんかんもの」と同義。「ねんか」は「①極度に入念なこと、②慎重、③丁寧、④けち」の意。

ねがらげぁ‥‥‥寝るときぐずぐずする人（盛）
* 「ねがらげぁ」は「寝がらげぁ」。「がらげぁ」は「行い渋る様」。「寝渋る」の意。

ねぎ‥‥‥欲深く用心深い人（秋田7）

ねぎすり‥‥‥☆強情者・強情張り（西和賀）
　　　　　　☆泣き虫（附馬牛・西和賀2・江刺2・衣里・田原・黒石・岩谷堂・花山）
　　　　　　同義語：ねきすり（沢内・平泉）、ねぎすりわらし（子供）（西和賀2）、
* 「ねぎすり」は「①異議、②泣き虫、③駄々を捏ねる」の意。

ねぎすりがぎ‥‥‥☆駄々子（生母・玉里）、☆泣く子（胆澤3）、同義語：ねぢすりがぎ（一関署）
　　　　　　　　☆言うことを聞かない子供（栗原）

ねぎする‥‥‥弱虫（南都田）
* 「ねぎ」の動詞形「ねぎする」は「①泣く、②駄々を捏ねる」の意。

ねぎのかわ‥‥‥物を聞き出そうとする人（しつっこく）（盛岡）

ねくさる‥‥‥眠を貪って飽きることのない（人）（仙臺6）

ねぐだこぎ‥‥‥馬鹿丁寧で仕事が遅い人（庄内3）
* 「ねぐだこぎ」の「ねぐだ」は「①丁寧、②馬鹿丁寧」なこと。

ねぐだまぐ‥‥‥仮病（平賀）

ねくだら‥‥‥☆駄々を捏ねる人（気仙1）、同義語：ねぐだ（庄内－山形）、ねぐだ（庄内2）
　　　　　　☆泥酔した人が管を巻くこと、同義語：ねぐだら（気仙沼2）

＊「ねくだら」は「①駄々を捏ねる子供、②しつっこく物を言う者、③酔っ払って管を巻く人」の意。

ねぐだらわらし……泣いたりねだったり執拗に続けている幼児（新田）

ねくだりかだり……酒を飲んで文句を言う人（気仙1）
　　同義語：ねぐだ（田川）、ねくだかだり（気仙2）、ねくだり（気仙7）、ねだすり（岩手）

ねくたれ……首が短く身体が大きい人（南部）
　　＊「ねくたれ」は「ねくたれん」と同義。「身体が太くて首が短い人」の意。

ねごすけ……馬鹿（楢葉）
　　＊「ねごすけ」は「寝ご助」？「①朝いつまでも寝ている者、②馬鹿者」の意。

ねごつかえ……お世辞者（西和賀・宮古方言・沢内7）
　　＊「ねごつかえ」の「ねご（猫）」は「①寒がりや、②お世辞の巧い人、③愚か者、④好色漢、⑤売春婦」の意。ここでは②。

ねごどつき……訳のわからないことを言う人（西和賀2）
　　＊「ねごどつき」は「寝言付き」。「①夢のようなことを誠しやかに言う人（野田）、②訳のわからないことを言う人」のこと。

ねごてまま……不器用な人（手先の）（盛岡）
　　＊「ねごてまま」は「猫手まま」のこと。

ねこのしっぽ……おんつぁ（次三男）（会津4）
　　＊「ねこのしっぽ」は「あってもなくてもいいもの」のこと。転じて「居ても居なくてもいい者」すなわち「おんつぁ（次三男）」の意。

ねしょべたれ……寝小便垂れ、子供を罵って言う言葉（南部）

ねすり……駄々っ子（横川目）、同義語：ねすりごんぽ（気仙7）
　　＊「ねすり」は「①無理無体を言うこと、②駄々っ子、③酒を呑んで小言を言うこと」の意。

ねすりこぎ……理屈や因縁をつけて困らす人（気仙1・有住）

ねすりもの……☆執拗者（気仙3）、☆不平不満を言う者（気仙7）

ねたかもこ……無気力（山本）
　　＊「ねたかもこ」は「寝たかもこ」。「かもこ」は「陰茎」。「①無気力、②元気のない陰茎」の意。

ねぢ……☆強情、意地悪（岩木）、☆けち、しみったれ（角館）、同義語：ねぢくせ（庄内3）
　　＊「ねぢ」は「①強情者、②意地悪」の意。

ねちくされ……ねちねちした人（十和田）
　　＊「ねちくされ」は「ねち腐れ」、「ねち」は「①しつっこい人、②拗ねる人、③駄々っ子」の意。

ねぢくれもん……捻くれ者・旋毛曲り（岩泉・葛巻）
　　同義語：ねちくれもの（南外村）、ねちけもん（岩泉）、ねづけもの（栗原）
　　＊「ねぢくれもん」は「拗（ねじ）くれ者」。「捻（ひねくれ者）」と同義。

ねちけもの‥‥‥根性の曲った人（男鹿）

ねぢだもん‥‥‥強情張り（岩木）、同義語：ねちょっぱり（山寺）

ねちょふかい‥‥‥執念深い奴（男鹿3）
　　同義語：ねちょっけぁ（角館）、ねちょふけ（山本・峰浜）、ねちょぶけ（南部）、ねっちょう
　　ふかし（気仙5）、ねちょふけぁ（大正寺）、ねついやつ（栗原）、ねっちょぶかい（澁
　　民・大原・油島・花山）、ねっちょぶがいやつ（気仙3）、ねっちょぶふきゃ（比内・中仙）、
　　ねっちょふけ（秋田4・雄勝）、ねっちょぶげぁやず（気仙1・岩手）、ねっちょぶげぇ
　　（古川）、ねっつうぶかい（千厩）
　　＊「ねちょふかい」は「佞性深（ねっちょふかい）」。「①執念深い者、②捻くれた者、③態と人に
　　　反対する人」の意。

ねちょふけぇ‥‥‥物知りで他人の言うことを聞かない（人）（嘉瀬）

ねづ‥‥‥吝嗇者・けち（西和賀2・松ヶ崎）
　　同義語：ねぢくせ（温海）、ねぢこび（秋田1）、ねぢこんび（秋田7）、ねぢっぽ（温海・庄内
　　3）、ねつ（醍醐）、ねつい（白鷹・山形）、ねつえ（置賜）、ねづえ（豊里・鮎貝）、ねっ
　　か（山形）、ねっこび（秋田1）、ねづたがれ（西和賀2・角間川・由利）、ねつち（山形
　　漁村）、ねっづ（酒田・田川）、ねっづえ（大蔵）、ねづっぽ（庄内3）、ねづっぽー（大
　　鳥）、ねづっぴり（村山）、ねっつぴり（西山形）、ねっぴ（宮内）、ねっぴり（五百川・
　　白鷹）、ねっぺ（岩手）、ねっぺえ（気仙5）
　　＊「ねづ」の形容詞は「ねづい」。「ねづい」は「①吝嗇な、②丁寧な」の意。

ねっか‥‥‥☆丁寧すぎる人（一方井）、☆けちんぼ（長井）
　　＊「ねっか」は「①堅実、②けち、③丁寧すぎる人」の意。ここでは③。

ねっかもの‥‥‥意地悪くいつまでも恨みを忘れない者（古川）

ねづきゃす‥‥‥口を挟みたがる人（新田）、同義語：ねづかえし（仙臺6）
　●ねづみけし‥‥‥出しゃばり者（塩釜）
　　＊「ねづきゃす、ねづみけし」は「鼠返し」のこと。「①何にでも口を挟みたがる人、②出しゃば
　　　り者、③何もかも口に入れたがる人」の意。

ねっきり‥‥‥寝たっきり（岡小名）
　　＊「ねっきり」は「寝たっきり」の略。

ねつくつ‥‥‥決断力のない人（大鳥・石巻）
　　＊「ねつくつ」は「ねちくち」と同義。「①愚図愚図する様、②決断力のない人、③ねちねちする
　　　様、④しつっこい様」の意。

ねつくつもの‥‥‥因循姑息者（気仙1）、同義語：ねつらくつらもの（気仙1）
　　＊「ねつくつもの」の「ねつくつ」は「ねちくち」と同義。「ねちくち」は「①愚図愚図する様、
　　　②煮え切らない様、③躊躇する様」の意。

ねっくっらもの‥‥‥全てにぐずぐずしている者（三陸）
　　＊「ねっくらもの」は「①ぐずぐずする者、②ねちねちする者」の意。「ねつらくつらもの」は
　　　「①動作の鈍い者、②優柔不断な者、③しつこい人」の意。

ねっこぎり‥‥‥☆根ほり葉ほり聞く人（新堀）

　　　　　　　　同義語：ねっこきり（南部）、ねっこほり（大郷・室根）
　　　　　　　☆狭い人（宮古俚）、☆中々寝ない子供（宮古山田）

ねっこほり……☆諄（くど）く聞く人（川舟・盛岡・岩手・多賀城）、同義語：ねっこほる（岩手）
　　　　　　　　☆執拗に聞く者（東磐井・矢越・折壁・磐清水・田河津・摺澤・千厩・大貫）
　＊「ねっこほり」は「根掘り」。「ねっこほる」の名詞形。「ねっこほる」は「①諄く聞く、②根掘り葉掘り聞く、③しつっこくする」の意。

ねったかもこ……無口（者）（能代2）　＊「ねたかもこ」参照。

ねったぇし……駄目な者（西和賀2）、同義語：ねってぁし（北浦）
　＊「ねったぇし」は「①駄目な者、②無能」の意。

ねったれ……寝小便たれ（秋田1・中仙）、同義語：ねっちたれ（秋田1）、ねてんべん（置賜2）
　＊「ねったれ」は「ねっちたれ」の略。「ねっち」は「寝小便」のこと。

ねっちゃうもの……強情者（置賜－山形）

ねっちょ……☆執念深い（人）（西明寺・小国）
　　　　　　　同義語：ねちょ（河邊郡）、ねちょふかい（桃生雄勝）、ねっちょぶかい（仙臺6）、
　　　　　　　　　　ねっちょふけ（能代2）
　　　　　　　☆粘っこい人（楢葉）、☆けちんぼ（山寺）
　　　　　　　☆意地っ張り（置賜2・大沼・米沢3）
　　　　　　　同義語：ねっちょぱり（五百川）、ねっちょぶかい（九戸村）
　　　　　　　☆内気な人（高平）
　＊「ねっちょ」は「①悪戯、②強情（者）、③執念深い様、④けちんぼ、⑤粘っこい人」の意。

ねっちょぁふかぇわらし……意地っ張りな子（津軽8）
　＊「ねっちょぁふかぇわらし」は「ねっちょふかい子供」。「ねっちょふかい」は「執念深い、意地っ張りな」の意。

ねっつ……ねちねちした人（江刺）

ねっつけがぎ……捻くれっこ（五戸）
　＊「ねっつけがぎ」の「ねっつけ」の動詞形は「ねんつける」。「ねんつける」は「①拗ける、②いじける、③気難しくなる」の意。

ねづっぽ……☆欲張り者（由利）、同義語：ねっぺい（気仙1）
　　　　　　☆けちんぼ（小国）
　　　　　　　同義語：ねっつぐ（庄内2）、ねっぴ（南山形）、ねっぴり（山寺）、ねっぺー（多賀城）
　＊「ねづっぽ」は「①けちんぼう、②欲張り者」の意。

ねつねつでぇ……煮えきれない人（秋田5）
　＊「ねつねつでぇ」は「①愚図愚図する人、②煮え切らない人」の意。

ねっぴり……けちんぼ（尾花沢）

ねっぺいすり……執拗者、しつっこい人（気仙1）
　　同義語：ねすりもの（気仙1）、ねっぺいす（気仙3）、ねっぺーす（岩手）

ねっぺすり‥‥‥管を巻く人（遠野郷）
　＊「ねっぺすり」は「①執拗者、②しつっこい人、③理屈を言う人、④管を巻く人」の意。

ねづみつくり‥‥‥癲癇（大館3・能代2）

ねつらくつらもの‥‥‥因循姑息者（綾里）

ねつり‥‥‥我が儘勝手な人（嘉瀬）

ねづりや‥‥‥いつも皮肉を言う人（新田）

ねなすがだり‥‥‥法螺吹き（岩手）
　＊「ねなすかだり」は「根無語り」。「根拠のないことを言う人」の意。

ねばくせぇ‥‥‥鈍重、動作が鈍いこと（岩木）
　＊「ねばくせぇ」は「粘くさい」。「①動作がのろい人、②はきはきしない人」の意。

ねびたれ‥‥‥寝たきりの人（多賀城）
　＊「ねびたれ」は「①寝たきりの人、②寝小便をする人、③寝たままで屎尿を流す人」の意。

ねぶ‥‥‥気難しい人（石巻2）

ねぶがたぐり‥‥‥☆悪たれ者・ろくでなし（遠野2）
　　　　　　　　☆愚痴・小言を繰り返す（人）（遠野）、同義語：ねぶかたたり（稗貫）
　＊「ねぶがたぐり」は「根深手繰り」。「根深（ねぶか）」は「①葱、②酒癖の悪い人、③しつっこく他人に絡む人」の意。

ねぷけこき‥‥‥居眠り者（能代2）、同義語：ねぷかげ（男鹿4）
　●ねぷけやろう‥‥‥寝ぼけ野郎（原町）

ねべえやづ‥‥‥しつっこい人（秋田5）
　＊「ねべぇやづ」は「ねぺぁ奴」と同じ。「ねぺぁ」は「①入念な、②執念深い、③動作が鈍い」。

ねへもの‥‥‥役立たず（津軽8）
　＊「ねへもの」は「①寝せておくもの、②役に立たないもの、③無駄なもの」の意。

ねぼけかだり‥‥‥道理に合わないことを言う人（気仙沼）

ねぼすけ‥‥‥朝寝坊する人（江刺）
　　同義語：ねぼ（山形漁村）、ねほこぎ（仁賀保）、ねぼしけ（庄内3）

ねほれまなぐ‥‥‥寝ぼけ眼（栗原）
　＊「ねほれまなぐ」は「寝惚れ眼」。「寝ぼけ眼」の意。

ねほれもの‥‥‥寝惚れ者（仙臺6）
　＊「ねほれもの」は「寝ぼけ者」のこと。

ねもち‥‥‥娼婦（秋田－娼婦）
　＊「ねもち」は「寝餅」。「①蕨餅、②遊女」の意。

ねんかもの……用心深い人（男鹿3）
　＊「ねんかもの」は「用心深い人」のこと。

ねんかんもの……ならず者（宮城県本吉郡）

ねんぢ……拗ね者（津軽7）
　＊「ねんぢ」の動詞形は「ねんぢくれる」。「ねんぢくれる」は「①拗ねる、②捻くれる」の意。

ねんぢぐれわらし……捻くれっこ（花輪3）

ねんぢつぐり……癲癇（平賀）、同義語：ねづみつくり（大館2）

ねんぢれかしげ……臍曲り（秋田7）
　＊「ねんぢれかしげ」は「捻れかしげ」。「かしげ」は「①炊事、②軽々しい性格の女、③尻軽女」の意。

ねんつくたらもの……貴様の様な者（森田）

ねんつけわらし……駄々っ子（十和田）
　＊「ねんつけわらし」は「ねんちけわらし」と同じ。「旋毛曲り」の意。

ねんね……世間知らずの娘（只見）
　＊「ねんね」は「①姉、②赤ん坊、③年頃になっても子供っぽい娘のこと、④世間知らずの娘」の意。ここでは④。

ねんぴんかだり……☆屁理屈を言う者（岩手・多賀城）、☆捻くり者（多賀城）
　＊「ねんぴんかだり」は「ねんぴん語り」。「ねんぴん」は「①言いがかり、②苦情、③屁理屈」の意。

の

のうかれ……無能な者（仙臺7）
　＊「のうかれ」は「能枯れ」。

のうのげ……薄馬鹿・呆けた人（二戸郡）、同義語：のうのけ（軽米2）、のーのげ（階上）
　＊「のけ、ののげ」参照。

のけ……間抜け者（秋田7・河邊郡）
　同義語：のうのけ（軽米3）、のげ（南部）、のげさく（江刺・男鹿3）、のげもの（種市2）
　＊「のけ」は「のつけ」の略。「のつけ」は「①ぼんやり者、②間抜け③意気地なし④背の高い人」の意。または、「ぬけ」の変化したもの。「ぬけ」は「抜け」で「①間抜け者、②締まりのない者、③ぼんやり者」の意。

のげ……☆抜けた者・抜け作（種市2）、☆間抜け（能代2）

のげつら……抜け面（田川）
　＊「のげつら」は「抜け面」。「間抜け顔」の意。

のけなし……☆不器用者、無能な人（津軽2）、☆気の利かない者（一町田）

のけなす……能なし者・ぼんやり者（滝沢2）、同義語：のっけなす（滝沢2）

のさばり……☆甘えん坊（安家・秋田5）
　　　　　　☆横柄（者）（岡小名）
　　　　　　　　同義語：のさばりこ（秋田2・六郷）、のさばりっこ（六戸3）、のさばりやつ（仙臺8）
　　　　　　☆甘ったれ（野辺地）、同義語：のさばりこ（宮古・中仙）
　＊「のさばり」の動詞形は「のさばる」。「のさばる」は「①甘える、②巫山戯る、③蔓延る、④腹這いになる、⑤怠ける」の意。ここでは①。

のすびと……盗人（江刺・衣川・金ヶ崎・上口内・温海・酒田）
　　同義語：のしぇど（山形漁村）、のすと（会津2・温海）、のすぽど（森田）、のすみと（庄内－山形）、「のすびと」は「ぬすびと（盗人）」と同義。

のぞくび……覗き見（相馬2）

のそぼれ……自惚れ者（角田）
　＊「のそぼれ」の動詞形「のそぼれる」は「自惚れる」の意。

のちゃうふくすけ……気の利かぬ無頓着者（気仙5）、同義語：のっちょふくすけ（気仙1）
　＊「のちゃうふくすけ、のっちょふくすけ」は「①気の利かない者、②恥知らず、③無頓着者」の意。

のっかれ……☆無頓着者（気仙1）、☆気転なき者（気仙5）
　　　　　　☆無能者（西和賀2・沢内・岩手・鳴子・宮城三本木・古川・石巻2・新田・花山・桃生雄勝、河北・玉造）、同義語：のうかれ（涌谷・仙臺）
　　　　　　☆ブラブラしている者（仕事をしないで）（岩手）、☆怠け者（栗原）
　＊「のっかれ」は「①無能者、②身体が大きくて機転の利かない人、③無頓着者、④役立たず」の意。

のっかれほいど……役立たず（大貫）

のっけ……ぼんやり者（岩泉・遠野・綾織・松崎）、同義語：のっけなす（岩手郡）
　＊「のっけ」は「①ぼんやり者、②間抜け、③意気地無し、④背の高い人」の意。

のっけなし……☆愚か者（本宮）、☆能なし（飯岡5・岩手太田・盛岡俚・北浦）
　　　　　　　☆気のきかない人（比内）、☆役たたず（玉山・雄勝）
　　　　　　　☆意気地なし（津軽－東北・津軽8）
　＊「のっけなし」は「①意気地なし、②弱虫、③不器用者、④生活能力の弱い者」の意。

のっけなす……☆礼儀知らず（盛岡）、同義語：のふーぞー（盛岡）、☆物知らず（盛岡弁）

のっけぁねぁ……大人らしくない（人）（秋田6）

のっそー……☆愚かな人（岩手・多賀城）、同義語：のそ（中村）、のっぞ（蔵王）
　　　　　　☆怠け者（仙台原町）、同義語：のっそこぎ（藤沢）、のっつそこぎ（涌谷）
　　　　　　☆無能な人（仙臺4）、同義語：のっそお（室根）
　＊「のっそ」は「のっそりした人」のこと。「のっそり」は「①のろのろした様、②悠然と行動する様、③ぼんやり者、④馬鹿者、⑤怠け者」の意。

のっつお……☆仕事をしない役に立たない者（盛）
　　　　　　☆身体ばかり大きく無能な者（摺澤・石巻・県北－福島3・仙臺5）
　　　　　　☆無能者（中村・大原2・白石・七ヶ浜・仙台1・塩釜・七ヶ宿・東山2・黄海）

　　　　　　　同義語：のっつおもの（亘理・白石）、のっつおーたかり（白石）、のめっつお
　　　　　　　（七ヶ浜）
　　　　　　☆ぶらぶらしている者（鳴子・石巻2）、☆まともでない人、信用のない人（白石2）
　　　　　　☆放浪者（岩沼2）、☆役立たない怠け者（秋保）、☆のろい人（多賀城2）
　　　　　　☆薄鈍（岩手南）
　　＊「のっつお」は「のっそり」と同義。「①怠け者、②役立たず、③無能者、④ブラブラしている
　　　者」の意。

のっつぉつぎ……用もないのに出歩く癖のある人（石巻2）
　　同義語：のっそーあるき（仙臺7）、のっつお（七ヶ宿）、のっつおふり（大貫）
　　＊「のっつぉつぎ」の動詞形「のっつぉつぐ」は「ぶらぶらする」の意。

のっつおやろ……☆のらくら者（小牛田）、同義語：のっつおうやろ（南三陸）
　　　　　　　☆家に寄りつかない怠け者（岩沼）、☆役立たず（多賀城2）

のづのもの……流れ者（置賜）

のっとすり……泣き虫（胆沢町）

のっぺ……☆ぼんやり・無能者（秋田1）、☆ぼんやり者（南鹿角）
　　＊「のっぺ」は「①無能者、馬鹿者、②礼儀を知らない者、③怠け者、④図体のみ大きく無能な
　　　者」の意。

のっぺづら……無表情（高平）

のっぺなす……間抜け（涌谷・南三陸・石巻2）

のっぺい……仕事の鈍い人（男鹿）

のっぺいふくつ……機転のきかない者（気仙1・気仙5）、同義語：のへつく（気仙1・気仙3）

のっぺくろー……嘘（県北－福島3）

のっぺら……☆無能（な者）（長岡2・曾慶・折壁・田河津・千厩・原町）
　　　　　　☆間抜け（油島）、同義語：のっぺらぼう（南外村）、のっぺらぽん（南三陸）
　　　　　　☆痴人（金沢）
のっぺらもの……痴人（澁民）、同義語：のっぺり（東山）

のっぺらぼー……☆ぼんやり者（秋田3）、☆鈍感（錦木・秋田1）
　　　　　　　☆締まりのない者（秋田7）、☆無能な者（福島5）、☆長身の者（室根）
　　＊「のっぺらぼー」は「①背の高い者、②間抜け者、③無能者、④締まりの無い者、⑤うっかりし
　　　た様、⑥歩いた形跡のない雪原」の意。

のーてんほぁ……白痴（野木沢）
　　＊「のーてんほぁ」は「能転ほぁ」？「脳天気」と同義？「脳天気」は「①向こう見ず、②愚か者、
　　　③低脳者」の意。

のどこごと……不平をぶつぶつ言う人（中仙）
　　＊「のどこごと」は「喉小言」？

のなし……愚かな人（岩手）、同義語：のなす（江刺）
　＊「のなし」は「脳無」。「①無能、②仕事をしないでぶらぶらしている人」の意。

ののげ……薄鈍（うすのろ）（南部北）
　＊「ののげ、のうのげ、のーのげ、のんのげ」は「のけ」と同義。「脳抜」のこと。「①無能者、②役に立たない者、③馬鹿者、④薄鈍者」の意。

のーのげ……☆（やや）足りない人（種市2）、☆無能者（南部）
　　　　　　☆馬鹿者・間抜け（九戸郡・軽米・九戸中野・小軽米2）
　　　　　　　同義語：のぉのげ（大野2）、のっつお（西和賀2）、のんのげ（八戸23）

のはら……大食家（米沢・置賜・川西）

のふうぞく……野蛮人のような身なりの人（五戸）
　＊「のふうぞく」は「野風俗」。「①野蛮人の様な身なりをした者、②不作法な者、③不貞不貞しい者、④横着者、⑤我儘」の意。ここでは①。

のふぞうもん……☆不遜な奴、話の解らない強情な人（宮古山田）、☆ずぼらな人（宮古山田）

のふぞたかり……常識のない人（花巻）

のぶでやづ……図々しい奴（津軽2）、同義語：のぶでぇ（室根・東山2）
　＊「のぶでやづ」は「①野太い奴、②図々しい奴」のこと。

のへ……☆背の高い人（卑）（大館・鹿島台・宮城三本木・石巻2・角田・栗原・仙臺7）
　　　　　同義語：のひ（大館2）、のへぞ（南三陸）、のふぇっと（栗原）
　　　　☆うすのろ（甲子）
　　　　☆間抜け（秋田1・秋田北・南外村）
　　　　　同義語：のふ（秋田1）、のふぇ（秋田7）、のふね（河邊郡）、のぺ（一日市）
　●のーへ……背が高くて気の利かない人（松ヶ崎）
　＊「のへ」は「①背の高い人、②薄鈍、③間抜け、④野原」の意。

のへぞー……☆ぼんやりしている人（白石2）、☆下らない人（白石2）

のへぞなやぢ……傍若無人な奴（北荘内）

のへぢょ……色話と色事ばかり好きな人（男鹿）

のぼえど……怠け者、道楽者（石巻2）
　＊「のぼえど」は「野乞食」のこと。

のぼひたもの……逆上した者（南部）
　＊「のぼひたもの」は「逆上（のぼ）せた者」のこと。

のまい……のろま（岩手・花山）、同義語：のま（角田）、のまえ（仙臺5）
　＊「のまい」は「①仕事などが鈍（のろ）い人、②手ぬるいこと」の意。

のまんづ……下戸（平内）

のみたぇこ……酒好きの人（平賀）、同義語：のみてぇこ（平内）

のみぬげ……酒飲み（岩沼）
　＊「のみぬげ」は「飲抜」。「①大酒飲み、②飲んだくれ、③酔っ払い」の意。

のめすこき……☆遊蕩児（川西）
　　　　　　　☆怠け者（置賜）
　　　　　　　　　　同義語：のめしこき（会津2・只見・県南 - 福島3）、のめんこき（西白河）
　＊「のめすこき」は「①怠け者、②無精者、③遊蕩児」の意。新潟でも「のめしこき」は「怠け者」「怠惰者」の意。

のめぞー……乱暴者（山形漁村）
　●のめぞやろ……鉄面皮な奴（北荘内）、同義語：のめぞやろ（庄内3）
　＊「のめぞー」は「のめ蔵」。「のめる」は「①殴りつける、②殺す、③彷徨き回る、④怠ける、⑤前に転ぶ」の意。

のら……☆ろくでなし（南外村）、☆仕事しないで遊び歩く者（新堀）
　　　　☆為すことなくしている者（矢越）、☆ぼんやり者（雄勝）
　　　　☆怠け者（鳴子・山形漁村・野木沢）、☆遊蕩者（角田）、同義語：のらくら（會津）
　＊「のら」は「野良」？「①怠け者、②仕事をしないでブラブラしている者、③遊蕩者、④ぼんやり者、⑤浮浪者、⑥褌をしていない男の子、⑦ろくでなし」の意。

のらくらもの……怠け者・不精者（船越・宮古方言・花巻10・八戸23・江刺・岩手・男鹿3・福島5）
　　同義語：のらくら（黄海）、のらくらもん（仙臺7）、のらこき（陸中鹿角）、のらつき（米田・置賜）、のらもの（和賀 - 全方・長岡2）、のろけもの（普代 - 三陸北部）、のろずぎ（種市2）
　＊「のらくらもの」は「①与太者、②遊び暮らしている者」の意。

のらけもん……ブラブラしている者（仕事をしないで）（岩泉）

のらこぎ……怠けて遊び回っている者（岩手・平泉2）

のらちくしょう……怠け者（庄内3）
　＊「のらちくしょう」は「野良畜生」。

のらつき……☆職を持たないでぶらぶらしている者（南部北）、同義語：のろづぎ（南部）
　　　　　☆怠け者（南部方言・青森南部・米沢・宮内・置賜 - 山形・福島5）
　　　　　　　　同義語：のらづき、（五戸）

のらづぎ……落ちぶれ者（岩手）

のらづく……無頼漢（宿野部）

のらむすこ……仕事をしないで遊んでいる子供（玉山）

のらもの……☆怠け者、ごろつき者（岩手・眞瀧・多賀城）、☆怠け者、無職者（相馬）
　　　　　☆怠け者、役立たず（石巻2・白石）、☆怠け者（栗原・福島5・桃生雄勝）

のろけ……☆色に溺れる人（会津2）、☆遅鈍（大沼）、同義語：のろし（気仙5）
　　　　　☆のろまな人（西根・会津2・県南 - 福島3）
　　　　　　　　同義語：のろしけ（弘前）、のろすけ（舊南部・福島市松川・大沼）、のろっこ（種市 - 南部）、のんみぇぁ（徳田）

のろづき……遊蕩者・遊惰の人（上閉伊－全方）
　＊「のろけ」は「鈍け」。「①気の利かない者、②馬鹿者、鈍間、③遊蕩者」の意。

のんだくれ……☆大酒飲み。酔漢（佐倉河・気仙5・相馬・会津・鏡石・天栄・会津2・中郷・鳴子・宮内・山形・舊南部・西和賀2・亘理・新田・玉造）
　　　　　　　同義語：のんだぐれ（飯豊・江刺・岩手・日頃市・気仙3・盛・若柳・山目・若柳・大原2・原町・須賀川・南三陸・大貫）
　　　　　　　☆泥酔者（仙臺7）、同義語：のんだぐれ（大和2）

のんのげ……能なし（舊南部）

のんべい……酔漢（三陸・気仙3・綾里・眞瀧・田原・黒石・稲瀬・玉里）
　同義語：のだくれ（南部）、のべこたれ（西根・大萱生）、のべたぐれ（遠野1）、のべたれ（遠野1）、のみてぇこ（大川平）、のみぬけ（南部・秋田1）、のみぬげ（南鹿角・南三陸・石巻2）、のみのげ（江刺・石巻）、のんべ（嚴美・鳴子・宮内・置賜－山形・舊南部・置賜2・玉造・泉）、のんべー（岩手・宮城三本木・會津）、のんべぇ（下有住2・軽米3）、のんべやろ（置賜・庄内3）
　＊「のんべい」は「飲ん兵衛」。「①酔漢、②酔っ払い、③大酒飲み」の意。

のんべたがり……☆酔いどれ（盛）、☆大酒飲み（小牛田）、☆遊び人（南三陸）

は

はいからこぎ……流行を追う人（下北16）
　＊「はいからこぎ」の「はいから」は「①贅沢、②流行を追うこと」の意。

ばいた……遊女、飯盛女（濱萩・仙臺4・仙臺11）
　＊「ばいた」は「売駄」または「売女」のこと。

はいぢゃ……頭の働きの鈍い者（五戸－南部）

はいびょうたがり……肺病病みの人（三春－福島）
　＊「はいびょうたがり」は「肺病集り」。「①いつも咳をしている者、②気管支喘息の人、③肺結核患者」の意。

ばえこ……甘えっ子（白鷹）
　＊「ばえこ」は「そばえこ」（甘えっ子）の略。

ばが……気狂（立根）
　＊「ばが」は「馬鹿」。「ばが」は「①馬鹿者、②向こうみず、③短気、④悪い癖、⑤ものもらい（麦粒腫）」の意。

ばがかでぇ……☆馬鹿正直（者）（七ヶ浜）、☆堅くて融通の利かないこと（人）（仙臺7）

ばがけ……馬鹿野郎（津軽2・平内・仙南・大仙・秋田1・北浦・中仙）、同義語：ばがけぇ（弘前）

ばがこ……☆狂人（盛岡）、☆馬鹿者・間抜け（八戸在・南部町・宮古方言・舊南部）
　同義語：ばかこげ（気仙7）、ばかげ（錦木）

ばかそらぐ……愚か者（男鹿3）

ばがたぐれ……馬鹿者・間抜け（盛岡・宮古方言・軽米・滝沢2・種市2・五戸・江刺）
　　同義語：ばがったれ（盛岡）、ばがたがり（種市2）、ばかたくれ（倉沢・南部）、ばかたくれんこ（岩手）、ばがたっこ（南部）、ばかたれ（南部町・舊南部）、ばかなり（種市2）、ばかのそこの（仙臺6）、ばかはんけ（南部）

ばがびった……馬鹿娘（南部）

はかまやろう……野郎の髭の伸びない人（仙臺11）

ばがるまぇ……☆道化師（津軽）、☆馬鹿の真似（平賀）
　＊「ばがるまぇ」は「馬鹿振舞」の略。「①戯けた舞い、②馬鹿囃し、③道化師」の意。

はがわ……娼婦（山本郡－娼婦・能代2）、同義語：ばぐ（秋田－娼婦）

はぎのりょうぞり……兄弟同胞の仲が悪くなること（米沢2）
　＊「はぎのりょうぞり」は「萩の両反」。「揃って出た萩の茎が生長するに従ってお互いに反っていくこと」を兄弟仲にたとえたもの。

ばぐこぎ……嘘つき（秋田5・南外村）、同義語：ばく（秋田8・河邊郡）、ばしこぎ（南外村・中仙）
　＊「ばぐこぎ」は「嘘吐き」。「ばぐ」は「嘘」。「ばぐこぎ、ばぐまげる」は「嘘をつく」。

ばくされ……☆老婆（卑）（蔵王・河北）、同義語：はくたれ（野木沢）
　　　　　　☆ろくでもない者（秋保）
　＊「ばくされ」は「場腐れ」のこと。「茸などの盛りの過ぎた物」を「老婆」に例えたもの。

はぐた……☆除け者（涌谷）、同義語：はぐれもの（置賜）、☆一人前でない（者）（原町）
　　　　　☆半端者（岩沼2）
　＊「はぐた」の「はぐ」は「①半端、②半分、③奇数、④仲間外れ、⑤身体に異常のあること」の意。

はくたもの……☆仲間に同調しない者（山寺）、同義語：はぎる（大島）、はぐれ者（山寺）
　　　　　　　☆役立たず（山寺）

はぐったもの……一人前無い者・駄目な奴（南鹿角）、同義語：はぐたもの（秋田7）
　＊「はぐったもの」は「半人前（はぐたもの）」と同じ。

ばくれん……不身持（県北－福島5）

ばくれんおなご……素行の悪い女（江刺）
　＊「ばくれんおなご」は「莫連女」のこと。「莫連」は「①すれっからしの女、②阿婆擦れ、③性悪女」の意。

はご……仲間はずれ（大川平）
　＊「はご」は「はぐ」に同じ。「はぐったもの」参照。

ばこ……婆さん（卑）（庄内3）、同義語：ばぁご（室根）、ばっこ（庄内3）、ばんぶ（庄内3）

ばくたれ……祖母（卑）（七ヶ浜）

ばしけるやづ……騒ぎ廻る人（津軽2）
　＊「ばしけるやづ」は「ばしける奴」。「ばしける」は「騒々しく騒ぎ廻る」こと。

ばしこぎ……嘘吐き（六郷）、同義語：ばぐこぎ（秋田2）、ばしぃこぎぃ（秋田9）、ばすこげ（秋田2）

はしたもの……☆くだらぬ者（岩手）、☆半端者（秋田十和田）、同義語：はすたやろー（盛岡）
　＊「はすたもの」参照。

はしたやろう……☆異端者（岩手郡）、☆物の出来ぬ奴（澁民・東山・黄海・仙臺6）
　　　　　　　　☆一人前でない人（楢葉・胆澤3）、同義語：はしたびと（新田）
　　　　　　　　☆人並み以下の者（岩手）
　＊「はしたやろう」は「端野郎」。「取るに足らない人」の意。

はしゃぎもの……おっちょこちょい（岩手）
　＊「はしゃぎもの」は「はしゃぎ者」。動詞形「はしゃぐ」は「①樽などが乾いて隙間ができる、②巫山戯騒ぐ」の意。

はす……嘘（西明寺）、同義語：ばす（河邊郡）
　＊「はす、ばす」は「嘘、詐り」の意。「ばすこぐ」で「嘘をつく」。

ばす……女を罵って言う言葉（平泉2）、同義語：おなばす（平泉2）、ばっち（山形漁村）
　＊「ばす」は「女端（おなごばし）」の略。

はすたもの……☆満足でない者（石巻2）、☆詰まらない者（岩手）、☆仕事のできない者（泉）
　＊「はすたもの」は「半端物」または「端者」。「①一人前でない者、②馬鹿、③戯け者、④余り」の意。「はしたもの」は「端者」のこと。「端（はした）」は「①物の端、②傍ら、③半端、④一人前でない者、何もできない者、⑤馬鹿、⑥戯け者」の意。

はすたやろー……役に立たない奴（宮古）

はすりめあのめすつぶ……尊大な人（盛岡）
　＊「はすりめぁのめすつぶ」は「台所の流し前の飯粒」のこと。

はせがね……噂をふれ歩く人（鹿島台）
　＊「はせがね」は「馳鐘」？

ばせぼ……無力者（釜石2）
　＊「ばせぼ」は「①発育不良の小児、②無力者」のこと。

はだしがみ……放埓者（野田）
　＊「はだしがみ」は「裸足神」？「はたし」で「①放埓者、②金銭を無駄にする人」の意。

ばぢ……左利き（左ぎっちょ）（平賀・平内）

はちがけ……少し能力の劣る人（白鷹）
　＊「はちがけ」は「八掛け」で、「八分」と同義。「①一人前の能力のない人、②少し足りない人」の意。

はぢきもの……除け者（江刺）、同義語：はづぐ（山本）
　＊「はぢき」は「弾者（はぢきもの、はづきもの）」の略。「はぢきもの」は「①世間から相手にさ

れない者、②除け者、③村八分にされている人」の意。

はぢくれむすめ‥‥‥お転婆娘（一関・岩手）
　＊「はぢくれむすめ」は「お転婆娘」のこと。「はぢくれもん」とも。

はちけ‥‥‥仲間はずれ（大仙）、同義語：はつけ（涌谷）

はぢけ‥‥‥愚か者（米沢・置賜）

はぢけがぎ‥‥‥いじけ子供（一関）
　＊「はぢけがぎ」は「弾け餓鬼」。「①差し出がましい子供、②いじけ子供」の意。

はぢけもの‥‥‥☆拗ね者（一関）、☆剽軽者（岩手）、同義語：はづけもの（江刺）

ばちたがり‥‥‥罰当たり（野辺地・南部町・南部・岡小名）
　　同義語：ばぢたがり（六戸3）、ばっつたがり（十和田・南部）、ばづたがり（遠野1）
　＊「ばちたがり」は「罰集り」。「①罰当たり、②礼儀知らず」の意。

はぢめこ‥‥‥利口ぶっている子（大川平）
　＊「はぢめこ」の「はじめ」は「①利口な、②利発な」の意。

はちゃめぎ‥‥‥お転婆娘（西和賀2）
　　同義語：はちゃがり（南部）、はっちゃがり（十和田）、はっちゃけ（置賜）、はっちゃめぎ（飯豊）
　＊「はっちゃめぎ」の「はっちゃ」の動詞形は「はっちゃがる」。「①飛び上がる、②跳ね上がる」の意。

はっかけ‥‥‥歯の欠けた人（軽米2・石巻・蔵王・仙臺4・仙臺11）、同義語：はっかげ（大郷）

はっかげばっけ‥‥‥歯の欠けた老婆（盛岡）
　＊「はっかげ」は「歯欠け」。「はっかげばっけ」は「歯欠婆」のこと。

はっきょおぎ‥‥‥知ったかぶり（十和田）
　＊「はっきょおぎ」は「八卦置」。「①占いを生業とする者、②易者、③知ったかぶり」の意。

はっけおき‥‥‥売卜者（桃生雄勝・仙臺5）

ばっくらもの‥‥‥明け透けな人（岩沼）

はづくづたがり‥‥‥卑猥なことを言う人（宮古山田）

ばっこ‥‥‥☆小さい子供（栗原）、☆末っ子（多賀城）

ばっこたれ‥‥‥相手を貶した言葉（会津3）
　＊「ばっこたれ」は「糞垂れ」のこと。

はっしぇーぐすすびんぼー‥‥‥何でもできるので、それが禍していつも貧乏している人（白石2）

はったぎ‥‥‥☆痩せた人（藤沢・中村・原町・北荘内・置賜・石巻2・七ヶ浜・庄内3・秋保）
　　　　同義語：はたぎやま（能代2）、はったぎっこ（下田採）、はったげ（庄内3）
　　　☆馬鹿（者）（会津－福島3）、同義語：はったげ（会津－福島5・大沼）

＊「はったぎ」は「飛蝗（ばった）、蝗」のこと。「飛蝗のように痩せ細った人」を譬えたもの。

ばっち‥‥‥☆末っ子（卑）（庄内3・會津・野木沢・花山・玉造・泉・能代2・仙臺5）
　　　　　　同義語：ばっちこ（置賜・相馬2・桃生雄勝）、はっけこ（県北－福島5）、ばっちゅ（岡小名）、ばっつ（福島5・河北・秋保・多賀城2）、はっつっこ（七ヶ浜）、ばやこ（平賀）
　　　　　☆女の子（卑）（庄内3）
　＊「ばっち」は「①末っ子、②次男次女、③長女以外の女の子、④女の子、⑤子供」の意。

はっちゃ‥‥‥☆白痴の男（北荘内）、☆知能の低い人（庄内3）

はっちゃけ‥‥‥お転婆（置賜2）、同義語：はっちゃれ（置賜2）
　＊「はっちゃけ」の動詞形は「はっちゃがる」。「跳ね上がる、反り返る」の意。「はっちゃけ」は「跳ね上がり娘」のこと。

はっちゃーご‥‥‥三日坊主（九戸村）
　＊「はっちゃーご」は「八細工」の転。「何でも出来るように見えて、何もできないこと」の意。

はっつぇろぐ‥‥‥八方美人（下岩泉）
　＊「はっつぇろぐ」は「はっつーろく」と同じ。「①何でも器用でよく出来る人、②万能者」の意。

はってんか‥‥‥女漁りをする人（次々と）（盛岡）
　＊「はってんか」は「発展家」のこと。「①思うままに振る舞うこと、②次々と女漁りをする人」の意。ここでは②。

ばっぱ‥‥‥馬鹿者（県北－福島5）

ばっぶん‥‥‥愚か者（津軽7）
　＊「ばっぶん」は「八分」。「八分」は「①少し足りない人、②一人前でない人、③愚か者」の意。

はっぺし‥‥‥大食漢（いわき）
　＊「はっぺし」は「①大食、②大食漢、③いっぱい、満員」の意。

はっぺしゃろ‥‥‥大馬鹿者（庄内3）

はづもんせん‥‥‥低脳（者）（七ヶ浜）
　＊「はづもんせん」は「八文錢」。「少し足りない人、低脳者」の意。

はづもんだ‥‥‥脳の足りないこと（人）（岩沼）

はでぁないやつ‥‥‥際限がない人（南部）
　＊「はでぁないやつ」は「果てがない奴」のこと。「はでぁない」は「①動作の鈍い、②手足が思うように動かないこと、③きりがない」の意。

はてないやつ‥‥‥遅い者（仙臺8）

ばてれんもの‥‥‥☆お転婆（摺澤・仙台3）
　　　　　　　☆気の荒い者（多賀城2・仙台4・仙臺10）、☆女の品行さすめる者（仙臺6）
　＊「ばてれんもの」は「伴天連者」。「伴天連」は「①元気な娘、お転婆、②蓮っ葉な娘、③放蕩者」の意。

はてんき‥‥‥陽気な人（いわき）
 ＊「はてんき」は「派手気」。「①派手な気性、②浮気な様、③お洒落、④陽気な人」の意。ここでは④。

はど‥‥‥☆技量のない人（九戸村）、☆不器用な人（大野2・小軽米2・九戸郡・九戸中野・軽米2）
　　　　☆下手くそ（野田）
 ＊「はど」は「鳩」。「鳩は自分で巣を作らない」ことより、「①技量の無い人、②不器用者、③下手くそ」の意。

はなきかず‥‥‥臭覚の鈍い人（軽米－南部・平内）、同義語：はなぐす（庄内3）
 ＊「はなきかず」は「鼻聞かず」。「きかず」は「耳の聞こえない人」のこと。転じて「臭覚の鈍い人」の意。

はなくされ‥‥‥☆心の根が腐っている人（津軽2）、☆相手を馬鹿にする時に使う（卑語）（大川平）
　　　　　　☆鼻が悪くて発音が悪い（人）（平賀）
　　　　　　　同義語：はなくさり（濁音で話す人）（男鹿）、はなくされこ（鼻にかけた物を言う人）（津軽8）、はなくた（仙臺6）、はなふが（仙臺6）
 ＊「はなくされ、はなくさり」は「鼻腐（はなくた）」。「①鼻が悪い人、②鼻閉、③鼻声、④嗅覚の悪い人、⑤人を罵倒する言葉、⑥梅毒患者」の意。

はなたらし‥‥‥☆意気地なし（女房に甘く）（岩手太田）、☆好色漢（二戸署・南部・津軽8・平内）
　　　　　　☆女性に甘い男（下北16・平内）、☆助平者・小僧（南部町）、☆未熟者（十和田）
　　　　　　☆間抜け・馬鹿（田代）、☆悪童（大川平）、☆青二才（津軽8）、☆鼻垂らし（平賀）
　　　　　　☆子供を罵って言う言葉（能代2）
 ＊「はなたらし」は「鼻垂らし」。「①鼻汁垂れ、②愚か者、馬鹿者、③好色漢、④子供・未熟者・女を罵って言う言葉、④助平野郎、⑤青二才、⑥蝋燭」の意。

はなたれ‥‥‥役立たず（山寺）

はなたれがぎ‥‥‥洟たれている子供・鼻垂餓鬼（仙臺4・仙臺7）、同義語：はなたらし（濱萩）

はなっかけ‥‥‥はにかみ屋、内気者（桧枝岐）

はなのしたぞうりみち‥‥‥暮らしの成り立たないこと（人）（米沢2）
 ＊「はなのしたぞうりみち」は「鼻の下草履道」、「鼻の下が干せること」で、「飯が食えない」の意。

はなはつけ‥‥‥除け者（津軽2）、同義語：はなはんつけ（津軽8）
　●はなはんつけ‥‥‥鼻つまみ者（津軽17）
 ＊「はなはつけ」は「①仲間外れ、②相手にしないこと、③仲の悪いこと、④肘鉄砲を食わすこと」の意。「はつけ」は「顔を背けること」の意。

はなびっちょ‥‥‥鼻の低い人（卑語）（鮎貝・置賜・川西・七ヶ浜・桧枝岐）
　　　同義語：はなしちょげ（南部）、はなひすぎ（胆澤3）、はなぴすげ（白石）、はなびちゃ（山形漁村）、はなびちょ（南部・温海・岩沼・庄内3）、はなぴちょ（米沢・宮内・山形・石巻2・亘理）、はなひちょげ（軽米3）、はなぴっぴ（石巻）、はなべちゃ（能代2）、はなべっちょ（南部・大館2）
 ＊「はなびっちょ」は「鼻びっちょ」。「鼻が潰れた様に平らになっている人」の意。

はなまがり‥‥‥旋毛曲り（山形漁村・庄内3）

* 「はなまがり」は「鼻曲り」。「①雪下駄に鉄の棒をつけて滑るようにしたもの、②塩鮭、③旋毛曲り、④偏屈者」の意。ここでは③。

はねっぴ……何かを聞くとすぐ喋り回る者（秋保）

はねぴ……☆尻軽女（蔵王）、☆お転婆（岩沼）、同義語：はねごす（大郷）、はねっかす（山寺）

はねびもの……軽はずみな者（玉造）

はねぴん……上っ調子で落ち着きなく気の変わりやすい者（古川）
* 「はねぴ、はねぴん」は「①落ち着きがなく軽薄な者、②尻軽女、③お転婆」の意。

ぱーぱー……青二才（種市2）
* 「ぱーぱー」は「ペーペー」と同義。「青二才」の意。

はばきき……権勢・権力にある人（三陸・綾里）

ばばたれ……大便を漏らす子（温海・庄内3）
* 「ばばたれ」は「糞垂れ」。「①人を罵って言う言葉、②大便を漏らす子供」の意。

ばばならしご……☆祖母の育てた子（胆澤3・黄海）
　　　　　　　　☆甘やかされて育った子（祖母の手で）（野辺地・濱萩・仙臺7）
　　　　　　　　同義語：ばばならしこ（仙臺4・氣仙沼3）、ばばならすご（石巻・気仙沼）
* 「ばばならしご」は「婆馴子」。「祖母の手で甘やかされて育った子」の意。

はぶかけ……間抜け、薄ら馬鹿（津軽2）、同義語：はぷかけ（弘前）、はぷかげ（大川平）
* 「はぶかけ」は「半分欠け」の略。「①薄馬鹿、②中途半端であること」の意。

はまたろ……浜辺に住む男（卑）（角田）

はまのおば……遊女（庄内3）

はめちこ……仲間外れ（川西）

はめぬげ……好色漢（角田）

はやがねつぢ……噂など軽々しく言い広める人（白石2）
* 「はやがねつぢ」は「早鐘搗き」。「噂を流して歩く人」の意。

はやけつ……浮気女（平賀）

はやこぶす……口よりも手が先に出る人（盛岡・岩手）
　　同義語：はやこぶし（九戸郡・石鳥谷4・軽米2）、はやこぼし（津軽8・平賀）
* 「はやこぶす」は「早拳（はやこぶし）」のこと。「①短気な人、②子供の頭を叩くのが癖になっている人、③すぐ拳を振るう人」の意。

はやすけ……☆勢にはやる人（岩手）、☆軽はずみな人（胆澤3）
* 「はやすけ」は「早助」。「①使い走りをする人、②勢いにはやる人、③軽はずみな人、④お転婆」の意。ここでは②。

は

はらだつぎ‥‥‥嘘吐き（西山形）、同義語：はなだこぎ（七ヶ浜）、はらだこぎ（南山形）
　＊「はらだ」は「嘘」（山寺）。「はらだかたる」は「嘘をつく」こと。

はらだくだい男‥‥‥まともではなさそうな男（村山）
　＊「はらだくだい男」の「はらだくだい」は「はらだくさい」と同義。「①いい加減な、②腹立たしい」の意。

はらりやろ‥‥‥生意気野郎（村山－山形）
　＊「はらりやろ」は「はらり野郎」。「はらり」は「①生意気な、②お喋り、③助平」の意。

はらをひく‥‥‥人の感情を害す（人）（隠語）（桃生雄勝）

はりはづし‥‥‥長高き人（卑）（仙臺4）、同義語：はりはつし（仙臺11）
　＊「はりはづし」は「梁外し」。「背の高い人」の意。

はるなた‥‥‥虚言（濱萩）

はんか‥‥‥☆薄馬鹿（南部・津軽3・石巻2・桃生雄勝）
　　　　　　　同義語：はんかくさぇ（大正寺）、はんど（津軽3）、はんしゅ（津軽3）
　　　　　　☆馬鹿者・愚か者（八戸在・弘前・津軽5・津軽13・鹿島台）
　　　　　　☆狂者（岩手・多賀城）、☆少し愚かな者（津軽12）
　　　　　　☆短気（大蔵）、同義語：はんかたかり（大蔵）
　　　　　　☆生意気（庄内と村山－山形・玉造）
　＊「はんか」は「半可」。「①未熟なこと、②中途半端なこと、③馬鹿、愚か者、④軽薄、⑤落ち着きのない様、⑥悪戯、⑦生意気、⑧狂気、短気」の意。

はんかくさ‥‥‥たわけもの、足りない奴、おっちょこちょい（津軽8）

はんかくさぇ‥‥‥☆気短な（人）（西和賀2）、☆半可通（平賀）

はんかくせ（え）‥‥‥☆常識のない（人）（雄勝・子吉川）、☆思慮の足りない（人）（九戸村）
　　　　　　　　☆未熟者（甲子）
　　　　　　　　☆低脳者（南外村）
　　　　　　　　　同義語：はんかくしぇ（少し足りない奴）（山本）、はんかけ（一町田）
　　　　　　　　☆軽薄（能代2）
　　　　　　　　☆馬鹿（津軽6・峰浜）
　　　　　　　　　同義語：はんかくさい（南部・森田）、はんかくせはんかけ（大川平・岩木）、はんけくそ（津軽2）、はんかくしゃ（比内・田代）

はんかこぎ‥‥‥癇癪持ち（尾花沢）、同義語：はんかたがり（尾花沢）

はんかたがり‥‥‥☆半人前・馬鹿者（五戸）
　　　　　　　☆（やや）足りない人（種市2）
　　　　　　　　同義語：はんかたぐれ（南部）、はんかもの（南部）、はんかたれ（軽薄者）（秋保）

はんかもの‥‥‥☆愚か者・うつけ者（早坂・気仙1）
　　　　　　☆半可通（釜石・江刺）、知ったかぶりをする人（矢本・石巻2）
　　　　　　☆中途半端な者（矢本）、☆ハイカラ者（多賀城）
　　　　　　☆一人前でない者（河北）、☆不良っぽい人（楢葉）

☆道理のわからない者（仙台2）
　　　　　　　　同義語：はんかもん（どっちつかずの役立たずな人）（宮古）
　　＊「はんかもの」は「半可者」。「①中途半端、②未熟、③知ったかぶり」から「①馬鹿者、②愚か
　　　者」の意。

ばんくらへ‥‥‥ちぐはぐな奴、おっちょこちょい（津軽9）
　　＊「ばんくらへ」は「番狂」。「①物事の具合の悪いこと、②愚か者、③おっちょこちょい、④ちぐ
　　　はぐな者」の意。

はんけ‥‥‥☆半人前（津軽2）
　　　　　　同義語：はんか（舊南部）、ばんかもの（宮古方言）、はんけまち（秋田十和田）、
　　　　　　　　　　はんこめ（北荘内・庄内3）、はんちょめ（庄内3）、はんてこ（下岩泉）、
　　　　　　　　　　はんぱもの（南部町）
　　　　　☆短気（置賜）
　　＊「はんけ」は「①半分くらい、②半人前、③短気、④法螺吹き」の意。
　●はんけまち‥‥‥馬鹿（大館2）

ばんこ‥‥‥淫売婦（一日市）

はんこわがぜ‥‥‥仕事を碌にできない若者（庄内3）

はんしゅ‥‥‥☆足りない人間（津軽4）、☆愚か者（平賀）
　　＊「はんしゅ」は「はんか（半可）」と同じ。「①馬鹿、②愚か者、③鈍間、④軽薄者、⑤足りない
　　　人、⑥落ち着きのない人」の意。

ばんた‥‥‥穢多（いわき・原町・会津－福島4・大沼・北會津・会津3）
　　＊「ばんた」は「番太郎」の略。「①穢多、②新平民、③賤しい人」の意。

はんだーすねご‥‥‥土足のまま上がる人（宮古山田）
　　＊「はんだーすねご」は「裸足猫」。「裸足のまま出入りする不作法な人」の意。

はんちゃくれぇ‥‥‥薄馬鹿者、間抜け者（岩木・一町田）

はんぢょろし‥‥‥私娼（会津－福島4・大沼）
　　＊「はんぢょろし」は「半女郎」。「私娼」のこと。

はんつけ‥‥‥仲間はずれ（南部・大川平）

はんなだ‥‥‥嘘（矢本・多賀城2）、同義語：はんなた（會津2）
　　＊「はんなだ」は「はらた」と同義。「嘘」の意。

はんぱもの‥‥‥☆独身者、半人前（南部）、☆行いの悪い人（仙台2）
　　＊「はんぱもの」は「半端者」。「はんぱ」は「①頭の足りない者、②粗忽者、③半人前、④未熟者、
　　　⑤独身者」の意。

ばんぼ‥‥‥☆娼婦・淫売婦（西山形・豊里・長井・米沢・最上－娼婦・宮内・真室川・村山と置賜
　　　　　　－山形・添川・置賜2）
　　　　　　同義語：ばいた（仙台－娼婦）、はがわ（山本－娼婦）、ばぐ（秋田－娼婦）
　　　☆酌婦（鮎貝）

ばんぽ……粗雑な人（庄内3）
　＊「ばんぽ」は「①だだっ広い様、②締まりの無い様、③売春婦、私娼」の意。

ひ

ぴぇぴぇ……一人前になったばかりの者（西和賀2）
　＊「ぴぇぴぇ」は「ぴーぴー、ぱーぱー」と同じ。「①やっと一人前になった者、②相手に足りない者、③ペーペー」の意。

ひがだたがれ……怠け者・不精者（西和賀2）
　　同義語：ひがだたがり（古語）、ひがたたぐり（江刺・花山）
　＊「ひがだたがれ」は「火型集れ」。「ひがた」は「炉縁で火に当たっている時に大腿から臑に出来る紅い斑点」のこと。「仕事もしないで火に当たっている」ことから「怠け者」の意。

ひがらめ……斜視（能代2）

ひかるわらし……夜遅くまで寝たがらない子供（気仙7）、同義語：ひからひから（東山2・黄海）
　＊「ひかるわらし」は「ひかる子供」。「ひかる」は「子供が夜遅く迄起きていること」の意。

びきぁ……姦通婦（岩手）
　＊「びきぁ」は「ひきぢり」の略。「情婦・姦通婦を罵って言う言葉」。

ひきぢり……☆締まりのない女（中通り－福島4）、☆無性者（野木沢）、同義語：ひきづり（野木沢）
　＊「ひきぢり」は「引摺」。「①阿婆擦れ女、②情婦、③役立たず、④無性者、⑤意気地無し」の意。

ひきづりまなこ……色目（仙臺4）
　＊「ひきづりまなこ」は「引き摺り眼」。「①色目、②流し目」の意。

びぐだれ……☆びっこの人（男鹿）、同義語：びくたら（平内）、☆弱虫（米沢・置賜－山形）
　＊「びぐだれ」は「①弱虫、②臆病者、③片足に障害を持っているため普通に歩けない人」のこと。

ひくひく……落ち着きのない人（松ヶ崎）
　＊「ひくひく」は「①そわそわ、②落ち着きのない人、③軽率な様、④びくびくしている様」の意。

ひげぁーす……貧弱な体の弱い人（大鳥）

ひげぢょろ……口の達者な人（能代2）

ひこがし……骨惜しみする人（仙南・南外村）

ひごき……怠け者（花輪－南部）

ひごすけ……誤魔化し言葉を言う人（石巻2）、同義語：ひこすげ（会津－福島4・北會津）
　＊「ひごすけ」は「ひご助」。「ひご助」は「ひごすい」と同義。「ひごすい」は「①酷く狡い人、②表裏のある人、③欲張り」の意。

ひごぢょっぱり……強情者（南部）

ひごま……休みなく働く人（森田）

びしたれ……吝嗇者・けち（南鹿角）
　＊「びしたれ」は「しんびたれ」と同義。「けちん坊」の意。

ひしゃく……娼婦（酒田－娼婦）
　＊「ひしゃく」は「柄杓」。「①片手桶、②下等な娼婦」の意。

ひしゃぐなし……用なし（藤沢）

びしょくされ……甚だしい無精者（秋保）

びしょたがり……☆不潔な人（盛岡・宮古方言・矢巾・滝沢2）
　　　　　　同義語：びしょ（釜石）、びしょうなし（小野）、びしょなし（釜石・三川・古川・庄内3）、びしょたね（三川）、びしょたれ（岩手・温海・山形漁村・庄内3）、びそーたがり（吉里吉里）
　　　　　　☆だらしない人（女）（蔵王）、同義語：びしょだれ（山寺）
　＊「びしょたがり」は「無精集れ（ぶしょうたがれ）」。「無精」は「①不潔な、②怠け者」の意。また「びしょたれ」は「無精垂れ」。

びしょてね……汚い者（浄法寺・浅沢）

びしょなし……☆心に締まりのない人（気仙1・岩手）、☆身嗜みが汚い（人）（田川・花山）
　＊「びしょなし」は「無精なし」。「無精なし」は「①だらしない人、②不潔な人、③卑猥な人④締まりのない人」の意。「なし」は接尾語。

びしょなす……だらしのない者（遠野2）
　　同義語：びしょうなし（有住・大鳥）、ひしょたい（人）（最上－山形）、びしょたれ（北荘内）、びしょなし（秋田6・鳴子・庄内2）、びしょねぇ（子吉川）

びす……鼻の低い者（秋田市）
　　同義語：びし（河邊郡）、びったはな（多賀城・胆澤3）、びっちょばな（置賜2）、びっぴすぎはな（胆澤3）
　＊「びす」は「拉鼻（ひしょげばな）」の略。「①鼻の低い者、②鼻ぺちゃ」の意。

びだい……女性（卑）（岩手・江刺2・矢越・日形・岩谷堂・仙台3・花山）
　　同義語：びし（仙臺6）、びす（福島2）、ひだ（原町）、びた（相馬）、びだ（楢葉・福島4・高平・岡小名）、びたい（黒石・気仙5・曾慶・会津2・いわき・鳴子・福島2・石城・大沼・玉造）、びだかす（高平）、びたこ（花山）、びだっこ（花山）、びだり（津軽4・大川平・平賀・平内）、びで（白石2・岩沼・蔵王・會津）、びぇぁ（一関・気仙4・盛・折壁・千厩・上有住・岩谷堂・藤沢・気仙7・石巻・七ヶ宿・多賀城）、びてぁ（千厩署）、びぇぁかし（上有住）、びぇぁこ（永井・石巻）、びてぃ（南郷・古川・福島5・北會津）、びでぃ（白石・桃生雄勝・会津4）、びでぇ（南都田・嚴美・中村・石巻2・角田・河北）、びでぃっこ（仙台2）、びてぇ（仙台1・相馬）、ひでぇぁ（金ヶ崎）、びでぇぇ（田島）、びでぇこ（矢本・大郷・石巻2・大和2）
　＊「びだい、びで、びった」何れも女性を卑しめて言う言葉。①「媚態（びたい）」、②「平びったい」の略、③タミル語で「ぺったい（少女のこと）」、④「びった」の転、⑤「粗悪銭（びた）」由来の説も。

びだくそつかむ……姑の気に入らない嫁（七ヶ浜）

びだすけ……醜女（しこめ）（遠野2）、同義語：びっちょづけ（五戸）、びぇぁ（気仙1）

びだっこ……不器量（女）（いわき）

ひだりあげ……☆酔漢（気仙1）、☆飲酒家（気仙3）、同義語：ひたりあげ（気仙5）
　＊「ひだりあげ」は「左上」。大工の左を「鑿手（のみて）」といい、そこから「酒飲み、酔漢、左党」が生じた。

ひだりこぎ……左ぎっちょ、左利き（気仙1・いわき・石巻・仙臺・庄内3・山寺・相馬2・會津・高平・北會津・秋保・黄海）
　　同義語：ひだりけっちょ（涌谷）、ひだりちっち（北荘内）、ひだりちょっき（仙台4）、ひだりちょっけ（石巻2・新田・大貫・泉）、ひだりちょっけぁ（気仙1・鳴子・涌谷）、ひだりちょっけぇ（河北）、ひだりばち（津軽15・大館2）
　＊「ひだりこぎ」は「左利き」のこと。

ひだりまぎ……頭の少し変な人（南部町）
　＊「ひだりまぎ」は「左巻」。「①頭の少し変な人、②愚鈍な人、③間抜け、④変人」の意。

ひだりむづけ……旋毛曲り（盛岡・玉山）、同義語：ひだりむつけ（岩手）、ひだりむんつけ（盛岡）
　＊「ひだりむづけ」は「左憤け」。「左」は「酒、酒飲み」で、「むつけ」は「①小言を言う、②腹を立てる」の意。又は、「ひだり」は単に「臍曲り」の意？

びだれ……☆不潔・不精（な人）（西山形）、☆だらしない（人）（村山−山形・村山・山寺）
　　　　　☆物をいつも乱雑にしておく人（山寺）

びだれなす……しまりのない人（滝沢2）
　＊「びだれなす」は「①締まりのない者、②馬鹿者、③不潔な人」の意。

ひち……小馬鹿者（九戸郡）
　＊「ひち」は「少し馬鹿な人」の意。

びぢょなす……汚く締まりない者（岩手）

ひっからび……痩せている人（有住）
　＊「ひっからび」は「①がらがらに痩せている人、②餓死者」の意。

ひっかり……斜視（福島2・北會津）
　　同義語：ひがた（大館3）、ひがらめ（田川）、ひっか（相馬2・北會津）、ぴっかり（庄内3・仙臺7）

びっき……☆女の子（卑）
　　　　　同義語：びー（野木沢）、びたい（東磐井）、びった（南部）、びったかす（姫神）、びったり（八戸2）、（角田）
　　　　　☆幼児（卑）（多賀城）
　＊「びっき」は「①蛙、②蝦蟇、③女の子、④赤ん坊」の意。

びっきやろ……嫌な奴（庄内3）

びっきわらし……青二才（森田）

ひっこがし……☆億劫がり屋（大仙）、☆怠け者（六郷）
　＊「ひっこがし」は「せっこぎ」と同義。「骨惜しみする人」の意。

ひったくれ……仕事を嫌がる人（北浦）

びったっこ……足の不自由な人（会津4）
 ＊「びったっこ」は「足をびっこたっこと歩く人」のこと。

びったばな……低い鼻（金沢）

びっちく……背の低い人（卑語）（楢葉・小野・北會津）
   同義語：ひっくし（仙臺7）、びっちぐ（いわき）、びっつく（会津2）、びっつぐ（会津）
 ＊「びっちく」は「①背の低い人、②意気地無し、③鼻が低いこと」の意。ここでは①。

びっちゅぐたがり……臆病者（小国2）、同義語：びっちゅぐ（小国2）
 ＊「びっちゅぐたがり」は「びっちゅぐ集り」。「びっちゅぐ」は「びっちぐ」と同義。「①臆病者、②意気地無し」の意。

ひっつぇ……私生児（室根）

びっつぐ……つんつくりん（甲子）

ひっぱり……僵傀（秋田9）

ぴっぴ（てる）……一文無し（平賀）

びっぽう……とんでもない奴（角田）

びっぽやろう……☆ろくでなし（角田）、☆道楽息子（岩沼）

びでー……☆女（卑）（岩沼2）
       同義語：びたい（黄海）、びだい（金沢）、びだしゃれ（南外村）、びった（六戸採）、
           ひであ（室根・東山2）、びてあこ（黄海）、びでいこ（涌谷）、びでぇっこ（南
           三陸）
    ☆つっぱり女の子（山田4）

びでぃ……お多福（山ノ目）

びでぇ……☆若い女（泉）、☆匹婦（江刺）
      ☆女の子（多賀城2）、同義語：ひであ（仙台4）、びでいこ（大島）、びでっこ（泉）
 ＊新潟でも「びてー」は「女の子」の意。

ひてつがり……人の言うことに反対する者（川口）

ひとかーながり……小心者（種市2）
 ＊「ひとかーながり」は「人甲斐性なし」。「小心で他人を信用しない性格の者」の意。

びど……無精者（石巻2）、同義語：びどこ（石巻2）、びどしょ（石巻2）
 ＊「びど」は「①不潔、②無精者」の意。

ひとごび……人見知り（能代2）、同義語：ひとむぢり（仙臺7）

びどさかり……だらしない人（中郷・村山 − 山形・蔵増）、同義語：ひどさがり（山寺）

＊「びどさかり」は「①締まりの無い人、②だらしない人」の意。

ひとぽね……意地悪（人）（宮古俚）

ひとめ……☆恥かしがりや（久慈二子）
☆人見知り（徳田・南部北・軽米2）
同義語：ひとあて（藤沢）、ひとあで（気仙沼）、ひとぐび（酒田・北荘内・山形漁村・田川）、ひどぐべ（庄内3）、ひどぐべん（大鳥）、ひとごび（雄勝・大館2）、ひとごべ（秋田5）、ひとで（気仙7・大原2）、ひとーで（気仙4）、ひとみっこ（会津）、ひとみんず（平内）、ひとむぢり（仙臺）、ひとむづり（石巻・大貫）、ひとめこ（外川目2・盛岡11）、ひとめこぎ（沼宮内）、ひとめっこ（会津2・只見・南郷）、ひみづ（盛岡3）
＊「ひとめ」は「人目」または「人見知り」の略？「ひとめわり」は「恥ずかしい」、「ひとめする」は「人見知りする」の意。

ひとめぢょこなぇー……恥晒し（野田）

ひなためっこ……藪睨み、斜視（胆澤3・石巻2・花山・玉造・秋保・氣仙沼3・黄海・仙臺6）
同義語：ひかっちょ（田島）、ひなたまなぐ（大館2）、ひなだめっこ（角田・河北）、ひなともっこ（鹿島台）
＊「ひっかり」参照。

ひなっこ……未熟者（栗原）
＊「ひなっこ」は「雛っこ」？「未熟者」の意。

ひなりっこ……☆澄まし屋（宮古3）、☆容姿を飾る人（宮古3）
＊「ひなりっこ」は「品成（ひんなり）こ」の略？「ひんなり」は「しなやかなさま」の意。「ひなりっこ」は「①お洒落、②容貌、③おめかしに執心する人」。「ひなる」は「①めかす、②起きる」の意。

ひねつけもの……根性の曲がっている者（新田）
＊「ひねつけもの」は「捻くれ者」と同義。「①性質の拗けた者、②根性の曲がっている者、③意地悪者」の意。

ひのぢょう……☆強情者・強情張り（種市2・南部）
同義語：ひのぢょー（九戸郡）、ひのぢょうぱり（大野2・軽米3）、ひのぢょっぱり（南部北・五戸・軽米2）、ひのぢょぱり（五戸）、ひのづっぱり（大蔵）、ひのつぱり（村山と置賜－山形）
☆頑固者（置賜）
＊「ひのぢょう」は「非常に強情はる人」のこと。「ひのぢょぱり」は「①極度に強情張る人、②拗ね者、③旋毛曲り」の意。

ひはつもの……発育が充分でなく虚弱な人（仙臺6）
●ひはつ……発育の遅れていること（人）（新田）
●ひはづこ……ひ弱い子（大郷）、同義語：ひはつこ（古川・石巻2）
＊「ひはつ、ひはづこ」は「①発育が充分でなく弱々しい子、②虚弱児」の意。

ぴーぴーからから……一文無し（いつも）（九戸村）
＊「ぴーぴーからから」は「①笛、②極貧のさま、③一文無し」のこと。

ひほし……☆怠け者（秋田6）、☆仕事嫌いな人（北浦）
　＊「ひほし」は「せほし」に同じ。「①骨惜しみ、②怠け者」の意。

ひまだれ……暇つぶし（岡小名・桃生雄勝・河北）、同義語：ひまづれ（能代2）
　＊「ひまだれ」は「暇垂れ」。「暇つぶし、時間を費やすこと」の意。

ひみづ……☆内気な人（盛岡）、☆御幣担ぎ（桃生雄勝・仙臺7）
　同義語：ひみつ（盛岡11）、ひみづたがり（盛岡）、ひみづっこ（盛岡）
　＊「ひみづ」は「秘密（ひみつ）」？「①他人と交際を絶つこと、②縁起・迷信を気にすること、③忌み嫌うこと、④内気な人」の意。または「日見づ（ひみづ）」は「顔色の悪い人」のこと。

びゃ……あかんべ（西明寺）

びゃっこ……小さい子供（栗原）
　＊「びゃっこ」は「ぴゃっこ」と同義。「小さい子」のこと。

ひゃぐえつさん……嘘吐き・虚言者（遠野2）、同義語：ひゃくいち（気仙1・只見）
　＊「ひゃぐえつさん」は「百一さん」。「百の中一つしか本当のことを言わない人」のこと。

ひやみこぎ……☆億劫がり屋（大仙）、☆怠け者（秋田5・田代・男鹿3・山本・能代2）
　＊「ひやみこぎ」の「ひやみ」は「せやみ」と同義。「①怠け者、②億劫がり屋、③無精者、④寒がりや」の意。

ひょうなっこ……☆未熟者（小野）、☆若者（卑）（高平）
　＊「ひょうなっこ」は「雛の子」。「①未熟者、②若者を罵って言う言葉、③弱々しい人」の意。

ひょうはくきり……☆駄弁者・多弁者（稗貫）、☆調子よく説明する人（宮古俚）
　＊「ひょうはくぎり」は「表白切（ひょうひゃくきり）」。「表白」は「①冗談、②戯け、③無駄口を利く人、④お喋り」の意。

ひょうひょうづら……間抜けた顔・きょとんとした顔（盛岡）
　＊「ひょうひょうづら」は「①剽軽な顔、②間の抜けた顔」の意。

ひょうひょうめき……性急者・せっかち（稗貫）
　＊「ひょうひょうめき」の「ひょうひょう」は「脇目も振らずに行く様」のこと。

ひょこめきもの……小心者（三陸・気仙3・綾里）

ひょっこ……☆慌て者（玉山・沼宮内・西根・松尾・南部）
　　　　　　同義語：ひょっこづき（南部町）、びょっこづき（西根）
　　　　　　☆落ち着きのない人（南部北）
　　　　　　同義語：ひょっこづき（滝沢2）、ひょっこめぎ（南部北）
　　　　　　☆そそっかしい人・軽はずみな人（八戸在）

ひょっこめき……☆卑屈者（気仙1）、☆落ち着きのない人（七戸－十和田3）
　＊「ひょっこ」は「しょっこ」と同義。「①軽はずみな者、②慌て者、③剽軽者」の意。「ひょっこつかる」は「①戯ける、②滑稽なことをする」の意。

ひょっとこ……醜男（遠野・宮古方言）
　＊「ひょっとこ」は「①戯け者、②軽率な人、③馬鹿、④おでこ、⑤醜男」の意。ここでは⑤。

ひょーはぐかたり······よく冗談を言う人（気仙7）
　＊「ひょうはくきり」参照。

ひょんかん······気の落ち着かない者（気仙1）

ひょんかんもの······軽躁者（気仙3・岩手）
　＊「ひょんかんもの」の「ひょんかん」は「剽軽（ひょうきん）」。「剽軽」は「滑稽なこと、戯けること、又はその人」の意。

ひょんけらし······へんちきりん（野辺地）
　＊「ひょんけらし」の「ひょん、ひょんけ」は「①変な、奇妙な、②不思議な、③戯ける様、④詰まらない、⑤調子が悪い」の意。

ひょんたなやつ······変な人・おかしな人（宮守3）
　＊「ひょんたなやつ」の「ひょん」は「凶（ひょん）」（唐音）？「凶なこと」は「①思いも寄らないこと、②意外なこと、③妙なこと」の意。

ひらすこい人······悪賢い人（仙臺7）

ひられ······痴者（秋田1）
　＊「ひられ」は「痴者（しれもの）」の転訛？「①馬鹿者、②愚か者」の意。

びりけつ······最下位（平内、六戸採）

びれこ······甘えん坊（宮古方言・宮古山田・白石2・保原）
　　同義語：びれっこ（只見・白石2・保原・桑折）
　＊「びれこ」の動詞形「びれる」は「甘える」。「びれわらす」は「甘えっ子」のこと。

びれくち······☆舌足らずな言い方で駄々を捏ねること（人）（仙臺4）
　　　　　　☆甘え駄々を捏ねること（人）（仙臺7）、☆音声清らかならざること（仙臺11）

びろづ······締まりのない人間（南山形）
　＊「びろづ」は「涎をたらしている爺」？

ぴんこ······一人前にならない者（白石2）
　＊「ぴんこ」は「①一人前にならない芸者、②半玉」のこと。

ひんこつり······旋毛曲り（置賜）
　＊「ひんこつり」は「①拗ね者、②旋毛曲り」のこと。「ひんこわり」とも。

びんすけ······☆吝嗇者・けち（宮古方言）
　　　　　　　同義語：ぴり（石巻2）、ぴりすけ（中郷・矢本・石巻2・南山形）、びりすけ（白鷹・村山と置賜−山形）
　　　　　　☆捻くれ者（置賜）
　＊「びんすけ、ぴりすけ」は「ぴり助」。「けち、吝嗇者」の意。

ひんた······痩せて体の小さい人（卑）（七ヶ宿）

ひんだり······極貧者（南部）
　＊「ひんだり」は「①貧乏集り、②左」のこと。

びんづら……長い顔（南部）
　＊「びんづら」は「馬の額」のこと。人にも使用。

びんなえ……大人しく内気な人（置賜－山形・白鷹2）、同義語：びんなぇたかり（長井）
　＊「びんなえ」は「①臆病、②内気な人」の意。

びんないたかり……臆病者（米沢）

ぴんぴく……お転婆（藤沢）
　＊「ぴんぴく」は「①何処へでも行きたがる人、②新しがり屋、③お転婆」の意。

びんぼうでらのたかとーろ……背が高く無表情な人（五戸）
　＊「びんぼうでらのたかとーろ」は「貧乏寺の高燈籠」のこと。「背丈ばかり高くて無表情な人」の意。

びんぼしょれろ……貧乏で人があまり良くない人（庄内）

びんぼたがり……貧乏人（盛岡・南部町・玉山・宮古方言・九戸村・西根・南鹿角・八幡平・舊南部・野田・錦木・八戸23・江刺・象潟・霊山・伏黒・宮内・真室川・大蔵・置賜・矢本・石巻2・新田・栗原・會津・桑折）
　同義語：びんばうたかり（南部方言・青森南部・秋保）、びんぼうたかり（稗貫・軽米2・楢葉・置賜2）、びんぼうたがり（松尾・種市2・大野2・米沢・白鷹・大貫）、びんぼうたかれ（宿野部）、びんぼたがれ（仙南・秋田1・秋田北・能代2）、びんぼうたれ（階上）、びんぼがみ（八戸23）、びんぼたかり（鹿角・長岡2・会津）、びんぼーたがり（八戸在・久慈・九戸郡・九戸中野・佐比内・山田4・宮古）、びんぼったぐれ（衣川2）、びんぼたぐれ（二戸郡）、びんぼたれ（九戸村）
　＊「びんぼたがり」は「貧乏集り」。「①貧乏人、②無駄遣いする人、③物を粗末にする人、④貧乏性の人、⑤見窄らしい人、⑥不運な人、⑦ちくしょう」の意。

びんぼやろう……人を罵る言葉（仙臺7）
　＊「びんぼやろう」は「貧乏野郎」のこと。

ふ

ふぇつぶたまし……小心者（野田）
　＊「ふぇつぶたまし」は「稗粒魂」。「小心者」の意。

ふが……変わり者（庄内3）

ぶかこうぞうー……自己中心主義者（気仙1・気仙3）、同義語：ぶかごうぞう（気仙5）
　＊「ぶかこうぞうー」は「自家口上」？

ぶかづ……びっこの人（森田）
　＊「ぶかづ」の「ぶ」は罵り語。「かづ」は「びっこ」の意。

ぶぎ……☆不器量（な人）（胆澤3・長岡2・古川・桧枝岐）
　　　　同義語：ぶきう（玉里）、ぶぐ（男鹿）、ぶぎっちょ（南部）
　　　☆不器用（な人）（鳴子・南三陸・古川・石巻2・桧枝岐）
　　　　同義語：ふぎ（原町）、ぶぎすけ（菊多）、ぶぎっちょ（仙台3）

＊「ぶぎ」は「不器量、不器用」の略。「①不器量、②不器用、③不粋」の意。

ふぎゃぁふぎゃぁ‥‥‥五音の明瞭でない者（卑）（仙臺6）

ふぎょ‥‥‥大食漢（秋田7）
　　＊「ふぎょ」は「①大食家、②いくらでも物を食べる人」の意。

ふげおやぢ‥‥‥☆人買い（津軽8）、☆人攫い（平賀）
　　＊「ふげおやぢ」は「①髭親父、②人買い、③人攫い」の意。

ふけさめのあるひと‥‥‥心の変わりやすい人（盛岡）、同義語：ふけさめ（会津）
　　＊「ふけさめ」は「蒸け冷め」。「蒸け冷め」は「①気分にむらのあること、②体温が上がったり下がったりすること、③病状が一進一退すること、④天候が定まりないこと」の意。

ふげし‥‥‥間抜け（庄内3）

ふげねやつ‥‥‥不甲斐ない奴（南部町）
　　＊「ふげね」は「不甲斐ない」の訛。

ふけわらし‥‥‥ませた子供（南部）
　　＊「ふけわらし」は「老け子供」。「ませた子供」の意。

ふける‥‥‥お喋り（平賀）

ふごつごき‥‥‥親に口答えする者（五戸）
　　＊同義語：ふごつこき（南部）
　　＊「ふごつごき」は「不法こき」？「①不合理なことを言う人、②親に口答えする人、③不法を言う者」の意。

ふざけもの‥‥‥滑稽な人（気仙1）
　　＊「ふざけもの」は「巫山戯者」。「①滑稽な人、②戯け者、③戯れ者」の意。

ふざけもん‥‥‥巫山戯者（宮古方言）

ぶしゃれこぎ‥‥‥猥褻な話を好んで言う人（庄内3）
　　＊「ぶしゃれこぎ」の「ぶしゃれ」は「①淫猥、②色談義」のこと。

ぶしょたがり‥‥‥不精者・不潔な者（盛岡・南鹿角）
　　　同義語：ぶしょう（仙臺）、ぶしょーたがり（仙臺7）、ぶしょたがれ（秋田7）、ぶそーたがり（宮古）
　　＊「ぶしょたがり」は「無精集り」。「①不潔な人、②怠け者、③物臭な者」の意。

ぶす‥‥‥☆無愛想者（角田）、☆むっつり屋（白石2・福島6）
　　＊「ぶす」は「①無愛想者、②不機嫌な人、③寡黙な人、④醜い女」の意。

ぶすきのこ‥‥‥醜女（原町）、同義語：ぶすけ（北荘内・山形漁村）

ふすくれつら‥‥‥仏頂面（宮古俚）、同義語：ぶすくら（桑折）、ぶすぐれづら（大蔵）
　　＊「ぶすくれつら」は「ぶすっとした顔」。「ぶすくれる」は「①拗ねる、②ふてる」の意。

ぶすたれ……ぶすっとした人（石巻2）

ぶすづら……無愛想な顔（久慈）、同義語：ぶしぢら（北浦）、ぶす（石巻）
 ＊「ぶすづら」は「ぶすくれつら」の略。又は、「不細工顔」？の略。

ぶすらへ……役立たず（南部）
 ＊「ぶすらへ」は「①透かし屁、②役立たず」の意。

ぶだら……でっぷり太った人（岩木）

ふだりまき……変わり者（南部）
 ＊「ふだりまき」は「左巻（ひだりまき）」のこと。「①変わり者、②野糞」の意。

ふぢばらなぇ……浮気な人（女）、心良からぬ者（津軽8）
 ＊「ふぢばらなぇ」は「ふぢまらない」と同義。「①締まりがない、②素行が悪い者」の意。

ぶぢふれやろう……ろくでなし（白鷹2）

ふぢまねぇわらし……だらしない子供（岩木）

ふぢゃま……見苦しい身なりや格好（津軽8）

ふぢゃまけねぇ……だらしない（人）（津軽9）

ふぢゃまなぇ……☆意気地なし（津軽8）、☆体力・知力が足りない（者）（平賀）
 ＊「ふぢゃまなぇ」は「①意気地なし、②臆病者、③不器用者、④生活能力のない者」の意。

ふぢゃまなし……☆意気地なし・臆病者（野辺地8）、☆甲斐性のない（人）（野辺地）
 ＊「ふぢゃまなし、ふぢゃまぬげ」の「ふぢゃま」は「不様（ぶざま）」のこと。「不様」は「①見苦しいこと、②不体裁なこと」の意。「なぇ、なし」は「甚だしい」の意。

ふぢゃまぬけ……☆意気地なし（秋田北）、☆弱虫、臆病者（大川平）

ふぢゃまのげ……☆腑抜け、弱虫、臆病者（津軽8）、同義語：ふぢゃまけね（津軽9）
        ☆脳無し（平賀）

ぶちょぐなれ……意気地なし（山本）

ふっかげ……吃者（津軽16）、同義語：ふかげ（津軽16）、ふかげっこ（津軽16）

ふっかり……脅迫（桃生雄勝）

ぶっきり……無愛想（な人）（吉里吉里）
 ＊「ぶっきり」は「打切」。「①ぶっきらぼうな人、②無愛想な人」の意。

ふっぐれ……拗ねて膨れた人（南山形）

ぶっこ……頑固・我儘・片意地（宮古方言）
 ＊「ぶっこ」は「頑固」のこと。その動詞形「ぶっこおす」は「短気を起こす」の意。

ぶっこくり……鈍感な者（桧枝岐）、「ぶっこくり」は「①無骨者、②不作法な者、③信仰心のない者」の意。

ぶっしゃわせ……不幸（小牛田）、同義語：ぶっしゃせ（高平・秋保）
　＊「ぶっしゃわせ」は「不幸せ」。

ふっせご……私生児（三春－福島）

ぶっちゃねぇおなご……始末の悪い女（岩木）
　＊「ぶっちねぇ」は「①物の始末が悪い、②物を粗末にする」の意。

ぶっちょうげおなご……あばずれ女（野田）

ぶっちょうもん……与太者、身持ちの悪い者（野田）

ふっつぁますうひと……何を考えているか把めない人（宮古山田）

ぶっとーれ……失敗した者、行倒者（桧枝岐）

ぶっぷぐれ……肥満者（宮古）、同義語：ぶーとー（桧枝岐）、ぶっぷくれ（南部）
　＊「ぶっぷぐれ」は「肥満者」のこと。動詞形「ぶっぷぐれる」は「膨れる」の意。

ぶっぽうけ……博打惚け（下岩泉）
　＊「ぶっぽうけ」は「博打惚け」。動詞形「ぶっぽうける」は「博打に負ける」こと。

ふでがし……不器量（置賜）、同義語：ふもどり（置賜）
　＊「ふでがし」は「不出来」のこと。「①醜悪、②不器量」の意。

ふてやろ……悪人、意に反する人（能代）
　＊「ふてやろ」は「不貞野郎」？「ふて（不貞）る」は「①不平に思って逆らう、②不満を態度に表す」の意。

ふてんぼ……乱暴（者）・向こう見ず（玉山）
　＊「ふてんぼ」は「不貞坊（ふてぼう）」？

ふとごべ……人見知り（鹿渡）、同義語：ふとくみ（山本）

ふとめこぎ……☆恥ずかしがりや（野辺地8・南部）
　　　　　　☆人見知り・人前に出ない人（野辺地）
　　　　　　同義語：ふとまぇし（津軽8）、ふとめ（南部）
　＊「ふとめこぎ」は「人目こぎ」。「①人見知り、②恥ずかしがりや」のこと。

ぶとろけ……間抜けな奴（大川平）

ぶなぐり……無愛想（な人）（吉里吉里）

ふなりこげ……（やや）足りない人（西和賀2）

ふぬけ……油断者、馬鹿者（仙臺11）

ふのぢょっぱり‥‥‥強情者・強情張り（南部北）
　＊「ふのぢょっぱり」は「ひのぢょぱり」と同じ。「①強情者、②拗ね者」の意。

ぶふう‥‥‥不格好な態（人）、不風（仙臺・花山）
　＊「ぶふう」は「不風」。「①不格好、②不体裁」の意。

ぶぺ‥‥‥馬鹿（秋田7）

ぶへつら‥‥‥不機嫌な膨れ面（岩木）
　＊「ぶへつら」は「ぶす面」と同じ。「①不機嫌な膨れ面、②無愛想な面」の意。

ふべん‥‥‥☆貧窮（米沢・仙臺）
　　同義語：ふべんもの（米澤）、ふんべぇ（米沢）、ふんべん（置賜－山形・添川）
　＊「ふべん」は「不便」。「①貧困、②貧乏人、③難儀」の意。

ふほうこぎ‥‥‥不法者（種市2・大野2）
　　同義語：ふほたがり（盛岡）、ふほうつぐり（二戸郡）、ふほうつぎ（階上・九戸村）、ふほうたがり（玉山・西根・野田）、ふほかだり（藤沢）、ふほつぎ（滝沢2）
　＊「ふほうこぎ」は「①不法者、②理非を弁えずに言いまくる人」の意。

ぶま‥‥‥☆不器用な人（手先の）（遠野2・酒田・庄内－山形・庄内3）、同義語：ぶつまぬげ（砂子瀬）
　　　　　☆不仕合わせ（花山）、☆不運（黃海）
　＊「ぶま」は「不間」。「①不器用な人、②不都合、③不幸、④失敗、⑤馬鹿」の意。

ぶまな人‥‥‥不幸なる人（気仙5）

ぶまなやづ‥‥‥無様な者（津軽2）

ぶみかげ‥‥‥醜女（仙臺7）

ふめっぱずれ‥‥‥普通の人の為しえることのできない者（南部）
　＊「ふめっぱずれ」は「①踏み外れ、②学校にも入れない者、③普通の人の為しえることのできない者」の意。

ふやけおどこ‥‥‥潤男（江刺）
　＊「ふやけおどこ」は「潤男」。「ふやける」は「①だらしなくなる、②だらける、③水を吸って膨らむ」の意。

ふらけ‥‥‥放蕩者、仕事もしないでぶらぶらしている人（山形漁村・田川）
　　同義語：ふらからもの（置賜2）、ふらげ（庄内3）
　　　●ふらけもの‥‥‥☆よそから来た得体の知れない者（大鳥）、☆放浪者（庄内－山形・庄内3）
　＊「ふらけ」の動詞形「ふらける」は「①女遊びをする、②気儘に遊び歩く、③働かないでぶらぶら日を送る」の意。

ぶらぢき‥‥‥怠け者（秋田7）
　　●ぶらづぎ‥‥‥遊蕩者・遊惰の人（種市2）、同義語：ふらけ
　＊「ぶらぢ（づ）ぎ」は「①怠け者、②道楽者、③遊惰者、④あぶれ者、⑤無頼漢」の意。

ぶらばげもの‥‥‥無頼漢（秋田7）
　　●ぶらぱげ‥‥‥定職なくぶらぶら怠けて徒食する者（仙臺6）

＊「ぶらばげもの」の動詞形「ぶらばける」は「①徒食する、②ぶらぶらと怠ける」の意。「ぶらばげもの」は「①怠け者、②あぶれ者、③無頼漢」の意。

ぶらりたがり……☆無精者（仙台3・仙臺5）、☆怠け者（仙臺7）

ふるあづき……☆寝付きの悪い子（八戸在・南部町・むつ・八幡平・一戸3・気仙4・江刺・有住・胆澤3・気仙沼2）
　　　　　　同義語：ふるあづぎ（雄勝）、ふるあんぢぎ（南鹿角）
　　　　☆宵っ張り・夜遅くまで寝ない子供（盛岡・鹿角・安代・沼宮内・野辺地8・宮古方言・宮古山田・気仙7・石巻2）
　　　　　　同義語：ふるあづぢ（白石2）、ふるあぢき（飯豊）、ふるあぢげ（津軽8）、ふるあんぢぎ（秋田7）、ふるまめこ（秋田5）
　　　　☆一筋縄では御しがたい人（田代）
●ふるあんづき……☆宵っ張り（気仙1）、同義語：ふるあづき（大館2）
　　　　　　☆煮え切らない人（軽米）
　　　　　　☆ぐずぐずしてはっきりしない者（野田）、同義語：ふるあんぢき（九戸郡）
＊「ふるあんづき」は「古小豆」。「古小豆」は「煮え難い」ことから「寝難い人」のこと。また、「煮え難い、煮えきらない」から「ぐずぐずしてはっきりしない者」のこと。

ふるあみがさ……結婚歴のある女（胆澤3）

ふわんともの……不正確・不十分な者（仙臺6）

ぶん……変人（最上－山形）
＊「ぶん」は「分」のこと。「①別な様、②異なる様、③変人」の意。

ぶんげいもの……収入がないのに贅沢な暮らしをする人（仙台2）
＊「ぶんげいもの」は「分限者」または「分外者」。「①金持ち、②収入がないのに贅沢な暮らしをする人」の意。

ふんだらしなし……だらしのない者（六戸採）
＊「ふんだらしなし」の「ふん」は接頭語。「だらしなし」は「だらしのない者」。

ふんぢらちけねぇ……厚かましい人（八幡平）
＊「ふんぢらちけねぇ」の「ふん」は接頭語。「ぢらちけねぇ」は「つらつけない」のこと。「つらつけない」は「①厚かましい、②不作法だ、③つれない」の意。

ふんづぐり……駄々をこねる（人）（宮古3）
＊「ふんづぐり」は「駄々を捏ねる人」のこと。「ふんづくる」は「駄々を捏ねる」こと。

ふんづらつけねぇ……厚かましい男（平内）

ぶんて……☆旋毛曲り（豊里）、☆変わり者（大蔵）
＊「ぶんて」は「①旋毛曲り、②変わり者」の意。

ふんぬけ……☆間抜け（長井・米沢・村山－山形・鮎貝・置賜・小国・福島5・置賜2）
　　　　　同義語：ふぬげ（岩泉）、ふんぬげ（真室川・小国2・會津）、ぶんのけ（会津－福島5）、ふんねけ（県北－福島2）、ふんのけ（県北－福島3）
　　　☆ぼんやり者（由利）、☆役立たず（南郷）、☆油断者（仙臺4）
　　　☆どこか抜けている人（山寺）

＊「ふぬげ」は「腑抜け」。「①意気地なし、②腰抜け、③間抜け」の意。

ふんぬげ……痴鈍者（米澤）、同義語：ぶんぬけ（会津 4）
　＊「ふんぬげ」は「正常な判断力が脱けた人」の意。「ふんぬけ」参照。

ぶんのほか……余計な者（藤沢）
　＊「ぶんのほか」は「分の外」？「分」は「①身分、②身の程、③分際」の意。

ふんばり……☆遊女（仙臺 4）、☆淫売婦（仙臺 7）
　＊「ふんばり」は「踏張」。「①女、②遊女」の意。

ふんべ……貧乏人（置賜 2）

へ

ぺぁっこ……小さい人（気仙 1）
　＊「ぺぁっこ」は「少ない、小さい」こと。転じて「小さい人」の意。

へうど……乞食（衣川）
　＊「へうど」は「乞食（ほいど）」の訛。

ぺぇーぺぇー……下っ端・小者末輩（遠野 2）、同義語：ぺいぺいやくしゃ（仙臺 6）

べぇろ……馬鹿野郎、エーロ（砂子瀬）
　＊「べぇろ」は「舌を出して相手を馬鹿にする仕草」。

へか……お世話やき（庄内－山形）
　＊「へか」は「①小癪なこと、②お世話焼き」の意。動詞形「へかこく」は「小癪なことをする」の意。

へかこぎ……へらへらする人、お節介な人（庄内 3）
　＊「へかこぎ」は「①何にでも口出しする子、②お節介な人、③へらへらする人」の意。

へかす……相手にならない人（鹿角）
　＊「へかす」は「屁の滓（へのかす）」の略。「屁の滓」は「①取るに足らない人、②相手にならない人」の意。

へかへかばつ……小癪女（庄内－山形）
　＊「へか」は「小癪」、「ばつ」は「女」の意。また、「へかへか」は「①過労や衰弱のため弱り切った様、②出過ぎ者」の意。

へきらし……精魂の尽きる程悪行をした不幸者（津軽 3）
　＊「へきらし」は「精切らし」。「へきらし」の動詞形「へきらす」は「精切らす」と同義。「精切れる」は「①苦労である、②骨が折れる、③厄介である」の意。

へきらす……厄介者（津軽 2）

べぐ……自惚れ者（遠野 2）

へくたれ……☆卑屈者（気仙1）、同義語：へこたれ（気仙1）、へこたれる（岩手）
　　　　　☆詰まらないことを言う者（江刺）、同義語：へこたれ（気仙1・気仙3）

へくぱたらき……☆からやき、☆怠け者・不精者（南部町）
　＊「へくぱたらき」は「節句働き」。「普段は何もしないのに皆の集まる節句には働いている振りをする者」の意。

へこたれ……☆弱虫（真室川）、☆臆病（者）（秋保）
　＊「へくたれ、へこたれ」は「①意気地なし、②腰抜け、③卑屈者、④弱虫、⑤詰まらないことを言う者」の意。動詞形「へこたれる」は「①屈服する、②閉口する、③へたばる」の意。

べしゃれ……鼻つぶれ（卑称）
　＊「ぺしゃれ」は「鼻ひしゃげ」と同義。「鼻の低い人を貶して言う言葉」。

へそ……能のない人（気仙4）
　＊「へそ」は「臍」。転じて「①役立たず、②能なし、③脛齧り、④変人」の意。

へだ……臆病者（庄内3）
　＊「へだ」は「①山麓、②臆病者、③犬（津軽）」の意。ここでは②。

へだしけ……下手な人（弘前）
　同義語：へたかす（相馬・古川・岡小名）、へだかす（石巻・角田・大貫・仙台3・高平）、へたぐれ（西明寺）、へだぐろ（南鹿角・八幡平）、へだすけ（八戸在・宮古方言・南部・平内）、へだっかす（江刺・会津）
　＊「へだしけ」は「下手助」。「①下手、②下手な者」の意。

へたぢぎ……下手律儀（秋田1）

へたれ……放屁者（若柳）
　＊「へたれ」は「屁垂れ」。「放屁者」の意。

べちかぎ……泣き虫（山本）
　＊「べちかぎ」は「べそかき」のこと。「泣き虫」の意。

へちゃ……☆饒舌家、お喋り（秋田1・大内町−秋田11・米沢）
　　　　　同義語：ぺちゃ（米沢・庄内3）、へちゃこぎ（秋田7）、へちゃまくれ（栗原）、へちゃむぐれ（秋田1）、べっちゃ（米澤）、へっちゃ（秋田1・宮内・置賜−山形・置賜・白鷹2）、へっちゃまくれ（大館）、へっちゃまぐれ（石巻2）
　　　　　☆内緒話を触れて歩く（人）（秋田6）
　＊「へちゃ」は「へちゃまぐれ、へちゃむぐれ」の略。「①無能、馬鹿者、②意気地なし、③醜い女、④お喋り」の意。

へちゃまぐれ……☆気弱な人（五戸）
　　　　　　　同義語：へっちゃまぐれ（南部）、べっちゃまぐれ（南部）、へっちゃもぐれ（五戸・南部）
　　　　　　　☆意気地なし・臆病者（五戸）、☆おませな（人）（涌谷）、☆お喋り（玉造）

へちゃむくれ……多辯な人（秋田2・南外村）、同義語：へちょむぐれ（能代2）

へちゃむぐれ……☆旋毛曲り（遠野2）、☆口先だけの人（大雄）

　　　　　　　　☆無駄口の多い人（角間川）、☆醜い人（田子）（容貌が鼻が低く不器量なこと）
　　　　　　　　☆お喋り（雄勝）

べちょ……泣き虫（有畑・南部・津軽4）、同義語：べちょがぎ（能代2）、べっちょ（甲子）

へっこぎ……怠け者・不精者（福岡・南部町・田子採・一戸・軽米・矢巾・浄法寺・九戸村・浅沢・滝沢2・荒沢2・西山・浄法寺2・二戸7・南部）
　　同義語：へこぎ（五戸）、へっこっき（南部）、へっこげ（二戸郡）、へったぐれ（矢巾）、へっこげ（二戸署・一戸3）、へったぐれ（赤石）、へやみ（滝沢2）
　＊「へっこぎ」は「①怠け者・不精者（せっこぎと同義）、②人を罵倒する言葉」の意。

へっざむぐれ……小馬鹿者（山田4）

へったかす……物事に拙なる者（會津）

へったくれ……馬鹿者（湊−南部）
　＊「へったくれ」は「①人を卑しんで言う言葉、②役立たず、③馬鹿者、④分からず屋」の意。

へっだぐれ……分からず屋（山田4）

へったれ……☆常に放屁する人（宮古・仙南・南三陸・高平）
　　　　　　☆屁をひる人（岩泉・階上・十和田・西和賀2・岩手太田・南部・錦木・秋田7・相馬・濱萩・庄内3）、
　　　　　　　　同義語：へぇっぴり（秋田市）、へこぎ（能代2）、へたぐれ（西和賀）、へたれ（西和賀2）、へったぐれ（西和賀2）、へったれぇ（胆澤3）、へっぴり（南部町・大貫・栗原・桧枝岐・仙台4）、へっぴりむす（岩沼）
　　　　　　☆相手を罵る言葉（胆沢町）
　＊「へったれ」は「屁垂」。「①よく屁をひる人、②他人を罵倒する言葉」の意。

へったれごんぢぇ……間抜け野郎（盛岡11）

へっちゃ……☆お喋りな人（庄内3）
　　　　　　同義語：へっちゃぐり（由利）、へっちゃまぐれ（大館3）、べっちゃら（多賀城）、べっちゃらく（稗貫）
　　　　　　☆余計な世話を焼く人（庄内3）
　　　　　　☆口の軽い人（大蔵）
　＊「へっちゃ、べっちゃ」は「①よく喋る人、②饒舌者」のこと。

べっちょづら……泣顔（象潟）
　＊「べっちょ」は「泣きべっちょ」ともいい、「泣き虫」のこと。

へっちょぬげ……意気地なし・臆病者（盛岡・軽米・滝沢2・安家）
　　同義語：へっつぉぬげ（宮古方言・下岩泉）
　＊「へっちょぬげ」は「臍抜」。「①臆病者、②意気地なし」の意。

へっちょむぐれ……臍曲り（南部北）、同義語：へっちょまがり（軽米）

へっとうほいと……物がわからなくてけちん坊な者（五戸）

へっとばくろう……馬喰（下等な）（五戸）

＊「へっとばくろう」は「へっと博労」。「資力を持たない下等な博労」の意。

へっぷく‥‥‥背が低く太っている女（津軽 2）

へづれーと‥‥‥お世辞者（宮古方言）
　　＊「へづれーと」は「諂い徒」？「①諂う者、②お世辞者」の意。

へでなし‥‥‥☆嘘（つき）（会津・高平）、☆間抜け者（會津）、☆猥談（舘岩）
　　＊「へでなし」は「①戯れ言、②嘘吐き、③道理に合わないこと、④間抜け者、⑤ろくでなし」の意。

へでなしこき‥‥‥戯言を言う人（只見）、同義語：へでぇなし（野木沢）

へどこ‥‥‥乞食（平泉・胆澤 3）、同義語：へど（胆澤 3）、へどやろう（胆澤 3）
　　＊「へどこ」は「ほいど（陪堂）」のこと。

へどっこ‥‥‥けち（秋田 7）
　　＊「へどっこ」は「ほいどっこ」の訛。「ほいど」は「陪堂」で、「①乞食、②けち」の意。

へな‥‥‥☆女（卑称）（西山形・高瀬・宮内・真室川・大蔵・白鷹 2・南山形・蔵王・秋保・尾花沢）
　　　　　　同義語：へなこ（豊里・真室川・大蔵・南山形・七ヶ宿・置賜 2）、へなっこ（尾花沢）
　　　　☆意気地なし（白石 2）、☆女の子（山寺）
　　＊「へな」は「①女性（卑称）、②意気地なし、③女児」の意。

へのごたんぽ‥‥‥主人に対する悪罵（遠野）
　　＊「へのごたんぽ」の「へのご」は「①男性の外陰部、②陰茎」、「たんぽ」は「①主人、②檀那」のこと。

へのごやろ‥‥‥男（卑）（石巻）

へのぢかま‥‥‥他人と折り合わない人（釜石 2）

へのろいやつ‥‥‥鈍い奴（会津－福島 5）、同義語：へのろい（小野）

へのろま‥‥‥気の利かない人（棚倉）
　　＊「へのろま、へのろいやつ」は「ぬるい奴」と同義。「ぬるい」は「①鈍（にぶ）い、②鈍（のろ）い、③気の利かない、④愚かな」の意。

へふり‥‥‥屁をした人（津軽 8）、同義語：へぴり（秋田 10）

へふりかんた‥‥‥へっぴり野郎（平内）

ぺぺ‥‥‥未熟な者、男の子（庄内 3）、同義語：ぺんぺ（庄内 3）

へぺし‥‥‥色狂い（十和田）、同義語：へぺす（滝沢 2）

へぼかぎ‥‥‥☆肺を患っている人（卑称）（能代）
　　　　　　☆梅毒のある人（庄内 3）、同義語：へぼかき（大館 2）、へんぼかぎ（由利）
　　　　　　☆毒気のある人（庄内 3）、☆吹き出物のある人（能代 2）
　　＊「へぼかぎ」の「へぼ」は「①梅毒、②水痘、③膿疱」のこと。「かぎ」は「患っている人」の意。

へぽったれ……何もできない人（五戸）
　＊「へぽったれ」は「①役立たず、②取るに足らない者、③価値のない者」の意。

へまぐれ……馬鹿者（南部）、同義語：へよぐれ（南部）

へむんちん……臍曲り（七ヶ宿）、同義語：へむんつん（蔵王）

べゃべゃこ……下端者（仙臺7）

へやみ……☆怠け者（北荘内・真室川・大蔵・尾花沢）、☆寒がり（北荘内）、☆道楽者（山寺）

へやみこぎ……怠け者（河邊郡）
　＊「へやみこぎ」は「背病こぎ」。「①怠け者、②不精者」の意。

へら……☆饒舌（な人）（東磐井・岩手・廣田・新沼・松川・折壁・米崎・保呂羽・田河津・置賜2・澁民・千厩・東山・米沢・白鷹・庄内3・白石2・大島・室根）
　　　　同義語：べら（鏡石・野木沢）、へらかだり（岩手南）、へらから（南山形）、へらこ（白石2）、へらっこ（岩沼）、へらぢ（庄内－山形）、へらぢく（福島2）、へらつく（高平）、へらへら（南三陸・大貫・蔵王・大沼・東山2・黄海）、へらもの（蔵王）
　　　　☆おべっか（南部）
　＊「へら」は「へらへら、ぺらぺら（よく喋る様）」の略。「へらづく」は「よく喋る」こと。また、「へら」は「①年上女房、②饒舌家、③杓文字」の意も。

へらうり……饒舌家（気仙1・気仙3・岩手・矢本・石巻2）
　　　　同義語：へらかだり（岩手・生母・胆沢町・胆澤3）、へらから（南外村・中郷）、へらくだり（大原2）、へらくら（藤沢・気仙1）、へらすけ（胆沢町）、へらづかだり（米沢・置賜）へらづき（三陸・綾里）、へらづきもの（気仙3）、へらつぐ（涌谷）、へらっつき（気仙1）、へらへらて（豊里）

へらこあめ……お喋り（雄勝）、同義語：へらつく（楢葉）

へらかづき……大食漢（大貫）
　＊「へらかづき」は「篦担ぎ」。「大食漢」の意。

へらふり……おべっか使い（種市2）、同義語：べらかだり（大越・田村）

べらぼ……☆愚か者（岩手太田）、☆不埒者（十和田）
　　　　☆こいつ、野郎（宮古方言）、同義語：べらぼう（気仙5）
　＊「べらぼ」は「篦棒」。「篦棒」で「飯を潰す」ことから「穀潰し」のこと。「穀潰し」は「①役立たず、②無駄飯食い」の意。また、「便乱坊、部羅坊」の説も。「①阿呆、馬鹿、②不粋、野暮、③数量の多いこと、④並外れ、⑤無茶、⑥不埒者、⑦野郎」の意。

べらぼたがり……☆不埒者・とんでもない奴（盛岡・野辺地・十和田・南部）、☆悪党野郎（遠野2）

へらめぎ……☆べらべら喋る人（盛）
　　　　☆口の軽い者（西和賀2）、同義語：へらずき（西和賀2）、へらり（五百川）

へらり……☆口止めを漏らす人（西山形・中郷・南山形）、☆弁の達者な人（山寺）
　　　　☆お喋り（宮内・山形・南山形・村山・福島5・置賜2)

同義語：へらから（仙臺7）、へらりへらり（濱萩）

べろくさんぢ‥‥‥薄馬鹿者（南部）

へろけもの‥‥‥選り好みする人（花輪3）
　＊「へろけもの」は「へろける」の名詞形。「へろける」は「①お洒落する、②めかす、③にやけた風をする」の意。

べろすけ‥‥‥締まりのない者（庄内3）
　＊「べろすけ」は「ベロ助」。「締まりのない者、仁義知らずの人」の意。

べろたらし‥‥‥涎たらし（岩泉・南部町・西和賀2・大野2・盛岡3・雄勝）
　　同義語：べろたらす（宮古方言・軽米）
　＊「べろ」は「涎（よだれ）」または「唾（つばき）」。「べろたらし」は「涎垂らし」。「①締まりのない人、②だらしない人」の意。

べろっとしたひと‥‥‥無表情な人（五戸・南部）

べろまらづ‥‥‥舌がよく回らない人（大貫）
　＊「べろまらづ」は「舌廻らず」。

ぺろり‥‥‥茫然とした（人）（福島2）
　＊「ぺろり」は「ぺろん」とも。「①心にも留めず何とも思わない様（人）、②茫然とした様（人）」の意。「ぺろんとした奴」と使用。

ぺろんこ‥‥‥ただ見（紙芝居など）（仙台4）

へんか‥‥‥口答え（する者）（生母）、同義語：へんかい（村山）
　＊「へんか」は「返歌」。「①返礼、②返事、③挨拶、④口答え」の意。ここでは④。

へんきがも‥‥‥相手を誹謗する言葉（津軽9）
　＊「へんきがも」の「へんき」は「疝気」。「がも」は「陰茎」。

へんきやき‥‥‥☆焼き餅焼き（十和田4）、☆心配性な人（十和田）
　＊「へんきやき」は「疝気焼き」。「①焼き餅焼き、②心配性な人」の意。

へんこつ‥‥‥嘘（会津－福島3）

べんしゃ‥‥‥弁のよく立つ人（相馬2）

へんちのさげむしろ‥‥‥貧乏人（下田）
　＊「へんちのさげむしろ」は「便所の下げ莚」。「貧乏な人」のこと。

べんちゃら‥‥‥☆お喋り（南部・軽米2・唐丹・廣田・長部・日形・嚴美・大船渡署・河邊郡・会津・原町・石巻2・泉・多賀城2・仙台4）
　　　　　　　☆おべっか（長井・仙台3）、☆おべっか使い（會津）
　＊「べんちゃら」は「弁茶羅」。「①口先だけで内容のない（人）、②お世辞、③おべっか、④弁舌、⑤饒舌」の意。

べんちゃらもの‥‥‥阿諛者（気仙1・気仙3・三陸・綾里）

　　　　同義語：おべんきゃら（中村）、べんちゃら（米澤）

べんぢょ……間抜け野郎、頓間野郎（岩木）

へんてつこき……変わったことを言う人（只見）
　＊「へんてつこき」は「変哲こき」。

へんてづなす……愛嬌のない人（盛岡）
　＊「へんてづなす」は「変哲のない」の転訛。「①変わったことがない、②詰まらない、③あっけない」の意。

へんなし……無益（米澤2）
　＊「へんなし」は「変無」のこと。「①詰まらないこと、②無益なこと、③間抜け者、④意気地なし、⑤やくざ者」の意。

へんなん……余計なことをする人（米沢）

べんふり……☆弁の達人（嘉瀬・大川平・津軽8）、同義語：べんこき（下長－南部）
　　　　　　☆お喋り（秋田7）
　＊「べんふり」は「弁振」。「①弁舌の巧い人、②お喋り、③口の達者な人」の意。

へんへ……あの野郎（平内）
　＊「へんへ」は「①先生、②あの野郎、③やっこさん」の意。

ほ

ほいど……☆欲張り（者）・貪欲（野辺地・三本木・十和田・九戸村・大川・富谷）
　　　　　同義語：ほいと（鹿角）、ほいとう（南郷）、ほいどたがり（南部町）、ほいどたがれ（十和田・秋田4）、ほいどっこ（南部）、ほいどやろ（庄内3）、ほえど（盛岡・能代・大正寺・七ヶ浜・秋保）、ほえどたがり（軽米）
　　　　☆卑しい根性の人（男鹿）、同義語：ほいどけし（男鹿）
　　　　☆客嗇なる人（津軽5）、同義語：ほいと（津軽12）
　　　　☆乞食（胆沢町・楢葉・霊山・会津2・大鳥・鹿島台・原町・梁川・酒田・大蔵・石巻2・野木沢・桃生雄勝・角田・栗原・塩釜・三春－福島・七ヶ宿・蔵王・多賀城・置賜2・岡小名・石城・西白河・河北・泉・金沢）
　　　　　同義語：ほいっと（只見）、ほいと（棚倉・荘内・福島市松川・仙台原町・古川・花山）、ほいとう（濱萩・桧枝岐）、ほいどう（仙臺4）、ほいどこ（白石）、ほえと（相馬・相馬2・荘内2）、ほえど（中村・五百川・米沢・白鷹・宮内・真室川・山形・置賜・川西・米澤・石巻・矢本・會津・能代2）、ほえどう（軽米3）
　　　　☆下級の人（子吉川）、☆食いしん坊（酒田・庄内3）、☆狡い人（高平）
　＊「ほいど」は「陪堂」。「陪堂」は「①乞食、②欲張り、けちん坊、③食物に卑しい人、④馬鹿者、⑤道楽者、⑥こそ泥」の意。

ほいどかみ……貧乏人（舊南部）

ほいときゃし……意地汚い欲張り者（大館2）

ほいどたがり……客嗇者・けち（福岡・西根・浄法寺2）

　　　　同義語：ほいど（二戸郡・浄法寺2）、ほえど（八幡平）、ほえどたがり（盛岡）

ほいどのたます……ブラブラしている者（仕事をしないで）（盛岡3）
　　　同義語：ほうであなし（気仙3・下有住2・摺澤・平泉2）、ほうでぁなし（磐清水）、ほうでなし（南都田・松川・保呂羽）、ほーであなす（山目）、ほうでゃなし（岩谷堂）

ほいどわらし……何でも欲しがる子（十和田）

ぼう……☆自慢（川西）、☆けちんぼ（栗原）
　　　　　☆女の子（胆澤3）、同義語：ぼうづ（胆澤3）
　＊「ぼう」は「坊」。「①坊さん、②男の子、③女の子、④けちんぼ、⑤長男」などの意。

ほうけ……馬鹿者（山形）

ほうだいなし……☆馬鹿（曾慶・花山・玉造）
　　　　　　　　同義語：ほでなし（花山）、ほでなす（七ヶ浜）、ほであなし（多賀城）、ほでゃなし（七ヶ宿）
　　　　　　☆無分別者（浪打・長岡2・岩手・江刺2・矢越・澁民・田原・黒石・稲瀬・東山・仙台1・多賀城）
　　　　　　同義語：ほうであなし（気仙1・気仙3・気仙4・下有住・千厩・下有住2・摺澤・平泉2）、ほうでぁなし（磐清水）、ほうでなし（岩手・南都田・松川・保呂羽・村山と置賜－山形・栗原）、ほうでゃなし（岩谷堂）、ほだえなし（置賜2）、ほだえなす（村山－山形）、ほであなし（岩谷堂署）、ほであなす（石巻）、ほーであなす（山目・気仙沼）、ほでなし（鳴子・古川）、ほでなす（米沢・村山－山形・蔵王）、ほーでーなす（白石2）、ほとであなし（矢作）
　　　　　　☆途方なし（仙臺3）
　　　　　　☆思慮ない者（仙臺5）
●ほうでぁなし……☆愚か者（永井・一関署・室根・東山2）、☆思慮無き者（玉里・有住）
●ほうでなし……☆前後放心（千厩署）、☆物覚えの悪い（人）（胆澤3）
　　　　　　　☆考えの浅い人（楢葉）、同義語：ほうでねぇー（原町）
　　　　　　　☆ふしだらな人（白石）
　＊「ほうだいなし」は「①馬鹿者、②無分別者、③思慮のない者、④前後不覚になること、⑤意気地なし、⑥怠け者、⑦だらしない者」の意。

ぼうたなぎ……役たたず（下岩泉）、同義語：ぽっこ（六戸3）
　＊「ぼうたなぎ」は「棒坦き」。「役立たず」の意。

ぼうのがみ……嫌われ者（蔵王）

ぼうはなたらす……棒の様な鼻を垂らす（人）（濱萩）
　＊「ぼうはなたらす」は「棒鼻垂らす」。

ぼうろく……☆粗悪な人（天栄）、☆やくざ者（置賜2）、☆粗末（置賜－山形）、☆悪い（米澤2）
　＊「ぼうろく」は「①襤褸、②粗末な様、③やくざ者、④貧乏、⑤粗悪な人」の意。

ほえあがり……調子に乗る人（秋田7）
　＊「ほえあがり」は「ほやがり」とも。「①調子に乗る人、②つけあがる人」の意。

ほえど……☆乞食、けちんぼ（秋田2・大仙・山本・雄勝）

☆乞食（平賀・山寺・室根・東山2・黄海）、同義語：ほえとこ（田河津）
　＊「ほいど」参照。

ほえどやろ‥‥‥☆他人を誹謗する言葉（藤沢・胆沢町・胆澤3）、☆意地の汚い奴（西山形）
　　　　　　　　☆金に賤しい人（鮎貝・置賜・川西）、同義語：ほえどたかれ（平賀）

ほおでなし‥‥‥考えのない人（福島3）、同義語：ほだえなし（県北－福島5）

ぼが‥‥‥嘘吐き・虚言（滝沢2・石鳥谷4・松川・油島・嚴美・上口内・胆沢町）
　　同義語：ぼがかだり（気仙1・気仙4・岩手・藤沢・胆沢町・胆澤3・大原2）、ぼかひり（日頃
　　　　　市）、ぼがふき（遠野）、ぼがふき（遠野・外川見2）、ぼんが（胆沢町・花山）、ぼんが
　　　　　ふき（倉沢・下閉伊3）、ぼんがふぎ（吉里吉里・宮古方言・遠野2）
　＊「ぼが」は「ぼんが」とも。「嘘」の意。「ぼがひる」は「嘘を言う」。

ぼーかんぢき‥‥‥芸なし（九戸郡・久慈署）、同義語：ぼーたなぎ（野田）
　＊「ぼーかんぢき」は「芸なし、芸を持たない人」の意。

ぼくされ‥‥‥☆不器用者、無能者（庄内3）、☆ろくでもない者（秋保）

ほげ‥‥‥老耄者（秋田1）
　＊「ほげ」は「惚け（ぼけ）」。「①年寄り、②親父、③気抜けしていること、④間抜け、⑤耄碌、
　　⑥冗談、⑦放蕩」の意。

ぼげなす‥‥‥☆ぼんやり者（遠野1）、☆間の抜けた人（楢葉・岡小名）

ほーごぁなし‥‥‥馬鹿者（室根）

ぼさま‥‥‥☆盲目の鍼灸や按摩をする人（山寺）、☆目の見えない人（津軽16・八戸2）
　　　　　　☆物貰い（平賀）
　＊「ぼさま」は「坊様」。「①目の見えない人、②按摩師、③鍼灸師」の意。

ほそだぐれ‥‥‥細身（卑）（置賜）

ほーだぇなし‥‥‥☆訳のわからない人・酔って判別がつかない（人）（九戸郡・米沢）
　　　　　　　　　同義語：ほうでーなす（吉里吉里）、ほーでぇなす（宮古俚・下岩泉）、ほう
　　　　　　　　　でえねぇ（松尾）、ほじなし（野田）、ほじゃなー（種市2）、ほづ
　　　　　　　　　ぬげ（野田）、ほでえぁなし（遠野署）、ほでなぁす（甲子）
　　　　　　　　☆放心者（黄海）
●ほだいなし‥‥‥思慮分別のない人（仙臺7）

ほたれ‥‥‥泥酔した人（軽米2）
　＊「ほたれ」は「①襤褸、②粗末な着物、③泥酔した人、④役立たず、⑤布きれ」の意。

ほだれかーれ‥‥‥見窄らしい者（階上－南部）

ほぢなし‥‥‥☆頭の悪い人（野辺地8）、☆気のきかない人（宮古署）
　　　　　　　☆正気を欠いた人（大仙・北荘内）
　　　　　　　☆忘れっぽい人（浄法寺・荒沢2・軽米2）、同義語：ほでえなし（水沢署）
　　　　　　　☆馬鹿者（大川平・軽米3）、同義語：ほぢねぇ（中仙）、ほぢなしあがめ（大貫）
　　　　　　　☆知恵なし（津軽6）

＊「ほぢなし、ほづなす」の「ほぢ、ほづ」は「方図」。「方図（限度・際限）がない」は「①際限がなく、きりがない、②計画性のない、③途方もない、④締まりがない、取り留めがない、⑤分別がない、聞き分けがない、⑥正気でない、⑦覚えがない」の意。

ほぢけねぁ‥‥‥どこか抜けている人（比内）

ほぢぬげ‥‥‥物忘れのひどい人（大野）

ほぢゃねぇ‥‥‥物事に注意無き（人）（西明寺）

ぼづ‥‥‥☆女児（卑）（豊里・最上－山形）、☆女（卑）（真室川）同義語：ほっか（真室川）

ぼつか‥‥‥馬鹿者・間抜け（九戸郡2）

ほっけ‥‥‥☆老いぼれ（一方井）、同義語：ほっさあれ（金沢）、ほっつぁれ（相馬）
　　　　　　☆ぼんやり者（気仙4・唐丹・盛）
　　　　　　☆耄碌した人（沼宮内）、同義語：ぼっけ（白石2）、ほろけ（大不動）
　＊「ほっけ」は「惚け」。「①老人、②年取った家畜、③耄碌した人」の意。

ぼっこ‥‥‥不器用な人（手先の）（南部北）、同義語：ぼっき（会津）、ぼっきづなぇ（鮎貝）

ぼっこしだいく‥‥‥半人前以下の大工（原町）、同義語：ぼっこしでぇぐ（庄内2）

ほっざれやろう‥‥‥甲斐性なし（新田）

ほっつあれ‥‥‥戯け者（栗原）
　＊「ほっつあれ」は「①戯け者、②馬鹿者、③老い耄れ、④産卵の終った鮭や鱒」の意。

ほづなす‥‥‥☆間抜け者・常識はずれ・無分別者（新郷・西和賀・八戸2）
　　同義語：ほうであなし（川井）、ほぢなし（二戸郡・一戸・九戸村・種市2）、ほぢねぁ（八幡平）、ほぢのげ（種市2）、ほづなし（三本木）、ほつけなし（野辺地）、ほっつ（十和田）、ほぢぬげ（九戸郡）、ほぢなし（大野2・中仙）、ほであなす（附馬牛）、ほでぇなす（河北）、ほんづ（十和田）、ほんづなし（十和田・沢内）、ほんつけなし（十和田）
　　　　　　☆馬鹿者・間抜け（沢内7）、同義語：ほでなす（涌谷）

ほづねやつ‥‥‥だらしない奴（山本）

ほっぱらかぁれ‥‥‥☆人の好意を無にする人（大野2）、☆馬鹿者、怠け者（南部）
　＊「ほっぱらかぁれ」は「腹毀れ」。「ほっぱらごわれ」とも。「①腹を壊すほど食べながら、仕事をしない者、②怠け者、③馬鹿者、④分からず屋」の意。

ほっばれ‥‥‥寝小便をする人（森田）、同義語：ほっぱり（平賀）
　＊「ほっばれ」は「①寝小便をたれる人、②相手を罵る言葉」の意。

ほっぼだいじん‥‥‥身上が潰れること（米沢2）
　＊「ほっぼだいじん」は「ほっぼ大尽」。「①富裕な家が没落すること、②身上が潰れること、③身代限り」の意。

ほでぁなし‥‥‥☆狂者（上有住）、☆ぼんやり者（盛）
　　　　　　　☆忘れっぽい人（飯豊2・金ヶ崎・佐倉河）同義語：ほおでなあぇ（福島5）

ほでなし‥‥‥☆身の程を知らぬ（者）（村山）
　　　　　　☆無分別者（置賜・塩釜）、同義語：ほでぇなす（大郷）、ほでなす（角田・栗原・山寺）

ほで（ぇ）なす‥‥‥☆馬鹿者・愚か者（衣川2・多賀城2・仙台4）、☆才なき者（村山2）
　　　　　　　　☆訳の分からない言行をする者（秋保）、☆記憶の悪い奴（遠野2）

ぼてふり‥‥‥ならず者・無頼不逞の輩（盛岡3）
　＊「ぼてふり」は「棒手振」。「①行商人、②屑屋、③一文無し、④無職放浪の者、⑤お転婆」の意。

ほでんか‥‥‥呑気者（蔵王）

ほどかしら‥‥‥吝嗇・欲張り（田代）
　＊「ほどかしら」は「ほんどかしら、ほえどかしら」とも。「①欲張り、②吝嗇」の意。

ほーともの‥‥‥道楽者（岩手）
　＊「ほーともの」は「放蕩者」。「①道楽者、②放蕩者」の意。

ほねから‥‥‥痩せた体（人）（大原2・栗原・胆澤3）

ほねからびっき‥‥‥痩せて骨ばかりのような人（庄内3）
　＊「ほねから」は「骨殻」。「①骨、②痩せた身体」の意。

ほねなし‥‥‥☆やくざ者（會津）、☆怠け者（會津）

ほねなす‥‥‥根気の無い（人）（下岩泉）
　＊「ほねなす」は「骨無」のこと。「①根気のない人、②怠け者」の意。

ほねばなれ‥‥‥体が疲れ果てること（人）（白石）
　＊「ほねばなれ」は「骨離れ」。「骨がばらばらになるように感じる程疲労困憊していること」の意。

ほねやみ‥‥‥☆怠け者（むつ・会津2・田島・石巻2・栗原）、骨惜しみ（仙臺7）
　＊「ほねやみ」は「骨病み」。「①怠け者、②不精者」の意。

ぼーのかみ‥‥‥悪い人（大鳥）

ほーのげ‥‥‥間抜け者（種市2）
　＊「ほーのげ」は「腑抜」。「①間抜け、②不甲斐ないこと、③耄碌人、④貧乏人」の意。

ぼへ‥‥‥☆気のきかない人（軽米）、☆馬鹿者・間抜け（十和田）
　　　　☆ぼんやり者（南部町）、同義語：ぼけぇ（玉山）、ぼへずき（南部町）
　＊「ぼへ」は「①ぼんやり者、②気の利かない者、③鈍い者、④馬鹿者」の意。

ぼほ‥‥‥間抜け者（秋田十和田）

ほほら‥‥‥☆馬鹿（森田・嘉瀬・岩木）、☆お人好し、愚人（津軽3）、☆愚鈍な人、南瓜（角間川）
　＊「ほほら」は「①馬鹿、間抜け、②薄鈍、③ぼんやり者」の意。

ほほらかめ‥‥‥愚か者、間抜け者（岩木）

ほまつわらし‥‥‥私生児（南部）

同義語：ほちまこ（楢葉・鹿島台・高平）、ほまちこ（胆澤3・氣仙沼3・黄海）、ほまちっこ（小野）、ほまぢっこ（岡小名）、ほまちわらし（弘前2）ほまぢわらし（平内）、ほまつこ（大郷・角田）、ほまづこ（白石2）、ほんまちこ（川西）
　＊「ほまつわらし」の「ほまつ」は「臍繰り」で、「わらす」は「子供」のこと。「私生児」の意。

ぼや……ぼんやり者（盛岡・宮古方言・岩手太田）、同義語：ぼやすけ（盛岡・沼宮内）

ぼやなやづ……役に立たない人（一関）
　＊「ぼや」は「①ぼんやり者、②馬鹿者、③無効」の意。

ぼら……☆締まりがない者・放蕩者（西和賀2）、同義語：ぼらこぎ（西和賀2）、ぼらまげ（西和賀2）
　　　　☆魯鈍者（秋田1）、同義語：ぼらけ（秋田7）

ぼらけ……見栄っ張り、気取りや（大雄）

ぼらこぎ……☆気儘な人（西和賀2）、☆自慢する人（仙南）、同義語：ぼら（醍醐）
　　　　　　☆法螺吹き（十和田・南鹿角）、同義語：ほうこぎ（八幡平）
　＊「ぼら」は「①気儘な者、②放埒者、③盆暗、④締まりのない者、⑤魯鈍者、⑥自慢、⑦見栄っ張り、⑧嘘」の意。「ぼらまげる」は「①めかす、②自慢をする」の意。

ほらかだり……嘘吐き・虚言者（宮古方言・江刺・岩手）、同義語：ほらやろ（岩手）
　＊「ほらかだり」は「法螺語り」。「①嘘吐き、②虚言者」の意。

ぼれだ……老いぼれ（遠野2）、同義語：ほっさぁーれ（原町）、ぼれた（眞瀧）、ぼれる（南三陸）
　＊「ぼれだ」は「老い耄れ」の略。「耄（ぼ）れる」は「①耄碌する、②頭の働きが鈍る」の意。

ほろけ……☆放浪者（山本）、☆道楽して財を無くす人（峰浜）、☆阿呆（温海・庄内3）
　　　　　☆耄碌（大蔵・小国・庄内3）、同義語：ほろげ（鮎貝）
　＊「ほろけ」は「惚け」または「放浪癖のある人」のこと？「惚け」は「①耄碌、②馬鹿、③間抜け」の意。

ほろけやろう……ぼんやりしている人（白鷹）、同義語：ほろけやろ（庄内3）

ほろすけ……馬鹿者（楢葉・鏡石・天栄・福島5・大沼）、同義語：ほろげ（田島）

ぼんが……偽り（梁川）、同義語：ぼんか（岩谷堂署）

ぼんがかだり……誇大に話す人（一関）

ぼんがふき……法螺吹き（釜石2）、同義語：ぼんがほり（宮守）

ぼんきゃ……薄馬鹿（鹿渡）

ぼんきり……☆不器用な者（一戸2）、☆ぶっきらぼうな言い方をする人（遠野2）
　　　　　　☆愛嬌のない人（八重畑）
　　　　　　☆嘘吐き・虚言者（久慈・九戸郡・岩泉署・小軽米・石鳥谷4・軽米3）
　　　　　　　同義語：ぼんぎ（遠野）、ぼんぎりかだり（岩泉9）、ぼんぎりきり（普代・久慈・九戸郡・小川・岩泉9・下閉伊3）、ぼんぎりふき（花巻・宮古方言・倉沢）
　　　　　　☆法螺吹き（野田）、同義語：ぼんぎりきり（野田）、ぼんぎりふき（稗貫）
　＊「ぼんきり」は「①大便、②嘘吐き、③棒きれ、④ぶっきらぼうな言い方をする人」の意。

ぼんくら‥‥‥☆愚鈍なる者（澁民・日形・山目・大原・油島・嚴美・東山・大原2・黃海）
　　　　　同義語：ぼんくれ（置賜）、☆意気地無し（宮内・最上と村山－山形）
　　＊「ぼんくら」は「①意気地なし、②怠惰な者、③愚鈍な者」の意。

ぼんけ‥‥‥馬鹿者（秋田6・置賜・七ヶ宿）、同義語：ほんけねぁ（秋田6）

ぼんたろ‥‥‥ぼさっとしている者（置賜）

ぼんち‥‥‥間抜け、馬鹿（県北と県中－福島3）

ほんぢけなし‥‥‥正気でない（人）（十和田4）、同義語：ほんぢなし（十和田4）、ほんつけねぇ（平賀）

ほんぢなし‥‥‥☆愚か者（津軽2）、同義語：ほでなし（鹿島台）、ほんつけね（六戸採）
　　　　　　　☆間抜け（八戸）、☆学問のない者（津軽14）

ほんぢねぁ‥‥‥幼稚（大雄）

ほんぢゃねぇ‥‥‥分からず屋（松ヶ崎）、同義語：ほであなす（小牛田）

ほんつけ‥‥‥☆ぼんやりしている者（森田）
　　　　　　　☆愚か者（津軽14）、同義語：ぼんつく（いわき・岡小名）
　　＊「ほんつけ」は「方図ない」の略。「①ぼんやり者、②愚か者、③締まりのない者」の意。

ほんづなす‥‥‥能なし（軽米）

ほんづぬげ‥‥‥忘れっぽい者（南部）

ほんづねぇ‥‥‥正常な思考のできない者（森田）

ぼんてさぐ‥‥‥ぼんやり者、抜け作（気仙7）
　　＊「ぼんてさぐ」は「凡亭作」？「①ぼんやり者、②抜け作、③馬鹿、④間抜け、⑤不精者」の意。

ほんでゃない‥‥‥恍惚の人（鹿渡）

ほんどがしら‥‥‥欲張り（秋田7）

ぼんとく‥‥‥☆うっかり者（秋田十和田）、☆機転のきかない者（気仙1・三陸・気仙5）
　　　　　　　☆知能の低い者（不動・一関・有住・石巻・小国）
　　　　　　　☆ぼんやり者（釜石2・盛岡11）、同義語：ぼんとぐ（遠野2・江刺・岩手）
　　　　　　　☆凡な奴（気仙4・大原2・濱萩）
　　　　　　　☆馬鹿者（鳴子・鹿島台・古川・石巻2・新田・栗原・花山・河北）
　　＊「ぼんとく」は「凡とく」。「①凡な奴、②低脳者、③馬鹿者」の意。新潟では「ぼんつく」。

ぼんとぐ‥‥‥☆愚か者、うつけ者（盛岡）、☆役立たず（南三陸）、☆凡夫（仙臺7）

ぼんぼら‥‥‥☆魯鈍者（仙南・秋田1・雄勝）、☆能なし（西和賀2）
　　＊「ぼんぼら」は「①無能者、②魯鈍者、③丸い物」の意。

ほ

251

ま

まかしい‥‥‥節約家（白鷹）、同義語：まがしい（石巻2）、まがす（石巻2）
　＊「まかしい」は「こまい」と同義。「①吝嗇だ、②節約家」の意。

まかんぼ‥‥‥腕白（庄内 – 山形）
　＊「まかんぼ」は「きかんぼ」と同義。「①負けず嫌い、②腕白」の意。

まぐかぐ‥‥‥薄ぼんやり（室根・東山2）

まくそない‥‥‥生まれ損ない（気仙5）
　＊「まくそない」は「生まれ損ない」の略。

まくらい‥‥‥大食漢（原町）
　　同義語：まくらいたおし（多賀城）、まぐらけぁし（大正寺）、まぐらけゃし（仙南）、まぐりゃたおす（田代）、まぐれ（山形漁村・庄内3）、まぐれー（高平）、まぐれぁ（金沢）、まぐれぁだおし（秋田6）、まぐれぁけあし（秋田6）、まぐれぁこ（油島）、まぐれぁつぐし（安代）、まぐれぁつぐす（南部）、まくれぇー（相馬・中村・角田）、まぐれぇ（秋保）、まくれぇつくし（軽米2）、まぐれたほし（長島）、まぐれだおし（能代2）、まぐれはぢ（男鹿）
　＊「まくらい」は「①大食漢、②食べること」の意。

まくらいどうな‥‥‥道楽人、役立たず（仙臺9）

まぐらかへし‥‥‥食いしん坊（津軽3）
　　同義語：まぐらきぇし（西和賀2）、まぐらきゃし（大雄）、まぐれあて（日形）
　＊「まぐらかえし」は「①大食漢、②食いしん坊、③居候」の意。

まくらほいと‥‥‥大飯食い（大館2）

まぐれつぶし‥‥‥穀つぶし・役立たず（安家）
　　同義語：まくらいどうな（仙臺2）、まぐらぇつぶし（平賀）、まぐれあつぶす（盛岡）、まくれぇっくし（軽米3）、まぐれてぁし（気仙7）

まげきしゃえ‥‥‥意地悪（置賜2）

まげたやつ‥‥‥呆れた奴（軽米2）
　＊「まげたやつ」は「たまげた奴」の略。「呆れた奴」の意。

まけぢか‥‥‥意地っ張り（矢越・磐清水・田河津・大原・黄海）
　　同義語：まげぢか（折壁）、まけぢっか（日形）、まけぢかぶり（室根・金沢）、まげつか（室根）
　＊「まけぢ（づ）か」は「負けぢか」。「負けじとすること」の意。

まけづかぶり‥‥‥☆勝ち気者（気仙1）
　　　　　　　　☆負けず嫌い（栗原・胆澤3・花山）
　　　　　　　　　　同義語：まげぢかぶり（岩手・仙台3・仙臺）、まけつかぶり（気仙1）
　　　　　　　　☆負け惜しみ（玉造）、同義語：まけぢかぶり（仙臺10）
　　　　　　　　☆意地っ張り（東山2）
　＊「まけづかぶり」は「負けづ被り」。「①負け惜しみ、②負けず嫌い、③意地っ張り」の意。

まげんぼ……負けた人（仙臺7）
　＊「まげんぼ」は「負けん坊」。

まし……☆真似が巧い人（津軽8）、☆狡賢い人（平賀）
　　　　　　☆大人の真似をしたがる子（平内）、☆猿
　＊「まし」は「猿」。「①狡賢い人、②真似が巧い人、③知ったかぶりをする人」の意。

ましことり……寝小便する人（津軽2）
　＊「ましことり」は「鱒取り」。「ましとる」で「寝小便を垂れる」こと。

まぢゃこ……役たたず（舊南部）、同義語：まぢゃご（南部）

まぢく……悪口（岡小名）
　＊「まぢく」は「悪口を言う、誹る」こと。

まぢまり……馬鹿（気仙2）

まつけない（ひと）……無頓着（南部）
　＊「まつけない（ひと）」の「まつけない」は「①気にしない、②躊躇しない、③無頓着」の意。

まっしぐねぁ……役に立たない人（気仙4）
　＊「まっしぐねぁ」は「①満足でない者、②物の用に立たない者」の意。

まっちょやろ……助平野郎（庄内3）
　＊「まっちょやろ」は「まっちょ野郎」。「まっちょ」は「女陰」のこと。

まで……吝嗇（者）（稗貫・甲子2・宮守2・佐比内・藤根2・姉体・小山・玉里・会津・大館3）
　　同義語：まて（盛岡11・御国・大沼・耶麻）、までぃ（大原）、までぇ（花山）、までぇ（松川）、までこ（比内）、までくそ（長岡2・胆澤3）、までだ（田代・平賀）、までっこ（盛岡）、まてっぽ（会津－福島4）
　＊「まで」は「①倹約、②吝嗇、③丁寧、④綿密、⑤念入、⑥大切、⑦律儀、⑧正直、⑨充分」の意。

までこ……倹約家（仙臺7）

まですけ……☆吝嗇者・けち（長岡・盛岡・鹿角・宮古俚・西和賀・玉山・松尾・遠野2・宮野目2・花巻10・赤石・本宮・田代・沢内7・気仙4・江刺・長部・胆澤3・山目・千厩署・胆沢町・大原2・鳴子・石巻2・玉造・氣仙沼3・大島・東山2・黄海）
　　　　　　同義語：まていなやつ（気仙3）、まてかす（宮城三本木・花山）、までかす（小牛田・矢本・石巻2）、までくそ（田島）、までこぎ（福岡・二戸郡・浄法寺2）、までしけ（遠山）、まてすけ（日形・金沢）、までしけたがり（飯豊）、までっかす（一関）、まてっぽ（会津2・会津4・大沼）、まてほいと（鹿角）、までほえど（盛岡・南鹿角）、までますけ（玉山3）
　　　　　　☆物惜しみする人（滝沢2）、同義語：までこ（滝沢2）、までっこ（滝沢2）

までなやつ……欲の深い人（気仙1）
　●まていなひと……倹約なる人（仙臺6）

までまんぱち……真面目そうに見えて内心はいい加減な人（只見）

まですばすねあ……気が早い（人）（盛岡）
　＊「まですばすねあ」は「待暫」のこと。「①気が早い、②気が短い、③待ったなし」の意。

まのほね……素性の知れぬ者（古城）
　＊「まのほね」は「馬の骨」。「素性の知れぬ者」の意。

まねこぎ……真似をする人（有畑・横浜・津軽4）
　　同義語：まねからし（真室川）、まねっかす（田島）、まねっこ（南部）
　＊「まねこぎ」は「真似こぎ」。「人の真似ばかりする人」の意。

まば……我儘者（九戸郡・野田）
　＊「まば」は「馬留場」のこと。「我儘者」の意。

ままこ……邪魔者（石巻2）
　＊「ままこ」は「①私生児、②花筏（植）、③邪魔者」の意。

ままづぎ……吃音（盛・大船渡署・大郷・多賀城）
　　同義語：ままかぎ（石巻2・桃生雄勝）、ままだぎ（會津）、ままづく（仙台2・多賀城2）、ままなき（置賜・石巻・仙臺・花山・玉造・秋保・多賀城2）、ままなぎ（米沢・真室川・米澤・山寺・田川・仙臺10）、ままなぐ（白鷹2・仙臺7）、ままなち（白石2）
　＊「ままづぎ」は「①言葉がつっかえる人、②吃音者」の意。

まみばくろう……狡い人（五戸）
　＊「まみばくろう」は「猯博労」。「狡い者」の意。「猯（まみ）」は穴熊・狸の一種。

まめがら……饒舌家（気仙1・気仙3・岩手）
　＊「まめがら」は「豆殻」。「①豆の殻、②饒舌な人、お喋り」の意。

まめぞう……☆口も手も煩い人（米沢）、☆煩い人（置賜）
　　　　　　☆お喋りや（北荘内）、同義語：まめぞ（庄内3）、まめぞかだり（庄内3）
　　　　　　☆子供（卑）（山形漁村）、同義語：まめぞ（庄内3）

まめだいく……下手な大工（南部）
　＊「まめだいく」は「豆大工」。「納豆大工よりも下手な大工」のこと。

まめんぢょ……口達者（南鹿角）
　＊「まめんぢょ」は「①口まめな奴、②口達者」の意。

まも……お化け（岡小名）

まやご……住み込みの女が生んだ私生児（宮古）
　＊「まやご」は「厩子」。「①代々の召使い、②下女の産んだ私生児、③使用人」の意。「厩」は「馬小屋」。

まやまづり……道草を食う者（釜石・宮古方言）
　＊「まやまづり」は「①厩を祀る祈祷者、②道草を食う者」の意。

まるくたもの……碌でもない人（比内・秋田北）、同義語：まるぐたもの（西明寺）
　＊「まるくたもの」は「①満足なもの、②完全なもの、③ろくなもの、④ろくでなし」の意。

まるぐだものでね……ろくでなし（能代)、同義語：まるくたもんでね（能代2）、まろぐだもの（山本）

まるばか……馬鹿そのもの（南部町）、同義語：まろばか（森田）
　＊「まるばか」は「まるで馬鹿」の略。「まろばか」は「①大馬鹿、②良い所が一つもない者」。

まんから……嘘つき（男鹿）
　＊「まんから」は「万殻」。「①嘘、嘘吐き、②出鱈目」の意。

まんき……☆嫉妬ふかい（人）（松ヶ崎）
　　　　　　同義語：まきたがり（庄内3）、まんきたかり（庄内2）、まんきたがり（山形漁村）
　　　　　☆悋気（醍醐）、☆酒乱（平内）
　＊「まんき」は「漫気」。「①嫉妬、②子供の嫉妬」の意。

まんくそやろう……罵倒語（白石2）
　＊「まんくそやろう」は「馬糞野郎」。「①相手を誹謗する言葉、②心の汚くて卑しい人間」の意。

まんたがぎ……大人っぽい子供（有住）
　＊「まんたがぎ」は「まんた餓鬼」。「餓鬼」は「子供」の意。

まんとう……阿呆（盛岡）

まんぱつ……☆馬鹿者・間抜け（野田）
　　　　　☆偽物（西山形）
　　　　　　同義語：まんぱつもの（石巻2・角田）、まんぱち（小国）、まんぱぢ（米沢・白鷹）
　　　　　☆いい加減な者（大郷）、同義語：まんぱづ（白石2）
　　　　　☆嘘吐き（亘理）
　　　　　　同義語：まんぱち（会津2・いわき・只見・白鷹・置賜・北會津）、まんぱつもの（仙台3）
　＊「まんぱつ」は「万八」。「①嘘、出鱈目、②誤魔化すこと、③偽物、偽者、④すれっからしの女、⑤ろくでなし、⑥横着者」の意。

まんぱちもの……偽者（置賜2）

まんぱづもの……陸（ろく）でなし（釜石）

み

みぐさめんけぇ……愛らしい不美人（宮古山田）
　＊「みぐさめんけぇ」は「顔はみたくないが、可愛い娘」のこと。

みくせぁ……醜い（人）（秋田6）
　＊「みくせぁ」は「めぐさい」と同じ。「めぐさ」参照。

みしもれ……☆厄介者（南部町）、☆居候（みしもれぁ）（岩手・上有住）
　＊「みしもれ（ぁ）」は「飯貰い」のこと。「みしもれぁ」は「厄介者、居候」の意。

みそかす……役立たず（山寺）
　＊「みそかす」は「味噌滓」、「価値のない物」転じて「役立たず」の意に。

みそかたり……☆嘘吐き（栗原）、☆自慢語り（金沢）
　　同義語：みそかだり（手前味噌に自慢する人）（江刺）
　＊「みそかたり」は「手前味噌語り」の略。「自慢する人」の意。

みそこ……人並み外れ者（秋田1）、同義語：みそっかす（秋田7）
　＊「みそこ」は「みそっこ」に同じ。「人並みでない者を卑しめて言う言葉」。

みそすり……自慢（古城・田原・黒石・梁川）、同義語：みそこ（室根）

みそたくり……自慢（する人）（岩手・江刺2・矢作・稲瀬・岩谷堂・玉里）
　　同義語：みそたぐり（岩谷堂署・胆澤3）、みそっこしり（胆澤3）
　＊「みそたくり」は「手前味噌」のこと。「自慢する人」の意。

みそったま……他人を誹謗する言葉（胆澤3）

みそだま……初心者（山寺）

みそたらづ……愚者・のうたりん（一関）、同義語：みそたんね（北荘内）
　＊「みそたらづ」は「脳味噌不足」の略。「味噌」は「脳味噌」の「みそ」。

みそでぐ……下手な大工（津軽2）、同義語：みそでぇぐ（大川平・平内）

みそはめ……仲間はずれ（白鷹2）

みそばさみ……口出ししたがる人（野田）

みだぐなし……☆醜女・不美人（気仙1・男鹿・会津2・白石・玉山・稗貫・黒岩・西根・野田・中野・
　　　　　　　佐比内・飯岡5・上有住・大館2)
　　　　　　同義語：みたくなし（秋田北）、みだくなし（日頃市）、みたくなす（附馬牛）、
　　　　　　　みだぐなす（江釣子・大貫・栗原）、みだぐね（山本）、みっだぐなし（平
　　　　　　　内・むつ・八戸在・階上・新郷・三本木・宮古方言・十和田・九戸村・
　　　　　　　沼宮内・沢内・南鹿角・大鳥）
　　　　　☆可愛いらしくない人（酒田・高平、☆嫌な人（福島市松川・白鷹）
　　　　　☆醜い人（ことに女）（野辺地・川井・南部町・九戸郡・松尾・岩手署・岩手・盛・
　　　　　　有住・佐倉河・森田・大川平・田代・大正寺・男鹿3・富谷・大原2・白鷹・最
　　　　　　上と村山－山形・置賜2・矢本・大郷・仙台3・能代2)
　　　　　　同義語：みたくなし（水沢署・多賀城）、みったくなし（舊南部）、みたぐなし（秋
　　　　　　　田十和田・長岡2・津軽8・花岡）、みだぐなす（花巻・盛岡・花巻方
　　　　　　　言・岩崎・宮古・笹間・外川目2・江刺・西山形・石巻・新田・七ヶ浜・
　　　　　　　白石2・山寺）、みだぐね（蔵王）、みだぐねぇ（相馬2）、みったぐなし
　　　　　　　（六戸3・大館）、みっだぐなし（大間・大野2・軽米2）、みったぐなす
　　　　　　　（軽米・宮古）
　　　　　☆不器量（な人）（錦木・藤沢・胆沢町・涌谷・伊達・七ヶ宿・會津・河北）
　　　　　　同義語：みたくなし（摺澤・玉里）、みだぐなす（角田・新田・栗原・白石2）
　　　　　☆小憎らしい人（庄内3）、☆嫌な奴（田川・會津）、☆意地悪（會津）
　　　　　☆風采の上がらぬ人（室根）、☆嫌われ者（平賀）、☆不器量者（仙臺5）
　＊「みだぐなし」は「見度くでも無い」「見たうも無い」の略。「見るに耐えない、みっともない
　　（人）」から「醜女・不美人」の意。「①醜い人（ことに女）、②顔・姿がみっともない人、③不美
　　人、④不器量な者、⑤人を罵って言う言葉、⑥小憎らしい奴、⑦見苦しいこと、⑧嫌な奴、⑨や
　　くざ者、⑩不潔な人」の意。

みだぐなす……困った人（亘理）

みだくねぇ……醜い（人）（大雄）、☆格好悪い（人）（会津4）
　　同義語：みっぱわり（平賀）、みばわり（会津4）

みどもさっぽもない……器量がとっても悪い（人）（白石3）

みのごなし……意気地なし・臆病者（西和賀2・仙南・松ヶ崎・大正寺・大雄・中仙・角間川・雄勝・六郷・秋田10・鹿島台）
　　同義語：みつれぬ（杜陵）、みどごなし（南外村）、みのごたがれ（松ヶ崎）、みのこなし（和賀郡・鳴子）、みのごなす（沢内7）
　＊「みのごなし」は「意気地なし・臆病者」の意。

みのごなす……☆力なし（大郷）、☆ひ弱者（尾花沢）
　＊「みのごなす」の「みのご」は「力」のこと。「みのごなす」は「みのこ無し」。「力無し」の意。

みみきかぢ……聾（大館3）

みみこすり……☆皮肉の言辞を弄すること（人）（仙臺6）
　　　　　　　☆告げ口（仙臺7）、同義語：みみづけ（仙臺7）

みみなりすずめ……叱られても慣れて驚かない（人）（西和賀2）
　＊「みみなりすずめ」は「耳鳴雀」。「①叱られても驚かない様、②小言を言われても気に留めない人」の意。

みゃぐなし……義理知らず・見込みなし（南部町）
　＊「みゃぐなし」は「脈無」。「①見込み無いこと、②義理知らず」の意。

みょんだやつ……変な人・おかしな人（南部町）
　＊「みょんだやつ」は「みょんだ奴」のこと。「みょんだ」は「①変な、②妙な」の意。

みろぐなす……その地位に相応しい仕事ができない人（山寺）

みんこ……醜い人（甲子）

みんぢゃだいく……下手な大工（秋田1）
　＊「みんぢゃだいく」は「水屋大工」。「下手な大工」の意。

みんぢゃんぶれ……溺死者（秋田7）、同義語：みんつくれー（南部）
　＊「みんぢゃんぶれ」は「水溺れ（みずおぼれ）」の訛。「①水に溺れた人、②溺死者」の意。

みんででけ……娼婦（津軽－娼婦）、同義語：みき（青森－娼婦）

みんどがなし……弱虫（真室川）、同義語：みんのこなす（大蔵）
　＊「みんどがなし、みんどがなぁぇ」は「みのこない人」のこと。「みのこない」は「弱い、非力な」の意。

みんのこなえやつ……弱い奴（最上－山形）

む

むが……無鉄砲な者（相馬）
　＊「むが」は「無我」。「無理、無法、無鉄砲な奴」の意。

むがしっと……老人（平賀）、同義語：むがしとしょり（平内）

むがすはがね……頑固爺（遠野2）
　＊「むがすはがね」は「昔鋼」。「頑固爺」のこと。

むがっき……向う見ず（九戸郡）
　＊「むがっき」は「向気」。「①負けん気、②強気、③向こう見ず」の意。

むがっつら……鉄面皮・図々しい奴（釜石10）

むがっぱわりひと……無愛想な人（白石2）
　＊「むがっぱわりひと」は「向がっぱわり人」。「無愛想な人」の意。

むがつら……向顔（憎憎しい顔）・鉄面皮（宮古方言・西根）、同義語：むがっつら（釜石）
　＊「むがつら」は「むこうつら（向面）」の転訛。「①額、出額、②顔、③憎らしげな顔、④鉄面皮」の意。

むぎ……怒りっぽいこと（北荘内）

むぎくらいうま……食べるしか能のない人（仙臺6）

むぎっちょ……☆偏屈者（盛岡・五戸・野辺地・南部町・新郷・六戸3・南部）
　　　　　　　同義語：むきちょ（軽米）、むぎちょ（十和田）、むぎちょう（大野2）、むきっちょ（宮古方言・黒岩・藤沢）、むぎっちょもん（甲子）
　　　　　　☆愛想のない人（男鹿3）
　　　　　　　同義語：むぎなし（原町）、むぎわりい（会津）、むきなし（中村・相馬2）、むぎなし（いわき・須賀川・県中－福島5）、☆強情者・強情張り（野邊地4）
　　　　　　☆人の話を聞かない人（すぐ立腹して）（倉沢）、☆一徹者（遠野2）
　＊「むぎっちょ」は「向っちょ」。「①偏屈者、頑な者、②直ぐ腹を立てる人、③向きになり易い人、④愛想のない人、⑤人の言うことを聞かない人、⑥我が強い人」の意。

むぎなし……☆旋毛曲り（霊山）、☆愛嬌のない人（高平・岡小名）
　●むきなし……無愛想者（福島6）

むげっちょ……☆無口な人（藤根2）、☆無愛想（南外村）、☆臍曲り（秋田7）、☆偏屈者（秋田7）

むぐかだり……嘘つき（一関）、同義語：「もくたれ」
　＊「むぐかだり」は「嘘語り」のこと。

むくたれ……☆嘘つき者（岩手・稲瀬・胆沢町）、☆暴言（胆澤3）

むぐたれがぎ……嘘つき子（一関）
　＊「むぐたれ」の「むぐ」は「嘘」。

むぐふき……嘘を言う癖の者（一関）

むくらっこ……寡言の者（秋田10）
　＊「むくらっこ」の「むくら」は「むっくり」と同じ。「押し黙っていること」の意。

むぐれ……意地っ張り、怒りんぼ（雄勝・山寺）
　＊「むぐれ」は「怒って膨れる様」、転じて「①意地っ張り、②怒りんぼ」の意。

むぐれんぢ……旋毛曲り（大雄）、同義語：むげちょ（西明寺）
　＊「むぐれんぢ」は「木蓮寺」のこと、「むぐれる」をかけたもの。「旋毛曲り」の意。

むこたくれ……婿（卑）（福島2）
　＊「むこたくれ」は「婿たくれ」。「婿を卑しめて言う言葉」。

むささび……落ち着きなく動き回る者（遠野1）
　＊「むささび」はリス科の動物で、手足に皮膜があって木から木へと飛ぶのが特徴。「落ち着き無く動き回る者」をこの「鼯（むささび）」に譬えたもの。

むさんこ……無鉄砲（な人）（久慈・遠野2）、同義語：むさんこー（野田・宮古）
　＊「むさんこ」は「無算講（むさんこう）」。「①無鉄砲な人、②がむしゃら、③強引、④無分別、⑤乱暴者」の意。「むさんこに」は「しゃにむに、考えもなく」の意。新潟でも「むさんこ」は「無鉄砲」の意。

むしら……口数の少ない人（津軽2）

むしんけ……不信心な者（平沼）
　＊「むしんけ」は「無神経」または「無心家」？

むすくされやろ……他人を罵倒する語（栗原）
　＊「むすくされやろ」は「虫腐れ野郎」。

むすらすけべ……むっつり助平（十和田）
　＊「むすらすけべ」は「むっつり助平」。「普段はそうでない振りをしていながら好色な男」のこと。

むせぇ……しみったれ（角館）

むせぇやつ……七面倒くさい奴（津軽9）

むせやづ……☆生意気な奴（津軽2）、☆けむたい奴（津軽14）
　＊「むせやづ」は「むさい奴」。「むさい」は「①一癖ある、②むさ苦しい、③煙たい、④不潔な、⑤けちな、⑥生意気な、⑦愛嬌がない、⑧変わらない、⑨捗らない、⑩持ちがよい」の意。

むぞうさい……可愛い、気の毒（北會津）
　＊「むぞうさい」は「無慙さい」。「①可愛い（人）、②可哀想、③気の毒な（人）」の意。

むだごどかだり……☆猥談をする人（釜石・気仙1・有住）、同義語：むだつぎ（遠野2）
　　　　　　　　☆無用の話をする人（宮古方言・岩手）
　＊「むだごどかだり」は「無駄事語り」。「①猥談をする人、②無用の話をする人」の意。

むだきり……淫らなことを話す人（八幡平）

むだにん……☆定職のない暇な人（古川）、☆楽な仕事、手を汚さず仕事をしている人（新田）
　　　　　☆農業以外の人（大貫）
　＊「むだにん」は「閑人」のこと。

むぢくれもん……捻くれ者・旋毛曲り（岩泉）
　　同義語：むぢれこんぢゃー（會津）、むぢれもの（南部）、むづくれもん（宮古方言）
　＊「むぢくれもん」は「捩（ねじ）くれ者」。「むぢける」は「①不平を言う。②拗ねる」の意。

むぢきれ……☆我儘（伊達）、☆執拗（な人）（福島2）

むぢげ……我を張る人（置賜）

むちけがみ……気難しい人（秋田十和田）
　＊「むちけがみ」は「むつけ神」？「むつける」は「①拗ねる、②膨れる、③機嫌を損ねる」の意。

むぢな……狡猾な人（大川平）
　＊「むぢな」は「貉」。貉は狸と似た動物で、人を騙すという言い伝えから譬えたもの。

むちゃぽいなす……無茶苦茶なことをする人（久慈）
　＊「むちゃぽいなす」は「①無茶苦茶なことをする人、②物を粗末にする人」の意。

むちゃぽなし……物を大切にしない人（会津）

むちょとし……強情張り（松峰）

むぢり……強情な人、聞き分けのない人（庄内3）、同義語：むづり（庄内3）、むんぢり（庄内3）
　＊「むぢり」は「捩り」と同義？「①強情な人、②聞き分けのない人」の意。

むづあまされ……6歳の反抗児（盛岡）
　＊「むづあまされ」は「六つ余され」。

むっか……☆無口な人（八幡平3）、同義語：むぢだ（平賀）、むっすらこ（秋田5）
　　　　　☆短気（者）・せっかち（盛岡弁）

むづかのたろべー……むづかり童子（盛岡11）

むつけたかり……偏屈者（南部）

むつけたがり……何でも反対する人（荒沢2）

むつけもん……旋毛曲り（南部）
　　同義語：むぢけ（小国）、むぢげ（米沢）、むちけもん（野田）、むづけもの（宮古方言）、むつけもんむづりかすげぇー（吉里吉里）、むんつけもの（軽米）
　＊「むつけもん」は「むつける者」のこと。「むつける」は「①むづかる、②機嫌を損ねる、③拗ねる、④膨れる」の意。

むつけわらす……むづかり童子（舊南部・下岩泉・石巻）
　　同義語：むつけがぎ（有住）、むつけわらし（南部）、むづけわらす（江刺）

むっちゃ……無鉄砲（石巻）

＊「むっちゃ」は「無茶」？「無鉄砲な奴」の意。

むっちょかだり……自己主張の強い人（気仙1）

むっちょこき……片意地な人（大館2）

むて……無鉄砲（花山）
　＊「むで」は「無体、無手」。

むでっこき……乱暴な人（只見）

むでっぱぢ……☆無思慮の乱暴者（秋田7）、同義語：むでっぱ（福島5）、☆無鉄砲者（男鹿3）

むねぁげねわらし……物覚えが悪い子供（岩木）
　＊「むねぁげね」は「①物覚えが悪い、②出来が良くない」の意。

むほうつぎ……いつわり者（浄法寺）
　＊「むほうつぎ」は「無法つぎ」。「①無法者、②偽り者、③乱暴者、④道理に外れた者」の意。

むほづき……無法者（南部）

むりつり……無理を押し通す人（江刺・有住）

むりむほうつき……無理を矢鱈に言う人、酒を呑んで他人を困らせる人（五戸）

むんちん……☆気難しい人（和賀2・長岡2・摺澤・石巻・仙臺5）
　　　　　　同義語：むんちもの（衣川・胆澤3・若柳）、むんちんもの（多賀城・仙台3）、
　　　　　　　　　むんつん（七ヶ宿・蔵王）、むんつんかたり（栗原）、むんつんもの（角田）
　　　　　☆旋毛曲り（鹿島台・宮城三本木・北荘内・真室川・添川・川西）
　　　　　　同義語：むんちけ（庄内3）、むんちんたかり（長井・真室川）、むんつん（涌谷・
　　　　　　　　　中郷・大蔵・小牛田・矢本・仙台原町・石巻2・七ヶ浜・岩沼・白石2・
　　　　　　　　　七ヶ宿・河北）、むんつんかだり（塩釜）、むんつんたがり（亘理・山寺・
　　　　　　　　　仙台4）、むんつんたかり（南山形・泉）、むんつんもの（古川）
　　　　　☆頑固者（最上と村山－山形・川西・岩手）
　　　　　　同義語：むんつん（秋保）、むんつんかだり（酒田）
　　　　　☆片意地（置賜・白石2）、同義語：むんちんもの（玉造・氣仙沼3）
　●むんちんかだり……小言を言う人（大原2）
　●むんちんたげる……素直さがなく、無理を押し通す人（置賜）
　●むんちんやろう……変わり者（白石）
　＊「むんちん」は「捩り（むぢり）」の転訛？「①気難しい人、②拗ね者、③天の邪鬼、④旋毛曲り、⑤頑固者」の意。

むんちんのさんちん……天邪鬼、旋毛曲り（仙臺7）

むんつけ……偏屈者（南部町・十和田・沼宮内）
　　　同義語：むつけ（十和田）、むづけたがり（玉山）、むつけたがり（二戸郡・浄法寺）、むつけもの（南部町）、むんつけたがり（一戸）、むんづれ（山寺）
　●むんつけかたり……旋毛曲り（富谷）
　＊「むんつけ」は「捩り」と同義。「①旋毛曲り、②拗ね者、③偏屈者」の意。

むんつけわらし……駄々っ子（十和田）
　　同義語：むんつけわらす（軽米）、むづけわらす（附馬牛）、むつけわらし（五戸）、むつけがぎ（五戸）

むんつんたかり……偏屈な奴（大蔵）

め

めあしあげ……告げ口をする人（津軽2）、同義語：めぁさぎたなぎ（飯豊）、めやしあげ（南鹿角）
　＊「めあしあげ」は「目安上げ」。「目安箱」は江戸時代（享保6年）役人の非を訴えるために設置されたもの。「目安」は「目安状、告訴状」。「目安上げ」は「①お上に訴えること、②人の欠点を暴くこと（人）、③告げ口をすること（人）」の意。

めぇがど……知恵遅れの人（岩沼）

めがわり……藪睨み（添川・置賜2）
　＊「めがわり」は「目変わり」？「斜視」の意。

めぐさ……醜い人・外見がわるい人（九戸郡・大野2）
　　同義語：めくさぇ（古川）、めぐされ（宮古方言）、めくせ（蔵王）
　＊「めぐさ」は「めぐさい人」の略。「めぐさ」は「①格好悪い人、②醜い人、③外見が悪い人」の意。

めぐさめご……醜い顔でも可愛い子（南部）
　＊「めぐさめご」の「めご」は「めんこ」の略。「可愛い子」のこと

めくされ……☆目の悪い人（宮古・森田・仙南・角館・江刺・田河津・鳴子・北荘内・大島・大館2・仙台4）
　　　　　　同義語：めくちゃ（南郷・村山－山形・福島5）、めくちゃれ（仙臺7）
　　　　　☆目を損じた人（大原2）、☆流行目（泉）、☆不美人（十和田4）
　　　　　☆役たたず（湯口・宮古・大川平・大館2）
　　　　　☆喧嘩相手に浴びせる罵声（田代・鹿島台）、同義語：めくされやろ（仙台3）
　　　　　☆分からず屋（泉）、☆人を卑しんで言う言葉（多賀城2）
　＊「めくされ」は「目腐れ」。「①眼病で眼の縁が赤く爛れている人、②目脂、③役立たず、④ろくでなし、⑤不甲斐ない様、⑥物を見つけるのが遅い人、⑦不美人」の意。

めくされもの……不良の徒（新郷）、同義語：めくされやろ（胆沢町）

めぐされわらす……小さい子供、幼児（新田）

めくさるがる……役に立たない子供（玉山）

めぐしゃ……醜女（大館2）

めぐぞやろ……役立たず（北荘内）

めぐれねぇ……☆頭の回転が鈍い（人）（下岩泉）、☆気の利かない人（遠野2）、☆鈍い人（沼宮内）
　＊「めぐれねぇ」は「頭の巡りの悪いこと（人）」で、「①気の利かない人、②物事を理解しない人、③物分かりが悪い人、④頑固者」で、「頭の巡りが悪い人」の意。

めぐれねぇひと……頑固者（沢内）、同義語：めぐれねあひと（盛岡）、めぐれねぇ（甲子）

めしこぎ……おべっか使い（庄内2）、同義語：めすこぎ（庄内3）
　＊「めしこぎ」は「お売僧（まいす）こぎ」の略。「①おべっか使い、②お世辞を言う人」の意。

めしもれぁ……居候（盛）
　＊「めしもれぁ」は「飯貰い」。「居候」の意。

めたくされ……☆若い女性（卑）（大川平）、☆女（卑）（嘉瀬）、同義語：めっきやくされ（津軽4）

めっけ……☆余り良くない家の女の子（男鹿）
　　　　　☆私生児（廣田）、同義語：めっけこ（南部・大原2）
　　　　　☆女（卑）（庄内3）、同義語：めっけぇ（平内）

めっけわらはど……女の子供達（卑）（岩木）

めっこ……瞽（七ヶ宿・仙臺4・岡小名・花山・河北）
　　　　　☆盲（霊山・庄内3・山寺・相馬2・置賜2・耶麻・秋保・平賀・大館2）
　　　　　☆眇（片目）（稲瀬・相馬・いわき・酒田・矢本・古川・石巻2・栗原・福島5・會津・大沼・玉造・多賀城2・黄海・金沢・仙臺5）
　　　　　　　同義語：めっかぢ（いわき）、めっこう（軽米3）、めっこたっこ（胆澤3）
　　　　　☆眼病の者（大島）
　＊新潟でも「眇」は「めっこ」。

めっこきり……ひょっとこ（盛岡2）

めった……女（卑）（置賜・米澤・庄内3）、同義語：めっちょ（庄内3）
　＊「めった」は「女を卑しめて言う言葉」。

めったがり……目脂を付けている人（宮古）、同義語：めったぐれ（南部）、めっちたかり（石巻）

めっちゃ……☆目の悪い人（卑称）（江刺2・南都田・稲瀬・梁川・岩谷堂・玉里・霊山・中村・胆澤3・涌谷・米沢・白鷹・宮内・大蔵・置賜・石巻2・白石・岩沼・多賀城・相馬2・會津・岡小名・柴田・花山）
　　　　　　同義語：めちゃ（庄内3）、めちゃめ（栗原）、めっちゃかりんと（石巻2）、めっちゃれ（酒田）
　　　　　☆爛れ目の人（白石2）、同義語：めっち（七ヶ宿）
　＊「めっちゃ」は「①目の悪い人、②眼病に罹っている人」の意。

めっちゃぐれ……☆醜い人（涌谷）、☆目を病む人（七ヶ浜）

めっちゃこ……背の小さい人（田河津）、同義語：めちゃこい（花山・河北）
　＊「めっちゃこ」は「①目高、②若年者、年少者、③背の低い人」の意。

めちゃれがぎ……見窄らしく小さな子供（五戸）

めっとうろく……いい加減な息子（川井4）

めつとろく……理解の悪い人（八重畑）

めっぱ……☆目がつり上がっている人、物がよく見えない人（庄内3）、☆ものもらい（大館2）

めっぽ‥‥‥目尻下がり（宮内・置賜－山形）
　　同義語：めっちゃがり（軽米3）、めっつぁがり（角田）、めっぽさがり（置賜）
　＊「めっぽ」は「①目尻、②目尻が下がっている（人）」の意。

めどつ‥‥‥☆狭い奴（軽米2）、☆河童（軽米3）
　＊「めどつ」は「①河童、②狭い奴」のこと。

めとろぐ‥‥‥醜い人（西和賀2）

めのあら‥‥‥邪魔者（気仙5）

めやがし‥‥‥多弁家（津軽3）
　＊「めやがし」は「多弁な人」の意。

めやすたなぎ‥‥‥他人のことを言いつける人（紫波郡長岡・沼宮内）
　　同義語：めやすばご（紫波郡長岡）
　＊「めやすたなぎ」は「目安担ぎ」。「めあしあげ」参照。

めやっこ‥‥‥見た物を欲しがる子（庄内3）

めら‥‥‥☆泣きやすい人（比内・松川）、同義語：めろ（米沢）、めろり（岩手）
　　　　☆泣き虫（盛岡・南鹿角・徳田・八幡平・西和賀2・滝沢2・岩手・秋田7）
　　　　　同義語：めいら（鹿角）、めらこ（一関）、めらしけ（大雄）、めらっこ（長岡）、めらめら（水堀）、めらり（稗貫）、めろ（仁賀保・置賜）
　　　　☆女ども（涌谷）、同義語：めろ（須賀川・矢本・石巻2）、めろっこ（須賀川）
　　　　☆女の子（北會津）
　＊「めら」は「目ら」。「①泣き虫、②泣きやすい人」の意。

めらら‥‥‥女郎（県中－福島5）、同義語：女郎（岡小名）

めろ‥‥‥女（卑）（岡小名・石城・西白河・仙臺7）
　＊「めろ」は「女郎」。「①女、②女の子、③女を罵って言う言葉」の意。

めろこ‥‥‥女児（白石2・仙臺5・福島6）、同義語：めろ（野木沢）、めろっこ（野木沢）
　＊「めろこ」は「女郎子」。「女の子」のこと。

めろかし‥‥‥役立たず、馬鹿者（庄内3）

めろぐだま‥‥‥人を罵倒する言葉（村山－山形）

めろぐど‥‥‥教養のない分からず屋（松ヶ崎）

めろづ‥‥‥☆のっぺりしていて、締まりのない人（南山形）、☆酒で酩酊している人（南山形）
　　　　☆人並みに仕事ができない人（村山）、☆優柔不断な人（山寺）
　＊「めろづ」は「①節操のないひと、②締まりのない人、③お人好し、④酔っ払い、⑤人並みに仕事のできない人」の意。

めろり‥‥‥間抜け者（錦木・河邊郡・仙臺・庄内3）、同義語：めろかし（北荘内）
　＊「めろり」は「①間抜け、愚か者、②泣き虫、弱虫」の意。

めんくせ……常識外れ（七ヶ浜）

めんご……少し足りない人（山寺）
　＊「めんご」は「①可愛い子、②少し足りない人」の意。

めんこめくされけさみのこっこ……相手をからかう言葉（胆澤3）

めんた……☆女（卑）（津軽3）
　　　　　同義語：めった（宮内・置賜－山形・置賜）、めろ（中村・福島2）、めろこ（福島5）、めんか（津軽3・平賀・平内）、めんかくされ（津軽3）、めんたくされ（津軽3・平内）
　　　　☆酌婦、女郎（庄内3）

めんたん……☆娼婦・女郎（庄内－娼婦・北荘内・山形漁村）、同義語：めんた（山形漁村）
　　　　　☆酌婦（庄内－山形）
　＊「めんたん」は「①動物の雌、②雌犬、③女を卑しむ言葉、④酌婦」の意。

も

もうぞうやろう……間抜者（置賜）

もうぼれ……耄碌（舘岩）

もくそなし……人当たりの良くない者（南部町）
　＊「もくそなし」は「きもくそなし」と同じ。「①愛嬌の無いこと（人）、②ぶっきらぼうな（人）」の意。

もぐだ……取るに足らない人（白石2）

もくたやろ……役立たず奴（西山形）

もくたれ……嘘つき（岩手）
　＊「もくたれ」は「①愛嬌のない、②ぶっきらぼう、③人当たりの良くない人、④嘘吐き」の意。

もぐらもっけ……のろま（南部・津軽2）、同義語：もくらもっけ（弘前・津軽4）
　＊「もぐらもっけ」の「もっけ」は「蛙、蟾蜍」、転じて「①のろま、②愚鈍な者」の意。

もぐり……無資格者（北浦）
　＊「もぐり」は「潜り」。「①潜水夫、②海女、③無資格者、④詐欺師、⑤誤魔化し者」の意。

もぐれ……むつけ易い人（鮫－南部）
　＊「もぐれ」は「むぐれ」のこと。

もぐろぢ……分からず屋、ぼんやり者（南三陸）

もこ……幽霊、お化け、怖いもの（庄内3・平内）
　　　　同義語：もー（仙台3）、もうこ（胆澤3）、もっこ（胆澤3）

もしろぱだぎ……宴会の時、最後まで飲み食いする人、後引（南部町）

＊「もしろぱだぎ」は「莚叩き（むしろばたき）」と同じ。

もそ……のろま（秋田7）
　　＊「もそ」は「もそもそ」の略。「動作の緩慢な様」、転じて「鈍間（のろま）」の意。

もぞ……☆寝言（岩谷堂署・水沢署・金沢・大館2）、同義語：もぞう（一関署・大館3）
　　　　☆出鱈目（西山形）、☆譫言（花山）、☆辻褄の合わない話をする人（古川）
　　＊「もぞ」は「妄想」。「①寝言、②愚かな人、③悪戯」の意。新潟でも「もーぞ」は「寝言」の意。

もぞかだり……法螺吹き（盛岡）

もぞこさかえ……哀れ者（柴田）

もそらめぎ……動作の鈍い者（男鹿3）

もだくぢ……色話・無駄口（平賀）

もだせぶり……☆勿体ぶる（人）（大不動）、☆思わせぶり（岩沼2）、☆馬鹿遠慮（石巻）
　　＊「もだせぶり」は「持振」？「①勿体振る（人）、②思わせぶりな態度をとる（人）、③恩に着せる素振りを見せる（人）」の意。

もだへぶりなやづ……思わせぶりな奴（津軽2）
　　＊「もだへぶりなやづ」は「持たせ振りな奴」。「①思わせぶりな奴、②勿体振る人」の意。

もぢぇっぽなし……考え無し（南郷）

もぢくたりなし……何もわからない者、分別のない者（庄内3）
　　同義語：もぢなし（庄内3）、もぢゃなし（庄内3）
　　＊「もぢくたりなし」は「文字無し」と同義。「①物を弁えない者、②分別のない者」の意。

もぢくり……吃る人（川西）
　　同義語：もぢぐり（置賜2）、もぢぐり（会津－福島5）、もんづくり（置賜2）
　　＊「もぢくり」は「吃る人」のこと。「もぢくる」で「吃る」。

もぢびんぼ……吝嗇者・けち（九戸郡）、同義語：もぢびぼう（久慈5）
　　＊「もぢびんぼ」は「持貧乏」。「①吝嗇家、②けち」の意。

もぢゃぇぽーなし……吝嗇者（小軽米）、同義語：もぢゃぽなし（外川目2）

もちゃぐれ……役に立たない人、足手纏いになる人（男鹿）

もぢゃけ……惚（とぼ）けている人（赤川）

もぢゃっぱなす……飽きやすい人（一戸3）、同義語：もぢゃぺなし（平賀）

もぢゃっぽなし……物を粗末にする人（気仙1・松川・水沢署・有住・只見・会津2・県北－福島5）
　　同義語：もざっぱなす（気仙沼）、もざぽえなし（宮古方言）、もざぽいなし（川井）、もざぽえなす（宮古山田）、もぜあっぽなし（釜石・栗橋）、もぜぇぽなし（釜石11）、もぜっぽなし（釜石2・宮古署）、もぜゃあはなし（遠野郷）、もぢぁっぺぁなし（玉山）、もぢぽなす（気仙沼2）、もぢゃぺなぇい（早坂）、もぢゃぺなす（盛岡・滝沢2）、もちゃ

ぺぁなし（佐比内）、もぢゃぺぇねえ（大川平）、もぢゃっぽなぇ（鳴子）、もぢゃぺなし（南部町・新郷）、もぢぇぽなす（甲子）、もぢゃっぺなし（沼宮内）、もぢゃっぺなす（黒岩・遠野2）、もぢゃっぺねぇ（滝沢2・胆澤3）、もぢゃっぽなす（附馬牛・九戸村・江刺・岩手・大蔵・胆澤3）、もちゃぱない（花山）、もぢゃぱなし（荒沢2・倉沢・飯岡5・岩手太田）、もやぷかり（置賜−山形）、もぢゃぽいなし（大野2・南部）、もぢゃぽぇなし（十和田採・軽米3）、もぢゃぽえなす（宮古方言・軽米）、もぢゃっかえ（米沢）、もぢゃぽなぁ（飯豊）、もぢゃぽなし（室根）、もぢゃぽなし（二戸郡・岩手・気仙5下有住・田原・玉里・宮城三本木・花巻署・遠野署・長岡2・下有住2・摺澤・稲瀬・古川・蔵王・仙台3・柴田・花山・東山2・黄海）、もぢゃぽなす（石巻・矢本・亘理・白石2・桑折）、もでぇーっぽなす（吉里吉里）、もんぢゃなす（大蔵）

* 「もぢゃっぽなし」は「①物を粗末に扱う人、②浪費家、③締まりのない人、④だらしない人、⑤ふしだらな人、⑥粗忽者、⑦おっちょこちょい」の意。
● もぢゃぽえなし……ふしだらな（者）（九戸郡・野田）
● もぢゃぽなし……ほったらかしで仕末の悪い人（相馬2）、同義語：もぢゃっぱなす（岩手南）

もぢやねぇやつ……役に立たない奴（庄内−山形）

もぢゃねや……乱雑（西明寺）
* 「もぢゃねや」は「①頑迷な、聞き分けのない、②耄碌して本心がない、③無邪気な人、④ごたごた取り散らかしていること」の意。

もちやほかれ……三日坊主（仙臺）

もちゃぽなぢ……金品を浪費する人（会津2）

もぢやれ……少し低脳なこと（人）（庄内−山形）

もぢょかだり……小言を言う人（遠野2）

もづかだり……寝言を言う人（平泉2）、同義語：もぢょこぎ（能代2）

もっかり……攻撃的な言い方をする人（五戸）、同義語：もっか（五戸）
* 「もっかり」は「①物言いが悪く、突き当たるように言う言い方の人、②言い方が滑らかでない人」の意。

もつき……短気（者）・せっかち（川井）、同義語：もっがり（山田4）、もっころばす（吉里吉里）
* 「もつき」は「もつか」に同じ。「①癇癪、②短慮、③せっかち」の意。

もっきぱら……向かっ腹（花山・仙臺7）

もづきぎ……お節介者（津軽2）

もっくり……寡黙な人（庄内3・北荘内）、同義語：もっくらぼだし（庄内3）
* 「もっくり」は「①沈黙家、②寡黙な人」の意。

もっけ……☆余され者（五戸）、同義語：もっけもの（宮古方言）、もっけもん（宮古方言）
　　　　　☆道化者、お調子者（津軽2）、☆役たたず（五戸）、☆厄介者（五戸）
* 「もっけ、もつけ」は「蛙、物怪」。「①蟾蜍、②間抜け者、③のろまな者、④不器用な者、⑤能無し、⑥余され者、⑦お調子者、⑧軽率な人、⑨役立たず」の意。「物怪」は「得体の知れないもの」で、「①思いがけないこと、②不思議なこと、③怪しからぬこと、④不吉なこと、または

その人」の意味も。

もつけ……☆少し鈍い人（嘉瀬・津軽6）、☆煽てに乗る人（森田）、☆軽率な人（大川平）
　　　　☆世間知らず（津軽9）、☆お節介屋（津軽14）

もつけたがり……恐怖症（石巻）、同義語：もっけゃやみ（石巻）

もつけだっきゃ……おっちょこちょい（津軽9）

もつけもん……手余し者・手に負えない（人）（船越・宮古）、同義語：もっけ（五戸）

もっけやみ……心配性の人（大貫・河北）

もっこ……☆不器用者（庄内3）、☆幽霊、お化け（庄内3）
　＊「もこ」参照。新潟南魚沼郡では「ももんこー」で「化け物」の意。

もったふり……自慢話をする人（早坂）

もったり……お金を沢山貯めている人（気仙2・気仙7）
　＊「もったり」は「①金を貯めている者、②金持ち」の意。

もってぇいい……容貌や体格がどっしりしていて見栄えがいいこと（人）（古川）
　＊「もってぇいい」は「勿体いい」の訛。

もで……のろま、鈍重（津軽2・弘前）
　＊「もで」は「重い」。「①のろま、②鈍重な人」の意。

もどんね……不器用（鮎貝）

ものかぁす……無法者（大野2）
　＊「ものかぁす」は「物毀す」。「無法者」のこと。

ものしりこき……物知り顔に振る舞う人を嘲って言う言葉（鹿角）
　＊「ものしりこき」は「物知りこき」。「物知り顔に振る舞う人を卑しんで言う言葉」。

ものぢぎたがれ……物好き狂（北浦）
　＊「ものぢきたがれ」は「物好集れ」。

ものやづ……無口な人（普代3）
　＊「ものやづ」は「物言わず」の略。

もひきり……調子に乗りやすい人（松峰）
　＊「もひきり」の「もひ」は「煽て」。「もふぇきる」は「煽てにのる」、「もふぇしょわせる」は「煽てる」、「もへたげで」は「煽てられて」の意。

もふね……煽て（河邊郡）

もやた……惚（とぼ）けている人（八重畑）

もやぢ……物臭（一戸2）

もよいで……着物道楽の人（南部）
　＊「もよいで」の「もよい」は「身支度、装い」の意。

もれぇにん……乞食（中村）、同義語：ものもれ（庄内3）、もれぇー（會津）
　＊「もれぇにん」は「貰い人」のこと。「乞食」の意。

もろぐたがり……老いぼれ（南部・六戸3）、同義語：もぼれ（福島5・大沼・会津4）、もぼれる（桑折）
　＊「もろぐたがり」は「耄碌集り」。「①耄碌した人、②老い耄れ」の意。

もんぢゃなし……分別のない者、幼稚な者（庄内3）

もんぢゃねぁ……☆物の役に立たない（人）（秋田6）、☆年甲斐ない（人）（庄内－山形）
　＊「もんぢゃねぁ」は「文字はない」と同義。「文字はない」は「①訳が分からない、②役に立たない、③頑是無い、④非常識な、⑤詰まらない、⑥乱雑な」または「その人」のこと。または、「もんぢゃ」は「亡者」のことも。

もんぢゃねやろ……何ともしょうがない野郎（庄内2）

もんぢょかだり……譫言を言う人（南鹿角・田代）、同義語：もんぞかだり（有住）
　＊「もんぢょかだり」は「妄想語り」。「もぞかだり」参照。

もんぼっちゃ……狂った（人）（置賜2）

もんぼれ……老い耄れ（米沢・白鷹・角田・小国・置賜2）
　＊「もんぼれ」は「もぼれ」と同義。「①年老いて耄碌する人、②物事を弁えない人、③狂人じみてくる（人）」の意。

もんぼれるひと……狂人じみてくる人（村山と置賜－山形）

や

やが……厄介（河邊郡）
　＊「やが」は「①厄介、②居候（秋田7）」？「やがぇんなる」は「邪魔になる」。「やがなえる」は「厄介になる」の意。

やがみこ……子のない夫婦が養子を貰った後に生まれた子（米沢2・尾花沢）
　＊「やがみこ」は「嫉み子」で、「焼き餅子」と同義。「養子を貰った後に生まれた実子」の意。

やがますひと……厳格な人（岩手）
　＊「やがますひと」の「やがます」は「①厳格な、②煩い、③厳しい」の意。

やぎ……酌婦・売春婦（男鹿・由利－娼婦）
　＊「やぎ」は「野伎」。

やきかづ……返事をしない人（軽米3）
　＊「や」は強調の接頭語。「きかづ」は「耳の遠い人」の意。

やぎもぢやぎ……☆嫉妬深い人（六戸3）、☆悋気者（能代2）
　＊「やぎもぢやぎ」は「焼餅焼」。

やぎもづただぎ‥‥‥悋気者（有畑・津軽4）、同義語：やきもつやき（佐比内）
 ＊「やぎもづただき」は「焼餅叩」。「①嫉妬深い人、②悋気者」の意。

やくざやろう‥‥‥☆放蕩者（会津2）、☆役立たず（南郷）

やくされもん‥‥‥腐った根性野郎（下岩泉）
 ＊「やくされもん」は「腐れ者」の意。「や」は強調の接頭語。

やくしゃまんげぇ‥‥‥放蕩者（下岩泉）

やくたいなし‥‥‥☆無駄者（涌津）、同義語：やくたいもない（仙台1）
　　　　　　　　☆無能で役に立たない者（仙臺6）
 ●やぐでなし‥‥‥役立たず（倉沢）
　　同義語：やぐだ（甲子）、やくたいなし（江刺2・仙臺）、やぐでもねもの（山形漁村）、やくたなし（三川）、やくてぇもねぇ（古川）、やくでなし（岩谷堂）、やぐでもねぃ（塩釜）、やぐでもねぇ（涌谷）、やぐのはれ（亘理）
 ＊「やくたいなし」は「益体無」。「①役に立たない人、②無法な様、③本気でない様、④締まりがない人、⑤無益である」の意。「やぐでなし」は「やくたいなし」の略。

やぐぢゃもの‥‥‥☆不要の者（南部方言・百石）、同義語：やくじゃもの（横浜）
　　　　　　　　☆やくざ者・用のたたない者（宿野部）、☆性行の治まらない者、博打打ち（南部）
 ＊「やぐぢゃもの」は「①役に立たない人、②厄介者、③能なし、④怠け者、⑤道楽者」の意。

やぐのはれ‥‥‥嫌われ者（蔵王）

やぐぼえど‥‥‥役欲（川西）
 ＊「やぐぼえど」は「人一倍役職の欲しい人」のこと。

やくわん‥‥‥禿頭（大正寺）

やけっぱた‥‥‥火傷（耶麻）

やげぽっぽ‥‥‥火傷痕のある人（卑）（石巻2・蔵王・秋保・仙臺7）

やごこぎ‥‥‥力量不相応のことをする人（仁賀保）

やざがね‥‥‥判断が衰えてきた（人）、役立たず（庄内2）

やしぇかれかばね‥‥‥貧弱な体（栗原）
 ＊「やしぇかれかばね」は「痩せ枯れた身体」のこと。

やしぇねなり‥‥‥弱々しい体（北荘内）

やしくづれ‥‥‥吝嗇なこと（砂子瀬）、同義語：やしい（津軽12）

やしこ‥‥‥食いしん坊（六郷）
 ＊「やしこ」は「いやしこ」の略？「食いしん坊」のこと。「やしくづれ」は「いやしいこと」。「いやし」は「①食い意地の張っていること、②貪欲なこと、③吝嗇・けち」の意。

やしやろ‥‥‥賎しい男（庄内－山形）

＊「やしやろ」は「賤しい野郎」の略。

やすこ‥‥‥駄目な奴（平内）
　＊「やすこ」は「卑しい子」の略。「①駄目な奴、②相手とするに足りない奴」の意。「やすこかげる」は「駄目な奴と決めつける」こと。

やすづら‥‥‥けちな人（津軽8）

やせったひ‥‥‥苦労すること（仙臺）

やせっぽ‥‥‥痩せた人
　同義語：やしぇかれ（白石2・蔵王）、やしぇぎし（庄内3）、やしぇっころげ（米沢）、やしぇっぽ（川西・庄内3）、やせから（南部）、やせかれ（石巻2・仙台1）、やせこ（宮古）、やせこげ（古川）

やせねえ‥‥‥貧乏（者）（象潟）
　＊「やせねえ」は「遣瀬がない」と同義。「遣瀬がない」は「①元気がない、②役に立たない、③耐えられない、④我慢ができない」の意。転じて「やせねぇ」は「貧乏（者）」の意。

やせはったぎ‥‥‥痩せた人（南部・水沢署・有住・胆沢町・鹿島台・原町・矢本・石巻2・角田・白石・大貫・栗原・仙臺6）
　同義語：やしぇはったぎ（五百川・白鷹・鮎貝・置賜・亘理・岩沼・白石2・蔵王）、やせからはったぎ（胆澤3）、やひはたぎ（男鹿・秋田7）
　＊「やせはったぎ」は「痩せ飛蝗」。「①飛蝗（ばった）、②蝗（いなご）の様に痩せ細った人」のこと。

やぢがね‥‥‥役立たず（西山形）
　同義語：やぢゃがね（西山形・会津−福島5・村山3）、やぢゃがねぁー（大鳥）
　＊「やぢがね」は「役立たず」のこと。「やぢか」で「痩せて小さい貧相な人」の意。

やぢなし‥‥‥愚か者（平賀）

やちび‥‥‥吝嗇者・けち（十和田4）
　＊「やちび」は「けち」のこと。「やちんびる」は「こせこせする」の意。

やぢやがねやろ‥‥‥役に立たない野郎（山形）、同義語：やぢゃがねやつ（蔵増）

やっかえなし‥‥‥意気地なし・臆病者（宮古方言）
　＊「やっかえなし」は「厄介なし」？または「やっ」が接頭語で「かえなし」は「甲斐性なし」のこと？「やっけーなし」と同義。「①甲斐性なし、②世話がかからない（人）、③意気地なし、④弱い人、⑤頼りない人」の意。

やっかだすけ‥‥‥吝嗇者・けち（南部北・大野2・軽米2・七戸）
　同義語：やかだすけ（十和田・八戸26）、やっかいだ（横浜）、やっかだい（軽米3）、やっかだい（小軽米）、やっかだぇ（宮古方言・九戸郡）、やっかだい（南部・百石・六戸3・奥入瀬・八戸・軽米2）、やっかだしけ（南部町）、やっかでー（岩泉）、やっかだすけ（小軽米・軽米3）、やっかで（八戸在・新郷・九戸村）、やっかであ（階上）、やっかでぇー（遠野2・一戸3）
　＊「やっかだすけ」の「やっ」は接頭語で「かだすけ」は「堅助」。「①けち、吝嗇者、②自分の物を使いたがらない人」の意。

やっきかね……乱暴な子（南部）
　＊「やっきかね」の「やっ」は接頭語で、「きかね」は「①乱暴な子、②腕白者、③悪戯者」の意。

やつきゃあなし……仕事の出来ない者（田代）、同義語：やっきゃね（会津－福島5）

やっけぇありもん……厄介者（野田）
　同義語：やっけぁもの（有住）、やっけぇもの（江釣子2・南三陸）、やっけもの（七ヶ浜・岡小名）

やっけぇなす……ひ弱な奴（下岩泉）

やっけーなし……☆力のない人（岩泉）、同義語：やつかれ（鹿島台）
　　　　　　　　☆弱い人（安家）、同義語：やっけねい（九戸村）
　＊「やっけーなし」は「①弱い、②頼りない」の意。

やっこ……乞食（比内・男鹿・大仙・大正寺・北浦・山本・一日市・子吉川・由利・大鳥・三川・荘内2・酒田・白鷹・宮内・山形漁村・添川・川西・庄内3・置賜2・田川・大館・能代2）
　同義語：やっこたがり（温海）、やっこやろう（置賜）、やりこ（仙臺8）
　＊「やっこ」は「家の子」。「やっこ」は古代の賤民の最下級。「①乞食、②人を罵る言葉」の意。

やっこい……気弱な人（矢本・石巻2）、同義語：やっけ（石巻2）
　＊「やっこい」は「柔い」こと。

やっこますけ……守銭奴（下岩泉）
　＊「やっこますけ」の「やっ」は接頭語。「こますけ」は「細助」。「けちん坊」転じて「守銭奴」。

やっこやろ……☆卑しい奴（庄内3）、☆乞食野郎（庄内3）

やっちゃかねぇ……役立たず（会津4）

やっぱり……強情者・強情張り（飯岡4）
　＊「やっぱり」は「やっつっぱり」の略。「や」は接頭語。「つぱり」は「①強情、②強情者」の意。

やづねやづ……どうしようもない人（津軽9）

やっぺ……☆若造（大鳥）、☆下郎（田川）
　＊「やっぺ」は「①家来、②若造、③下郎」の意。

やにくえ……臍曲り（原町）

やにけ……だらしない人（松ヶ崎）
　＊「やにけ」は「①締まりがない人、②だらしない人、③誠意がない人」の意。

やにけふと……心身共に弱い人（男鹿）

やねつり……意地悪（人）（新里）

やばち……けちんぼ（北荘内）

やばちひと‥‥‥手段を選ばない人（中仙）
　＊「やばちひと」の「やばち」は「①汚い、不潔、②湿っぽい、③濡れて気持ち悪い、④見苦しい、むさ苦しい、⑤面倒くさい、⑥煩い、⑦嫌らしい」の意。

やばちないやろ‥‥‥不法者、不潔者（南部）

やばっちねやつ‥‥‥手余し者・手に負えない（人）（南部町）

やばつねあやず‥‥‥不潔な人（盛岡）、同義語：やばつと（大船渡署）

やばはまり‥‥‥横槍を入れる人（津軽7）
　＊「やばはまり」の動詞形「やばはまる」は「①干渉する、②無用の手出しをする、③口出しをする」の意。

やぼろかだり‥‥‥無茶を言う人（平泉2）、「やぼろかだり」は「野暮語り」？「野暮」は「①無茶、②無理、③無法」の意。

やまがしら‥‥‥山里の大酒のみ（南部町）
　＊「やまがしら」は「山頭」。「①山仕事の時指図をする人、②山里の大酒飲み」の意。

やまげゃり‥‥‥出戻り女（松ヶ崎）
　＊「やまげゃり」は「山帰」。「①山仕事の終わり、②出戻り女、③里帰り」の意。ここでは②。

やましもの‥‥‥騙り者（野田）
　＊「やましもの」は「山師者」。「山師」は「①投機的な人、②大袈裟に言う人、③嘘吐き、④怠け者」の意。

やましまんぱち‥‥‥偽者（置賜・置賜2）

やまねたろう‥‥‥田舎者（五戸・南部町）、同義語：やまねたろ（十和田）、やまへえ（新田）
　＊「やまねたろう」は「山根太郎」。「山根」は「①山の麓、②田舎、③奥山」の意。

やまのしゃぐ‥‥‥天邪鬼（田川）

やみすけ‥‥‥☆骨惜しみする人（石巻・仙台1・白石2）、☆怠け者（角田・亘理・七ヶ浜）
　＊「やみすけこがす」で「骨惜しみする」の意。

やみぞー‥‥‥怠け者（相馬・角田・亘理・岩沼・七ヶ宿・蔵王）、同義語：やみか（霊山・梁川・伏黒）

やめえたがれ‥‥‥何時も病気ばかりしている人（岩木・砂子瀬）、同義語：やんめぁえたがり（真室川）

やめぇと‥‥‥☆何時も仕事しないでいる人（大川平）
　　　　　　☆病人（大川平）
　　　　　　同義語：やみゃと（大館2）、やめと（男鹿・平賀）、やめにん（庄内3）、やんめーと（軽米）
　＊「やめぇと」は「病人」。「①病人、②病気がちの人、③虚弱な人、④障害のある人、⑤何時も仕事をしないでいる人」の意。

やめのがみ‥‥‥悪病神（能代2）

やへ……旋毛曲り（庄内3）

やへから……やせっぽち（平内）
　＊「やへから」は「①痩軀、②痩柄」のこと。

やへやへのもの……下賤の者（杜陵）

やらほら……法螺吹き（甲子）
　＊「やらほら」は「①上っ調子に騒ぐこと、②法螺吹き」の意。

やりかんぼう……向こう見ず、無鉄砲（会津）、同義語：やりかんぼ（県中－福島3）
　＊「やりかんぼう」は「遣観法」。「①遣りっぱなしの者、②無鉄砲者、③出鱈目な行為」の意。

やろうごろう……暴言（胆澤3）

やろこ……男・男児（卑）（相馬・中村・白石2・仙台3・柴田・多賀城2・東山・仙臺5・福島6）、
　同義語：やらい（村山－山形）、やろう（西白河）、やろご（宮内）、やろっこ（只見・田島・七
　ヶ浜・野木沢・泉）

やろめら……野郎共（泉）

やわだもの……体の弱い人（森田）
　同義語：やわた（柴田・河北・玉造）、やわだひと（新田）、やわたもの（花山）、やわだもん
　（岩沼）
　＊「やわだもの」は「①弱い者、②病身、③病弱者」の意。

やんがへし……仕返し（耶麻）

やんだひと……嫌な人（秋田1）
　＊「やんだひと」の「やんだ」は「いやだ（嫌だ）」のこと。

やんちゃ……☆無分別（嚴美・仙臺）、☆乱暴（者）（福島2・金沢）
　＊「やんちゃ」は「①無茶、②茶目っ気の多い人、③乱暴者、④無分別、⑤乱雑」の意。「やんち
　ゃもん」は「我が儘勝手の子供」の意。

ゆ

ゆいとう……男色（盛岡－御国）

ゆきどろ……行き倒れ（秋田7）
　＊「ゆきどろ」は「①行き倒れ、②吹雪で倒れた人」の意。

ゆぐたがり……欲ばり者（南部町・久慈・軽米・飯豊・南鹿角。八幡平・野田・日形・田代・北浦・
　七ヶ浜）
　同義語：ゆぐ（大川平）、ゆぐこぇ（七ヶ浜）、ゆぐでない（百石・横浜）、ゆぐでなし（鹿角・
　　九戸郡・秋田鹿角）、ゆくたかり（稗貫・眞瀧・多賀城）、ゆくたがり（十和田・外川目
　　2・九戸中野・軽米2・大野2・宮古・岩手・金ヶ崎・佐倉河・藤沢・胆沢町）、ゆぐた
　　がる（宮古方言）、ゆくたがれ（十和田）、ゆぐたがれ（中仙・由利）、ゆぐぴー（久慈）
　＊「ゆぐたがれ」は「欲集り（よぐたがり）」と同義。「①欲の深い人、欲張り、②物惜しみする人、

けちん坊」の意。

ゆくちなし‥‥‥☆馬鹿者（耶麻・會津 2）、☆意気地なし（ゆぐちなし）（仙臺 10）

ゆぐづなし‥‥‥だらしない者（米沢）

ゆぐでなし‥‥‥☆乱暴者、悪戯者（胆沢町・胆澤 3）
　　　　　　　☆陸（ろく）でなし（南部町・野辺地 3・野田・九戸中野・錦木・南部・一関・日形・南外村・軽米 3）
　　　　　　　　　同義語：ゆぐたものでね（松峰）、ゆぐなすもん（久慈）、ゆぐなす（軽米）
　　　　　　　☆意気地無し（会津）、同義語：ゆぐちなし（白鷹・桑折）、ゆぐぢねー（只見）
　　　　　　　☆良くない者（金沢）
　＊「ゆぐでなし」は「ろくでなし」のこと。「①意地悪、②意気地なし、③悪戯、④悪者、⑤愚か者」の意。

ゆぐなし‥‥‥悪戯坊主（岩崎）

ゆぐなしもん‥‥‥☆不良の徒（久慈署・大野 2）
　　　　　　　　　同義語：ゆぐでなし（倉沢）、ゆくなしもん（軽米 2）
　　　　　　　☆欲張り（九戸郡）、同義語：ゆぐなし（岩泉署）、ゆぐなしもの（小軽米）

ゆけぢなし‥‥‥意気地無し（鹿島台）

ゆたたかそ‥‥‥吝嗇者・けち（浄法寺）

ゆだれなす‥‥‥だらしのない者（盛岡）
　＊「ゆだれなす」は「涎を溢す人」のこと。「だらしない者」の意。

ゆでふくべ‥‥‥物の役に立たない（人）（野木沢）
　＊「ゆでふくべ」は「ゆで瓢」。「①無定見な人、②物の役に立たない人」の意。

ゆへーがい‥‥‥虚弱な者（岩手）、同義語：ゆへいがい（気仙 5）
　＊「ゆへーがい」は「湯稗粥」。「①虚弱者、②頼りにならない人、③役に立たない人」の意。

ゆぼ‥‥‥間抜け者（岩手）、同義語：ゆんぽー（岩手）
　＊「ゆぼ」は「①気性が緩いこと、②間抜け者」の意。

ゆめさく‥‥‥夢を見ている人（栗原）
　＊「ゆめさく」は「夢作」。

ゆめすけ‥‥‥気の利かない者（岩沼）
　＊「ゆめすけ」は「夢助」。「①気楽な人、②気の利かない人」の意。

ゆめのまんぜらぐ‥‥‥楽天家（岩沼）

ゆるぐねぇーひと‥‥‥気難しい人（遠野 2）、同義語：ゆるぐねあひと（盛岡）
　＊「ゆるぐねーひと」の「ゆるぐね」は「①気難しい、②厳格な、③苦しい、④楽でない、⑤骨が折れる、⑥容易でない、⑦簡単でない」の意。

ゆるぐねやづ‥‥‥大変な奴（津軽 2）

ゆ

ゆるすけ……☆締まりのない者（摺澤・玉里・会津2・鹿島台・石巻・会津－福島5・仙臺5）
　　　　　　　☆金銭に大仰な人（白石2）、☆間抜け（大沼）
　＊「ゆるすけ」は「緩助」。「①締まりのない人、②間抜け」の意。

ゆるえつら……馬鹿顔（米澤）

ゆるってぇ……少し頭の弱い人（会津）

よ

よいなんのかっこう……貧相な恰好（宮古俚）
　＊「よいなんのかっこう」の「よいなん」は「①見窄らしい、②貧相な」の意。「よいなんなぁ」は「①下手な、②下等な」の意。

よが……痩せた人（津軽3）
　＊「よが」は「①夜蚊、②痩せた人」の意。ここでは②。

よがこい……欲深い（人）（秋保）

よかまか……よぼよぼ・老いぼれ（遠野）
　＊「よかまか」は「年取ってよろよろと歩く様」、転じて「老い耄れ、よぼよぼ」の意。

よくたがり……☆欲ばり者（遠野・盛岡方言・階上・玉山・川井・新郷・吉里吉里・宮古方言・久慈・九戸郡・十和田・軽米・九戸村・徳田・岩澤・横浜・沼宮内・南鹿角・糠塚・松尾・土淵・六戸3・二子2・岩手太田・石鳥谷4・気仙4・気仙1・男鹿・福島市松川・宮内若柳・金ヶ崎・佐倉河・涌津・一関署・有住・鹿島台・石巻2・白石・大貫・庄内3・蔵王・多賀城・大沼・河北・桑折）
　　　　　　同義語：よかこい（岩沼2）、よがこい（亘理・蔵王）、よぐたがり（南部町・飯豊・野田・滝沢2・藤根2・遠野1・江刺・北浦・山形漁村・真室川・大蔵・亘理）、よくたかり（南部方言・青森南部・百石・稗貫・舊南部・横川目・七瀧・倉沢・花巻10・長岡2・軽米2・長島・水沢署・大館・象潟・古城・大原・霊山・玉造・宮城三本木・原町・伏黒・白鷹・石巻・仙台1・南山形・福島5・泉・七ヶ宿・仙臺3・柴田）、よぐたかり（鏡石・会津2・涌谷・米沢・田島・角田・栗原・仙台3・相馬2・會津・能代2）、よくたかれ（盛岡11・錦木）、よぐたがれ（岩泉・有畑・南部町・十和田・沢内・川内方言・宿野部・秋田鹿角・田代・六郷・鮎貝津軽2・弘前・嘉瀬・比内・仙南・秋田1・角館・岩沼・平内）、よくたがれ（由利）、よぐだげ（村山と置賜－山形）、よくたれ（六戸3・宮古・岡小名）、よぐったがり（紫波署）、よっかこい（福島市松川）
　　　　　　☆貪欲な人（下北16）、☆物惜しみする人（川口）
　　　　　　☆吝嗇（中村）、同義語：よぐだがり（中郷）
　＊「よくたがり」は「①欲の深い人、②良くない人、③ろくでなし、④物惜しみする人」の意。

よくたものふり……ませた子供（松ヶ崎・秋田7）
　＊「よくたものふり」は「①ませた言動・服装を好む子供、②生意気な子供」の意。

よくたもんだね……陸（ろく）でなし（南部町）、同義語：よぐだもんでね（森田）
　＊「よくたもんだね」は「①ろくでなし、②人を罵る時の言葉」の意。

よぐでなし‥‥‥☆悪人（六戸）
　　　　　　　☆良くない人・ろくでなし・強欲者（五戸）
　　　　　　　　同義語：よくでなし（新郷・南部）、よんたがり（玉山3）

よくどしもの‥‥‥欲張り屋（男鹿3）、同義語：よくどし（男鹿）
　＊「よくどしもの」の「よくどし」は「①大欲張り、②非人情な人」の意。

よぐなすもの‥‥‥悪漢（秋田8）、同義語：よぐなしもの（能代2）
　＊「よぐなすもの」は「良くない者」の意。

よげしゃべり‥‥‥☆駄弁者・多弁者（有畑・津軽3・弘前）、同義語：よげぇしゃべり（大川平）
　　　　　　　　☆言う必要のない余計なことを言う人、お喋り（平内）
　＊「よげしゃべり」は「余計喋り」で、「①不必要なことを多く言う人、②お喋り、③多弁家」の意。

よこざべんけ‥‥‥内弁慶（衣川2）
　＊「よこざべんけい」は「横座弁慶」。「①家の中でばかり威張る人、②内弁慶」の意。

よごでぇもの‥‥‥他人の言葉に反対したがる者（男鹿3）

よごでこぎ‥‥‥臍曲り（秋田7）
　＊「よごでこぎ」は「①臍曲り、②片意地を張る人、③人のことに文句をつける人」の意。

よごみみ‥‥‥はた聞きして邪推すること（人）（平内）

よこめ‥‥‥色目、藪睨み（軽米2）、同義語：よごめ（庄内3）、よそ（斜視）（野木沢）
　＊「よこめ」は「横目」。「①脇目、②色目、③藪睨み」の意。ここでは②③。

よされ‥‥‥☆お人好し（釜石5・宮古）、同義語：よしっぽ（いわき、岡小名）、よすけ（岡小名）
　　　　　☆襤褸を着た人（三陸・綾里）
　＊「よされ」は「①愚か者、②襤褸の着物を着た人、③弱い者、④役立たず」の意。

よーしえ‥‥‥ひ弱な人（松ヶ崎）
　　　同義語：よおせ（米澤）、よしぇ（雄勝・田川）、よせ（真室川・田川）、よーせー（相馬2）、よ
　　　　　せたい（村山）、よせね（石巻2）
　＊「よーしえ」は「①貧弱な体格の人、②ひ弱な子供」の意。

よしゃれ‥‥‥役に立たない人（男鹿）、同義語：よひ（男鹿）

よた‥‥‥情婦（県南－福島5）
　●よだか‥‥‥娼婦（大和2）

よだが‥‥‥夜遅くまで夜遊びする人（十和田・男鹿・置賜）、同義語：よんべあと（新里2）
　＊「よだが」は「夜鷹」。「①夜遊びをする人、②夜更かしをする者」の意。

よだかりゃもの‥‥‥品の良くない者（北浦）

よだぐれ‥‥‥弱い者（秋田1）、同義語：よだこ（秋田7）、よだっぽ（横川目・二子2）
　＊「よだぐれ」は「①弱い者、②虚弱」の意。

よたこ……与太者・不良（十和田・置賜・大貫・栗原・南山形）
　　同義語：よたがれ（大正寺）、よだこ（沼宮内・沢内）、よだっこ（胆澤3）、よだもの（胆澤3）
　＊「よたこ」の「よた」は「①役に立たない人、②無能者、③愚か者、④弱い人、⑤詰まらない人、⑥質の悪いこと、⑦乱暴者、⑧悪さをする人、⑨放蕩者、⑩怠け者、⑪拗ね者」の意。

よだすけ……弱虫（盛岡方言・稗貫・玉山3・二子2）
　　同義語：よだっこ（八幡平）、よだっぽれ（釜石）、よだぼれ（長岡2）

よだつぽれ……☆阿呆（仙臺2）、☆病気上がりの人（よたっぽれ）（仙臺10）

よたぼれ……☆耄碌している人（気仙2・岩手・気仙5・石巻2・仙臺・多賀城2）
　　　　　　　同義語：よいぼれ（石巻2）、よだっぽれ（南三陸）、よだぼれ（仙台原町・岩沼・白石2・仙臺4・桃生雄勝・泉）
　　　　　　☆呆け（藤沢）、☆弱い人（胆澤3・若柳・多賀城）、☆弱くヨタヨタしている者（秋保）
　＊「よたぼれ」は「①蹌踉めく様、②老い耄れ、③馬鹿者、阿呆、④身体が弱いこと」の意。

よだぼうれ……怠け者・不精者（川井）

よたもの……☆用にたたぬ者、弱い者（秋田1）、☆怠け者、不良者（南部）

よぢぐれ……偏性の人（小野）
　＊「よぢぐれ」は「捩ぐれ」。「①偏性の人、②捻くれている人」の意。

よちさかだり……諂い者（岩手）、同義語：よちさかたり（綾里）
　＊「よちさかだり」は「①諂う者、②おべっか使い」の意。

よぢゃぐれ……汚い見窄らしい姿（人）（石巻2）、同義語：よぢゃれ（石巻2）

よちゃめぎ……衰弱せる者（秋田1）

よぢゃれ……☆甘えん坊（いわき）、同義語：よしじゃれ（岡小名）、☆身体の弱い人（小野）

よっきり……酔っぱらい（南部・軽米2・八戸・秋田北・大館・花岡・岩手・折壁・日形・藤沢・気仙1・東磐井・新沼・田河津・澁民・東山・相馬・富谷・鳴子・軽米3・古川・濱萩・七ヶ浜・栗原・多賀城・玉造・泉・秋保・金沢・大館3・仙臺5・大和2）
　　同義語：よきり（南部・秋田1）、よっきりぼ（中村・梁川・七ヶ宿・蔵王・桑折）、よっきりぼう（霊山・伏黒・角田・亘理・白石・福島6）、よっちりぼ（岩沼・白石2）

よっけぁねぁ……甲斐性なし（宮古）、同義語：よっちなし（田野畑3）

よっけーなし……力のない人（岩泉）、同義語：よろけ（八幡平）、よんぢゃれ（岩沼）
　＊「よっけーなし」は「よろけ」と同義。動詞形「よろける」は「①衰弱する、②弱る」の意。

よっけなす……弱い者（伏黒・岩沼）

よっさかだり……去就をはっきりしない人（気仙1）

よっしゃれ……駄洒落（を言う人）（南三陸）

よったくれ……酔っぱらい（南部・東磐井・江刺2・曾慶・矢越・折壁・田河津・澁民・千厩・大原・

眞瀧・萩荘・田原・黒石・涌津・上口内・稲瀬・玉里・衣川2・秋田1・相馬・中村・柴田）

よったぐれ……酔漢（南鹿角・西和賀2・気仙1・一関・江刺・岩手・矢作・蛸浦・新沼・姉体・金ヶ崎・藤沢・岩谷堂署・水沢署・東山・有住・仁賀保・会津2・いわき・只見・大島・宮城三本木・涌谷・米沢・白鷹・置賜・石巻・南三陸・軽米・角田・新田・大貫・栗原・多賀城・花山・大島・室根・東山2・黄海・平内）
　同義語：よたぐれ（西明寺・庄内3）、よったぐれぇ（胆沢町）

よったれなし……用の足りない者（大館2）

よっちげゃあ……出来損ない・困りもの（野田）
　＊「よっちげゃあ」は「①困りもの、②出来損ない、③捻挫」の意。

よっちぱり……空元気者（八戸23）
　＊「よっちぱり」は「①空元気、②宵っぱり、③よろよろする者」の意。

よっちゃり……よろよろする者（八戸23）
　＊「よっちゃり」は「①よろよろする者、②身体の均衡が障害される病気」の意。

よっちらかだり……内緒話を言いふらす人（釜石）

よっと……酔っ払い（尾花沢）
　＊「よっと」は「さげよっと」と同義。

よっぱり……☆夜更かし（者）（平内・盛岡・岩崎・南鹿角・西和賀2・南部北・秋田1・男鹿3・由利）
　　　　　　同義語：ごっぽり（いわき）、よいかり（釜石）、よいばり（気仙4・宮城三本木）、よいっぱり（仙台3）、よいほり（仙臺4）、よぇっぱれ（岩沼）、よえぼれ（秋保）、よさっぱり（長坂・澁民・千厩・岩手・曾慶・田河津・日形・山目・平泉・藤沢・胆澤3・東山・古川・栗原・室根・黄海）、よざっぱり（金沢）、よさっぱりこぎ（佐比内）、よつっぱり（田野畑3）、よつばれ（大館2）、よっぱりこぎ（南鹿角・秋田2・田代・男鹿3・角館・大館2）、よっぺぇあり（宮古方言）、よばり（秋田1・河邊郡）、よばりこぎ（秋田1）、よぶくろ（庄内3）
　　　　　　☆夜更かしする子（平賀）
　＊「よっぱり」は「①夜更かしをする者、②宵っ張り」のこと。

よづばれ……寝小便（をする人）（角田・七ヶ浜）
　同義語：よっぱり（仙臺7）、よっぱれ（山寺・仙臺6）
　＊新潟では「よつぱり」は「寝小便」の意。「夜つ尿（ばり）」。

よっぽどなぁひと……よくよくの人（宮古）
　＊「よっぽどなぁひと」は「余程の人」のこと。

よつもんどねぇ……用事を言いつかりながら役に立たない者（平内）

よつらかたり……阿諛者（気仙3）、同義語：よっさかたり（三陸）
　＊「よつらかたり」は「①弁ちゃら者、②阿諛者」の意。
　●よつらかだり……八方美人（藤沢）

よてご……末子（浜通－福島5）
　　同義語：よで（平賀）、よでっこ（岡小名）、よでわらし（平内）

よでばが……馬鹿な末っ子（津軽2)、同義語：やぢめかす（津軽15）、よでばか（津軽15）
　＊「よでばが」は「末子馬鹿」。「よで、よでこ」は「末っ子」のこと。

よどう……夜盗・強盗（いわき）
　＊「よどう」は「夜盗」。

よどーされ……遊び人（桧枝岐）
　＊「よどーされ」は「①馬鹿、②ろくでなし、③身勝手な者、④遊び人」の意。

よなからびと……無為徒食の人（男鹿3）

よなされもん……手余し者・手に負えない（人）（野田）

よーなし……☆不甲斐ない者、役立たず（南部）、☆暇な人（よなし）（平内）
　＊「よーなし」は「用無し」。

よねんなし……迂闊者（平内）
　＊「よねんなし」は「余念なし」。「①あどけない子、②迂闊者」の意。

よのすと……他の人（親戚以外の）（仙台4）
　＊「よのすと」は「余の人」のこと。

よばくしぇ……小便臭い（人）（雄勝）、同義語：よばくせぇ（南三陸）
　＊「よばくしぇ」は「小便臭い（者）」の意。「よば」は「ゆばり」（尿）。「くしぇ」は「臭い」こと。

よひ……体格が貧弱（な者）（北浦）、同義語：よせぇたぇ（鮎貝）

よびかり……☆宵っ張り（南部北・気仙4・中郷・真室川・置賜・川西・石巻2・白石2・仙臺7）
　　　　　同義語：よひかり（宮古方言・気仙1・大原）、よひかりこ（沼宮内）、よひっぱり（庄内3）
　　　　　☆子供の夜更かし（仙台3・桧枝岐・白石3）
　＊「よびかり」は「①宵っ張り、②夜更かし（子供の）」の意。

よぶくろ……夜遅くならないと帰らない人（矢本・石巻2）
　＊「よぶくろ」は「夜梟」。「①夜遅くまで起きている人、②夜遅くならないと帰らない人」の意。

よぶすまのばけもの……化け物（置賜）
　＊「よぶすまのばけもの」は「夜衾の化物」。「よぶすま」は「夜具、寝具、モモンガ、ムササビ」の意。

よべこぎ……夜這いする人（男鹿・山形漁村・庄内3）
　　同義語：よばえこき（置賜）、よべぇ（泉）、よべえと（遠野・栗原・胆澤3）、よんばあこぎ（野田）、よんべぇーと（軽米3）
　＊「よべこぎ」は「夜這いこき」。「夜密かに情人の下へ通う人」のこと。

よべぇとのこ……父親不明の子（栗原）
　＊「よべぇとのこ」は「夜這い人の子」のこと。

よぼわり……不器量（北荘内）

よむがらなー……物知り顔の人（遠野2）

よめあこと……小言（一関署・東山2）
　　同義語：よまいこと（仙臺3）、よめぇこと（胆澤3・古川・石巻2）、よめぇーごと（會津）、よめごと（柴田）
　＊「よめあこと」は「世迷言（よまいごと）」。「①愚痴、②小言、③呪い」の意。

よめぁごど……愚痴（藤沢）

よめっこどかだり……独り言する者（気仙1）

よめもぎ……嫁いびり（平賀）

よらもの……怠け者・不精者（下北16）

よろけ……弱い者（陸中鹿角・秋田鹿角・秋田1）
　＊「よろけ」は「①弱い者、②臆病者、③役に立たない者、④道楽者」の意。ここでは①。

よろけこ……虚弱者（南鹿角）

よろし……金持ち（秋田1）

よわすけ……☆弱虫（玉山・大更・沼宮内・津軽2・西山形）
　　　　同義語：よわかし（福島5・高平）、よわかす（白鷹・蔵増・亘理・栗原・山寺）、
　　　　　　　よわたれ（白鷹）、よわっかす（会津2・只見）、よわったれ（胆澤3）、
　　　　　　　よわっぺ（蔵王）、よわっぽ（胆澤3・鳴子・栗原）、よわぺ（仙臺7）、
　　　　　　　よわんぽ（土淵・宮古）
　　　☆病弱な人（宮古）、同義語：よわい（會津2）
　　　☆ひ弱な者（角田）、同義語：よわたれ（白石）
　　　☆臆病者（中郷）
　　　　同義語：よわかし（相馬）、よわたれ（置賜・川西）、よわっかし（天栄）、よわっかれ（野木沢）
　＊「よわすけ」は「弱助」。「①弱虫、②病弱な人、③臆病者、④意気地なし」の意。

よわっぽ……☆体力の弱い者（岩手・長島・金ヶ崎・佐倉河・胆沢町・多賀城・柴田・花山）
　　　　同義語：よわたれ（蔵王）、よわったれ（胆沢町）
　　　☆弱虫（玉造）

よわぼ……弱い子供（鹿島台）

よわよわごんぼう……弱そうに見えて芯の強い人（宮古山田）

よんぢゃり……老弱（浜通－福島5）

よんぢゃれ……☆足の悪い人（蔵王）、☆捻くれ者（蔵王）

ら

らぐ‥‥‥☆賤しい人（山形漁村）、☆穢多（酒田・庄内 – 山形）、同義語：らく（荘内・荘内2）

らくさく‥‥‥☆行為の荒っぽい者（氣仙沼3）、☆乱暴者（大島）
らくめい‥‥‥暇人（岡小名）

らけぁ‥‥‥悪人（津軽3）

らぢあがぢ‥‥‥埒のあかない者（九戸郡）、同義語：らぢあがづ（野田）、らづのねぇーひと（宮古）
　＊「埒が明かない」の「埒」は「低い垣・柵」のこと。「物事の決まりがつかない」の意。「らちがあかない」は「①役に立たない、②駄目だ、③だらしない、④不満足だ」の意。

らぢなし‥‥‥☆分からず屋（南部）、☆役立たず（八戸）
　＊「らぢなし」は「①要領を得ない、②はっきりしない、③気が利かない、④役の立たない」または「その人」の意。

らっけぇもの‥‥‥厄介者（甲子・滝沢2・釜石11）
　　同義語：らっけあもの（釜石・盛岡・宮古方言）、らっけーもん（岩泉）、らっけぇーもん（宮古）、らっけえもん（吉里吉里）
　＊「らっけぇもの」は「らっけぇ者」。「らっけぇ」は「①乱暴な、手荒な、②粗末な、③厄介な」の意。

らっこのがー‥‥‥信念のない人（葛巻）

らっぱ‥‥‥☆元気で乱暴な子供（気仙2）、☆法螺吹き（山形漁村・七ヶ浜・庄内3）
　＊「らっぱ」は「①元気で乱暴な様、②粗暴、乱暴、③法螺、嘘」の意。

らっぱたて‥‥‥無理を張る人（八重畑）

らっぱふぎ‥‥‥法螺吹き（津軽2・大川平・只見・宮城三本木・温海・七ヶ浜・能代2）
　　同義語：らっぱふぢ（岩沼）、らっぱもの（一関）

らっぱもの‥‥‥☆乱暴（者）・向こう見ず（沢内・西和賀2・岩手・眞瀧・藤沢・鳴子・花山・鹿島台・宮城三本木・栗原・氣仙沼3・大島・黄海）
　　　　同義語：らんぱもの（田代）
　　　☆法螺吹き者（大郷）

らんかもの‥‥‥☆癇癪男（北荘内）、☆すぐに怒る人（庄内3）
　＊「らんかもの」は「らんか者」。「らんか」は「①花火、②騒々しいこと、③乱暴なこと」の意。

らんきたがれ‥‥‥☆凶暴性のある人（津軽3・森田・嘉瀬・大川平・平内）
　　　　　　☆暴れ者（平賀）、同義語：らんきもの（能代2）
　＊「らんきたがれ」は「乱気集り」。「①一生懸命、②がむしゃら、③乱暴、凶暴、④怒り暴れること、⑤「気が狂うこと」の意。

らんちゃもの‥‥‥無鉄砲者（庄内と置賜 – 山形・庄内3）

り

りくう‥‥‥生意気（県南 - 福島 3）
* 「りくう」は「利巧」。転じて「生意気」の意。

りぐつかだり‥‥‥理屈屋（盛岡・飯豊・涌谷）
　同義語：りくつかたり（大館）、りぐづかだり（大郷・気仙沼・栗原）、りぐつたがり（大間・真室川）
* 「りぐつかだり」は「理屈語り」。「①理屈を捏ねる人、②議論好き」の意。

りぐぢなし‥‥‥☆意気地無し（保原・県南 - 福島 3）、同義語：りくちゃねい（南郷）
　　　　　　　☆愚劣な人（福島 6）

りぐづなし‥‥‥愚鈍な者（米沢・置賜）

りんきおなご‥‥‥焼き餅女（津軽 2）
* 「りんきおなご」は「悋気女」。「悋気」は「①物惜しみすること、②妬むこと、③焼き餅」の意。「りんきーやぎ」で「焼き餅を焼く」の意。

りんそくたかり‥‥‥吝嗇者・けち（釜石 2）

る

るぐでなし‥‥‥☆悪人（滝澤・江刺・日形・山目・永井・嚴美・衣川 2・栗原）
　　　　　　　同義語：るくてなし（眞瀧）、るくでなし（一関署・宮城三本木）
　　　　　　　☆悪戯者（岩手・胆沢町）、☆乱暴者（鹿島台・新田・河北）
* 「るぐでなし」は「陸でなし、碌でなし」。「何の役にも立たない者」の意。

るぐであなえ‥‥‥陸（ろく）でなし（太田）

るぐでねぇ‥‥‥意地悪（七ヶ浜）

れ

れこ‥‥‥隠し女（岡小名）

れろれろ‥‥‥酔って舌が回らない（人）（岩沼 2）
* 「れろれろ」は「①舌が縺れて回らない様、②泥酔して舌が縺れる様」または「その人」の意。

ろ

ろおしょう‥‥‥大食家（男鹿）
* 「ろおしょう」は「①食いしんぼ、②大食家」の意。

ろぐぐわづ‥‥‥愚者（庄内 - 山形）
* 「ろぐぐわづ」は「六月」。「六月に火桶を売る」ことより、「①季節外れのものを売る者、②愚

か者」の意。

ろくぢこがし‥‥‥中々仕事につかない人（新田）

ろくさまなもの‥‥‥陸（ろく）でなし（稗貫）
 * 「ろくさまなもの」の「ろくさま」は「①充分でない、②大した物でない、③ろくでなし」の意。ここでは③。

ろくでなし‥‥‥☆乱暴者（稲瀬・岩谷堂署・鳴子・矢本・古川・石巻2・白石）
 ☆悪人（佐比内・飯豊2・赤石・下閉伊3・浄法寺・中野・澁民・東山・秋田1・白鷹・山寺）
 　同義語：ろぐぞ（庄内3）、ろぐだぇなぇなし（二子2）、ろぐでなし（磐清水・大原2・酒田・亘理・仙台3）、ろくでなす（遠野・江刺）、ろぐでなす（白石2）、ろぐでらす（南山形）
 ☆悪戯者（倉沢・花巻10・門馬2・江刺2・矢作・蛸浦・南都田・衣里・古城・花山・生母・大原・萩荘・金ヶ崎・黒石・佐倉河・上口内・稲瀬・岩谷堂・水沢署）
 　同義語：ろぐでなし（松川・柴田）
 ☆取るに足らない者（盛）、☆腕白者（長島）、☆宜しくない者（玉里・岩沼）
 ☆意地悪（人）（沢内6・相馬・大鳥・須賀川・南郷・岡小名・耶麻）
 　同義語：ろくでねぇ（天栄）、ろぐでなし（大和2）
 ☆ならず者・無頼不逞の輩（飯岡5・岩手太田）、☆阿婆擦れ者（岩沼2）
 ☆たちの悪い人（会津）、☆やくざ者（宮内・添川）
 ☆不良がっている人（白石2）
 ☆不良の徒（ろぐでなし）（小軽米・軽米3・水堀2・石鳥谷4・安家・相馬・石巻）
 ☆不心得者（七ヶ宿）、☆爪弾きされる人（ろぐでなし）（泉）、☆悪い人（多賀城2）
 ☆愚者（金沢）
 * 「ろくでなし」は「①悪人、悪党、②悪戯者、③取るに足らない者、④腕白者（黄海）、⑤乱暴者、⑥宜しくない者、⑦意地悪者、⑧破落戸、⑨憎まれ者、⑩役立たず者、⑪まともでない奴、⑫不良者、⑬愚か者、⑭のらくら者」の意。
 ●ろぐでなしもの‥‥‥働かないで遊んでばかりの者（新田）
 ●ろぐでねぇ‥‥‥陸（ろく）でなし（黒澤尻2・石巻）、同義語：ろくでねー（只見）

ろくでねぇがぎ‥‥‥粗暴な子供（一関）

ろぐもん‥‥‥脳の足りない者（岩沼）

ろぢぁけらね‥‥‥呂律の回らない（人）（南部町）

ろぶつかたり‥‥‥不法なことを言う者（岩手）
 * 「ろぶつかたり」は「炉縁語り」。

ろぶづごんげ‥‥‥内弁慶（岩手・姉体・藤沢・衣川2）
 同義語：ろぶちごんげ（古城・胆澤3）、ろぢごんげ（松川・胆沢町・大原2）、ろぶづかたり（嚴美）
 * 「ろぶづごんげ」は「炉縁権家」のこと。「炉縁権家」は「炉縁弁慶」と同義。「内弁慶、陰弁慶」の意。

ろぶちしょい‥‥‥家で強がって外では弱い者（胆沢町・胆澤3）

ろぶちべんけい‥‥‥陰弁慶・陰では強がって、公衆の中では弱いこと（遠野・胆澤・南都田・濱萩・

栗原・仙臺 4)
　　同義語：ろぐちべんけい（佐倉河）、ろばたべんけ（岩手・胆沢町・多賀城）、ろぶちべんけ（仙臺 11)
　＊「ろぶちべんけい」は「炉縁弁慶」。「①陰でばかり強がる者、②陰弁慶」の意。

ろーもう‥‥‥耄碌した人（田代）、同義語：ろーもん（岩手・栗原）
　＊「ろーもう」は「老耄」。「年を取って耄碌した人」のこと。

わ

わがさ‥‥‥我儘（者）（九戸郡・野田）
　＊「わがさ」は「①我儘、②軽率」の意。ここでは①。

わがとしょり‥‥‥老人くさい（若者）（盛岡）、同義語：としよりきっつめ（宮古俚）
　＊「わがとしょり」は「若年寄」。「とそりきっつめ」とも。「年寄りくさい若者」のこと。

わがらづ‥‥‥☆聞き分けない者（甲子）、☆頑固者（亙理）
　＊「わがらづ」は「分からず屋」。

わぎもの‥‥‥他所者（一関）
　＊「わぎもの」は「傍者」。「他所者」のこと。

わぐだ‥‥‥碌な者（田川）

わげなし‥‥‥☆知恵のない者（千厩・大原 2)、☆無分別（者）（藤沢）、同義語：わげぇなし（胆澤 3)
　＊「わげなし」は「訳無」。「①無分別者、②知恵のない者、③だらしないこと」の意。

わさら‥‥‥悪戯（田根森）
　　同義語：わさ（庄内と置賜－山形）、わさっこ（古川）、わしら（角館・米沢 2)、わすら（須賀川）、わつさ（眞瀧・添川・小国）、わっざぁ（日形）、わっしゃ（保呂羽・大船渡署）、わつら（磐清水・子吉川）
　＊「わさら、わすら、わっさ、わつら、わっしゃ」何れも「わる（悪）さ」の転。「悪さ」は「①悪戯者、②腕白者、③悪い子、④冗談、⑤上の空、⑥道草」の意。ここでは①。

わしぇっぽ‥‥‥忘れん坊（鮎貝）

わすら‥‥‥悪戯者（稗貫）

わせごせやぎ‥‥‥腹を立てやすい者（岩手）
　＊「わせごせやぎ」の「わせ」は強調の接頭語。「ごせやぎ」は「①憤ること、②怒ること」の意。

わたりもの‥‥‥住所不定の者（男鹿 3)
　＊「わたりもの」は「渡者」。「①他国者、②旅回りの者、③住所不定の者」の意。ここでは③。

わっつぁ‥‥‥悪さ（稲瀬）、同義語：わすら（仙臺）、わっしゃ（河北）

わっぱ‥‥‥☆お転婆（由利）、☆男らしい女（庄内－山形）

わにがかいぼうず‥‥‥物恥じる小児（仙臺 7)

わにっこ‥‥‥☆恥ずかしがり（会津－福島3）、☆はにかみ屋（米沢2）

わにる‥‥‥人見知り（鮎貝・添川・村山）、同義語：わに（米沢2）

わねっぽ‥‥‥恥かき（一関）
　＊「わねっぽ」は「恥かき」の意。「わねる」で「恥をかく」の意。

わーまゝもの‥‥‥我儘者（只見）、同義語：わまま（村山と置賜－山形）

わめぎり‥‥‥自己中心の人（岩沼2）、同義語：わめぇぎり（秋保）、わーめーぎり（白石2）
　＊「わめぎり」は「自分だけ」の意。「①利己主義、②自己中心の人」の意。

わらくただやろ‥‥‥役に立たない人（白石2）
　＊「わらくただやろ」は「藁屑（わらくず）の様な奴」のこと。転じて「役に立たない人」の意。

わらけつ‥‥‥田舎者（卑）（仙臺7）

わらこもぢ‥‥‥取るに足らない人（山形漁村）
　＊「わらこもぢ」は「藁屑、藁腐」のこと。

わらすわげぁもの‥‥‥少年っぽい青年（南部）
　＊「わらすわげぁもの」は「子供っぽい若者」の意。

わりしびしらねぇ‥‥‥厚かましい（人）（雄勝）

われさっぽー‥‥‥我儘者（久慈）
　　同義語：わるさっぽー（久慈）、わるっさぽー（九戸郡・九戸中野）、われっさぽー（九戸郡）

われもの‥‥‥恥晒し（南部町）、同義語：われぁもの（南部）
　＊「われもの」は「①笑い者、②恥曝し」の意。

わんこあれあ‥‥‥宴会の時、最後まで飲み食いする人・後引（盛岡）
　＊「わんこあれあ」は「お椀洗い」。「①食器を洗う小桶、②水すまし、③後引」の意。

わんざくれぇ‥‥‥人の言うことを聞かない向こう見ずな人（宮古山田）
　＊「わんざくれぇ」は「わざくれる」の名詞形。「わざくれる」は「①駄々を捏ねる、②自暴自棄になる、③戯れる」の意。

を

をつべらぼ‥‥‥暗愚（岩手郡）

をなぱ‥‥‥女（卑）（綾里）、同義語：をなばし（永井・柴田）、をなばす（仙臺11）

ん

んがえだもの‥‥‥お前のような馬鹿者（山本）

んがえづ……相手を見下して言う言葉（能代）

んきやみ……臆病（者）（鳴子）

んそこぎ……嘘吐き（庄内3）
  ＊「んそこぎ」は「うそこぎ」と同じ。

んだびど……無為徒食の人（尾花沢）

んちゃぐなぇ……不出来な（者）、同義語：んばぐなえ（村山2）

んぼこ……世間知らず（山寺）
  ＊「んぼこ」は「おぼこ」のこと。「①処女、②赤ん坊、③世間知らず」の意。

んましゅぐなれ……根性のない者・弱虫（能代）、同義語：んましぇぐなれ（山本）

んまのくそさらぇ……役たたず（盛岡2）
  ＊「んまのくそさらぇ」は「馬の糞浚い」のこと。

んまれそぐなれ……生まれ損ない（松ヶ崎・角館）

索引（標準語引き）―主なもの―

あ　愛嬌のない人：きっちょぺぁない、へんてづなす、むげっちょ
　　相手にならない人：きんぎょやろう、へかす
　　愛らしい不美人：みぐさめんけぇ
　　青二才：ぐんづがさえび、ぱーぱー、びっきわらし
　　垢のついている人：こびたがれ
　　呆れた奴：てとったやつ、まげたやつ
　　飽きやすい人：もぢゃっぱなす
　　悪意のある人：ぢゃぐ
　　悪漢：あくほーもの、なんかもの、よぐなすもの
　　悪業につきまとわれた人：ごうたがり
　　悪たれ者：おもれんしゅう、ぢごろ、ねぶがたぐり
　　悪人：あぐど、えぐなし、ふてやろ、よぐでなし、らけぁ、るぐでなし
　　悪名高い人：かんばんをとる
　　揚げ足を取る人：あしふばり
　　明け透けな人：ばっくらもの
　　朝寝坊者：さんつっぱり、ねぼすけ
　　浅薄な人：あちゃぺないひと、あっぺなし、あんぺなし、かんげぁなし、しゃからなし
　　浅ましき者：ごうたかり
　　足手纏い：しっちゃま
　　足の不自由な人：あすんぼ、いげがだ、びったっこ、ぶかづ
　　足の悪い人：よんぢゃれ
　　遊び人：ちゃらぷら、よどーされ
　　唖者：あっぱ
　　頭が大きい人：あたまばっけ、がぶす、げんとぐ
　　頭の回転が鈍い人：うどえ、めぐれねぇ
　　頭の足りない人：たんなっこ
　　頭の小さい人：くすこづんぢょう
　　頭の変な人：ひだりまぎ
　　頭の弱い人：ちょうどねぁ、はいぢゃ
　　頭の悪い人：おまつりやろう、がんくらあたま、でぎなし、ほぢなし
　　扱いにくい人：なんこもの
　　厚かましい人：おそづらこぎ、ふんぢらちけねぇ、わりしびしらねぇ
　　当てにならない人：かっきゃねやつ、づんべらほう
　　後始末の悪い人：しりぬけ
　　阿婆擦れ女：ぶっちょうげおなご
　　阿婆擦れ者：どーし
　　甘えん坊：あがつき、あまがぎ、あまちゃこ、うづげわらし、うまのしらみ、さどうむすこ、
　　　　　　さどめんこ、そべぇこ、のさばり、ばえこ、びれこ、よぢゃれ
　　余され者：あっけもの、さふたぎ、ただりぼっこ、にでくてもあまる、もっけ
　　天邪鬼：そんぴんつり、やまのしゃぐ
　　阿諛者：うちまたこうやく、べんちゃらもの、よつらかたり
　　荒々しい人：あらっぽ、あらば
　　慌て者：うすちゃかし、かちゃぺなし、しょつこ、とかひかもの、ひょっこ
　　哀れ者：もぞこさかえ
　　暗愚：をつべらぼ
　　あんな奴：あたらもの、あんたなやつ、あにちくたもん、あのもの、あんつくたらもの、おー
　　　　　　たがん

●索引（標準語引き）

い　いい加減なことを言う人：づへかだり
　　いい加減な人：あぢゃぺねやつ、あぺとぺ、ながらはんちゃぐ
　　いい加減な息子：めっとうろく
　　言うことを聞かない子供：きかづわらす
　　家で強がって外で弱い者：ろぶちしょい
　　家を滅ぼす人：かまどたえし
　　怒り拗ねる者：こきめく
　　意気地なし：うぞぐなし、えぎしびと、えさまなし、おえなしぼう、おんづくなし、かちょべ
　　　　　　　なし、がんねぇ、きんぢょうぬけ、ぐづめき、こえぐぢねぇ、しんぷぐぬげ、だ
　　　　　　　んこのげ、ぢくたれ、づぐたれ、づぐなし、どおみそ、なさげなす、ふぢゃまなし、
　　　　　　　ぶちょぐなれ、へっちょぬげ、やっかえなし、ゆけぢなし、りぐぢなし
　　石女：こもだづ
　　一度決めたことを翻して別のことをする人：えぱだしけだやつ
　　一文無し：かんかんぼし、てぶりはちかん、てんぼろけ、ぴーぴーからから
　　甓：えざり、てんばい
　　居候：そいと、みしもれぁ、めしもれぁ
　　悪戯坊主：あぐだれこぞー、がぐど、きかなす、きかんこ、つつこ、ゆぐなし
　　悪戯者：あぐだれ、わさら、わすら
　　意地汚い欲張り者：ほいときゃし
　　意地汚し：くえごんぢょきたねぁ
　　意地っ張り：えせちぱて、えせっぱり、えっぷしん、えんぴん、ぎちょげ、ぞっぱり、ぢょっ
　　　　　　　ぱり、ねっちょぱり、むぐれ、るぐでねぇ
　　意地の悪い頑固な人：おごぢだ
　　苛め者：かすめたやろ
　　意地悪く横着な人：からきぜぇ
　　意地悪者：いぢたげ、えごわる、えぢくされ、えっぱり、こいつぱら、こぢょわり、てぢくされ、
　　　　　　まげきしゃえ、やねつり
　　意地悪婆：くさればっこ
　　いつまでも拗ねている女の子：えへべご
　　いつも病気ばかりしている人：やめぇたがれ
　　偽り者：むほうつぎ
　　田舎者：あおすすのかんだづやろ、あがふらんけ、ざいごたろう、ぜぇごたろ、たんころりん、
　　　　　ぢぇごたろ、ぢゃごもの、やまねたろう
　　威張り屋：えきがり、えれさま、ぎづんべ
　　卑しい者：いげやすねぁひと、えやしっぽぉ、がす、げさぐやろ、やしやろ、やっこやろ
　　嫌な奴：かばすぐなえやづ、けっちゃつ、びっきやろ、やんだひと
　　嫌らしい人：けへぇこ
　　色男：こえがづ、こえこがづ
　　色女：といち
　　色狂い：あづみさん、あねこぢゃめぇ、いろすんけ、いろばか、えろきづげぁ、のへぢょ、へぺし
　　色気の付いた子供：こしゃくばくれた
　　色に溺れる人：のろけ
　　色目：よこめ、よそ
　　因循姑息者：ねくつくもの、ねつらくつらもの
　　淫猥な話をする人：でぇげぇかだり
う　飢えた人：がすまげ、かつと
　　飢えた坊主：けかぢほんづ
　　飢えて彷徨う人：がすびど
　　迂闊者：きなすぼー
　　浮かれている人：あんけらぼ

289

烏合の衆：ぐづやづ
　　　薄馬鹿：あざぱなす、あましゅ、あんこたんね、あんぷ、うすぺね、こくせぇ、こげ、しょー
　　　　　　　らぐ、つぶけ、つぼけ、のーのげ、はんか、はんちゃくれぇ、べろくさんぢ、ほんきゃ
　　　嘘吐き：あっぺ、うそこぎ、おそし、がえふぎ、からてっぽう、からぴら、からぼが、さんぱづ、
　　　　　　　さんびゃく、だほら、ぢおうかだり、ぢほこき、てぁほうたかり、てっぱ、でほだれ、
　　　　　　　でほらく、てんつ、てんほかたり、ばぐこぎ、ばしこぎ、はらだつぎ、ひゃぐえつさん、
　　　　　　　へでなし、ぼが、ほらかだり、ほんきり、まんから、みそかたり、むぐかだり、むくたれ、
　　　　　　　むぐふき、もくたれ、もぞかだり、やらほら、らっぱ、んそこぎ
　　　内気な人：かまどねこ、びんなえ
　　　内弁慶：いぇのめぇのづうごんぼう、えのながべんけい、かげべんけい、ぎすぱり、づごんぽー、
　　　　　　　よこざべんけ、ろぶづごんげ、ろぶちべんけい
　　　うっかり者：こげすけ、そみしぬげ
　　　自惚れ屋：うぬきたがれ、のそぼれ、べぐ
　　　生まれ損ない：そぐなり、まくそない、んまれそぐなれ
　　　煩い人：がみめぎ
　　　浮気女：はやけつ
　　　浮気な人：ふぢばらなぇ
　　　浮気をしない亭主：ががまぶり
　　　噂をまく人：うそつぎ、こしょうまげ、ちょっぺこ、はせがね、はやがねつぢ
　　　運の悪い人：いんがたがり、つみつくり
え　蝦夷：えぞっこ、てぎ（狄）
　　　穢多：えった、かわぼう、げない、こや、しんでん、ぢぅ、てんば、ばんた、らぐ
　　　選り好みする人：からこぎ、へろけもの
　　　宴会の時、最後まで飲み食いする人：ごぢゃぱだぎ、すまぶりもの
　　　遠慮会釈もなくずけずけ喋る人：ごうき
　　　遠慮の無い人：あさっぺなし
　　　遠慮深い人：かたごとはくらく
お　老い耄れ：ほっけ、ぼれだ、もろぐたがり、もんぼれ、よかまか
　　　横着者：いけどんみゃぐ、えびたれ、おぢゃがやら、だぐらやろ、どうづやり、なれぇぱだぎ
　　　大嘘吐き：からたぇほ、からぢほ、からぼんがふぎ
　　　大口たたく人：あばくちほえ
　　　大きい人：おっき
　　　大きくなりかねた人：おがりこっけ
　　　大食い：がすぽいど、くれぁてあし
　　　大袈裟にする人：てぇほうぶち
　　　大酒飲み：こが、そごぬげ、たいしゅうなひと、なめろく、のんだくれ、のんべい、やまがしら
　　　大尻：うーげす
　　　大飯食いの人：かまづかやろう
　　　お金を沢山貯めている人：もったり
　　　おかめ：おだふぐ
　　　起きるときぐずぐずする人：おきがらげぁ
　　　臆病な子供：えのめのめくされ
　　　臆病者：えぢゃれけし、おいなしぼ、おっかながり、かがやぎ、きぢょうぬげ、さぶしがり、
　　　　　　　しけはぢ、すごほたれ、ぢぐなし、づぐほ、どくされ、どしょなし、なりんぼ、ひっ
　　　　　　　こがし、びっちゅぐたがり、びんないたかり、へだ、んきやみ
　　　驕り高ぶった馬鹿者：おんきゃもの
　　　怒りやすい人：あづきだぇろ、えへっぽ、おごりっこ、がたえっぷり、きもやぎ、ごしゃぎ、
　　　　　　　　　　ごせやぎ、むぎ
　　　お喋り女：くちゃべりおなご
　　　お喋り：おがしゃべり、からこーい、くぢおかづ、くちまめ、ぐぢや、くっちゃべ、けられ、

●索引（標準語引き）

　　　　ごちゃべるふと、さいぞう、さんべちょ、しゃべちょ、ちっぺ、ちゃちゃくちゃ、
　　　　ちゃっぺ、ちょちょぢ、へちゃ、へら、へらこあめ、べんちゃら
おしゃま：こしゃく
お洒落していい気になる人：からぢんぴ
お洒落者：おしゃらぐ、おばぐ、かすくされ、かすすたっぷり、からくされ、からしこで、か
　　　　らぺこぎ、きたぢこぎ、しゃれこ、ぢんぴこぎ
お尻の出ている人：たなっちり
お世辞を言う人：あねこつかり、えんばえこき、からけぇはぐまげる、けいはぐ、けはぐたがり、
　　　　ざしぎはぎ、にわはぎ、ねごつかえ、へづれーと
お節介者：もづきぎ
お節介焼き：からこっぺ、からぺ、かんせい、くされたまぐら、こしゃぐ、さいこ、しぇっこ、
　　　　せわぎぎ、てくらく、へか、へかこぎ
恐ろしい奴：おほかめもの
煽てに乗って立ち回る人：えっぺふくべ
お多福：おがめ
落ち着きなく動き回る者：むささび
落ち着きのない子供：きりみみづ
落ち着きのない人：うんぞーほおろぎ、えきとか、かちゃぺねぁ、からふるぎ、きつねのかわら
　　　　ぱしり、きろきろむし、しょこづき、ちゃらすけ、つばくろ、ときひき
落ちぶれ者：のらづぎ
億劫がり：おもやみ、かなすがり、ひやみこぎ
おっちょこちょい：ちょちょらこ、はしゃぎもの、ばんくらへ、もつけだっきゃ
お天気者：きげんぢょうご、きむきぢょうご、きむぐちょ
お転婆：あんばく、おとこあっぱ、おどごぢゃっぺ、おどごばっちゃ、おどごわっぱ、おはんき、
　　　　がさづぎ、がはだ、がんたく、きっとばし、さんぱぢ、しぐめぎ、しこつき、ぢゃっぱ、
　　　　つあっぱ、てどごわっぱ、ときめぎ、はぢくれむすめ、はちゃめぎ、はっちゃけ、ば
　　　　てれんもの、ぴんぴく、わっぱ
弟：なげおんづ
男：うさなやろ、さんぱち、やろこ、やろっこ
男の真似をする女：おどござっぺー
男のような娘：おとこびった
男やもめ：おどごごげ
劣っている人：きゃなえやづ
温和しい人：おんとだひと、かんのさま
大人っぽい子供：まんたがぎ
大人ぶった子供：おどなばしっつめ、こしゃまぐれ
音のしない屁：おっちのへ
同じことをあちこちに触れ回る人：おぢゃうり
お化け：あもこ、あんもうこ、まも、もこ、もーこ、もっこ
おべっか使い：からけはぐ、したばらこぎ、ぢゃしぎはぎ、ちゃら、ちょっぺこぎ、へらふり、
　　　　めしこぎ
お詣いを話す人：ぢょうづもの
お人好し：いいばりかす、すっとんけ
おめかし屋：づんびこぎ
思い上がり者：えきあがり
思い切ったことをする人：ごえきり
思いやりのない人：おやげなし
思わせぶりな奴：もだへぶりなやづ
親がかまわない子供：なげわらし
親父：たねかす、だんぽやろ

291

親に口答えする者：ふごつごき
親に似ない子：かっぱのかわながれ
親馬鹿：こもづこばが
親不孝者：ごたがり、ささぐれ
愚かな男：おんつぁま
愚かな者：あぐめろり、ぐちかれ、げほ、こげたがり、こぼけなし、さまぬげ、せぢぢ、たわ
　　　　　いなし、ちぼけ、てきぎ、てでいぢ、てんぼせん、ぬへんぽー、のっそー、のなし、
　　　　　ばかそらぐ、はぢけ、ばっぷん、はんかもの、べらぼ、ぽんくら、ほんぢなし、ぽ
　　　　　んとぐ、みそたらづ、りぐづなし、ろぐぐわづ
女：あがおだふく、あま、うさなへな、おかめ、おなごきれ、おなごくされ、おば、がっぺ、
　　かぶけへな、くされ、くされおなご、くされぢゃべ、けつおっけ、すべた、ぢゃぺ、ぢょ
　　っぺぇ、なっひょ、ばす、びだい、びった、びで、へな、ほうであなし、ぼんぼろ、めっけ、
　　めった、めろ、めんた、をなば、をなばし
女狂い：あねこぢゃめぇ、はってんか
女乞食：たまる
女の子：おなごがき、おなごびった、がぎこ、がっぺ、びっき、びったかす、びでぇ、ぼう、
　　　　ぼづ、めっけわらはど、めら、めろこ
女みたいな男：おなごけぇり
か　甲斐性なし：けぇーなし
我意を押し通す人：えっぱだとーす、ぢょうばり
顔が青く元気のない顔：あおだ
顔色が悪く死にそうな人：えへづら、えんかのげ
隠し女：れこ
陰口を言う人：からくちきき
陰で強がって、公衆の中で弱い（人）：ろぶちべんけい
片意地張り：あまのしゃく、いつこりゅー、かだえぷり、かだつり、かだぶっきょ
騙り者：やましもの
堅苦しい人：きぢめて
片目の人：だでめっこ
勝ち気で怒りっぽい女：からきづおんな
がつがつする人：けがづほいど
がつがつよく食べる人：けがぢびど
学校に行かない子供：けぁれんぼ
勝手な者：てまへもの、てんがさま
下等な馬喰：へっとばくろう
下等な者：げなし
金使いの荒い人：ぜにこづち
寡婦：ごげおっかー
我慢強い子：げんだこ
我慢強い人：がっぱりや
寡黙な者：くそくたむぢな、もっくり
空威張り：おぢょ、てすりべんけい
空元気者：よっちばり
体が貧弱な人：てがらすこ
体が小さくて弱々しい人：がせこねぇ
体の大きな人：おおむぐなひと
体の小さい人：がせぇねぇ、ちこぺー
体の弱い人：やわた、やわだもの
軽はずみな人：あまちゃら、そそくされ、はねびもの、はやすけ
可愛げのない子：いげらすぐね、くされがき、こえらすぐねぁわらす

●索引（標準語引き）

変わり者：えっぷうりゅう、けでる、ふが、ふだりまき、へんてつこき、むんちんやろう
我を張る人：かちきはり、むぢげ
考えの足りない者：かんぞーなすぼ
考えのない奴：さっちゅなし、ほおでなし、もぢぇっぽなし
頑固爺：むがすはがね
頑固者：えっこぐ、えっぷり、かがつぱり、かたきっくつ、かだくら、かだごど、かだごどはくらく、がんくら、きむぎちょ、ぶっこ、めぐれねぇひと
癇癪男：らんかもの
癇癪女：すてらん
癇癪持ち：ぢかたもち、てんがかき
姦通婦：びきぁ
癇に障る奴：きっさわりぃやつ
癇の強い子：かんくらぇ、かんたがり
勘の鈍い人：うでーひと
眼病：めっちゃ

き　気が早い人：まですばすねあ
きかん気の女房：かしゃがが
聞き分けのない人：げほぢゃらし、だだもの、わがらづ
機嫌取り：おげはぐ、てすりこぱえ
きざな風をした人：あんこつら
気性の激しい人：ぎぢょ
気色悪い奴：きさわりやづ
汚い足をしている人：かったいぼう
汚く締まりのない者：びぢょなす
気違い：からきづけぁ、かんくはい、きちげぇたがれ、し（す）んけたがり
吃者：おんづぐり、こっこめぎ、ふっかげ、もぢくり
狐憑き：きつねたがり
機転のきかない者：きまあらづ、ぬげさぐ、ぬりさく、のっぺいふくつ、ぼんとく
気取り屋：きさぢこぎ、きめしゃ
気にくわない野郎：えげすかなぇぁやろ
気抜け者：ぬげ
気の鬱々した人：きんむつけもの
気の落ち着かない人、ひょんかん
気の利かない人：きまらづ、ぢぇごつぽけ、のちゃうふくすけ、へのろま、ぽへ、ゆめすけ
気の強い人：こっぱすえ
気のたらぬ人：えとひゃく
気早い人：きばしねひと
気分者：あさてっかり、きげんや
気儘な人：ほらこぎ
気短な人：きみつか
気難しい子供：えづくりがぎ
気難しい人：きむくちょ、なんぢゅうもん、ねぶ、むちけがみ、ゆるぐねぇーひと
着物道楽の人：もよいで
行儀の悪い人：えざまわり、なりぱだけ
狂人：かんしょ、きちげ、きぢるし、くるり、たかり、ばがこ、ほでぁなし、もんぽっちゃ
恐怖症：もつけたがり
凶暴性のある人：らんきたがれ
教養のない分からず屋：めろぐど
虚言を弄する者：からかだり、づらもの
虚弱者：よろけこ

293

気弱な人：しんきやみ、へちゃまぐれ、やっこい
嫌われ者：ぼうのがみ、やぐのはれ
義理知らず：みゃぐなし
器量が悪い（人）：みどもさっぽもない
器量の良くない女：だいなし、てぁーなす
器量の良くない嫁：えぐなしよめこ
綺麗好き：かんしょたがり
金品を節約しない人：おうふう

く　食い意地の張った人：がしぴと
食いしん坊：えやし、くちばしなげぇ、くてぇこ、けかちぽんづ、げすぱら、こんぢょ、がすのとしうまれ、やしこ
ぐうたら者：うなだら
ぐずぐずしてはっきりしない人：ぐづらめぎ
屑野郎：かすぺやろ
くそったれ：あっぽたれ
管を巻く人：ごんぽほり、ねっぺすり
下らないことを言う人：あっぺかだり
口数の少ない人：むしら
口答えする者：へんか
口先だけの人：うらへら、くづべんこ、たーべきり
口出ししたがる人：みそばさみ
口達者：いげぐづ、くちさかしい、まめんぢょ
口止めを漏らす人：へらり
口の軽い人：さっくち、さべちょ、ちょっぺ、へっちゃ、へらめぎ
口の乱暴な人：でぶだやろう
口の悪い人：おんばぐ、おんばくもの
口幅ったいことを言う人：からおうばく
口やかましい老婆：かしゃばば
口より手が先に出る人：はやこぶす
愚痴を言う人：からかづほえ
諄く聞く人：ねっこほり
くどくど言う人：にんにく
汲み取り人：こやすあげ
食わせ者：くらぁれもん

け　軽躁者：おだづもっこ、おはらぎもの、がさつきもの、きちゃきちゃもの、きっちょく、ちゃらくらもの、ひょんかんもの
軽率な者：うきすか、えぎなりなやづ、さんくろなし
芸無し：くらどうな、ぼーかんぢき
軽薄者：かさっぺなゃ、かちゃぺね、ちゃんちゃれつ、はんかたれ
怪しからん奴：からけづ
下女：あねや、こめろ
下女の生んだ私生児：まやご
下賤の者：やへやへのもの
結婚歴のある女：ふるあみがさ
けちな野郎：くされだかり
けちんぼ：いしこびん、えぎほえど、えすぴり、かたい、かたくそ、かっぺ、かであ、かめすけ、からまで、こすたがり、こだす、こめぁこ、しびたれ、しわんぼ、すすたがり、すびたれ、せちびん、ぜれたい、だんこ、たんつぼ、ちび、つかみ、なんば、ねづ、びしたれ、びんすけ、ふんばり、へどっこ、ほいだたがり、ぽう、ほどかしら、もぢびんぼ、もぢゃぽなし、やしくづれ、やすづら、やちび、やっかだすけ、やばち、

●索引（標準語引き）

　　　　　　　　ゆたたかそ、りんそくたかり
　決断力のない人：にたたね、ねつくつ
　潔癖すぎる人：うしょたがれ
　下男：あんこ
　下婢：うば
　下品な女：げろあば
　毛深い人：けむしゃ
　下郎：やっぺ
　厳格な人：やがますひと
　喧嘩に強い人：きかねぁ
　倹約家：かぎょうもち
こ　狡猾な人：むぢな
　攻撃的な言い方をする人：もっかり
　豪語者：おおべしかたり
　恍惚の人：ほんでゃない
　強情張り：えんぢくされ、がってんしない、きかねい、きもこつよい、くそいぢ、むちょとし
　強情者：えしとし、えぢばり、えづたげ、かだいっかず、すねっぱり、そんこぢ、どーしんぼ、
　　　　　ねぢだもん、ねっちゃうもの、ひごぢょっぱり、ひのぢょぱり、ふのぢょっぱり、むぢり、
　　　　　やっぱり
　好色者：しっぺさがり、すけべたがり、たれかやろ、づんばり、はなたらし
　強盗：がんどー
　高慢吉：てぺたかい
　高慢で頭の高い人：けがぢきみ
　強欲者：ごおたがり
　肥えた人：づんぐり、でっと
　ご機嫌取り：すりかまり
　穀潰し：まぐれつぶし
　極貧者：かまどなし、ひんだり
　小言を言う人：えがみのごんた、からかぢ、くづこね、むんちんかだり、もぢょかだり
　心の変わりやすい人：ふけさめのあるひと
　小賢しいことをする人：かつか
　乞食：えさばが、おだま、しらっぽえぃ、どーしぼーす、へうど、へどこ、ほえど、もれぇにん
　乞食の様な人：からほえどたがり
　腰巾着：こしねづけ、しのぷくりん、しんぷくりん
　腰抜け：だっこのげ、ぢぐのげ、ぢゃまぬげ
　腰の重い人：だんぶくろ
　小癪女：へかへかばつ
　小舅：がきぢうと
　小姑の意地悪：おにこせんびき
　誇大に話す人：ぼんがかだり
　滑稽な人：おがしこ、なまこたかり、ふざけもの
　子供：あがびっき、がぎ、かぢわらす、くそがぎ、こさき、こびす
　子供達：がぎめら
　子供のヒステリー：かげむし
　小生意気者：からしゃぐ、きだっぷり、したっぷり
　ごね者：ごぼほり
　この野郎：あいの
　小馬鹿者：げほたがり、しょんけ、ひち、へっざむぐれ
　御幣担ぎ：ひみづ
　胡麻擂り男：きんたまにぎり

295

誤魔化し言葉を言う者：ひごすけ
困り者：そぐだぐもの、みだぐなす
怖い人：おこねふと
根気のない者：かむりこ
根性のない者：んましゅぐなれ
根性の悪い奴：しょっぽねわり
根性曲がり：かまこんぢょ、ねちけもの、ひねつけもの

さ　猜疑心の強い人：ねかもの
際限の無い奴：はでぁないやつ
詐欺師：かだりこぎ、くば、けむ
錯乱した人：きづねつぎ
酒に酔った風をする人：たら
酒に酔って正体を無くした人：たれっこなし
酒を飲んで文句を言う人：ねくだりかだり
捌けない人：えんくつなし
寒がりの子供：かすけ
寒がりや：かなしがり、なつねご
騒ぎ回る人：ばしけるやづ
戯れ言を言う人：あっちょくせぁー
三百代言：こうせんかせぎ

し　叱られても慣れて驚かない人：みみなりすずめ
自己主張の強い人：むっちょかだり
自己中心主義者：ぶかこうぞうー、わめぎり
仕事の遅い人：おそろ
仕事の出来ない人：やつきゃあなし
仕事を嫌がる人：ひったくれ
仕事をしないで遊んでいる子供：のらむすこ
仕事をろくろくできない人：がんぢょっこ、ぐづ
醜女：おかめ、かすおかめ、かぼちゃ、げすめっけ、さまなし、ぢょぢょひめ、びだすけ、ぶ
　　すきのこ
私生児：おもだせ、ごげっこ、てでなし、ふっせご、ほまつわらし
次三女：うだりおば
次三男：うだりおぢ、ねこのしっぽ
舌足らず：したねばり、すたこだれ、べろまらづ
七面倒くさい：むせぇやつ
知ったかぶり：いげべぇ、えげぁふり、きいだぶり、さいさききり、はっきょおぎ
知った振りをする人：かすかだり、がったあんにゃ
しつっこい人：えぬのへ
じっとしていない人：いづすりもっけ
嫉妬深い人：まんき
執拗者：ねべぇやづ
執拗な子供：えがむおぼこ
死に損ない：くたばりそぐねぁ
自分勝手な人：だはんこぎ
自分の利益については一歩も譲らないひと：いりいりぢい
始末の悪い女：ぶっちゃねぇおなご
締まりもなく戯けを言う（人）：おだぐきり
締まりのない人：かれかご、がんたれ、げぁぐず、こげしる、こたれ、そーなし、びしょなし、
　　びだれなす、びろづ、べろすけ、ぼら、ゆるすけ
自慢する者：ごんげ、みそたくり

●索引（標準語引き）

自慢話をする人：ごぇぁきり、ごえきぎ、もったふり
しみったれ：むせぇ
酌婦：ざしきまぁり
斜視：うそまなぐ、しなだ、ため、てっかり、ひっかり、ひなためっこ、よこめ、めがわり
借金取り：せそくとり
邪魔者：ぢゃばふたぎ、ままこ、めのあら
洒落者：ぢんぴこぎ
住所不定のもの：わぎもの、わたりもの
囚人：あがはっぴ
執念深い奴：あおのろす、ねちょふかい、ねっちょ
守銭奴：やっこますけ
手段を選ばず自分の思いを遂げようとする者：ごかたけるもの
正気でない人：ほんぢけなし
少女：こびちゃい
常識のない人：のふぞたかり、はんかくせ、めんくせ
小心者：けっぽそ、こぢゅー、すくたれ、づごぼう、ひとかーながり、ひょこめきもの、ふぇつぶたまし
饒舌家：へらうり、まめがら
冗談ばかり言う人：てんげーかだり、ひょーはぐかたり
情緒不安定な奴：きむぎゃろ
情人：なぢみ
仕様のない人：なっかりもの
娼婦・淫売婦：あねま、おぐびょうたがり、おしゃらく、おたり、がのぢ、がそんぢ、がんなべ、きづね、きりうり、くさもち、くされぢょろし、げんぽ、ごけ、こもかぶり、さんぶち、しゃくとり、だんぶ、ぢしろ、ちゃおなご、ぢょろす、てしま、なのはな、ねもち、ばいた、はがわ、はまのおば、ばんこ、はんぢょろし、ばんぼ、ひしゃく、ふんばり、みき、みんででけ、めらら、めんた、めんたん、やぎ
情婦：よた
情夫の子：いれさぐ
女中に悪戯をする主人：でどこかまし
小便臭い人、からくせやづ、よばくしぇ
処女：あなばち
初心者：みそだま
女郎買い：おばけ、ちゃやつかい、ぢょろけぇ
白子：すろっと
虱たがり：するすひき
知らぬ風をする人：おそぼろけ
尻軽女：けっつふり、はねぴ
尻込みする子：おくせっこ
尻の大きな人：うーげす
尻の重い人：ぢょばけつ
視力の弱い人：おそめ
思慮分別のない人：たつけなし
神経過敏な人：けもんたかり
神経質な人：すんけやみ
心身共に弱い人：やにけふと
信念のない人：らっこのがー
心配性な人：せんきやみ、もっけやみ
進歩のない人：おどなわらす

す　衰弱した者：よちゃめぎ

末っ子：つるたごみやろ、ばっち、よてご
図々しい奴：せんめぇあかぶり、つらつけなし、ぬっぺらぼう、のぶでやづ
好き嫌いの強い人：えりぇぎれぇ、からっぺ
すぐ察知する人：がらってぱっぷ
すぐピンとこない人：うで
すぐ横になる人：たまごけっつ
助平：あぎまはり、いげぇなまっこ、えべし、かんくはえ、まっちょやろ
助平爺：なまだらぢっけ
少し足りない人：さんかえろ、さんぶ、つなりこげ、はちがけ、はんかくしぇ、ふなりこげ、めんご、もぢやれ、ゆるってぇ
少し鈍い人：もつけ
素性の知れない人：まのほね
素性の良くない人：えづぐれこんぢょ
素直だがきかぬ気の人：あねこいぬ
素直でない女：さねまがり
臑齧り：くっけぇす
拗ね者：おぎまわり、きもやき、きんづやぎ、ねんぢ、はぢけもの
図太い奴：づへりもん
澄まし屋：ひなりっこ
狡い人：いげざろし、くぼ、こかすけ、こぢゃく、ごまやろう、すぱすけ、まみばくろう、めどつ

せ　性格の良くない人：がらわれ
生気のなくなった者：えんかのげ
性急者：いきもき、いらけなし、ひょうひょうめき
精彩のない奴：がひこねゃやづ
精魂の尽きる程悪行をした不幸者：へきらし
精神病者：あだまやみ
性欲の強い人：ぢんばり
精力のない（人）：がしぇね
世間知らずの娘：おほこ、ねんね、んほこ
世事に疎い者：こごっちょお
背が高く痩せている人、でかんぼ
背が高く気の利かない人：のーへ
背が高く無表情な人：びんぼうでらのたかとーろ
背が低く太っている女：へっぷく
背が低く太っている人：だんぼこ、ぢぐだま、づぐたま
背の低い人：だんぐり、つんつく、びっちく、めっちゃこ
せっかちに働いて長続きしない人：かちかかせぎ
銭のない人：かんかんぼし
傴僂：せっこぶ、ひっぱり
世話焼き：ちゃぱくせゃ
世話を受けている人：くきゃすもの
喘息持ち：たんもつ

そ　粗忽者：かっつおそう、からとっき、さんぱぐ、そそらこ、ちゃんちゃんべい、どか
粗雑な人：えごすてな、がさだもん
素っ気ない（人）：おそっぺねー
その地位に相応しい仕事ができない人：みろぐなす
その日暮らしの人：えっしょうげい
祖母：ばくたれ
祖母の育てた子：ばばならしご
粗暴な子供：ろぐでねぇがぎ

●索引（標準語引き）

粗暴者：がはづなやつ
粗末なことをする人：がっか
粗野な人：いここ、いぞやろ、がは、ごっそう
尊大な人：はすりめあのめすつぶ
損得に関しては文句の多い人：いりわりかだり

た 大言壮語する者：ごらかだり
大小便を漏らす人：ちびったれ
大食漢：おぉまぐらぇ、がむちゃれ、くいぬげ、くらいぬげ、なべふたぎ、のはら、はっぺし、
　　　　ふぎょ、へらかづき、まくれぇっくし、ろおしょう
体格の良くない人：ごびんぢょ、よひ
怠惰な人：づぼら
大変な野郎：げほやろう、ゆるぐねやづ
大便を漏らす子：ばばたれ
体力の弱い者：よわたれ、よわっぽ
濁音で話す人：はなくさり
駄々っ子：がんつくれわらす、きぎすりがぎ、こんつけわらし、だだっこき、ねぎすりがぎ、
　　　　ねすり、ねんつけわらし、むんつけわらし
爛れ目：あかめっこ
駄々を捏ねる者：いせはり、だんぢゃぐもの、ねくだら、ふんづぐり
他人と折り合わない人：へのぢかま
他人のことを言いつける人：めやすたなぎ
食べ物に卑しい人：いげぼいど、いげやし、えげやす、えやすこ、がしと、けがづ
食べ物にガツガツする人：いけいやし
多弁者：あべらかたり、たたきあがり、ひょうはくきり、へちゃむくれ、めやがし、よげしゃべり
駄目な者：いっちゃいなし、ねったぇし
頼りがいのない人：えーたなもの、げほもの
だらしない人：かいしょなし、げすのけ、こだれもの、こっちゃげなし、しくたれもの、そふ
　　　　たれ、たへなし、づべらこぎ、てやらぐなし、てれすけ、びしょなす、びだれ、
　　　　びどさかり、ふんだらしなし、ほづねやつ、やにけ、ゆぐづなし、ゆだれなす
足りない人：はんしゅ
戯け者：どけもの、ほっつあれ
譫言を言う人：もんぢょかだり
短気者：おうしら、きちまり、きっとおし、きんぱ、きんま、たんぱら、ちょうばら、もつき
男色：ゆいとう
旦那：だんきち、へのごたんぽ

ち 小さい男の子：ちちゃんべ
小さい子供：ばっこ、びゃっこ、めぐされわらす、めちゃれがぎ
小さい人：えぺぁ、こつけこ、こびっちょ、だぽこ、ちっちゃご、ちゃんこ、ちんちく、づだ
　　　　ぐりこ、ぺぁっこ
知恵遅れ：たらわづ、めぇがど
知恵のない者：わげなし
知恵の回らない人：こげり
力の弱い人：えいさま、がしぇこなし、みのごなす、やっけーなし
痴人：のっぺらもの、のーてんほぁ、ひられ
父親不明の子：よべぇとのこ
痴鈍者：おそびょおし、ふんぬげ
知能の低い人：あんたらづ、けぁねぁんつこ、ぼんとく
獣皮の鞣職人：てぐ
中風を患っている人：ちゅぶたがれ、つぎたがり、つしょたがり
調子外れ（歌）：ごいんはづれ

299

調子者：うづけあがり、さぇけもん、ほえあがり、もひきり
つ　掴み所のない人：けも
　　告げ口をする人：おせっくち、くっちゃ、ぢょべこ、みみこすり、おせこと
　　辻褄の合わないことを言う人：あっぺとっぺかたり
　　突っぱねている奴：がすばり
　　常に憎まれ口を言う人：あぐでぇかみ
　　詰まらない強情を張る（人）：からぢょっぱり
　　詰まらない人：あぢげだもの、かしぺ、かんながら、けぢぎだもの、けっぽやろ、ごんもぐ、
　　　　　　　　つぎねやつ
　　罪深い人：ごんにん
　　旋毛曲り：うまぐなす、えんぴんかだり、かんぺい、きたむき、きびくそ、けあっちゃもぐれ、
　　　　　　けっちまがり、そでつ、はなまがり、ひだりむづけ、ひんこつり、ぶんて、へちゃむぐれ、
　　　　　　むぎなし、むぐれんぢ、むつけもん、むんつけかたり、やへ
　　強がり屋：いしぇこぎ
　　聾：きんか、きんぼ
て　手余し息子：たがらむすこ
　　手余し者：たながれもの、てつけぼたん、もつけもん、やばっちねやつ、よなされもん
　　出歩くのが好きな人：ですっぱり
　　体裁を飾る（人）：からっぺ、からこっつぇわすう
　　低級な人：にぞうさんすけ
　　定職のない暇な人：むだにん
　　泥酔者：たんだくれ、ほたれ
　　丁寧すぎる人：ねっか
　　低脳：うすばか、けぁりんぽー、けぇれんぽう、きはし、づもんた、てへつ、はづもんせん
　　手加減しない人：がげなし
　　出稼ぎ放浪者：ぢゃぐしか
　　溺死者：みんぢゃんぶれ、みんつくれー
　　出来損ない：えづぐれ、しぐれんぢ、ですくなり、なちょこなーれ、ねぁれぁご、よっちげぁあ
　　出来もしないことを真似る人：かすくされ
　　手癖の悪い者：てなが
　　木偶の坊：こけ
　　出しゃばり者：からしょんべる、しお、すてんち、たばこぼん、ちゃっぱ、ねづみけし
　　鉄面皮な奴：のめぞやろ、むがっつら
　　手慰み者：ちょしくそ
　　手に余る子供：がぢぐれがぎ
　　手に負えない子供：おぢぇさいねがぎ
　　手に負えない奴：たんだねやづ
　　手間のかかる人：すどげとり
　　出不精：でがらかぇ
　　手前味噌に自慢する人：みそかだり
　　出戻り女：やまげゃり
と　道化者：えっぱつ、おがれこ、なまこだひと、ばがるまぇ、もっけ
　　痘痕（の酷い人）：ぢゃっかい、ぢゃんぐゎ
　　動作の大きい人：おもくらしひと
　　動作の鈍い人：もそらめぎ
　　どうでもいい人：あまりほどげ
　　道楽者：かまけぇすもん、ぢょっかい、ほーともの
　　道理に合わないことを言う人：ねぼけかだり
　　屠殺者：えった
　　年下の者が年長者のするようなことをすること：からこぜぁ

●索引（標準語引き）

戸締まりをよく忘れる人：かげむしろそんだち
徒食者：くらーつくし、ぬらくらもの、まぐれてぁし
年の割に老けた人：くまびたひと、くままだ
年寄りじみた人：すけとしょる
土足のまま上がる人：はんだーすねご
どっちにもつかない人：かだきん
取っつきにくい人：きぶくせぇ
突飛なことを言って人を笑わす人：とうはづかたり
怒鳴る人：なりがみ
濁酒をもぐりで作る人：こんどかぶり
惚けている人：もぢゃけ、もやた
取り柄のない人：からせ
取るに足らない者：いいねぇぁのもの、もぐだ、わらこもぢ
戸を閉めていかない人：けっつぬげ
鈍感な者：ぶっこくり
鈍重：ねばくせぇ
とんでもない奴：えっぱだすけ、びっぽう、べらほたがり
頓馬：あんこたんね、さぇんぢち、づくすけ

な 内緒話を言いふらす人：よっちらかだり
無い物ねだりする者：ならなしかだり、にぇものぱだり
内容がないのに分かったようなことを喋る人：からからしぇんべー
長居客：けっつなげぁ
仲間に同調しない者：はくたもの
仲間外れ：あぶらむし、あまされもの、あみはづれ、えーでぱずれ、かでっぱ、くみぬげ、てらこ、ながまはんつけ、はご、はちけ、はめちこ、はんつけ、みそはめ
流れ者：のづのもの
泣き虫：かんたろう、ごんぽ、なぎ、なぎべっちょ、なげつ、ねぎすり、のっとすり、べちかぎ、めら、べちょ
中々帰らない客：ながっちり
中々仕事につかない人：ろくぢこがし
何もできない人：へぽったれ
何もわからない者：もぢくたりなし
生意気で憎らしい人：からすぐね
生意気なお洒落：からばぐ
生意気な子供：からこしゃぐだがぎ
生意気な人：あがすけ、あがはち、えき、おかべ、おしゃれっこ、おちけ、おばぐ、からこしゃぐ、からこっぺ、からなまえぎ、きしゃきしゃ、ぎつさむく、くるげ、こしゃくもの、ぢれこ、なめぁこく、はらりやろ、むせやづ、りくう
怠け女房：すっとり
怠け者：あぶらうり、えっからやき、おおほねやみ、かなしがり、かばねひぎづり、かばねやみ、からせだぎ、からなき、からほねやみ、からやき、からやきのおおねっこ、からやみ、ぎったれ、くさし、ぐだげもの、くるげ、ごきあれい、しぇやみ、せっこぎ、せったぐれ、せやみ、たがら、ぢんべら、づうくぢ、づべら、づんべら、でぁがら、なまぐら、なまだら、なまっこ、なもみたかり、なれくさし、ぬれくれ、のほえど、のらくらもの、のらつき、のらもの、ひがだたがれ、ひほし、ぶらぢき、へくぱたらき、へっこぎ、ほねやみ、やみすけ、やみぞー、よだぼうれ、よらもの
生半可者：くせぇもの
なよなよした少年：おなごめーこ
ならず者：してくれもの、ぼてふり
成り上がり者：ささやまからきた（よんたふと）

何ともしょうがない人：もんぢゃねやろ
何でもかき集める人：かちゃぺ
何でも食べる人：かんくらいえ
何でも反対する者：かちゃむぐれ、むつけたがり
何でも欲しがる子：ほいどわらし
何にでも口を出す人：くされたまぐら、たまぐら

に　煮え切らない人：ふるあんづき
　　憎たらしい男の子：くされおんぢ
　　憎たらしい女の子：くされびった
　　憎たらしい奴：あれすぐねやつ
　　偽者：かませもの、まんぱちもの、やましまんぱち
　　ニタニタしている奴：にたりかん
　　鈍い人：うで

ぬ　抜けた人：のげ
　　抜け目のない奴：すすどしやつ
　　盗人：えげぬすと、がり、がりも、こけらぬしみ、にすびと、ぬすと、のすびと
　　盗み心ある人：かまこんぢょう

ね　寝言を言う人：もづかだり
　　寝小便をする人：ねしょべたれ、ねったれ、ほつばれ、よづばれ
　　寝たっきり：ねっきり、ねびたれ
　　寝付きの悪い子供：ふるあづき
　　妬んで邪魔をする人：ぢゃきはり
　　ねちねちした人：ねちくされ、ねっつ
　　根掘り葉掘り聞く者：ねっこぎり
　　寝るときぐずぐずする人：ねがらげぁ

の　能なし：がほづ、くっされ、のっけなし、のっつお、へそ、ほんづなす、ろぐもん
　　のけ者：はぐた、はちきもの、はなはつけ
　　のさばり者：ぬさんばり
　　のらくら者：のっつおやろ
　　のろま：ぐづらもづら、つづこげ、のまい、もぐらもっけ、もそ、もそらめぎ、もで
　　呑気な人：ごしゃらぐ、ほでんか

は　梅毒に罹った人：かさかき、へぼかぎ
　　肺病病み：はいびょうたがり
　　馬鹿・間抜け：あがばが、あがめけー、あちゃげ、あっけ、あっぺんとろすけ、あもくそ、あん
　　　　　　　　けらんぽ、いんのげす、うしこげ、うんつく、えぬのこ、おたんこなす、おたん
　　　　　　　　ちん、おんつぁ、おんへろ、かくけぇやろ、かす、からほうだいなし、かんすけ、
　　　　　　　　きづげぁ、くされやろ、くしゃもの、くそたらし、ぐた、げほちんぶり、こげぞ
　　　　　　　　う、ごげぶつ、こたれなし、しにべんけ、すとんけ、そらぐ、たぐらんけ、た
　　　　　　　　ふらんけ、たましぬげ、たわけ、たんころ、ちちょけなし、ちなりこげ、ぢょく
　　　　　　　　らわれ、ちょっけー、ちんけ、てぇほなす、とごらんけ、なりごげ、ぬっぺらぽー、
　　　　　　　　ばがたぐれ、ばっぱ、はっぺしゃろ、はんかくさい、ぶぺ、へったくれ、へまぐ
　　　　　　　　れ、ほうけ、ほつか、ほでなす、ほほら、ほろすけ、ぼんけ、まぢまり、まるばか、
　　　　　　　　ゆくちなし、ゆぼ、ろぐぐわづ
　　馬鹿正直：ばがかでぇ
　　馬鹿丁寧で仕事が遅い人：ねぐだこぎ
　　馬鹿な末っ子：やぢめがす、よでばが
　　馬鹿娘：ばがびった
　　馬鹿野郎：ばがけ、べぇろ
　　白痴の男：はっちゃ
　　博打惚け：ぶっぽうけ

禿げ頭：あめてんこ、たぇわんぼうず、づらっぱげ、やくわん
破産者：かまどかえし
罰あたり：ばちたがり
恥さらし：いぎごーざらし、えげふたざけ、げぁぶさらし、げぶぢゃらし、ごぢゃらし、ざっちゃまし、ちらぢけなし、ひとめぢょこなぇー、われもの
恥知らず：あすてぇなもの、けぁなぐり、つさっぱぢ、つらぱすねぇ
はしゃぐ人：さいかちかます
恥ずかしがり屋：おしょすがり、かはち、かめこ、こぢうけ、こづけもん、つらっかげ、ふとめこぎ、わにっこ
発育不良の子：かすけっこ
発音が不明瞭な人：しったこたれ
八方美人：うすへら、よつらかだり
鼻が上を向いている人：そっぱな
話だけの人：こうのかだり
鼻つまみ者：ごんぎゃろ
鼻にかけた物を言う人：はなくされこ
鼻の低い人：はなびっちょ、びす、べしゃれ
甚だしい奴：うだでやづ
歯の抜けた人：はっかげ
はにかみ屋：はなっかげ
早合点しそうな人：えらすめぎ
腹が黒い奴：だんくろう
腹を立てやすい者：わせごせやぎ
判断が衰えてきた（人）：やざがね
半人前：はんかたがり、はんけ、はんぱもの
半端者：はすたもの

ひ 卑怯者：かっちゃぎます
卑屈者：いづくだぁりもの、ひょっこめき、へくたれ
凹んで丸い目：えぞまなぐ
美食する者：さいこのみ
控えめな人：かげんさなふと
ヒステリー：ちかた
酷い人：えげぁだひと
人当たりの悪い人：きもくそなし、づぎりほっくら、もくそなし
人買い：ふげおやぢ
人が良すぎる人：おめでて
一癖ある者：きっとうもの
人並み以下の人：けいれんほー、みそこ
人並みに仕事ができない人：めろづ
人のあら探しする人：くまかだり
人の言うことに反対する者：ひてつがり
人の言うことを聞かない向こう見ずな人：わんざくれぇ
人の顔を引っ掻きたがる者：かっちゃぎまし
人の好意を無にする人：ほっぱらかぁれ
人の話に口を出す（人）：きびちょぐち
人の話を聞かない者：きかざる
人の反対なことばかり言う人：えんびづやろ、よごでぇもの
人見知り・恥ずかしがり屋：かめこ、きづがぁえんぼご、しまねご、ひとめ、ふとごべ、わに、わにる
独り言をする者：よめっこどかだり

一人前でないもの：あぶらこ、いっちょたらわぢ、けぁなすもん、ちゃやまつ、ちんぢゅぬげ、はぐったもの、ぴんこ
一人前でない職人：ぎゃらご
人を欺く者：だっき、てぐらぐ
人を罵倒する言葉：かぐはえ、かったぇ、かぷけやろ、くされほえど、くそくれぇ、くそこごり、くそたがり、くそたれ、まんくそやろう、みそったま、むすくされやろ、めろぐだま
皮肉屋：ねづりや
捻くれ子：あぐだれわらす、きめっこ、こつけわらし、すねこ、ねんぢぐれわらし
捻くれ者：あづきから、えがたがり、そっぽかたり、ねぢくれもん、むぢくれもん
暇人：らくめい
剽軽者：づれこう、なまこ
病弱な人：きゃねひと、けやねや
病的に潔癖：けんのんたかり
病人：やめぇと
評判の悪い人：かんばんをしょーる
ひょっとこ：めっこきり
ひ弱な人：かしけやろう、ひはづこ、やっけぇなす、よーしえ、よだぐれ、よっけなす、よろけ、よわすけ
びり：げっぱ、ごろけつ、すっけんたれ、どすけんぽ
卑猥のことを言う人：はづくづたがり
貧弱な体：やしぇかれかばね
品のない男：かちゃぺねおどご
品の良くない者：よだかりゃもの
貧乏人：しかたねぁひと、びんぼたがり、ふべん、ふんべ、へんちのさげむしろ、ほいどがみ

ふ

無愛想で頭の高い人：おんけらまし
無愛想で窮屈な人：きづめてぇひと
無愛想で取っつきにくい人：きごつけねゃ
無愛想者：えづら、きぞっぺぇ、きぶ、きんぶくそ、そっぺぁねぁ、つきぁなぇ、ぶす、ぶっきり、ぶなぐり、むがっぱわりひと
醜男：ひょっとこ
不甲斐ない奴：いっちーなし、えーぢゃまけ、せなしもの、よーなし
不格好な顔形の人：かすくれぁめん
不格好な（人）：かっこべ、ぶふう
不器用な人：ぎな、くされてんど、てどくされ、てぼけ、ぬっけなし、ぬなし、ねごててまま、のけなし、はど、ぶぎ、ぶま、ぽっこ、ぼくされ、もどんね
不器量：びだっこ、ぶぎ、ふでがし、よほわり
服装などに無関心な人：いらつかまわづ
不具者：うまれそぐねぁ、かんぢ
不潔な人：えぞやろ、しびづけなし、し（す）らみたがり、だらく、つらあらぁづ、びしょたがれ、やばつと、やばつねあやづ
不潔を嫌う者：きったながり
巫山戯者：おだづ、おだっけ、しらけもの、ていほもの
ふしだらな（者）：もぢゃぽえなし
不正直者：がませもの
無精者：ぎったれ、しぇっこぎ、しょたれ、せっくぱたらぎ、ぢょうかぶり、びしょくされ、びど、ぶしょたがり
不信心な者：むしんけ
札付きの嘘吐き：うそぶぢまげ
不束者：ならえはたき

●索引（標準語引き）

仏頂面：ふすくれつら
不逞な奴：のふぞうもん
ふて腐れ者：かれぁこぎ
太った人：ごだらけし、だだすけ、だぶ、づんぐり、でくすけ、でっくら、ぶだら、ぶっぷぐれ
ぶっきらぼう：きばっちょう
腑抜け：ふぢゃまのげ
浮薄な人：うつぐ
不美人：すらみくせぁ、にんぢょがれ
不風流な人：げなす
不平を言う人：ぐづまくひと、のどこごと
不法な言い分をする人：からふごっこき、ろぶつかたり
不法者：ふほうこぎ、やばちないやろ
潤男：ふやけおどこ
不要の者：やぐじゃもの
無頼漢：ぶらばげもの
ぶらぶらしている人：ほいどのたます
不良者：けつぽおもの、めくされもの、ゆぐなしもん
浮浪者・乞食：おだま、もれぇにん、やっこ
踏ん張りのきかない人：がぇのねぇひと
分別のない者：もぢくたりなし、もんぢゃなし、わげなし

へ　べそかき：きめぢょんご
　臍曲り・旋毛曲り：いんびん、げすまがり、ささぎから、さんぺぇ、そんぴん、なだでばかま、ねんぢれかしげ、へっちょむぐれ、へむんちん、やにくえ、やへ、よごでこぎ
　下手な大工：がっちゃでぇぐ、かましでぐ、まめだいく、みそでぐ、みんぢゃだいく
　下手くそ：あがぺだ、からへた、きぎふり、にちゅう、へだしけ
　諂いを言う人：けいはくかたり、よちさかだり
　屁理屈を並べる人：えんぷんかんぷん（かだり）、ごんげかだり、ねんぴんかだり
　偏屈じみた遠慮深い人：いつくつねぇ
　偏屈者：かだむぎっちょ、ぎっちょぎゃ、むつけたかり、むんつけ、むんつんたかり
　返事をしない人：やきかづ
　偏性の人：よぢぐれ
　変な人：おがしふと、がだやつ、きふ、きふーもん、ひょんたなやつ、ぶん、みょんだやづ

ほ　茫然とした人：ぺろり
　放蕩息子：でそくね
　放蕩者：かまどけぇあし、がんざんてぇし、ぢだこき、づだ、どうらくもの、ふらけ、ぶらづぎ、やくざやろう、やくしゃまんげぇ
　放屁者：ちんべたれ、へたれ、へったれ、へふり
　放埒者：はだしがみ
　放浪者：ふらけもの、ほろけ
　ぽおっとしている人：ちゅうはんすぎみ
　他に取り柄のない人：からせ
　惚け者：おやし（女）、そーやーだ
　惚け老人：にどわらす
　細身の人：かっせぇら、ほそだぐれ
　ほったらかしで始末の悪い人：もぢゃぽなし
　骨惜しみする人：づんぽねやみ、ひこがし、やみすけ
　法螺吹：おぢゃぐもの、からたいほう、からほら、ごーらもの、せんみっつ、たごかだり、づほかだり、てんこふき、てんぽ、ねなすがだり、ぽんがふき、やらほら、らっぱ、らっぱふぎ

305

襤褸を着た人：しだらなし
本気でない者：かんてち
ぼんやり者：うっすらかん、とけらん、ぬるゆでへー、のけなす、のっけ、のっぺ、のっぺらぼー、ほげなす、ぼや、ほろけやろう、ぼんてさぐ

ま 負け惜しみの強い人：くやすがり、まけづかぶり
真面目そうに見えて内心はいい加減な人：までまんぱち
貧しい家の娘：たてむしろそだち
貧しい人：こやげのもの
貧しくて食い意地の張った子：がすのこ
ませた子供：こましゃぐれ、ふけわらし、よくたものふり
ませている者：こっぺ
間抜け：うづけたがれ、うらはづ、おやす、がほんぢ、かんくらい、かんぬげ、げすぬかし、こったれなし、さんた、しょいのすけ、しょろこけ、だんこぬげ、つぼけたがれ、どすけーり、のけ、のっぺなす、はぷかけ、ふげし、ぶとろけ、ふんぬけ、へったれごんぢぇ、べんぢょ、はづなす、ぼほ、ぽんち、めろり、もうぞうやろう、ゆぽ
間抜けな女：さんこ
招かれない客：とうはち
漫言する人：ごあえきり
慢心している男：おっけあんこ
万引き：かっつあれぁ

み 見え透いたお世辞：がらすべんちゃら
見栄っ張り：えふりこぎ、おぢこぎ、おんばぐもの、きさんぢこぎ、きだっぷり、だでし、ちゃんば、ぼらけ
見かけ倒し：かばねだおす
未熟な大工：こっぱでぐ、せっちんだいく
未熟者：あおげすやろー、そこなれ、なまらはんか、ひなっこ、ひょうなっこ、ぺぺ
見窄らしい人：うるしぼんつけ、がぢょ、こびしょね、ほだれかーれ
見た物を欲しがる子供：めやっこ
淫らなことを話す人：むだきり
道草を食う者：まやまづり
三日坊主：はっちゃーご、もちやほかれ
みっともない子供：いっちくだーす
身なりの悪い（人）：かだぎつきわり
身なりばかり飾りたがる人：えげすな
醜い顔でも可愛い子：めぐさめご
醜い人：みくせぁ、みだぐねぇ、みんこ、めぐさ、めぐされ、めっちゃぐれ、めとろぐ
身分の低いもの：やへやへのもの
見栄えが良くて、内容の伴わない人：かながらぼとけ
見栄えのしない人：ちゅうくりゃ
耳の遠い人：かつぽ、ちかづ、ちんか
妙なことを言う人：あぢな

む 無一文の者：からけつ、すほろげ
無為徒食の輩：ごくつぶし、よなからびと
無気力な人：ぢゃまなし、ねたかもこ
無口者：むげっちょ、むくらっこ、むっか、ものやづ
婿：むこたくれ
向こう見ず：ふてんぽ、むがっき、やりかんぼう
無根の話をして歩く人：かづわらかだり
無資格者：こもかぶり、もぐり
無職者：よなしほいど

●索引（標準語引き）

　　無思慮な人：あっつになし
　　無思慮の乱暴者：むでっぱ、むでっぱぢ
　　難しい奴：でごぼる
　　娘：びちょこ
　　無駄口：からくぢ、たんべつ
　　無駄話する人：たくきり、たんべつまくり、でほうでぇかたり
　　無駄者：やくたいなし、やくたいもない
　　無知蒙昧：がえん
　　無茶苦茶なことをする人：むちゃぽいなす
　　無茶を言う人：やぼろかだり
　　むづかり童子：むづかのたろべ、むつけわらす
　　むつけ易い人：もぐれ
　　むっつり助平：むすらすけべ
　　無鉄砲な者：あざらこげ、あぢゃら、かんがえなし、きかざる、たんきまんき、てんこち、てんぽもの、むが、むさんこ、むっちゃ、やりかんぼう、らんちゃもの
　　無頓着な者：あっこどなす
　　無能な者：からこげ、にこはち、のっかれ、のっぺら
　　無表情な人：べろっとしたひと
　　無分別者：あざっこなす、さがらなし、ほうだいなし、ほでなし、やんちゃ
　　無法者：かだがぁやぶり、げどつぎ、むほづき、ものかぁす
　　無用なことを言う人：からかづ
　　村八分：くみはぢし
　　無理難題を云う人：いんぴんかたり
　　無理を押し通す人：むりつり
　　無理を張る人：らっぱたて

め　迷惑な（人）：きしゃわれ
　　妾：かかえおなご、かげーおなご
　　目がつり上がっている人：めっぱ
　　目尻下がり：めっぽ、めっちゃがり
　　目立ちがり屋：なりたや
　　目の悪い人：めくされ、めっちゃ
　　女々しい人：あねこづかけ、おどごあねこ
　　目脂をつけている人：めったがり

も　盲人：ざどんぼう、ほさま
　　耄碌：しにそぐなえ、もろぐたがり、もんぼれ、ほげ、よたぼれ、ろーもう
　　勿体ぶる（人）：もだせぶり
　　持て余し者：すてくれもの、たがぎもの、てかましもの
　　物惜しみする人：えたましがり
　　物覚えの悪い子供：むねぇげねわらし
　　物覚えの悪い人：かんなし、ほうでなし
　　物臭：きぢょうたがり、もやぢ
　　物乞い：おだま
　　物事に邪魔する人：おんどりくゎし
　　物事を諦めないで藻掻く人：からもぎ
　　物知り顔の人：えげべたがり、ものしりこき、よむがらなー
　　物ばかり食べて役に立たない人：くけし
　　物忘れの酷い人：たうえなす、ほぢぬげ
　　物を粗末にする人：あぶつなし、ざらすこ、むちゃぽなし、もぢゃっぽなし
　　文句を言う子供：あぐばりわらす
　　文句を言う人：えびきづもの

| や | 焼き餅女：りんきおなご
焼き餅焼き：へんきやき
やくざ者：ほうろく、ほねなし
役立たず：あおたんつぼけ、あくたらもん、あくどかき、あっけぇーどーな、あめはち、うぢゃらぐ、えぁなすだれ、おがへっつい、がしくた、かぶけ、くされなっかーれ、くそたれ、けぇだすけ、ごくたり、ごくつぶし、たからもの、ぢんぢょ、でごすけ、なっかり、ねへもの、のっかれほいど、はすたやろー、はなたれ、ぶすらへ、ほうたなぎ、ほやなやづ、まぢぁこ、みそかす、めぐぞやろ、めろかし、もくたやろ、もちゃぐれ、もぢゃねぇやつ、もっけ、やぐでなし、やざがね、やぢがね、やっちゃかねぇ、ゆでふくべ、よしゃれ、よひ、わらくただやろ、んまのくそさらぇ
役に立たない子供：めくさるがる
役に立たない大言壮語：からごんげ
役欲：やぐぼえど
火傷：やけっぱた
火傷痕のある人：やげぽっぽ
火傷痕を持っている子供：てかれもかれ
野合の夫婦：なべぐみふうふ
痩せ：がらぼし、かんかん、がんざんでいす、かんちょろりん、さがれぇだ、はったぎ、ひっからび、ほねからびっき、やせっぽ、やせはったぎ、よが
痩せ衰えた人：がんざんでいす
痩せて小さい人：しかんこ、ひんた
痩せて長身の人：かんとろぐ
痩せて細い人：かんきょれ
厄介者：あまりほどげ、おんつぁんこ、かがりと、きしゃわり、たたり、だんがぎもの、てやますもの、へきらす、みしもれ、やが、やっけぇありもん、らっけぇもの
野卑な人：あがぢょー
山里の大酒飲み：やまがしら
やや足りない女：おはぢり
野郎共：やろめら |
| ゆ | 優柔不断で暗愚な人：ぬっぺだら
遊蕩児：のめすこき、のろづき
行き倒れ者：ぶっとーれ、ゆきどろ
融通が利かない人：かたごとなひと、きぃぐづなやつ、ぎごわ、ちゃかほかきがねひと、でくのほう
夢を見ている人：ゆめさく |
| よ | 容易に妥協しない（人）：がってすね
用心深い人：ねんかもの
用無し：ひしゃぐなし
幼稚な人：おさんぽ
用をなさない者：がぎつぶれ、よたもの
良くない人：えぁらしぐね、おだれやろ
欲張り者：いすぴり、がぁど、こんぢょうたがり、しんよぐ、ほいど、ほんぢがしら、までなやつ、ゆぐたがり、よくどしもの
よくよくの人：よっぽどなぁひと
横槍を入れる人：やばはまり
余計なお喋り：おがさんべり、おへふり
余計なことをする人：へんなん
余計な者：ぶんのほか
余所の主人と通じる女：ててぬすみ
余所者：あんもん、きっさし、げらえもん、たびしょ、わぎもの |

●索引（標準語引き）

世擦れした人：えぢゃりのちんたま
与太者：ぶっちょうもん、よたこ
涎垂らし：べろたらし
酔って舌が回らない（人）：れろれろ
酔っ払い：くだげぁし、くったぐれ、さがちぐり、さげよと、づべろぐ、のんべい、のんべた
　　　　　がり、ひだりあげ、よっきり、よったぐれ
世慣れない人：おぼさ
夜這いする人：よべこぎ
夜遅くならないと帰らない人：よぶくろ
夜遅くまで寝たがらない子供：ひかるわらし
夜遅くまで夜遊びする人：よだが、よんべあと
夜更かしをする人：よっぱり、よびかり
宜しからぬ者：げなもの
よろよろしている（人）：えんからまし、よっちゃり
弱い男：おげぇやろ
弱い者：えいさま、がんない、げあなす、けぇね、みんのこなえやつ、よだぐれ
弱そうに見えて芯の強い人：よわよわごんぼう
弱虫：ぎいだれ、ぎだれ、しきたれ、しょうなし、すんぴたれ、づごぼ、にゃらご、ぬびたれ、
　　　びぐだれ、ふぢゃまぬけ、へこたれ、みんどがなし、よだすけ、よろけ
弱々しい体：やしぇねなり

ら　癩：おなりさま、かったいぼう、どす
　　楽天家：ゆめのまんぜらぐ
　　埒のあかない者：らぢあがぢ
　　乱費家：ざんぶ
　　乱暴な子：やっきかね
　　乱暴者・向こう見ず：あぢゃら、かだく、がむくちゃれ、がんぼ、きかづ、きかねぇぁひと、げ
　　　　　んど、だぢゃぐ、だんぽ、てっかもの、でぶやづ、なんかんもの、のめ
　　　　　すこき、むでっこき、ゆぐでなし、らくさく、らっぱもの、ろくでなし

り　理解の悪い人：めつとろく
　　力量不相応のことをする人：やごこぎ
　　理屈屋：からねぐづ、りぐつかだり
　　利口ぶっている子：はぢめこ

る　流行を追う人：はいからこぎ
　　悋気者：やぎもづだだぎ

れ　礼儀知らず：こんぢょなす、ぢぎしらず、のっけなす
　　冷酷な人：えでぁけぁなす
　　劣等者：げすたれ、げすっぽ、すけ
　　劣等生：おぼえなす

ろ　老弱：よんぢゃり
　　老人：えへぁづら、えんきょ、くされいんきょ、ちゅうげたがれ、ぢんがね
　　老人くさい子供：としょりきっつめ
　　老人くさい若者：わがとしょり
　　老婆：ばくされ
　　浪費家：あざなし、つけばれ、でんぽー、もちゃぽなぢ
　　六歳の反抗児：むづあまされ
　　ろくでなし：しょっぱたり、でそごなり、のら、びっぽやろう、ぶぢふれやろう、まるぐだも
　　　　　のでね、まろぐだもの、まんぱづもの、よくたもんだね、るぐでぁなえ、ろくさ
　　　　　まなもの、ろくでねぇ
　　呂律の廻らない人：れろれろ、ろぢぁけらね

わ　猥談を云う人：あぐだいつき、えげのーなし、ごやきり、さしあぇかなぇふと、でほうだい、

309

　　　　　てんげぁ、ぶしゃれこぎ、むだごどかだり
若い女性：めたくされ
我が子ばかり可愛がる人：こぶせ
我が儘が通らず拗ねている子供：きんづわらす
我儘者：あぐだれもん、えっぱだ、からきぢ、からぺん、きいっぺー、きぎがらね、きづ、き
　　　　ままたがり、だんぢゃぐ、ねつり、まば、むぢきれ、わがさ、わーままもの、われさ
　　　　っぽー
分からず屋：へっだぐれ、ほんぢゃねぇ、もぐろぢ、らぢなし
訳の分からないことを言う人：ねごどつき
訳の分からない奴：かんぢょーなし、すたくたなし、ほーだぇなし
忘れん坊：えげたうぇなす、ざるあだま、たわえなし、ほんづぬげ、わしぇっぽ
渡り者：しぇげんす、たしょもの
笑い上戸：ぐだすけ、げだ、げちっくそ
悪いことばかりする人：ごづぐり
悪い子供：けぢだわらす、どうすがぎ
悪賢い人：えげぢゃがし
悪口を言う人：あぐでぁほえ、あこもこほり
悪口を言って歩く人：ざんぞほろぎ、ぢゃんぢょほり
悪擦れ者：すったぐれ
悪巫山戯する女：あばづきあねこ
悪者：いぐでねぇ、いげあらしないひと、えぐでなし、かぷけたがり、くされもの、けぢなやつ、
　　　げやねやあのひと、ごろづぎ、ざぐ、ぽーのかみ
腕白坊主：がえんわらし、きかづがき、きかんぼ、こぢくれがぎ
腕白者：きかづ、きかね、きんこ、まかんぼ

参考資料

青森県

【青森5】青森縣方言集：菅沼貴一　昭和11年　国書刊行会　昭和50年復刻
【赤川】東北方言の感情語・形容語（青森県大畑町赤川方言・昭和56年）：川本栄一郎　方言の語彙
　　　　講座日本語の語彙8　明治書院　昭和57年
【有畑】方言・俚諺集：上北郡有畑尋常高等小学校編　昭和8年
【奥入瀬】沿革史奥入瀬乃歩み：奥入瀬川南岸土地改良区　平成5年
【扇田】郷土誌：扇田尋常小学校　大正5年
【大不動】郷土誌：上北郡大不動尋常小学校　大正3年
【大間】大間町史：大間町史編纂委員会　平成9年
【上北郡】凶作と民俗：中市謙三　旅と傳説　第六年　第五月號　昭和8年
【川内】方言研究断片：西田要一　青森師範学校　郷土号　第一号(3)　昭和8年
【川内3】川内地方の方言（あ、い）：寺田徳穂　はまなす　第15号　平成13年
【川内方言】川内町方言集（川内町史別冊）：川内町史編纂委員会　平成11年
【舊南部】南部方言訛語序説：佐藤政五郎　郷土號　第四號　昭和11年
【教－大間】大間の言葉に就て（昭和10年）：盛さた　大間尋常高等小學校　平成8年復刻
【五戸】青森県五戸方言集（昭和37年）：能田多代子　国書刊行会　昭和57年
【三本木】三本木シャベッチョ物語：成田秀文　平成6年
【下北11】下北の古習俗断片：立花勇　うそり　7　昭和45年
【下北15】下北のサイとサマエ：岡田一二三　方言誌　あおもりけん　第11号　平成5年
【下北16】下北薬研の風物誌：佐藤徳藏　北の街社　昭和54年
【下田町】下田町誌：下田町誌刊行委員会　昭和54年
【宿野部】郷土誌：宿野部尋常小学校　大正4年
【新郷】新郷村史：新郷村史編纂委員会　平成元年
【関根】関根のくらし：山口吾一朗　はまなす第3号　平成7年
【平良崎】町村誌：三戸郡平良崎村報告　三戸郡役所　大正10～11年
【斗川】町村誌：三戸郡斗川村報告　三戸郡役所　大正10～11年
【十和田】十和田の方言：国分良人　平成9年
【十和田2】ふるさとの言葉：中野渡修、中野渡早苗　平成12年
【十和田4】十和田方言録（草稿）：繁在家三郎　昭和58年
【南部】南部のことば　第三版：佐藤政五郎　伊吉書院　平成4年
【南部1】みちのく南部の方言：岡田一二三　伊吉書院　平成8年
【南部2】へんだら、まんつ：佐藤政五郎　木村書店　平成18年
【南部方言】南部方言集：簗瀬榮編　明治39年
【南部町】南部町方言集：山崎精一郎　南部町郷土研究会　平成元年
【南部8】南部弁と津軽弁：北奥羽新地誌　デーリー東北新聞社　昭和48年
【野辺地】野辺地方言集（主に昭和11年）：中市謙三　野辺町　平成11年
【階上】階上村誌：階上村教育委員会　昭和52年
【八戸在】八戸の在言葉：舘花久二男　昭和56年（？）
【八戸】八戸の方言（南部昔コ集付録）：正部家種康　平成8年
【八戸2】消えつつある八戸の方言：石手洗弘二　平成23年
【八戸7】八戸弁番付：八鮨・里味・ダックエイト
【八戸12】八戸のわらべ唄：八戸市教育委員会　平成元年
【八戸23】方言採集録：八戸郷土研究会
【早坂】郷土史：上北郡早坂尋常高等小学校　昭和10年頃
【米田】郷土誌：上北郡米田國民学校　昭和13年（？）
【三沢】方民語（「郷土調査書」昭和12年）：三沢市史下巻　三沢市教育委員会　昭和42年

【むつ】 むつ市史　民俗編：むつ市史編纂委員会　むつ市　昭和61年
【横浜】 横浜町郷土史：横浜町教職員社会科グループ　昭和35年
【六戸】 六戸町郷土史：北向義美　北奥日日新聞社
【六戸3】 六戸町史：六戸町史編纂委員会　平成5年
【七戸】 七戸方言集前編（あかさ行）：石田善三郎　槙猛夫（発行）　平成20年
【津軽1】 津軽のことば第一～五巻：鳴海助一　津軽のことば刊行委員会　昭和32年
【津軽2】 津軽弁死語辞典：泉谷栄　北方新社　平成12年
【津軽3】 青森縣方言集：菅沼貴一　青森縣師範學校　昭和11年
【津軽4】 東奥日用語辞典及青森縣方言集：東奥日報社　昭和7年
【津軽5】 青森縣方言訛語（津輕之部）：青森縣廳　明治41年
【津軽6】 異説津軽ことばの語源：設楽順　あすなろ舎　昭和57年
【津軽7】 津軽弁辞典：http://www9.plala.or.jp/imakara/newpage8.htm　平成24年
【津軽8】 津軽のことば第六～十巻：鳴海助一　津軽のことば刊行委員会　昭和35年
【津軽9】 津軽語の鉱脈：松田弘洲　津軽共和国文庫5　あすなろ舎　昭和64年
【津輕10】 津輕方言と近松語彙：北山長雄　方言　第四巻第五號　春陽堂　昭和9年
【津輕11】 津輕方言語釈：北山長雄　方言　第六巻第三號　春陽堂　昭和11年
【津輕12】 津輕方言考：武井水哉　校友會報第3号附　青森縣第一中學校校友會　明治34年
【津輕13】 津輕方言集：齋藤大衛　陸奥印刷所　明治35年
【津軽14】 ツガル語の謎：松田弘洲　津軽共和国文庫　あすなろ舎　昭和60年
【津輕15】 津輕口碑集：内田邦彦　郷土研究社　昭和4年
【津軽16】 マメしくてらがー：西川泰右　北の街社　平成7年
【津軽17】 津軽の標準語：久米田いさお　モツケの会　関西美術印刷　平成19年
【弘前】 弘前語彙：松木明　弘前語彙刊行会　昭和57年
【弘前2】 弘前語彙補遺：松木明　津軽語彙第9編　昭和37年
【岩木】 岩木語彙：松木明　津軽書房　昭和43年　平成22年覆刻
【一町田】 一町田語彙：松木明　昭和29年　津軽書房　平成22年覆刻
【砂子瀬】 砂子瀬語彙：松木明　昭和33年　津軽書房　平成22年覆刻
【森田】 津軽森田村方言集：木村国史郎　文芸協会出版　昭和54年
【嘉瀬】 聞き書津軽弁・嘉瀬言葉：木村治利　ふるさとのかたりべ第9・10集　平成4、6年
【大川平】 大川平夜話：平山欽也　雨水文庫2　平成20年
【安田】 青森市旧安田の方言語彙：三浦義雄　北の街社　平成13年
【平賀】 平賀町誌下巻：平賀町町誌編纂委員会　平賀町　昭和60年
【平内】 青森県平内方言集：山村秀雄　平内町教育委員会　昭和55年
【中津軽】 中津軽郡方言地図帳：小倉肇　弘前大学教育学部国語学研究室　昭和62年

岩手県

【赤石】 紫波郡赤石村郷土教育資料：赤石尋常高等小學校・赤石青年學校　昭和15年
【浅沢】 あさざわとその追想：浅沢高齢者教室　昭和61年
【安代】 安代（あしろ）のことば：本堂　寛
【安家】 安家の方言あそび：岩泉町教育委員会　平成17年
【綾織】 上閉伊郡綾織村郷土誌：綾織村教育会　昭和7年　平成14年復刻
【荒澤】 荒澤村田山村郷土教育資料：昭和16年　安代町教育委員会　昭和59年　再版
【荒沢2】 おらほのことばっこ：安代町老人デイサービスセンター
【飯岡】 岩手縣飯岡村俗信集：橘正一　土の香　第参巻　第六冊　昭和4年
【飯岡5】 紫波郡飯岡村郷土教育資料：飯岡尋常高等小學校　昭和15年
【石鳥谷4】 石鳥谷町の方言：石鳥谷町立図書館　昭和10年頃
【一戸】 一戸町誌：一戸町町誌編纂委員会　昭和61年
【一戸3】 いちのへ郷土ことば：折舘一男　平成13年
【岩泉】 岩泉地方の方言訛語：西井信男　岩泉町教育委員会　昭和47年

312

●参考資料

【岩崎】岩崎風土記：岩崎文化協会　昭和41年
【岩澤】岩澤地方部落ノ言語：和賀郡岩崎村山口尋常小学校岩澤分教場　安藤直太郎　昭和10年
【岩手】岩手方言の語彙：小松代融一　岩手方言研究会　昭和34年
【岩手絵】＜絵葉書＞岩手方言　第二輯（皇軍慰問）
【岩手太田】岩手郡太田村郷土教育資料：太田尋常高等小學校　昭和15年
【内川目2】稗貫郡内川目村郷土教育資料：内川目尋常高等小学校　昭和15年
【江釣子】えなあだり語：江釣子三区公民館　平成9年
【江釣子2】和賀郡江釣子村郷土教育資料：江釣子尋常高等小学校？　昭和15年
【大浦】大浦民俗調査記録集　Ⅱ・Ⅵ・Ⅶ・Ⅸ・Ⅹ：山田町教育委員会　昭和62～平成13年
【大萱生】方言集：大萱生尋常高等小學校　訓導　藤原興惣治　発行年度不明
【太田】太田のあゆみ 太田村誌　改訂増補：花巻市太田公民館　昭和60年
【大野2】大野の方言・古語：大野村文化財調査委員会　平成13年
【大更】大更俚言：岩手郡大更尋常高等小學校　発行年度不明
【小川】下閉伊郡小川村郷土教育資料：小川村　昭和15年頃
【御明神】岩手郡御明神村郷土教育資料：御明神村　昭和15年頃
【折爪】陸奥國折爪山山麓地方々言：霊々生　風俗画報　第百二十五號　明治29年
【御国】御国通辞（寛政二年六月）：南部叢書第十冊　東洋書院　昭和57年
【釜石】釜石町方言誌：八重樫眞道　日本民俗研究會　昭和7年
【釜石2】消えゆく方言と俗語（釜石）：荒木田椿堂　昭和29年
【釜石4】釜石方言に就ての語学的考察：釜石尋常高等小学校　八重樫眞道　昭和5年頃
【釜石5】釜石言葉覚書：佐々木義雄　昭和52年
【釜石11】釜石地方方言集：上閉伊郡釜石尋常高等小學校　八重樫眞道　昭和6年
【軽米】軽米・ふるさと言葉：軽米町教育委員会　昭和62年
【軽米2】軽米方言番付表：広報かるまい　昭和53年
【軽米3】軽米町誌：軽米町誌編纂委員会　軽米町　昭和50年
【川井】川井村郷土誌下巻：川井村郷土誌編纂委員会　川井村　昭和37年
【川井4】川井の民話：川井村教育委員会　平成3年
【川口】民俗採訪（岩手郡岩手町川口）32年度版：國學院大學民俗学研究会　昭和34年
【川舟】方言訛語集：和賀郡川舟小學校　昭和8年
【聴耳】聴耳草紙（昭和6年）：佐々木喜善　筑摩叢書28　筑摩書房　昭和47年
【北上署】管内実態調査書：北上警察署　岩手県警察本部　昭和30年
【吉里吉里】ふるさと大槌吉里吉里方言辞典：大槌町民話研究会　昭和57年
【久慈】久慈の方言：平谷通泰　昭和63年
【久慈5】方言に就いて（三）：嵯峨勇三郎　北岩手　第十二號　昭和4年
【久慈二子】二子部落の今昔：二子部落・二子生産部　昭和62年
【葛巻】日本の辺境は、いま：久慈力　マルジュ社　昭和60年
【九戸郡】九戸郡誌（昭和11年）：県教会九戸郡部会　名著出版　昭和47年復刻
【九戸郡2】九戸郡地方方言集：田中信　こけもも　第十号（「岩手方言」昭和56年9月第10号より）
【九戸中野】中野村誌（昭和30年）：九戸郡中野村教育委員会　昭和59年再発行
【九戸村】九戸村の方言：九戸村高齢者教室　平成3年
【倉沢】倉沢郷土誌：倉沢郷土誌編集会　倉沢公民館　昭和57年
【栗橋】郷土方言集録：上閉伊郡栗橋村橋野尋常高等小學校　昭和11年
【黒岩】黒岩方言集：黒岩公民館　昭和56年
【黒澤尻2】黒澤尻郷土誌：黒澤尻尋常高等小學校　昭和15年
【甲子】釜石市誌　甲子小史資料編：釜石市誌編纂委員会　昭和61年
【小軽米】九戸郡小輕米村郷土教育資料：小輕米尋常高等小學校　昭和15年
【古語】古語と南部詞：高橋捷夫　岩波ブックセンター信山社　昭和60年
【笹間】笹間郷土誌：笹間郷土誌編集委員会　笹間公民館　平成6年
【佐比内】紫波郡佐比内村郷土教育資料：岩手縣教育會　昭和15年
【沢内】沢内の方言集：沢内村郷土史研究会　猿橋善蔵　昭和51年

313

| 【沢内 7】 | 沢内のことば：嶋稔、佐藤亨　沢内村教育委員会　昭和50年
| 【下岩泉】 | 岩泉弁・下岩泉言葉特集（1）（2）：「泉ista会」事務局　平成13年
| 【下閉伊 3】 | 言語の訛謬・附矯正法　下閉伊郡内に於ける言語の訛謬：岩手県聯合教育会
| | 下閉伊郡教育會　明治33年（「岩手方言」平成元年3月第25号より）
| 【浄法寺】 | 浄法寺の方言：浄法寺町教育委員会　昭和54年
| 【紫波郡 4】 | 言語の訛謬・附矯正法　訛言方言調査（上）（下）：岩手県聯合教育会　紫波郡教育會
| | 明治33年（「岩手方言」平成3年3月第29号、9月第30号より）
| 【紫波署】 | 管内実態調査書　紫波警察署編：岩手県警察本部　昭和30年
| 【外川目 2】 | 郷土教育資料：外川目尋常高等小学校　岩手縣教育會　昭和15年
| 【平舘】 | 岩手郡平舘村郷土教育資料：平舘尋常高等小学校　岩手縣教育會　昭和15年
| 【滝沢 2】 | 農民生活変遷中心の滝沢村誌：福田武雄　滝沢村　昭和49年
| 【田代】 | 郷土誌稿「多志呂」：沢内勇三　昭和25年　宮古市史　民俗編下巻　平成6年
| 【種市 2】 | 種市のことば：掘米繁男　平成元年
| 【田野畑 3】 | 田野畑の譬えことば：九里拓洋　平成2年
| 【玉山】 | 村誌「たまやま」：村誌「たまやま」編纂委員会　玉山村　昭和54年
| 【玉山 2】 | 岩手郡玉山村郷土教育資料：玉山尋常高等小學校　岩手縣教育會　昭和15年
| 【田老】 | 下閉伊郡田老町郷土教育資料：田老尋常高等小學校　岩手縣教育會　昭和9年
| 【附馬牛】 | 附馬牛村誌：附馬牛村誌編集委員会　附馬牛村役場　昭和29年
| 【遠野 1】 | 諺・譬えことば：留場栄　平成元年
| 【遠野 2】 | 遠野ことば：俵田藤次郎、高橋幸吉　遠野市観光協会　昭和49年
| 【遠野 3】 | 遠野の昔話笹焼蕪四郎：佐々木徳夫　ぎょうせい　平成2年
| 【遠野】【遠野 4】 | むらことば事典上巻下巻：留場栄　平成5年
| 【遠野郷】 | 上閉伊郡方言集－遠野郷方言集－：遠野高校社会科研究会　昭和30年
| 【遠野署】 | 管内実態調査書　遠野警察署編：岩手県警察本部　昭和30年
| 【徳田】 | 徳田村郷土教育資料(昭和14・15年)：矢巾町歴史資料刊行会　矢巾町教育委員会　平成2年
| 【杜陵】 | 杜陵方言考：小本村司　岩手学事彙報　第百七十六號　明治23年
| 【長岡】 | 岩手県紫波郡長岡村方言集：方言誌第九輯　國學院大學方言研究会　昭和9年
| 【長岡 2】 | 紫波郡長岡村郷土教育資料：長岡尋常高等小學校　岩手縣教育會　昭和15年
| 【中野】 | 岩手郡中野村郷土教育資料：中野尋常高等小學校　岩手縣教育會　昭和15年
| 【浪打】 | 「郷土研究」（鳥越小学校　昭和4年）：浪打村郷土教育資料（上）昭和15年
| 【新里】 | 新里村史：新里村　平成13年
| 【新堀】 | 稗貫郡新堀村郷土教育資料：新堀尋常高等小學校・新堀青年學校　岩手縣教育會　昭和15年
| 【西根】 | 西根町史：西根町史編纂委員会　西根町　平成2年
| 【西山】 | 岩手郡西山村郷土教育資料：岩手郡下長山尋常高等小學校　岩手縣教育會　昭和15年
| 【西和賀 2】 | 岩手西和賀の方言：高橋春時　岩手出版　昭和57年
| 【爾薩体】 | 爾薩体村郷土教育資料：田口喜久男　白鳥尋常小學校　岩手縣教育會　昭和15年
| 【二戸 7】 | 陸奥二戸の昔話：丸山久子、佐藤良裕　昔話研究資料叢書9　三弥井書店　昭和48年
| 【二戸郡】 | 二戸郡誌：二戸郡誌編集委員会　昭和43年
| 【二戸署】 | 管内実態調査書　二戸警察署編：岩手県警察本部　昭和30年
| 【糠塚】 | 糠塚部落誌：糠塚部落誌編纂委員会　昭和60年
| 【沼宮内】 | 失われゆく沼宮内界隈の方言覚え書：柴田静子　岩手町教育委員会　昭和49年
| 【沼宮内 3】 | 方言訛語調査：沼宮内尋常高等小学校　昭和11年頃
| 【沼宮内 4】 | 岩手縣下陸中国北岩手郡沼宮内方言表：鳥居邦太郎　東京人類學會雜誌　第三十九號
| | 明治23年
| 【野田】 | 野田民俗誌：野田村教育委員会　昭和54年
| 【八幡】 | 稗貫郡八幡村郷土教育資料：八幡尋常高等小學校　岩手縣教育會　昭和15年
| 【花巻署】 | 管内実態調査書　花巻警察署編：岩手県警察本部　昭和30年
| 【稗貫】 | 稗貫方言集：古川武雄　岩手方言研究会　平成元年
| 【東晴山】 | 和賀郡東晴山小學校附近ニ於テ使用スル方言：東晴山小學校　細川忠八　昭和11年
| 【一方井】 | 岩手郡一方井村郷土教育資料：岩手郡一方井尋常高等小學校　岩手縣教育會　昭和15年

●参考資料

【姫神】	姫神地区方言辞典：姫神小学校　平成元年	
【福岡】	方言調査　二戸ことばの一断面：二戸郡福岡尋常高等小學校　昭和10年	
【藤根2】	和賀郡藤根村郷土教育資料：藤根尋常高等小學校　岩手縣教育會　昭和15年	
【普代2】	普代の方言：普代村教育委員会　昭和59年	
【二子2】	和賀郡二子村郷土教育資料：二子尋常高等小學校　岩手縣教育會　昭和15年	
【不動】	紫波郡不動村郷土教育資料：不動尋常高等小學校　岩手縣教育會　昭和11年	
【巻掘】	方言集：岩手郡巻掘尋常高等小學校　昭和6年	
【松尾】	松尾村誌：松尾村誌編纂委員会　松尾村　平成元年	
【松崎】	上閉伊郡松崎村郷土教育資料：松崎村　岩手縣教育會　昭和15年頃	
【水堀】	郷土言葉（第一集）：水堀尋常高等小學校　昭和11年	
【水堀2】	岩手郡御堂村水堀小學校學區郷土教育資料：水堀尋常高等小學校　岩手縣教育會　昭和15年	
【宮古】	宮古の方言と敬語：伊藤麟市　田中タイプ印刷　昭和57年	
【宮古3】	「方言訛言の矯正」：宮古地方　学校名不明　発行年度不明	
【宮古4】	下閉伊郡宮古町郷土教育資料：宮古町郷土調査室　岩手縣教育會　昭和15年	
【宮古俚】	浜の風土記：小島俊一　杜稜印刷　昭和54年	
【宮古方言】	岩手県宮古市方言語彙：坂口忠　宮古市教育研究所　研究紀要　第3号　昭和40年	
【宮古山田】	宮古・山田地方の諺・譬えことば考：伊藤麟市　興版社　昭和54年	
【宮野目】	稗貫郡宮野目村郷土教育資料：宮野目村　岩手縣教育會　昭和15年頃	
【宮野目2】	宮野目郷土史談　中巻：宮野目文化財保存会　昭和32年	
【宮守3】	宮守村誌：森嘉兵衛　宮守村教育委員会　昭和52年	
【茂市】	茂市郷土誌：下閉伊郡蟇目尋常高等小學校　昭和7年	
【本宮】	岩手郡本宮村郷土教育資料：本宮尋常高等小學校　岩手縣教育會　昭和15年	
【盛岡】	盛岡のことば：佐藤好文　盛岡市　昭和56年	
【盛岡2】	盛岡ことば：細越孝一　昭和38年	
【盛岡3】	橘不染雑録：橘不染　明治45年頃	
【盛岡弁】	よぐおでぁんした。おすずがに：盛岡弁の会　盛岡市　昭和60年	
【盛岡俚】	盛岡俚言集：細越孝一　新岩手人　第七巻第八號～終號　昭和12年8月～昭和20年1月	
【門馬2】	下閉伊郡門馬村郷土教育資料：田代尋常高等小學校　岩手縣教育會　昭和15年	
【八重畑】	八重畑郷村志考：佐藤安信　昭和43年	
【矢巾】	矢巾町史：矢巾町史編纂委員会　矢巾町　昭和60年	
【湯口】	郷土教育資料（岩手縣稗貫郡湯口村）：湯口尋常高等小學校　岩手縣教育會　昭和15年	
【横川目】	和賀郡横川目村郷土教育資料：横川目村　昭和15年　昭和28年復刻	
【気仙1】	気仙郡語彙集覧稿：菊池武人　住田町　平成14年	
【気仙2】	岩手気仙の方言：菊池武人　文潮堂　昭和47年	
【気仙3】	気仙郡に於ける方訛言の調査：菅野嘉七　共和印刷企画センター　平成元年	
【気仙4】	氣仙方言辞典：金野菊三郎　大船渡市芸術文化協会　昭和53年	
【気仙5】	岩手の方言遺稿集：田鎖直三　森下喜一編　岩手医科大学国語研究室　昭和62年	
【気仙6】	郷土研究余禄　けせんむかしがたり：佐藤文治　共和印刷企画センター　平成元年	
【気仙7】	気仙ことば：佐藤文治　大船渡市立博物館　昭和55年2版	
【下有住】	下有住村誌：下有住尋常高等小學校　岩手縣氣仙郡下有住村役場　昭和9年	
【下有住2】	郷土教育資料：下有住尋常高等小學校　岩手縣教育會　昭和15年	
【有住】	ありすの方言：紺野哲男、吉田咲子　平成17年	
【東磐井】	東磐井郡誌：岩手県教育會東磐井郡部會　大正14年　名著出版　昭和61年覆刻	
【千厩】	ふるさとのことわざ・方言：南小梨老友会　平成3年	
【胆澤】	胆澤郡誌：岩手縣教育會胆澤郡部會　昭和2年	
【胆澤2】	陸中国胆沢郡南部方言表：鳥居邦太郎　東京人類學會雑誌　第四十號　明治23年	
【胆澤3】	膽澤の方言：阿部松輔、宍戸敦　昭和58年	
【胆沢町】	胆沢町史Ⅸ民俗編：胆沢町史刊行会　昭和62年	
【三陸】	三陸町史第5巻：三陸町史編集委員会　昭和63年	
【三陸北部】	岩手県三陸地方北部の言語調査報告：佐藤喜代治　日本文化研究所　研究報告別巻　4	

号（昭和41年）　日本列島方言叢書③　東北方言考②　平成6年

【一関】方言行脚：千田金二郎　北秋社　昭和50年
【江刺】えさしの方言：菊池常二　昭和57年
【江刺2】江刺郡志：岩手縣教育會江刺郡部會　大正14年　名著出版　昭和47年覆刻
【岩手】（再掲）岩手方言の語彙（旧伊達領）：小松代融一　岩手方言研究会　昭和34年
【山ノ目】陸中国磐井郡山ノ目方言表：大久保初男　東京人類學會雜誌　第四卷第三十九號明治22年
【綾里】郷土教育資料：綾里尋常高等小學校（綾里村）　岩手縣教育會　昭和15年
【矢作】郷土教育資料：矢作尋常高等小學校（矢作村）　岩手縣教育會　昭和15年
【唐丹】郷土調査：大石尋常小學校（唐丹村）　昭和15年
【蛸浦】郷土教育資料：蛸浦尋常高等小學校（赤崎村）　岩手縣教育會　昭和15年
【廣田】氣仙郡廣田村郷土教育資料：廣田尋常高等小學校他　岩手縣教育會　昭和15年
【立根】氣仙郡立根村郷土教育資料：立根尋常高等小學校　岩手縣教育會　昭和15年
【米崎】氣仙郡米崎村郷土教育資料：米崎尋常高等小學校　岩手縣教育會　昭和15年
【日頃市】氣仙郡日頃市村郷土教育資料：日頃市尋常高等小學校　岩手縣教育會　昭和15年
【末崎】氣仙郡末崎村郷土教育資料：末崎尋常高等小學校　昭和15年
【大船渡】氣仙郡大船渡町郷土教育資料上：大船度尋常高等小學校　岩手縣教育會　昭和15年
【長部】氣仙郡氣仙町長部郷土教育資料：長部尋常高等小學校　岩手縣教育會　昭和15年
【盛】氣仙郡盛町郷土教育資料：盛尋常高等小學校　岩手縣教育會　昭和15年
【南都田】膽澤郡南都田村郷土教育實施案：岩淵喜悦　昭和15年
【衣里】膽澤郡衣川村郷土教育資料：衣里尋常高等小學校　岩手縣教育會　昭和15年
【衣川】膽澤郡衣川村郷土教育資料：高橋千恵子　衣川村　岩手縣教育會　昭和15年
【衣川2】きゃぐりひぐり　昔をしのんで…衣川の方言：小野寺精一、小野寺貞子　平成19年
【古城】膽澤郡古城村郷土教育資料：古城村　岩手縣教育會　昭和15年
【若柳】膽澤郡若柳村郷土教育資料：若柳尋常高等小學校　岩手縣教育會　昭和15年
【姉体】膽澤郡姉体村郷土教育資料：姉体尋常高等小學校　岩手縣教育會　昭和15年
【小山】膽澤郡小山村郷土教育資料：小山尋常高等小學校　岩手縣教育會　昭和15年
【金ヶ崎】膽澤郡金ヶ崎村郷土教育資料：金ヶ崎尋常高等小學校　岩手縣教育會　昭和15年
【佐倉河】膽澤郡佐倉河村郷土教育資料：佐倉河尋常高等小學校　岩手縣教育會　昭和15年
【永岡】膽澤郡永岡村郷土教育資料：永岡尋常小學校　岩手縣教育會　昭和15年
【若柳】膽澤郡若柳村郷土教育資料下：若柳尋常高等小學校　岩手縣教育會　昭和15年
【曾慶】東磐井郡曾慶村郷土調査報告書：曾慶尋常高等小學校　岩手縣教育會　昭和15年
【新沼】東磐井郡八澤村郷土教育實施案：新沼尋常高等小學校　岩手縣教育會　昭和15年
【矢越】東磐井郡矢越村郷土教育資料：矢越尋常高等小學校　岩手縣教育會　昭和15年
【松川】東磐井郡松川村郷土教育資料：松川尋常高等小學校　岩手縣教育會　昭和15年
【折壁】東磐井郡折壁村郷土教育資料：折壁尋常高等小學校　岩手縣教育會　昭和15年
【保呂羽】東磐井郡八澤村郷土教育資料：保呂羽尋常高等小學校　岩手縣教育會　昭和15年
【磐清水】東磐井郡磐清水村郷土教育資料：磐清水尋常高等小學校　岩手縣教育會　昭和15年
【田河津】東磐井郡田河津村郷土教育資料：田河津尋常高等小學校　岩手縣教育會　昭和15年
【長坂】東磐井郡長坂村郷土教育資料：長坂尋常高等小學校　岩手縣教育會　昭和15年
【摺澤】東磐井郡摺澤村郷土教育實施案：摺澤尋常高等小學校　岩手縣教育會　昭和15年
【澁民】東磐井郡澁民村郷土教育資料：澁民尋常高等小學校　岩手縣教育會　昭和15年
【千厩】東磐井郡千厩郷土教育資料上：千厩尋常高等小學校　岩手縣教育會　昭和15年
【長島】東磐井郡長島村郷土教育資料：長島尋常高等小學校　岩手縣教育會　昭和15年
【生母】東磐井郡生母村郷土教育資料：生母尋常高等小學校　岩手縣教育會　昭和15年
【大原】東磐井郡大原町郷土教育資料上：大原尋常高等小學校　岩手縣教育會　昭和15年
【大原2】室蓬讓水の里の方言：大東町老人クラブ連合会　昭和59年
【日形】西磐井郡日形村郷土教育資料：日形尋常高等小學校　岩手縣教育會　昭和15年
【山目】西磐井郡山目村郷土教育資料：山目尋常高等小學校　岩手縣教育會　昭和15年
【油島】西磐井郡油島村郷土教育資料：油島尋常高等小學校　岩手縣教育會　昭和15年
【永井】西磐井郡永井村郷土誌：永井尋常高等小學校　岩手縣教育會　昭和15年

【眞瀧】西磐井郡眞瀧村郷土教育資料：眞瀧尋常高等小學校　岩手縣教育會　昭和15年
【萩荘】西磐井郡萩荘村郷土教育資料：萩荘尋常高等小學校　岩手縣教育會　昭和15年
【平泉】西磐井郡平泉村郷土教育資料：平泉尋常高等小學校　岩手縣教育會　昭和15年
【平泉2】平泉町史　自然編民俗編：平泉町史編纂委員会　平泉町　平成9年
【嚴美】西磐井郡嚴美村郷土教育資料：元寺尋常高等小學校　岩手縣教育會　昭和15年
【涌津】西磐井郡涌津村郷土教育資料：涌津尋常高等小學校　岩手縣教育會　昭和15年
【田原】江刺郡田原村郷土教育資料：田原尋常高等小學校　岩手縣教育會　昭和15年
【黒石】江刺郡黒石村郷土教育資料：黒石尋常高等小學校　岩手縣教育會　昭和15年
【上口内】江刺郡福岡村郷土教育資料：上口内尋常高等小學校　岩手縣教育會　昭和15年
【稲瀬】江刺郡稲瀬村郷土教育資料：稲瀬國民學校　岩手縣教育會　昭和15年
【梁川】江刺郡梁川村郷土教育資料：梁川尋常高等小學校　岩手縣教育會　昭和15年
【岩谷堂】江刺郡岩谷堂町郷土教育資料：岩谷堂尋常高等小學校　岩手縣教育會　昭和15年
【眞瀧】真瀧村誌複刻：真瀧村誌複刻刊行委員会　平成15年（方言は大正4年調）
【上有住】気仙郡上有住村：松田岩平：岩手日報　昭和4年9月22日号
【玉里】玉里郷土教育資料：玉里郷土教育資料編纂委員会　江文社　昭和43年
【藤沢】ふんざぁべん改訂版：畠山宗太郎　平成16年
【黄海】黄海村史：黄海村史編纂委員会　藤沢町役場　昭和35年
【岩谷堂署】管内実態調査書　岩谷堂警察署編：岩手県警察本部　昭和30年
【水沢署】管内実態調査書　水沢警察署編：岩手県警察本部　昭和30年
【一関署】管内実態調査書　一関警察署編：岩手県警察本部　昭和30年
【千厩署】管内実態調査書　千厩警察署編：岩手県警察本部　昭和30年
【大船渡署】管内実態調査書　大船渡警察署編：岩手県警察本部　昭和30年
【東山】東山方言：田鎖直三　「岩手の方言遺稿集」　昭和62年より）
【東山2】東山町史：東山町史編纂委員会　東山町　昭和53年
【室根】室根村史下巻：室根村史編纂委員会　室根村　平成16年
【金沢】金沢郷誌：金沢村教育委員会　昭和31年　金沢地区先人顕彰会　平成11年復刻
【岩手南】わがっぺが：加藤純　岩手県南「原住民語」　文芸社　平成26年

秋田県

【秋田】秋田方言：秋田県学務課　昭和4年　国書刊行会　昭和55年復刻
【秋田十和田】十和田の民俗（上）（下）：鹿角市総務部市史編さん室　鹿角市　平成4年
【秋田民俗】秋田民俗彙（上）：雪國民俗　第14集　秋田経済法科大学　昭和60年
【鹿角】鹿角方言考：大里武八郎　鹿角方言考刊行会　昭和28年
【七瀧】鹿角郡七瀧村郷土調：七瀧小学校訓導　和田勇次郎　昭和6年
【錦木】錦木村郷土史（昭和5年）：曲田慶吉　錦木公民館　昭和30年
【八幡平】八幡平ことば　あれこれ：鹿角市立八幡平公民館　昭和57年
【八幡平4】八幡平の民俗：鹿角市史民俗調査報告書第1集　鹿角市市史編さん室　鹿角市昭和64年
【花輪3】花輪弁と昔話：昭和55年
【南鹿角】鹿角方言集：内田武志　昭和11年　国書刊行会　昭和50年復刻
【陸中鹿角】陸中国鹿角郡方言表：泉澤恒蔵　東京人類學會雜誌　第四巻第三十七號　明治22年
【秋田1】（再掲）秋田方言：秋田県学務課　昭和4年　国書刊行会　昭和55年復刻
【秋田2】秋田弁あれこれ：河田竹治　大館孔版社　昭和51年
　　　　　秋田弁あれこれ　三集：河田竹治　大館孔版社　昭和51年
【秋田3】解説秋田方言：北条忠雄　「解説秋田方言」刊行会　平成7年
【秋田4】秋田弁なるほど大戯典：あゆかわのぼる　イズミヤ出版　平成19年
　　　　　秋田弁大娯解：あゆかわのぼる　無明舎出版　平成9年
【秋田5】秋田方言集：幸野谷十全　美巧印刷株式会社
【秋田6】秋田の方言：打矢義雄　秋田協同書籍　昭和45年
【秋田7】秋田のことば：秋田県教育委員会　無明舎出版　平成12年

【秋田8】秋田地方の方言：升屋旭水　風俗画報　138號　明治30年
【秋田9】秋田方言の花園：日本方言研究所　日本の言葉　第1巻第2號　昭和22年
【秋田10】秋田縣の迷信、俗信：東北更新會秋田縣支部　昭和14年
【秋田11】秋田ことば新考：三木藤佑　イズミヤ出版　平成10年
【比内】方言とことわざ　比内町民俗調査報告書第一集　比内町教育委員会　平成3年
【比内2】比内方言語源考：小林繁春　平成5年
【男鹿】男鹿寒風山麓方言民俗誌：吉田三郎　秋田文化出版社　昭和46年
【男鹿2】男鹿の方言集：佐藤尚太郎　大成印刷　平成5年
【男鹿3】男鹿の方言：大野為田　大潟印刷　昭和59年
【男鹿4】男鹿風土誌：吉田三郎　秋田文化出版社　昭和52年
【松峰】松峰郷土誌：松峰町内会　松峰郷土誌編集委員会　平成9年
【仙南】仙南村郷土誌：仙南村村史編纂委員会　仙南村　平成4年
【秋田市】秋田市の方言：一酔子　風俗画報　350，352號　明治39年
【秋田北】秋田県北部方言考：藤森直治　昭和49年
【大仙】秋田県大仙地域の方言：進藤茂穂　イズミヤ印刷　平成20年
【中仙】中仙地域の方言：中仙町文化財保護協会　平成6年
【松ヶ崎】村の方言集（本荘市松ヶ崎）：松村長太　秋田文化出版社　昭和40年
【能代】古山の命脈：戸松順蔵　昭和49年
【能代2】能代の方言：能代市中央公民館寿大学院　平成6年
【田代】田代町史資料　第四輯：田代町　昭和58年
【西木村】西木村郷土誌：西木村郷土誌編纂会　西木村　昭和55年
【一日市】南秋田郡一日市村郷土誌：下遠武助　一日市村尋常小學校　大正2年
【七日市】七日市郷土誌：七日市郷土誌編集委員会　昭和55年
【大館】大館方言語源考：小林繁春　昭和59年
【大館2】ばばっちゃの大館弁：伊多浪英夫　萌芽舎　平成24年
【大館3】大館方言考：近森繁春　昭和28年
【大正寺】大正寺村郷土史誌：大正寺村郷土史誌編輯委員会　昭和38年
【象潟】象潟町史：象潟町郷土誌編纂委員会　象潟町教育委員会　昭和48年
【平鹿】平鹿町郷土誌：平鹿町郷土誌編纂委員会　平賀町役場　昭和44年
【鹿渡】秋田のことば民俗誌　どさ　ゆさ：橋本勇之助　みやま書房　昭和56年
【花岡】新編花岡郷土誌：藤森直治　昭和61年
【大雄】大雄村史：大雄村史編纂委員会　平成13年
【南外村】南外村の方言：楢岡短歌会　平成10年
【西明寺】西明寺村郷土志：西明寺村郷土志編纂会　昭和8年　西木村教育委員会　平成3年複刻
【河邊郡】河邊郡誌：秋田縣河邊郡役所　国書刊行会　昭和56年（大正6年刊の復刻）
【北浦】北浦ことば：伊藤矢一　平成6年
【山本】山本の方言集：山本町教育委員会　平成4年
【角間川】角間川方言集　特殊方言：冨野巳代治　昭和42年
【雄勝】雄勝町の方言：雄勝町教育委員会　平成4年_
【六郷】六郷地方方言事例集：安倍莞爾　六郷町学友会　平成15年
【仁賀保】仁賀保の方言集：仁賀保町教育委員会　平成8年
【由利】由利町民俗誌：由利町高齢大学研究部　由利町　昭和52年
【峰浜】峰浜村誌：峰浜村誌編さん委員会　峰浜村　平成7年
【角館】角館風土記：小林定静　秋田文化出版社　昭和61年
【子吉川】続子吉川風土記：高野喜代一　秋田文化出版社　昭和53年
　　　　　横手平鹿総合郷土誌（明治44～大正2年頃）：総合郷土誌刊行会　昭和56年
【山内】山内村郷土誌　【醍醐】醍醐村郷土誌
【田根森】田根森村郷土誌【川西】川西村郷土誌
【八木沢】八木沢村郷土誌

宮城県

- 【仙臺】仙臺方言音韻考：小倉進平　刀江書院　昭和7年
- 【仙臺2】仙臺言葉以呂波寄：猪苗代兼郁　享保五年　仙臺叢書第八巻　大正14年
- 【仙臺3】方言達用抄の序：贅庵　文政十年　仙臺叢書第八巻　大正14年
- 【仙臺4】仙臺方言：大里源右衛門　江戸後期　仙臺叢書第八巻・大正14年
- 【仙臺5】仙臺方言集：土井八枝　大正8年
- 【仙臺6】仙臺方言考：眞山彬　刀江書院　昭和11年
- 【仙臺7】仙臺の方言：藤原勉　仙臺市史6別編4　昭和26年　万葉同書店　昭和50年復刻
- 【仙臺8】燈心野語：大北溟　岡文鶴　元文三（一）年　近世仙臺方言書（菊池武人編）　明治書院　平成7年
- 【仙臺9】夷岬上下：半田燕々軒　文久三年　近世仙臺方言書（菊池武人編）　明治書院　平成7年
- 【仙臺10】仙臺言葉：堀田正敦　享保五年　近世仙臺方言書（菊池武人編）　明治書院　平成7年
- 【仙臺11】仙臺方言：櫻田欽斎　享保五年　近世仙臺方言書（菊池武人編）　明治書院　平成7年
- 【仙台1】自伝的仙台弁：石川鈴子　審美社　昭和41年
- 【仙台2】仙台地方の方言集2・3・4・5・7・8：小泉武次　平成5～8年
- 【仙台3】仙台方言辞典：浅野健二　東京堂出版　昭和60年
- 【仙台4】仙台方言集付東北の方言：田村昭　宝文堂　平成10年12版改訂（初版昭和26年）
- 【富谷】富谷町誌：富谷町誌編纂委員会　富谷町　昭和40年
- 【鳴子】鳴子町史下巻：鳴子町史編纂委員会　昭和53年
- 【鹿島台】町史わが鹿島台：鹿島台町史編纂委員会　鹿島台町　昭和46年
- 【宮城三本木】三本木町誌下巻：三本木町誌編纂委員会　三本木町　昭和41年
- 【涌谷】涌谷の方言集：涌谷町文化財友の会　平成14年
- 【石巻】石の巻辯語彙篇：辨天丸孝　郷土社書房　昭和7年
- 【石巻2】石巻地方の方言：阿部勝雄　ひたかみ　平成5年
- 【小牛田】小牛田の方言：千葉洋子外　平成4年
- 【南三陸】南三陸地方の方言：西條弥一郎　昭和59年
- 【矢本】ふるさとの方言：矢本町立大塩公民館　昭和58年
- 【仙台原町】仙台原町方言集：西村源太郎　平成元年
- 【大郷】おらほの方言集：大郷町公民館　平成3年
- 【気仙沼】けせんぬま方言アラカルト増補改訂版：菅原孝雄　三陸新報社　平成18年
- 【気仙沼2】気仙沼市史Ⅶ　民俗宗教編：気仙沼市史編さん委員会　気仙沼市　平成6年
- 【氣仙沼3】氣仙沼町誌：氣仙沼町誌編纂委員会　氣仙沼町　昭和28年
- 【古川】子や孫のために遺して置きたい古川市周辺の方言と古語：永塚チキエ　平成4年増補改訂
- 【濱荻】濱荻一巻：匡子　著作年代不明　（「仙臺方言音韻考」より）
- 【角田】角田の方言：角田市郷土資料館　角田市教育委員会　平成6年
- 【亘理】"んだいっちゃ"亘理の方言集：鈴木光範　平成22年
- 【新田】新田の方言：守屋八郎　迫町新田長生大学　平成15年
- 【白石】白石地方の言葉：片倉信光　疋田正應（発行）　平成19年
- 【白石2】宮城県白石地方の方言と訛語：菅野新一　白石市史3の（3）　白石市　昭和62年
- 【白石3】おらほのことば：鈴木智恵子　白石市働く婦人の家　著作年代不明
- 【七ヶ浜】七ヶ浜の言葉：鈴木與蔵　平成5年
- 【大貫】大貫のことば：大貫弁研究会　平成5年
- 【岩沼】滅び行く方言（岩沼地方編）：田村正夫　平成2年
- 【岩沼2】岩沼市史：岩沼市史編纂委員会　岩沼市　昭和59年
- 【栗原】くりはらのことば：佐藤一男　平成12年
- 【塩釜】鹽竈雑話：野田可須美　昭和56年
- 【七ヶ宿】七ヶ宿町史　生活編：七ヶ宿町史編纂委員会　七ヶ宿町　昭和57年
- 【蔵王】蔵王町史　民俗生活編：蔵王町史編さん委員会　蔵王町　平成5年
- 【多賀城】多賀城市史3民俗文学：多賀城市史編纂委員会　多賀城市　昭和61年

【多賀城2】多賀城町誌：多賀城町誌編纂委員会　昭和42年
【柴田】柴田郡誌：柴田郡教育會　大正14年
【花山】花山村史：花山村史編纂委員会　花山村　昭和53年
【桃生雄勝】雄勝町史：雄勝町史編纂委員会　雄勝町　昭和41年
【河北】河北町誌下巻：河北町、河北町誌編纂委員会　昭和54年
【玉造】玉造郡誌：玉造郡教員會　昭和四年　名著出版　昭和49年復刻
【泉】泉市誌：泉市誌編纂委員会　泉市　昭和61年
【秋保】秋保町史本編：秋保町史編纂委員会　秋保町　昭和51年
【大島】大島誌：大島郷土誌刊行委員会　昭和57年
【大和】宮城県黒川郡大和町吉岡の方言（上）：吉田潤之介　民間傳承　No.295　昭和47年
【大和2】宮城県黒川郡大和町吉岡の方言（下）：吉田潤之介　民間傳承　No.296 昭和47年

山形県

【山形】山形県方言集：山形県師範学校　昭和8年　郁文堂書店　昭和41年復刊
【西山形】西山形郷土誌：西山形郷土誌編集委員会　結城義吉　昭和59年
【南山形】南山形ことば集：加藤大鶴　東北文教大学教育開発研究センター　平成24年
【豊里】豊里村誌：豊里村役場　昭和3年
【高瀬】高瀬（たがしぇ）ふる里ことば：斉藤寅夫　高瀬郷土研究会　平成18年
【中郷】方言なかごう：後藤甚吉　平成4年
【樽石】おらえんどごの言葉　樽石の方言集：齋藤幹士　平成13年
【大鳥】大鳥方言集　山形県朝日村：工藤栄太郎　東北出版企画　平成8年
【五百川】いもがわ（五百川）郷の方言集；山形県朝日町一歩会　昭和62年
【三川】みかわの方言：佐藤武夫　昭和58年
【長井】長井とまわりの方言：長井市中央史談会　昭和51年
【荘内】荘内方言考：黒川友恭　鶴鳴社　明治24年
【荘内2】荘内方言表：羽柴雄輔　東京人類學會雑誌　第三十三號　明治21年
【北荘内】続北庄内方言集：後藤政之助　遊佐町教育委員会　昭和61年
【庄内】おらが庄内弁　庄内方言集：佐藤俊男　六兵衛館　昭和59年
【庄内2】心にのこる庄内語：佐藤治助　鶴岡書店　平成4年
【庄内3】庄内方言辞典：佐藤雪雄　東京堂出版　平成4年
【山形漁村】山形県沿岸漁村の方言：佐藤雪雄　阿部久書店　昭和49年
【米沢】米沢方言辞典：上村良作　米沢女子短期大学国語研究部　桜楓社　昭和44年
【米沢2】六十一茎集：五十嵐力　出羽方言研究叢書第五集米沢方言　出羽方言研究会　昭和28年
【米沢3】おしょうしな：米沢河童会　ふるさと出版社　昭和59年
【米澤】米澤言音考：内田慶三　目黒書店　明治35年
【米澤2】米澤方言：紫瀾生　風俗画報　第172号　明治初年ダラス叙述訳　明治31年
【温海】あつみ温泉の訛語と方言集：和島泰賢　ヤマグチヤ書店　昭和56年
【酒田】酒田地方方言集：斉藤邦明　昭和24年　林昌社　昭和54年覆刻
【白鷹】白鷹方言ぼんがら：奥村幸雄　昭和36年
【白鷹2】白鷹町を中心とした西置賜地方の「地方語」：丸川五郎　蚕桑高野の小老　昭和55年
【宮内】宮内方言集：安達正己　昭和45年
【真室川】真室川の方言・民俗・子供の遊び：矢口中三　安良城民俗刊行会　昭和53年
【大蔵】大蔵の方言：佐藤忠良　大蔵村教育委員会　昭和59年
【及位】及位の方言・続及位の方言：高橋良雄　星和出版　昭和57年　（続）昭和62年
【蔵増】蔵増のズーズー弁だっさ改訂版：蔵増地域づくり委員会　平成18年
【鮎貝】おらだの方言：鮎貝の歴史を語る会　平成15年
【置賜】置賜の言葉百科（上）（下）：菊池直　笹原印刷　平成19年
【置賜2】置賜方言集：米沢高校郷土研究クラブ　郷土第四号　昭和27年
【添川】添川村史：添川村史編纂委員会　昭和45年

●参考資料

- 【川西】置賜地方川西の方言集おらだのことば：松村賢治　平成10年
- 【村山】村のことば　村山方言考　：江口文四郎　みどり書房　昭和44年
- 【村山2】村山地方方言取調書：吉田菊治　東村山郡聯合教育會　明治35年
- 【村山3】村山のことば：齋藤たま　東北出版企画　平成19年
- 【小国】小国方言：小国町観光協会　手拭い方言　制作年代不明
- 【小国2】十三峠通行必携　小國なまり帳：渡辺竹男　平成4年改訂版
- 【山寺】山寺方言ノート：伊澤貞一　平成12年
- 【田川】田川の方言：長谷川正　田川郷土史研究会　昭和58年
- 【尾花沢】尾花沢地方の方言集：原田傳六　尾花沢市教育委員会　昭和56年

福島県

- 【福島】福島県のことば：岩崎敏夫　福島の研究5方言民俗篇　小林清治編　清文堂出版昭和61年
- 【福島2】福島地方々言：横田暁峰　風俗畫報　第三百八十三號　明治41年
- 【福島3】誰にでもわかる福島県の方言：福島郷土文化研究会　歴史春秋社出版　平成4年
- 【福島4】福島県の方言：小林金次郎　西沢　昭和47年
- 【福島5】福島県方言辞典：児玉卯一郎　昭和10年　国書刊行会　昭和49年復刻
- 【福島6】福島方言集：香内佐一郎　岩城郷土研究会　昭和29年再版
- 【福島市松川】松川の伝承と方言：松川町文化財保存会　平成17年
- 【相馬】相馬方言考：新妻三男　昭和5年　相馬郷土研究会　昭和48年改訂版
- 【相馬2】相馬方言集：岩崎敏夫　岩城郷土研究会　昭和28年
- 【楢葉】ならはの方言：楢葉町文化財調査委員会　楢葉町教育委員会　平成7年
- 【霊山】ふるさとの方言集：霊山町方言研究会　昭和60年
- 【会津】会津方部　方言の手引書：蜃気楼　歴史春秋社出版　平成20年
- 【会津2】会津方言辞典：瀧川清、佐藤忠彦　国書刊行会　昭和58年
- 【会津3】ふるさと会津方言摘草：安藤潔　文芸社　平成23年
- 【会津4】会津ことば散歩：江川義治　歴史春秋社出版　昭和54年
- 【會津】會津方言集（増訂版）：安達善吉　福島縣立喜多方高等女學校　昭和9年
- 【會津2】會津風土記風俗帳巻三文化風俗帳　文化四年：庄司吉之助　歴史春秋社出版　昭和55年復刻
- 【只見】会津只見の方言：只見町史編さん委員会　只見町　平成14年
- 【舘岩】会津舘岩村民俗誌：石川純一郎　舘岩村教育委員会　昭和49年
- 【桧枝岐】奥会津桧枝岐方言集：星和美　陽坂印刷　平成元年
- 【北會津】北會津郡郷土誌：福島縣北會津郡役所　大正6年
- 【棚倉】棚倉町史第六巻：棚倉町教育委員会　棚倉町　昭和54年
- 【鏡石】鏡石町史第四巻民俗編：鏡石町　昭和59年
- 【大越】大越町史第三巻民俗編：大越町教育委員会町史編さん室　大越町　平成8年
- 【天栄】天栄村史第四巻民俗編：天栄村史編纂委員会　天栄村　平成元年
- 【中村】福島縣中村町方言集：武藤要　一言社　昭和6年
- 【いわき】いわき方言：高木稲水　いわき春秋社　昭和50年
- 【石城】石城郡誌：片岡英三　大正十一年　臨川書店　昭和62年復刻
- 【原町】原町市の方言　わたしたちの古里言葉：高野徳　平成9年
- 【菊多】菊多教育：石城郡第一區聯合教育會　昭和6年
- 【須賀川】須賀川方言集：大久保利治　須賀川史談会　昭和29年
- 【伊達】伊達地方の方言：佐藤武重（伊達民謡家元二代目）　平成13年
- 【田島】方言訛語集：樋口弘次郎　田島町史資料集№11　田島郷土史研究会　昭和35年
- 【田村】田村市のことば（田村市史4）：田村市教育委員会　平成22年
- 【梁川】やなかの方言（伊達郡梁川町）：八巻幸一　平成10年
- 【南郷】南郷村方言語彙集：安藤紫香　南郷村史資料12　南郷村公民館　昭和47年
- 【伏黒】ふるさとの方言一千語：伊達町郷土史研究会伏黒部会　昭和61年

321

【白河】福島縣西白河郡白川町方言：白河髙等女学校國語科　昭和12年
【西白河】西白河郡誌：福島縣西白河郡役所　大正4年
【保原】保原町を中心として昭和一桁生まれが使った方言集第四版：阿部包昭　平成10年
【小野】おのぶんか第15号小野町の方言：小野町芸術文化団体連絡協議会　平成11年
【高平】高平方言集：小林初男　高平方言教室　平成17年
【岡小名】平成元年にみる岡小名誌：岡小名誌編纂委員会　平成2年
【大沼】大沼郡誌：大沼郡役所　大正十二年　臨川書店　昭和62年復刻
【耶麻】福島縣耶麻郡誌：耶麻郡役所　大正七年　歴史春秋社出版　昭和53年復刻
【野木沢】野木沢風土記「中野編」：中野公民館文化財調査委員会　昭和54年
【桑折】桑折町史3：桑折町史編纂委員会　桑折町史出版委員会　平成元年

その他

【東北】東北地方方言辞典：森下喜一　桜楓社　昭和62年
【東北2】東北方言集：仙臺税務監督局　大正9年
【全国】全国方言辞典補遺　分類方言辞典：東條操　東京堂　昭和39年
【全方】全國方言集：静岡縣警察部刑事課　昭和2年
【南部北】方言辞典（青森県南・岩手県北・八戸地方）：寺井義弘　昭和61年
【娼婦】娼婦異名集：橘正一　土の香　第14巻第1號　土俗趣味社　昭和10年
北海道方言辞典：石垣福雄　北海道新聞社　平成3年
日本方言大辞典　上巻・下巻：尚学図書　小学館　昭和64年
岩手方言の語源：本堂寛　熊谷印刷出版部　平成16年
盛岡ことば辞典：中谷眞也　杜陵印刷　平成22年
秋田ことば語源考：三木藤佑　イズミヤ印刷出版　平成8年
越後方言七十五年：小林存　新潟縣常民文化叢書第三編　万勝堂書店　昭和26年
地方別方言語源辞典：真田信治、友定賢治　東京堂出版　平成19年
岩波国語辞典　第四版：西尾実他　岩波書店　昭和63年
国語大辞典：尚学図書　小学館　昭和57年
古語大辞典：中田祝夫他　小学館　昭和57年
類語の辞典　上、下：志田義秀他　芳賀矢一校　講談社　昭和48年（原著は「日本類語大辞典」明治42年刊）
江戸語大辞典：前田勇　講談社　平成15年　新装版
近世上方辞典：前田勇　東京堂出版　昭和41年再版
県別罵詈雑言辞典：真田信治、友定賢治　東京堂出版　平成23年
賞賛語・罵倒語辞典：長野伸江　小学館　平成17年
馬鹿の博物誌：山名正太郎　住宅新報社　昭和51年
隠語辞典：楳垣実　東京堂　昭和34年第9版
隠語大辞典：木村義之、小出美河子　皓星社　平成12年
日本風俗語事典：故事ことわざ研究会　アロー出版社　昭和53年
The YONEZAWA DIALECT：Charles. H. Dallas 1876　出羽方言研究叢書第五集　出羽方言研究会　昭和28年

小田 正博（オダ マサヒロ）

昭和20年3月9日　岩手県盛岡市生まれ
平成26年現在、青森県八戸市在住
現住所：039-2241 青森県八戸市市川町字桔梗野上34-261
連絡先：039-2371 青森県上北郡六戸町犬落瀬字前谷地19-1
電話：0176-55-3979　携帯電話：08016895853
＜著書＞
北東北の悪口辞典（平成24年　風詠社）
北東北の天地ことば（平成25年　風詠社）

東北悪口辞典

2015年1月9日　第1刷発行

著　者　小田正博
発行人　大杉　剛
発行所　株式会社 風詠社
　　　　〒553-0001　大阪市福島区海老江5-2-7
　　　　　　　　　　ニュー野田阪神ビル4階
　　　　TEL 06（6136）8657　http://fueisha.com/
発売元　株式会社 星雲社
　　　　〒112-0012　東京都文京区大塚3-21-10
　　　　TEL 03（3947）1021
印刷・製本　シナノ印刷株式会社
©Masahiro Oda 2015, Printed in Japan.
ISBN978-4-434-20163-9 C3081

乱丁・落丁本は風詠社宛にお送りください。お取り替えいたします。